原子物理学

（上　册）

原子与辐射的电磁相互作用

〔法〕B. 卡尼亚克　张万愉　J.-C. 裴贝-裴罗拉　著

王义道　译

郑乐民　张万愉　俞　进　校

科学出版社

北　京

图字：01-2015-1190 号

内 容 简 介

本书阐述近代原子物理学的基本原理和重要实验. 全书分为上、下两册, 上册论述原子和电磁辐射场的相互作用, 下册主要内容是建立在量子力学基础上的原子结构.

上册着重通过能量、动量和角动量三个物理量的守恒定律, 叙述原子与外部环境(运动电荷、磁场或电磁辐射等)交换所产生的一切物理现象, 并引出量子概念和波与粒子的关系. 结合一系列重要物理概念, 描述了大量原创性实验, 阐发了揭示物理现象本质和获取精确数据的巧妙构思.

本书在内容取舍和叙述风格上与国内多数同类教材显著不同, 独具特色: 密切联系应用实际, 贴近科研前沿, 启发创新思维. 本书是大学物理与相关应用学科高年级学生和研究生的优良参考书. 特别对于从事原子分子光物理、量子光学等相关专业的学生与科研人员, 本书是一本很好的入门书.

图书在版编目(CIP)数据

原子物理学. 上, 原子与辐射的电磁相互作用/(法)卡尼亚克(Cagnac, B.)等著; 王义遒译. —北京: 科学出版社, 2015.3

ISBN 978-7-03-043742-6

Ⅰ.①原… Ⅱ.①卡… ②王… Ⅲ.①原子物理学 Ⅳ.①O562

中国版本图书馆 CIP 数据核字(2015) 第 051519 号

责任编辑: 周 丹 胡 凯 曾佳佳 / 责任校对: 张凤琴
责任印制: 张 伟 / 封面设计: 许 瑞

科学出版社 出版
北京东黄城根北街 16 号
邮政编码: 100717
http://www.sciencep.com
北京厚诚则铭印刷科技有限公司 印刷
科学出版社发行 各地新华书店经销
*
2015 年 3 月第 一 版 开本: 720 × 1000 1/16
2024 年 1 月第七次印刷 印张: 20 1/2
字数: 413 000

定价: 169.00 元

(如有印装质量问题, 我社负责调换)

致中国同学

亲爱的中国同学:

我们这本原子物理教程的中译本是王义遒教授与 Kastler-Brossel 实验室的研究组, 特别是我的研究组和 Cohen-Tannoudji 研究组的诚挚友好关系的结晶. 我相信, 在阅读本书过程中你也会体验到这种诚挚友好的感情.

张万愉 (L. Tchang-Brillet) 帮助我们更新了已经过时的教程. 她出生在中国, 在巴黎的大学学习和从事科学研究的职业生涯之前, 她在上海接受了小学和中学教育. 她所拥有的中国和法国的双重文化, 使她对本书的中文翻译工作充满热情.

本书将对构筑两种文化的桥梁做出贡献.

B. 卡尼亚克

序

本书适用于大学三、四年级学生, 也适用于对量子物理基础有较高要求的工科学生. 量子物理用来解释原子现象, 是了解近代众多技术进展所不可缺少的知识. 二年级末的学生, 在掌握了大学第一阶段课程的情况下也可阅读上册的大部分内容.

本书取代 1971 年首次出版的凯格纳克 (Cagnac 的 1980 年中译本的原译名, 此译本按法语发音改为卡尼亚克) 与裴贝–裴罗拉 (Pebay-Peyroula) 合著的原子物理旧教材. 30 年来, 就这个水准的大学教学而言, 基本概念并没有深刻的变化, 故这本新书仍可沿用旧教材中的大部分内容. 然而, 30 年中某些章节内容的重要性及其叙述方式则有了发展; 此外, 新近还完成了一些极其精彩的实验, 其解释相对简单但可更好地说明基本概念. 因此, 本书对原教材做了较大的修改和完善, 实际上它成了一本新著, 希望它也有 30 年的生命力.

本书作者也有了变动. 巴黎第六大学的张万愉 (Lydia Tchang-Brillet) 教授代替了让–克劳德 · 裴贝–裴罗拉 (Jean-Claude Pebay-Peyroula), 他在 12 年前已提前退休, 不愿参与新著. 但这本新著许多地方还是保留了他所写的, 所以这里要衷心感谢他.

本书仍保留了原书的两册结构, 以方便使用; 但由于选择了新的叙述方式和扩充了某些章节的篇幅, 本书便对两册内容重新做了分配.

分成这两册的基本理由与原来相同: 上册仍是量子概念的入门介绍, 它可在修读量子力学课程以前阅读, 并为以后的研读作准备; 而下册则相反, 假定读者已学过介绍量子力学基本概念的课程 (但还不具备深入的知识).

因此, 此上册主要描写三个基本物理量守恒定律的直接结果. 这三个物理量是能量、动量和角动量 (动量矩). 因此, 上册将叙述原子与其外部环境交换能量、动量和角动量的所有物理现象. 正是这些通常是量子化的交换引出了量子物理, 并给它以实验诠释.

在这些交换中, 原子的外部环境可能是运动电荷或磁场; 而在多数实验中, 则是与电磁辐射、光波或无线电波相互作用. 因此, 在上册中我们有以下考虑: ① 将激射器或激光器中的受激发射现象放在重要地位; ② 以具体的、尽可能简便的方式引入波的相干性概念, 并由此出发来思考波与粒子 (光子) 的关系. 同时, 我们将考察引导物质粒子束的德布罗意波的干涉实验. 对新近非常精彩的实验的描写使本册叙述十分丰满.

下册则不同, 我们将研究原子系统的内部结构, 我们的研究将基于量子力学. 相应的量子力学计算一般在经典著作中已经详细处理了, 我们将引导读者复习这些内容. 不过我们将仅仅引述结果, 并试图从这里获得实验上的诠释. 在后面几页中读者可找到下册中处理的各种问题的提要.

本书的另一个目的是使读者自己能计算实验结果, 并给出近似处理所需要的数量级概念. 没有这种近似, 任何物理计算都会是很复杂的. 从这个考虑出发, 我们不能像理论家那样可以认为 $\hbar = c = 1$; 这也使我们会面对令人烦恼的单位制问题. 法国学生习惯于使用 MKSA 有理化单位制. 所以我们将采用这种单位制. 然而许多文献和著作, 特别是原子物理学的, 常用高斯制. 因为能在不同单位制之间实现互相转换是很重要的, 我们在电磁学表述中引入了一个系数 κ, 其定义为 $\kappa^2 = \varepsilon_0\mu_0 c^2$, 从而可以实现这种 "转换":

- 在 MKSA 制中, $\kappa = 1$, 它可简单地被忽略;
- 在高斯制 (电学单位用静电 CGS 制, 磁学单位用电磁 CGS 制) 中：$4\pi\varepsilon_0 = 1$, $\mu_0/4\pi = 1, \kappa = c$ (这实际上已不是有理化形式了).

在附录 1 中, 给出了电磁单位制概要, 指出电磁单位表述的变化, 这是我们进行一切原子物理计算的出发点.

译 者 前 言

——教材怎样启发创新思维?

我国高等教育常常被指责为"启发创新不足", 以致多年来培养不出科学大师和杰出的创新人才. 把这样的后果完全归罪于高等教育, 我不敢苟同, 曾经写文章辩驳过①. 不可否认, 高等教育负有一定责任, 教学以灌输知识为主, 照本宣科, 缺乏创新思维的激励与启迪是普遍现象. 此外, 许多教材因袭传抄, 人云亦云, 缺乏创意, 也是一个重要的原因.

三年前我收到从法国寄来的 B. Cagnac, L. Tchang-Brillet 和 J.-C. Pebay-Peyroula 所著的*Physique Atomique: Atomes et rayonnement: interactions électromagnétiques* (Dunod, 2005)[《原子物理学 (上册) 原子与辐射的电磁相互作用》] 一书, 非常高兴. 该书的第一版的英文译本在 20 世纪 80 年代初曾由张泽慈和俞雪珍译成中文, 以"凯格纳克和裴贝–裴罗拉著《近代原子物理学 (上册) 基本原理》"为名, 由科学出版社出版. 这本书与我们当时的原子物理教材有很大不同, 很有特点, 能启发创新思维, 是我们编写《量子频标原理》时的主要参考书之一. 第二版多了一位作者 L. Tchang-Brillet, 增加了三分之一内容, 不少地方改写了, 几乎是一本新书. 当时就想到应该翻译出版, 但由于版权等问题, 一直到 2009 年末, 我才开始断断续续进行翻译.

本书第一作者 B. Cagnac 是法国巴黎第六大学 (皮埃尔和玛丽 · 居里大学) 和巴黎高师 (ENS) 教授、法国国家科研中心 Kastler-Brossel 研究所的研究员. 该中心就设在此两所大学内. 这个研究所产生了独特的法国原子物理和光学学派, 出了三位诺贝尔奖得主: 1966 年的 Kastler(因发明光学射频双共振和光抽运)、1997 年的 Cohen-Tannoudji(因在原子的激光冷却与陷俘上的贡献) 和 2012 年的 S.Haroche(因发明光子的无破坏检测而实现单个量子系统的测量与控制). Cagnac 和 Cohen-Tannoudji 都是 Kastler 的学生, Cagnac 在这些领域和精密光谱上也取得了优秀的科研成就.

这个研究所与中国建立了传统友谊. 1964 年中法建交后, Kastler 率先访问了中国. 改革开放以后, 1978 年 Brossel 和 Cohen-Tannoudji 也访问了中国. 1983 年 Cagnac 也来到中国, 当时该书中译本已经在中国出版, 他很想了解本书在中国的使

①王义遒. 2010. 大学担待不起"培养"杰出人才的全部重任. 科学中国人, 2: 32.《科学中国人》网上刊载的此文比纸质文字更丰满些.

用情况, 我曾陪同他访问了科学出版社. 我与这个研究所的友谊可以追溯到近半个世纪以前. 1963 年, 我开始从事光磁共振和量子频标研究, 当时对现在已经习以为常的 "光频移" 现象的解释感到困惑, 恰逢 Cohen-Tannoudji 在*Annales de Physique* (1962, 7: 423, 该期只登载了这一篇论文) 上发表了他的博士论文, 对此现象做了全面的实验和理论的描述与解释, 我如获至宝. 但论文是法文的, 我完全读不懂, 只能从别人的英文介绍中知道些梗概. 我很想读懂全文, 从此开始了我的法语学习, 并开始关心和钦佩他们的工作. 1981 年我第一次出国访问, 就到了法国. 1983~1984 年, 我到巴黎做访问学者, 聆听了 Cohen-Tannoudji 在法兰斯学院的激光冷却系列讲座, 在 Cagnac 小组工作, 并有幸成为巴黎第六大学的访问教授. 这段经历对我后来的研究工作和编写《原子的激光冷却与陷俘》帮助很大, 书中也大量引述了他们的工作.

这本教材就是在 Cagnac 和他的同事们杰出的研究成果和坚实的科学背景下产生的, 与众不同, 对于当今我国高等教育要重视在教学中激励和启发学生的科学创新思维, 具有重要参考价值.

本书区别于一般原子物理教材的最显著特点, 就在于它鲜明地展示了原子物理学发展演变的历史径迹, 使读者可以从中领会物理思想的产生与演化及一些精彩实验是怎么样提出并实现的, 这对激发创新思维绝对是重要的. 例如, 书中通过与原子相互作用交换动量引出光子动量的概念时, 作者的处理手法是按照历史线索, 分别讨论了光压实验、康普顿效应、光子吸收发射、穆斯堡尔效应和原子束的光偏转等一系列实验, 直到原子的激光减速与冷却. 通过这样一些实验及其分析, 读者就会对光子动量概念产生清晰而又实际的概念. 再如, 磁共振是近代物理中的一个重要现象, 有广泛应用. 其根源是原子和原子核都具有角动量与磁矩, 但是从单个电子、原子和原子核的角动量和磁矩运动到它们的磁化现象宏观表现、建立描述磁共振的布洛赫方程, 一般读者是很难直接想象的. 因此, 他们要么归功于科学家的天才, 要么半信半疑、囫囵吞枣地承认实验结果. 本书通过描述爱因斯坦–德哈斯实验、巴尼特实验, 从微观角动量和磁矩到物体的宏观转动与磁化 (一般物理书都忽略了这些细节, 最近的物理学进展表明, 其实从这里还可以引发许多新思想), 再过渡到磁共振和布洛赫方程就顺理成章了. 从这里可以看到, 诺贝尔物理学奖的重大贡献, 不是突然 "冒" 出来的, 而是大量为一般学生所不知道的许多小进展积累起来的. 这样的历史线索的理解对于启发创新思想、建立创新的信心都是十分必要的. 而穿插其中的一些构思巧妙、十分精彩、寻常教材中很少提到的实验, 如证明 "光子只能与其自身干涉" 的反向光干涉实验, 测量自由电子 g 值 "反常" 的实验等, 对启迪创新思维具有极大的促进作用.

本书的第二个显著特点是联系实际. 联系实际有两重意思: 一是指教材的叙述不过于抽象和理论化, 是从实际问题出发的, 有血有肉; 二是紧密结合物理学前沿进展和实际应用. 这里先说前一点, 我国多数物理教材在描述一些著名关键实验时往往基本上只有十分概括的原理叙述, 而忽略了大量 "次要" 的细节. 其实, 实验的成功固然首先要有正确的原理设计, 但实验失败却常常是由于忽视 "次要" 的具体细节、没有恰当解决各种干扰因素的影响. 本书在讲述实验中比较注意这一点, 叙述比一般教材充分 (当然不可能十分详细), 许多地方还给出了数量级概念. 例如, 对圆偏振光照射下薄晶片的旋转实验和对测量电子朗德因子 $g-2$ 实验的描述, 都十分细致. 对于中国学生这是很重要的, 因为中国学生一般比较缺乏具体的物理想象, 容易过于抽象地思考问题, 这其实也限制了他们的实验动手与创新思维能力. 至于第二点, 本书中一些基本物理现象凡能用新近精彩实验解释的都尽量用新的, 所以可以说它是比较贴近前沿的. 例如, 光子、中子、原子束的干涉实验 (都在 20 世纪末), 激光减速和冷却原子, 磁共振成像等, 它们在目前一般原子物理或近代物理书中还比较少见. 这样可使学生较快地接近当代物理科学前沿, 而不至于面对前沿感觉茫然. 应该说, 本书对有些题材的描写还颇为贴近生活, 或采用了特别浅近的手法. 例如, 把难度极大的经典光压实验与日常小玩意儿 "走马灯" 的旋转相比较; 把一般要用量子力学不确定性原理或傅里叶谱分析来解释的频率测量中的测量不确定性受测量时间限制这个关系用非常简单的电子计数器 ± 1 的计数误差来推导和说明, 等等. 这些都是非常有启发和实际意义的, 便于把学生带进实际科研, 尤其是对实验物理工作者来说. 对我们中国学生这特别有意思, 因为他们大都不大会用物理原理来观察、解释与处理身边发生的大量物理现象, 并从中获得教益.

物理学是整个自然科学和工程技术的基础, 也是唯物主义哲学的支柱. 概念的严密是物理学的特点. 我们物理人常说, 学物理一定要 "抠概念". 什么是 "抠概念", 怎样 "抠概念"? 实际上, 这就是从人对物理现象认识的历史角度去了解物理概念提出、发展的实际背景和意义, 了解它的应用条件、范围和局限. 这些概念不能凭一个人冥思苦想去 "抠", 只能密切结合实际、结合物理学的演化发展来思索, 而对物理概念表述的要求则是非常严密和严谨的.

本书的第三个特点正是叙述十分严密, 数学表达比较严谨. 这是法国物理学派的一个优点. 但也许受法语表达习惯的影响, 对我们中国人来说, 文字表述稍嫌烦琐了些.

这本书另一个好处是对一些需要注意或重要的细节问题用 "附注" 的方式来说明, 对一些更为深入的问题则采用 "补充" 的办法来加以完善. 这样就给一些有余力、需要了解更多的学生留下了空间, 符合教学的 "因材施教" 原则.

正是由于这样一些特点和优点, 本书的内容和篇幅都远远超过我国同类教材 (实际上完全相似的教材我国没有). 因此, 它一般只能成为讲授和研读原子物理的教师和学生很好的参考书. 但对专门从事原子分子物理、光学、波谱学和量子电子学的学生, 它绝对是一本优秀教材. 从启发创新思维角度, 这本书的取材和编写方法也很值得我们中国同行在编写教材时参考.

尽管本书与原书第一版已经有很大不同, 几乎成为一本新书, 但终究是原书的"第二版", 不少地方还保持了原样. 因此, 在翻译本书时, 原来也想尽量保持 30 年前出版的《近代原子物理学》的风格, 名词和人名译法维持照旧. 但后来发现, 30 年来物理名词也有了一些变化, 完全"照旧"似乎有些不合时宜, 而且, 该书有的地方可能英文原本也没有切合原意, 所以就索性自由翻译、不参照原译本. 可以说, 这个译本完全是"新译". 不过, 后来部分地与原译本对照了一下, 个别地方觉得原译本更能传达原意的, 就沿袭了原译本.

由于语言所承载的思维习惯不同, 即使是对于科学著作, 两种文字之间完全贴切传神的翻译几乎是不可能的, 同一个词汇的含义不可能完全用另一个词汇代替. 翻译实在是一个苦差事, 为了达到"信、达、雅", 理解原意要冥思苦想, 找出适当语词来表达更要反复推敲. 不过作为科学著作, 我们首先还是要求做到"信", 因此, 我们采用的完全是直译的方法, 这样中文表达就难免有点"别扭". 只有少数地方, 完全按照原文直译成中文实在难懂意思, 才做些调整, 个别地方在叙述顺序与方法上做了较大变动, 以保证读者能够领会意思 (这些地方在原译稿上标出, 经过审校同意后正式采用). 原文的个别印刷错误, 译文做了纠正.

译者的法语水准只能说是"粗通", 对译稿是否十分贴切地传达了原书意思没有充分把握. 因此译稿经同样是"粗通"法语、但有多年原子物理教学经验、自己也编写过原子物理教材的郑乐民教授的初审, 又经法国里昂大学讲授原子物理课程的俞进教授有重点地复审. 值得庆幸的是, 本书第二版的作者之一 L. Tchang-Brillet(张万愉) 教授是一位华人, 她在上海上学一直到高中二年级, 汉语修养很好, 并且熟悉当代汉语物理名词 (这也许和她曾把不少中国科技资料译成法语介绍给法国有关). 她在百忙中热情审阅了全部译稿, 对译文做了认真仔细的校对、改正和润饰, 为保证译文质量做出了重要贡献. 有了这些权威审校, 我对这本翻译书就放心了. 为此, 我对上述几位教授表示由衷的感谢!

本书第一作者 Cagnac 教授自始至终对本书翻译工作给予了亲切关怀和鼓励, 并专门给中国学生读者写了致词. 科学出版社编辑对本书出版做了重要贡献. 这里一并向他们表示诚挚的谢意!

王文逵

2010 年 10 月

2015 年 1 月修订

目　　录

第一编　能量与动量的交换

第二编 波-粒关系

第三编 与原子交换角动量

下 册 主 题

原子——一种量子构件

单电子原子

单电子原子的描述: 库仑势中的单个电子

非库仑中心势: 碱金属原子

与氢原子玻尔模型的比较

特殊类氢原子系统: 里德伯态原子, 奇异原子

相对论修正, 氢原子精细结构

复杂原子

独立电子模型, 电子组态

泡利原理, 电子壳层

元素周期分类

静电相互作用

自旋–轨道相互作用

角动量的组成, 光谱项与能级精细结构

双电子系统情况: 氦原子

原子与电磁场的相互作用

静磁场或静电场中的外层单电子原子

原子磁性, 塞曼效应与帕邢–巴克效应

与电磁波的相互作用

辐射跃迁与选择定则

原子光谱

X 射线的吸收与发射谱, X 射线的光电效应

原子核与原子物理

核的角动量与磁矩

原子能级的超精细结构

同位素效应

双原子分子引论

玻恩–奥本海默近似

引　　言

原子物理学诞生于 19 世纪, 物质的微观图像从此就渐渐清晰起来. 因此, 一本完整的原子物理学教程应当分析导致这些原始发现的实验, 以及不同阶段物理思想的演变. 不过, 大学三、四年级学生, 或已具同等知识的读者对此已有基本了解. 因此, 本书作者设想, 学生从课程一开始已熟知了物质的微观结构, 我们将仅在前几章中描述一下在量子物理中占有奠基作用的几个实验. 我们认为, 用一张表简明地勾勒出原子物理发展历史的重要阶段是必要的, 这就是附录 5 中的编年索引. 这个用粗线条勾勒出来的原子物理的历史回顾的作用在于, 对我们认为读者已知的知识作一个明晰的概括.

在 19 世纪进程中, 从化学的定量规律 (定比定律、倍比定律) 出发产生了**分子假说**. 道尔顿直觉地认识到, 各种化学物质是由基本单元, 即分子组成的; 不同种类的简单物体是由不可分解的粒子, 即由原子形成的分子呈现出来的. 1811 年, 阿伏伽德罗把这个概念陈述得更为清晰, 他提出了一种假说: 相等体积的气体包含同等数目的分子. 在物理学框架内, 热骚动概念和 1827 年布朗运动的发现是出发点, 但对它的完整理解和分析则几乎是在整个 19 世纪进程中展开的. 气体运动论也是一个重要阶段, 用该理论从宏观层次比较各种气体的性质导致 1875 年左右阿伏伽德罗常量 $\mathcal{N}$ 的首次估算. 同样, 从布朗运动出发, 让 · 皮兰 (Jean Perrin) 1908 年在稀薄乳胶液的特殊情况下对阿伏伽德罗常量首次做了精密测量. 此后, 根据不同物理原理的各种方法得到了互相一致的阿伏伽德罗常量, 从而表明分子假说的合理性 (见附录 5).

电磁学也是在 19 世纪逐步发展起来的, 其巅峰是 1855 年的麦克斯韦方程组. 直到 19 世纪末和 20 世纪初, 在赫兹的电磁波工作问世后, 人们才了解了这个方程组的全面意义. 带电粒子加速运动发出的辐射是这部分物理学最重要的结果. 电磁学的发展使我们能理解全部波动光学现象 (包括几何光学, 它是所有尺度都远大于波长时的结果). 1895 年伦琴发现 X 射线是一个重要阶段, 他分析出 X 射线是极高频率的电磁波, 从而扩展了电磁波的频率范围. 晶体的 X 射线衍射 (劳厄, 1912) 给原子大小提供了直接测量.

电磁辐射的经典理论, 能使我们全面理解无线电或雷达天线的功能. 但当我们想把它应用于单个原子时, 就必须把它加以完善. 然而, 近代的辐射理论是以许多经典辐射理论所得的结果为出发点的, 因此, 把经典理论作为下册的附录复习一下还是有用的.

电子的发现与确认也是一个奠基性的历史阶段. 用分子假说分析电解实验表明, 一个原子应该携带一个电荷, 其数值是某种基本电荷 e 的整数倍 (与沉积 1mol 物质相应的电荷为 $\mathcal{N}e$, 等于 1F). 除此以外, 在 1860 年前后, 稀薄气体放电的研究, 由于采用了鲁姆科夫 (Ruhmkorff) 高压线圈, 产生了一个当时非常令人困惑的 "阴极射线"(它是引起器壁荧光的原因) 的概念. 对这种 "射线" 的属性长时间存在着争论, 是波动, 还是粒子? 通过 1895 年的一系列著名实验, 皮兰指出阴极射线携带着负电荷, 可为法拉第筒所收集. 各种不同实验的所有结果都与存在一种质量约为氢原子 1/2000 的粒子的假说相符. 从此, 科学进展非常迅速, 先是间接测量电子的质量 (汤姆孙, 1897, e/m), 然后是直接测量电子电荷 (密立根, 1908), 并对光电效应和热电子效应做出了解释.

原子结构的知识从相对于阳极的阴极后面出现的 "正射线" 放电实验中逐步地建立起来. 细致分析该射线的电荷与质量可以认为它们就是离子 (丢失一个或多个电子的原子) 束. 对氢原子来说, 所有实验都表明, 只存在着一种离子, 由此得出结论: 氢原子只带有一个电子. 因此, 人们便给每一种原子以一个原子数 Z (即门捷列夫周期表中的原子序数), 表示其所包含的电子数. 此后不久, 1909 年, 巴克拉 (Barkla) 的 X 射线散射实验得以估计参与散射的电子的电荷总数, 从而首次测得了原子的电子数 Z. 再晚一点, 1913 年, 从放电实验对 q/M 比 (q 与 M 为离子的电荷与质量) 的精确测量发现了同位素 (J. J. 汤姆孙), 并测得了每种同位素的质量数 A.

至于对**原子内部结构**的了解, 则要数 1911 年卢瑟福的 α 粒子的偏转实验了 (见附录 4), 它证明了存在着一种准点状的核, 并确认了 1901 年皮兰提出的行星模型是合理的. 可见, 要测试经典力学的不完善性和发明新的量子力学, 还需要再经过十多年的时光.

所用符号表

拉丁字母

a	正弦函数的振幅
	某种线度或长度
	椭圆的半长轴
	相干长度 a_c
A	磁矢势
	正弦函数的振幅
	傅里叶振幅 $A(\omega)$
	自发发射概率 A_{21}
	原子质量数
$\mathcal{A}$	原子质量 (在 CGS 制中近似等于 A, 在 MKS 制中近似等于 $A/1000$)
b	碰撞参量
	某种长度
B	磁感应矢量, 通常称为磁场 (我们从不用磁场强度矢量 H)
	受激吸收或发射概率 B_{12}, B_{21}
	正弦函数的振幅
c	光速
C	库仑定律中的常数 $[W(r) = C/r]$
	磁化率的居里常数 $(\chi_{\mathrm{M}} = C/T)$
	悬丝的扭转常量 $(\varGamma = C\alpha)$
	电容
d	微分
d	距离 (例如网板之间的距离)
D	电感应矢量
	概率密度
	某种距离
$\mathcal{D}$	单位横截面上的粒子束流量 $(N = \mathcal{D}tS)$
e	元电荷 $e = 1.6 \times 10^{-19}\mathrm{C}$
e	自然对数的底 e=2.718(指数函数)

E	原子态的总能 (代数值)
	电场矢量的模
$\mathcal{E}$	正弦电场振幅
f	某种函数
	量纲为一的分数
	焦距
f	力矢量
F	力系的和矢量
F	力矢量的模
	某种函数
$\mathcal{F}$	统计函数
	傅里叶变换
g	朗德因子
	一次通过的增益
G	统计权重或简并度
	总增益
h	普朗克常量 ($\hbar = h/2\pi$)
H	哈密顿算符
i	-1 的平方根, 虚数的底
	计数指标
	入射角
I	电流
	转动惯量
j	电流密度矢量
	计数指标
J	原子总角动量量子数
k	玻尔兹曼常量 k_B 或 k
	波矢量 $k = 2\pi/\lambda$
	整数
K	吸收系数 (光学厚度为 Kl)
	比例系数
l	某种长度
L	发光率
	某种长度 (例如腔长)
	相干长度 L_c

符号	含义
	瑞利长度 $L = \pi\omega_0^2/\lambda$
$\mathcal{L}$	角动量或动量矩
m	某种质量
	电子质量 m_e
	磁量子数
M	某种质量 (例如原子、原子核等)
	磁化强度矢量的分量
$\mathcal{M}$	磁矩矢量的分量
n	单位体积中的原子数 (原子密度或布居数)
	主量子数
	计数指标
N	整数 (量纲一或每秒原子数)
	单位法线矢量
$\mathcal{N}$	阿伏伽德罗常量
O	坐标原点
p	动量矢量及其分量 (的数值)
	电偶极矩矢量
	计数指标
	能级布居数
P	功率
	电介质极化矢量
$\mathcal{P}$	抽运概率
q	粒子的电荷
	物体或电容器的电荷
	计数指标
Q	一个系统的电荷 (例如核、离子、电容器等)
	谐振腔或电路的品质因数
	原子束总流量 (每秒通过的原子数)
	热量
r	径矢, 两点间的距离
	圆或球的半径
R	径矢, 两点间的距离
	圆或球的半径
	氢原子光谱的里德伯常量
	理想气体常量 $R = \mathcal{N}k_B$

	镜面反射系数 R_A, R_B
	电阻
s	自旋量子数
S	某种表面
	粒子束或波束的横截面
t	时间或寿命
T	热力学温度
	周期
	光谱项
	相干寿命 T_c
$\mathcal{T}$	功
u	能量密度
	单位矢量
	旋转坐标系中磁化强度的横向分量
U	内能
	静电势
v	速度矢量的模
	旋转坐标系中磁化强度的横向分量
V	静电势或电动势
	速度矢量
	体积
w	微弱能量
	高斯光束的腰 w_0
	高斯光束 $w(z)$
W	某种能量; 特别是势能 $W(r)$
x, X	坐标
y, Y	坐标
z	坐标
Z	坐标
	元素的原子序数
	配分函数 (统计上的)

希腊字母

α	精细结构常数 $\alpha = e^2/4\pi\varepsilon_0\hbar c$
	角

	单位长度的增益 $\alpha(\nu)$
	一种粒子的名称 (氦原子核)
β	玻尔磁子
	角
	一种粒子的名称 (放射性 β^+ 和 β^-)
γ	旋磁比
	一段电磁辐射的名称, 指 γ 射线
Γ	力矩, 或一个力系的合力矩
δ	微分, 增量
	激光器的平衡布居数差
Δ	拉普拉斯算符
	线宽 (频率或波长)
ε	与单位 ε_0 有关的常量 (在 CGS 制中 ε_0 由 $1/4\pi$ 代替)
	量纲一的相对介电常数 ε_r
	圆锥曲线的偏心率
	任意非常小量
η	量纲一的分数: 量子效率; 腔的填充因子
θ	角; 特别是球坐标中的维度
Θ	德拜温度
κ	与单位 $\kappa^2=\varepsilon_0\mu_0c^2$ 有关的常量
	(在 MKSA 制中 $\kappa=1$; 在 CGS 制中 $\kappa=c$)
λ	波长
Λ	康普顿波长 $\Lambda=h/mc$
μ	与单位 μ_0 有关的常量 (在 CGS 制中 $\mu_0=4\pi$)
	量纲一的相对磁导率 μ_r
	双体系统的约化质量
ν	频率
ϖ	压力
	概率
π	3.1416
	波的偏振记号 (偏振面与磁场平行)
ρ	单位频率间隔的能量密度 ρ_ν
	电荷密度
	密度
	径矢量的特殊值
σ	一种统计率的平均平方偏差

	相互作用有效截面
	圆偏振波的偏振记号; σ^+ 和 σ^-
Σ	求和符号
τ	时间常量 (例如寿命、弛豫时间等)
φ	角, 特别是球坐标中的经度
	正弦函数的相位
ϕ	归一化线形 $\phi(\nu)$
Φ	磁通量
	两个正弦函数之间的相位差
χ	角
	电极化率或磁化率
ψ	角
	粒子或原子的波函数
ω	转动的角速度 $\omega = v/R$
	正弦函数的角频率 $\omega = 2\pi\nu$
Ω	立体角
	宏观转动的角速度

第 一 编

能量与动量的交换

第 1 章　能量交换的量子化

第 1 章仅限于讲述普遍的能量守恒定律的应用. 我们将利用这一定律来解释几个实验, 从而证明在微观尺度上能量交换的不连续性.

1.1　普朗克定律的回顾

高温物体发射热辐射既是通常的实验现象, 也是我们日常生活的一部分 (如白炽灯照明). 历史上正是通过对这一现象的科学研究, 才导出了量子化的概念.

众所周知, 随着物体温度的升高, 人眼感觉到的辐射颜色就由红逐渐变为白. 手艺或工业上的经验也表明, 炉子内部的颜色是炉温的量度, 由此便产生了对炉内发光强度光谱分布的科学研究.

探测器所接收和测量到的发光强度在很大程度上与实验条件有关; 因此, 把实验结果与一个具有简单理论解释的物理量 —— 炉内电磁辐射的能量密度 u 联系起来是合理的. 把炉内能量密度 u 与炉子发射光束中携带的功率 P 联系起来是很容易的, 后者可从实验上测得, 它与炉子内壁的发光率 L 有关:

$$u = \frac{4\pi}{c}L \quad 和 \quad P = LS\Omega\cos i \tag{1.1}$$

其中, P 是从表面 S 发出的、中线与表面法线成 i 角的立体角 Ω 内辐射光束的功率.

这种辐射具有连续谱. 也就是说, 它的能量作为电磁波频率的函数是一个连续分布. 为了研究这个分布, 需要定义一个相对于频率的微分能量密度或**光谱密度**ρ_ν, 以使乘积 $\rho_\nu \mathrm{d}\nu$ 表示频率在 ν 与 $\nu+\mathrm{d}\nu$ 之间的全部电磁波的能量密度. 换句话说, 总能量密度 u 是 ρ_ν 对整个频率范围的积分:

$$u = \int_0^\infty \rho_\nu \mathrm{d}\nu$$

根据实验测量结果可以画出一条曲线, 它代表在确定的热力学温度 T 下 ρ_ν 随 ν 变化的函数; 而且对所有具有相同温度 T 的炉子, 都有同样的曲线. 图 1.1 描述了不同温度下曲线的形状: 在很低频率处能量密度为零, 在高频处又变为零; 在频率为 ν_M 处能量密度通过极大值; ν_M 本身则随温度增加而提高, 但在工业能实现的温度范围内, 它总是处在红外区域.

基于经典电磁辐射理论的热辐射现象的热力学理论, 不可能对这些曲线的形状做出正确描述; 它能解释很低频率处 $(\nu \approx 0)$ 观察到的曲线的抛物线部分, 却不能

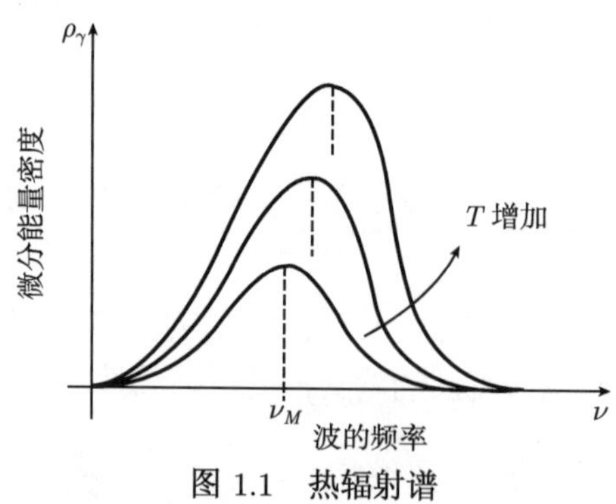

图 1.1　热辐射谱

解释高频处的再次下降. 为了理解曲线的形状, 1900 年德国物理学家普朗克提出, 在应用热力学理论时要假设炉壁和电磁波之间的**能量交换是不连续的**. 更确切地说, 这种假说认为, 炉壁和频率为 ν 的电磁波之间交换的能量总是一个与 ν 成比例的某个最小量 $h\nu$ 的整倍数. 利用这个假说, 他计算出微分能量密度:

$$\rho_\nu = \frac{8\pi h\nu^3}{c^3}\frac{1}{\exp(h\nu/k_BT)-1} \tag{1.2}$$

其中, c 是光速; k_B 是玻尔兹曼常量; h 是普朗克常量.

该公式与实验曲线符合得很好. 1901 年陆末(Lummer)和普林舍姆(Pringsheim)所做的全部仔细验证都与之完全符合. 通过这些验证还得以重新测定玻尔兹曼常量 k_B, 其值与当时公认值相符; 同时还首次测得了普朗克常量 h. 如今其公认值是

$$h = 6.626\ 068\times10^{-27}\ \mathrm{erg\cdot s} = 6.626\ 068\times10^{-34}\mathrm{J\cdot s}$$

这里, 我们对普朗克公式将不作统计热力学的推导, 因为通常在所有热力学教程中对它都有详细的叙述. 我们只想简单回顾一下, 用统计热力学解释的热辐射现象是怎样使我们在历史上第一次得到能量交换量子化的实验证明的.

在后面章节中, 我们将更详尽地叙述一些能更加明确显示实物和电磁波之间能量交换不连续性的物理现象. 在能量交换的计算中, 使用光子概念是比较方便的, 它能简洁地表示这些以等于 $h\nu$ 的数值为单位来进行交换的"能量包". 但是, 我们将把光子概念严格限制于这样的定义 (参见本章总结).

1.2　光电效应 (能量交换量子化的确证)

1.2.1　实验描述

光电效应是一种特别容易演示的现象. 只要用一盏汞灯 (紫外光源) 照射到安装在带电的验电器的一块锌板上就可以了. 若验电器带正电, 就什么都没有; 但若带负电, 就会看到缓慢放电: 光的照射使过量的负电荷从金属板析出 [阿尔布瓦克

斯 (Halbwachs), 1888].

如果把一片能透过可见光而吸收紫外光的玻璃片或有机玻璃片放在光源和锌板之间, 则验电器仍保持带电. 这就显示了光电效应的一个基本特征：它只有在波长足够短, 或频率足够高的电磁波作用下才能产生. 更系统的研究使我们能精确测得一个阈频率, 低于这个频率, 光电效应就不会发生. 这个阈频率是金属板材料的特征参量.

为了更深入地研究此效应, 需要把金属板放在真空中, 以便将发出的负电荷收集起来. 用质谱技术可以测量这些负电荷的电荷 q 与质量 m 之比 q/m, 并确认它们就是电子 [莱纳尔 (Lenard), 1899].

这样, 人们用密封在真空管内的一块光敏的金属板 (叫做光阴极) 和一条用以收集电子的丝状电极 (称为阳极) 组成一只光电管. 在正常工作情况下, 集电极相对于金属板带正电位 V. 图 1.2 给出了有关光电管工作的一切重要实验结果.

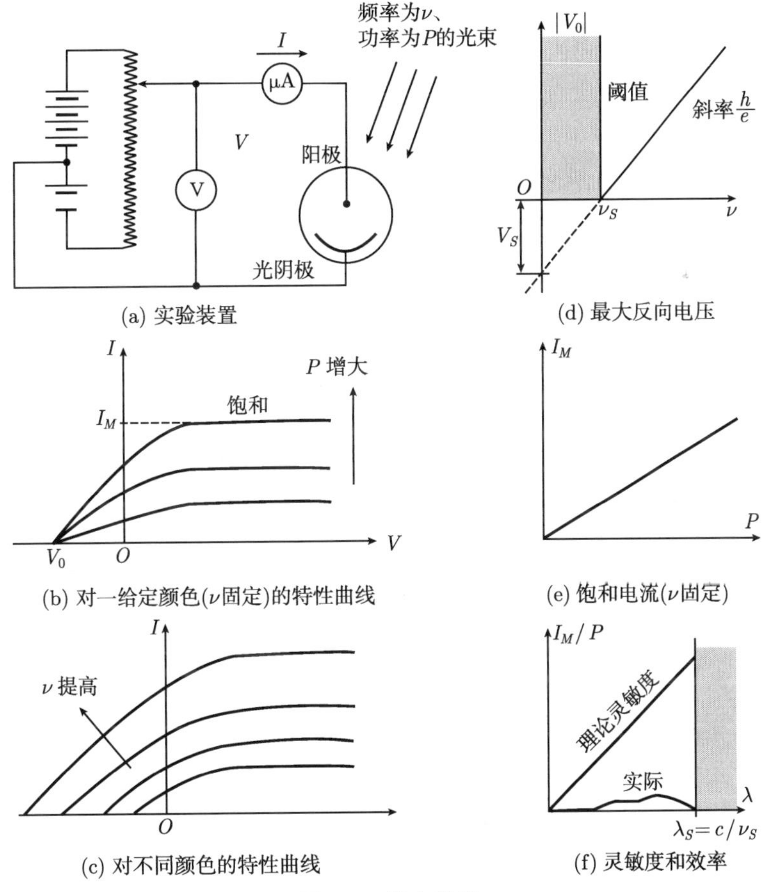

图 1.2　光电效应

图 1.2(a) 画出了研究用的实验装置. 我们测量通过光电管的电流 I 与相对于金属板的集电极电压 V 的关系, 该电压可正可负. 我们还画出特征曲线, 其形状如图 1.2(b) 和图 1.2(c) 所示. 当电压 V 是正的, 且足够高时, 电流 I 有最大的恒定值 I_M, 称为饱和光电流. 从光电管的技术应用观点来看, 重要的是饱和电流 I_M, 它正比于入射光功率 P(图 1.2(e)). 因此可以利用光电管来测量光的强度.

当电压 V 减小到接近于零时, 电流也减小, 但当电压为零时电流并不为零; 只有当电压达到某一负值 V_0 时, 它才为零. 电压的模 $|V_0|$ 表示最大反向电压, 超出这个值时, 就没有任何电流了, 因为电极排斥了所有的电子.

为了全面细致地理解该现象, 最重要的是考察最大反向电压 $|V_0|$. 它遵从极为精确的定律:

1) 它的值只依赖于所用光的频率 (若固定 ν 而改变光束功率 P, $|V_0|$ 不变, 图 1.2(b)).

2) 它的值随着光频率 ν 的升高而提高 (图 1.2(c)); 更确切地说, 其值是频率的线性函数. 图 1.2(d) 表明了这一点, 从图中可以看到一条直线, 表示 $|V_0|$ 是 ν 的函数, 在阈频率 ν_S 处, 其值为零, 低于这个频率, 就不再有光电效应.

3) 这条有代表性的直线的斜率是一个常数, 它与所有实验条件无关, 特别是与组成光阴极的材料无关, 而 ν_S 却与材料有关.

1.2.2　阈值与最大反向电压的解释

当 V 从负值 V_0 升高时, 光电流 I 也会逐渐增加, 可以简单地把这一事实解释为一切电子管中常见的空间电荷现象. 如果阴极不断产生电子, 而阳极又来不及把它们收集起来, 在金属板附近就会有电子积累, 并在真空管中形成负电荷区, 它将阻止后来的电子通过. 当阳极上的电压 V 足够高时, 阳极将迅速吸走电子, 空间电荷就消失了; 于是在光阴极上由光产生的全部电子就被收集起来, 从而就解释了称为饱和光电流的最大电流 I_M.

a) 阈频率

相反地, 仅靠经典物理规律不可能解释最大反向电压 $|V_0|$ 和光电阈值 ν_S, 以及为什么两者都与光波的功率 P 无关. 诚然, 光电效应似乎应该与光波电场作用在电子上的力有关, 当功率 P 提高时, 这个电场也要相应增大. 但是相反, 如果采用爱因斯坦在 1905 年提出的辐射场和物质之间能量交换的量子化假说, 光电效应的上述这些特性就很容易解释了.

在正常情况下, 电子是束缚在金属中的. 因此, 为了从金属中析出一个电子, 必须克服吸引力的反抗. 假若能有效地从金属中获得一个电子, 就必须克服这些吸引力而做功, 称为**萃取功或脱出功** $\mathcal{T}_S$. 也就是说, 要给电子一个脱出能 $W_S = |\mathcal{T}_S|$.

换句话说, 当一个电子从金属中析出时, 金属–电子体系就增加了一份势能 W_S(对 W_S 意义的更精确讨论请参见固体物理教程). 这个脱出能可从热电子发射现象测得, 因为用这种现象的理论可以计算出从二极管发出的热电子饱和电流 I_S 和热金属丝热力学温度 T 的关系, 计算公式是

$$I_S = AT^2 \exp(-W_S/k_B T)$$

脱出功是每种金属或合金的特征参量. 这意味着, 要从金属夺得一个电子, 必须给它一份能量, 使它能抵消反抗金属对电子的束缚力所做的功 T_S, 这份能量要大于 W_S. 如果光波是以能量为 $h\nu$ 的分立的光子形式与电子交换的, 则只有当

$$h\nu \geqslant W_S = h\nu_S$$

时, 才能从金属中夺得电子. 这样, 我们就解释了光电效应的阈频率: 阈频率光子的能量正好等于脱出能 W_S.

b) **最大反向电压**

当光波频率 ν 大于 ν_S 时, 光子多余的能量会以速度为 v 的动能的形式被电子带走, 因此能量仍保持守恒,

$$h\nu = W_S + \frac{1}{2}mv^2 \tag{1.3}$$

这就是光电效应的**爱因斯坦方程**. 这样算出的动能 $mv^2/2$ 是从金属脱出时不受空间电荷阻挡的光电子的最大动能. 正是这个初始动能使电子能克服排斥它的负电压而到达集电极. 电子所能克服的最大反向电压 $|V_0|$ 取决于它们的最大动能

$$\boxed{e\,|V_0| = \frac{1}{2}mv^2 = h\nu - W_S = h(\nu - \nu_S)} \tag{1.4}$$

其中, e 是元电荷, $e = 1.6 \times 10^{-19}$C; 电子所带电荷为 $q = -e$.

这样, 我们满意地解释了为什么最大反向电压 $|V_0|$ 是频率的线性函数, 在阈频率 ν_S 处, $|V_0|$ 为零, 而它的斜率为物理常数 h/e.

这种解释的正确性为实验测得的数值所证实:

—— 测量直线 $|V_0| = f(\nu)$ 的斜率得到常数 h/e 的值, 从该斜率导出普朗克常量 h 新的测量值. 所得数值与从热辐射测量中得到的值相符;

—— 从阈频率 ν_S 出发, 可以计算出不同金属的脱出势 V_S(图 1.2(d)):

$$e \cdot V_S = W_S = h\nu_S$$

V_S 的值表示以电子伏特为单位的脱出能 W_S. 检验结果发现, 这个值与热电子发射的实验测量值符合得很好. 为了得到数量级概念, 我们给出某些**脱出势**的数据 (表 1.1).

表 1.1　几种材料的脱出势数据

金属	Cs	Rb	K	Na	Ca	Mg	Zn	Fe	Ni
V_S(V)	2.1	2.2	2.4	2.5	2.3	2.4	3.4	4.8	5.0

很容易把每种金属的 V_S 和它的光电效应阈波长 λ_S 联系起来, 其关系是

$$\lambda_S = \frac{c}{\nu_S} = \frac{(hc/e)}{V_S} = \frac{1240\text{nm}}{V_S(\text{V})} \tag{1.5}$$

对碱金属和碱土金属, 该波长处于可见光区域, 但对 Zn、Fe 和 Ni, 它处在紫外区域.

注： 得出这些数据的测量要比从图 1.2 所示曲线所设想的更为复杂. 实际上, 电压 V_0 的确定会受到集电极 (阳极) 上寄生光电效应的干扰, 它能使电流改变方向. 在 1905 年至 1916 年间密立根所做的高精度测量中, 他选用了与光阴极不同的金属作光电管的阳极, 使它的阈频率比光阴极的阈频率更高. 用介于此两阈频率之间的频率进行工作, 就消除了寄生光电效应.

但是, 用两种不同金属工作时又出现了一个新问题：因为在不同性质金属之间存在着接触电势差. 在一个等温的闭合金属环路中, 接触电势差的代数和为零, 而在金属环路断开的情况下, 就会出现这个接触电动势差. 在光电管中, 两个电极之间就属于后一种情况, 因此就必须对实验结果进行修正.

1.2.3　灵敏度和量子效率

我们看到, 对于给定的颜色 (给定的频率) 而言, 饱和光电流 I_M 是与光束的功率 P 成正比的 (图 1.2(e)). 光电管的灵敏度是通过测量这条直线的斜率, 即比率 I_M/P 而得到.

假设每个入射光子释放一个电子, 就可计算出该比率. 每秒入射光子数为 $N = P/h\nu$; 因此它们释放 N 个电子, 其产生的电流为 $I_M = Ne$, 从而可从理论上导出：

$$\frac{I_M}{P} = \frac{Ne}{Nh\nu} = \frac{e}{h\nu} = \frac{e}{hc}\lambda$$

这样计算出来的理论灵敏度正比于光波长 λ, 如图 1.2(f) 所示. 图中也以同样的尺度画出了从一个真实的光电管中测得的曲线形状. 可以看出, 实际灵敏度远低于上面理论计算出来的灵敏度.

理论与实验的这种不符完全不说明需要重新来阐释光电效应, 因为没有任何别

的原因可用来解释阈频率和最大反向电压 $|V_0|$. 人们只需要作以下说明: 电磁波与光子发生交换的方式有许多, 在全部入射光子中能有效地从金属中打出一个电子的占很少的一部分; 绝大多数光子把能量转化为金属板的热扰动能 (热能), 或被金属板散射出光电管外而不能引发光电子. 我们把有效光子数与全部入射光子数之比叫做量子效率, 即比值 $\eta = n/N$, 其中

—— n 为每秒析出的光电子数, 有 $I_M = ne$;

—— N 为每秒入射光子数, 有 $P = Nh\nu$.

因而光电管的实际灵敏度写成

$$\frac{I_M}{P} = \frac{n}{N} \cdot \frac{e}{h\nu} = \eta \frac{e}{hc}\lambda \tag{1.6}$$

它等于理论灵敏度与量子效率 η 的乘积. η 可在实验中被测量.

为了确定数量级, 若用 MKSA 制表示电流 I_M 和功率 P, 波长用纳米, 则算得的**理论灵敏度**为

$$\frac{e}{hc}\lambda = \frac{I_M(\mathrm{A})}{P(\mathrm{W})} = \frac{\lambda(\mathrm{nm})}{1240} \tag{1.7}$$

[注意: 上述公式中的常数数值与从脱出势计算 (1.5) 式的阈波长时所用的值相等]. 因此, 对可见光谱中部 ($\lambda \approx 600$nm), 这样算出的理论灵敏度为 0.5A/W. 近代光电管的灵敏度在 1~100mA/W, 就是说, 量子效率 η 的常见值在 1/5~1/500.

1.2.4 光电离

a) 气体中的光电实验

在上述实验中光电效应发生于以固体形式相互结合的原子体系中. 但是, 在单原子蒸气互相孤立的原子中也可观察到光电效应.

实际上, 如果用波长较短的紫外光照射一种蒸气, 就可以观察到在蒸气中会出现电子. 那些被夺走电子的原子就形成正离子, 可以用质谱技术加以辨认, 从而同时可观察到它们与光电子同步出现. 由此, 蒸气中原子的光电效应被命名为光电离.

光电离只有在光频率足够高时才能发生. 我们可以测量出电离的阈频率 $\nu_i = c/\lambda_i$, 低于这个频率, 电离就不再发生. 我们可以和上面一样来解释这个阈频率: 只有当入射光波的光子带有比把电子逐出原子的脱出能 W_i 更高的能量时, 入射光波的光子 $h\nu$ 才能从原子中夺走一个电子. 这个脱出能也叫做 "**电离能**" 或原子对电子的 "**束缚能**". 我们有

$$\boxed{h\nu \geqslant W_i = h\nu_i = hc/\lambda_i} \tag{1.8}$$

光电离的阈波长 λ_i 数据示于表 1.2. 这些数据是关于碱金属蒸气和空气中的稀有气体的. 可以看到, 它们都在紫外区域, 且常常还在远紫外区.

电离能 W_i 相当于从孤立原子夺走一个电子的能量, 在 1.4.1 节中我们将把它和从其他技术测得的电离势进行比较. 这里我们仅和金属中的光电效应作一个简单的比较.

表 1.2 光电离的阈波长

原子	Cs	Rb	K	Na	Li	Xe	Kr	A	Ne	He
λ_i(nm)	318.4	296.8	285.6	241.2	230.0	102.2	88.5	78.7	57.5	50.4

b) 与金属中光电效应的比较

碱金属的电离阈波长 λ_i 要比以同类原子组成的金属块中的光电效应阈波长 λ_S 短得多. 这就是说, 要从一个孤立原子中析出一个电子, 所需的能量 W_i 要比从束缚在金属块中的原子中析出一个电子所需的能量 W_S 大得多, 即 $\lambda_i < \lambda_S \to W_i > W_S$.

c) 量子效率的比较

进一步对孤立原子和结合成金属块原子的两种光电效应进行比较涉及量子效率 η. 我们看到, 入射到金属板上的光子中, 能有效产生光电效应的部分 η 是很小的, 大部分光能量被金属吸收而不析出光电子. 这种吸收过程与对光不透明的固体性质有关 (与玻璃的透明性相反), 因而很自然地这种过程不会在蒸气中存在. 事实上, 光电效应的量子效率测量是较晚近才实现的 (1964 年), 实验是对空气中的稀有气体做的, 得到的结果为 $\eta = 1$.

但要注意, 这并不表示通过气体的、波长超过远紫外阈波长的光能量全部都被吸收了; 若气体的压力很低, 被吸收光子的能量 $Nh\nu$ 只是入射光能量的一小部分. 它只说明, 每一个被吸收的光子只会产生一个光电子. 在这种情况下, 被吸收光子数 N 等于光电子数 n,

$$\eta = n/N = 1$$

在这一节中, 我们只说了在通常可见光或近可见光作用下的光电效应, 也就是说, 起作用的能量处在几个电子伏特的数量级. 但光电效应也能在能量达到几千电子伏特的 X 射线光子作用下产生. 在这种情况下起作用的能量允许产生对应于不同脱出能 W_S 值的光电子, 其中某些值可能是相当大的, 从而证明原子内部存在着结合能强弱不同的电子 (参见本书下册 X 射线的光电效应一章).

金属的光电效应, 以及蒸气中原子的光电效应 (光电离) 证明, 在电磁波和实物之间的能量交换是以等于 $h\nu$ 的最小能量的倍数进行的. X 射线的光电效应证实了同样的规律. 此外, 它还提供了关于原子内部结构的信息, 所以最好把这部分内容放在下册中来讲述.

注： 在光电离情况下，测量量子效率比较困难. 实际上, 这需要同时测量被吸收光子数 N 和产生的光电子数 n. 比较通过蒸气前后光束的强度, 可以容易地确定被蒸气吸收的光功率的比值 x, 这就立即可导出每秒被吸收的光子数 $N = x \cdot P/h\nu$. 但光电子是产生于蒸气内部的, 所以很难通过测量相应的电流无误差地把它们都收集起来.

为了从蒸气中引出电子来, 蒸气被封闭在两块电容器极板之间, 两极板间加上不同的电势 V. 电子被吸引到正极板, 而收集到的电子则与电势 V 有关. 若 V 太小, 就不能收集到全部电子, 测量到的电流也会很小 (在蒸气内一部分电子会与正离子复合); 如若相反, V 太大, 蒸气中就开始发生放电, 放电电流会附加到光电子电流中去. 实验表明, 在 V 的数值中存在着一个中间平台值, 那里, 极板上收集到的电流 I 是一个常量. 这就是说, 蒸气中产生的光电子全都被收集起来, 却没有发生放电, 从而可以计算出每秒产生的光电子数 $n = I/e$.

1.3　光谱 (原子能级的量子化)

常用光源分别属于两种主要类型:

- **热光源**　其内部有一种处于高温的耐熔材料 (可能是一种金属导体, 如电灯泡中的钨丝, 也可能是绝缘体, 如旧时煤气灯纱罩上的氧化铈). 这种热光源发出的辐射连续分布在所有频率上, 其连续光谱主要决定于温度, 而与所用材料关系很小. 正是对这种辐射的热力学解释, 使普朗克设想在辐射与实物之间的能量交换是不连续的 (参见 1.1 节).
- **放电光源**　其内部有电流穿过由一种给定化学元素形成的蒸气 (可以是充满如放电管那样的密闭加热容器的、一种处于平衡状态的蒸气, 或者是从电弧电极上析出的原子形成的瞬息即逝、而又不断更新的蒸气).

和热光源相反, 放电光源只发射某些特定频率的光, 光谱仪上观察到的线状光谱证明了这一点. 每一条谱线的频率是非常精确地测定了的 (相对精确度为 10^{-6} 数量级), 它们是存在于放电蒸气中不同种类原子或离子的特征谱线.

注： 光谱学家有时把中性原子发出的弧光谱和在更为激烈的放电条件下形成的离子发出的火花光谱区别开来. 更精确地说, 他们把如下光谱称为

—— $\mathrm{Fe^{I}}$ 谱：中性原子发出的光谱;

—— $\mathrm{Fe^{II}}$ 谱：$\mathrm{Fe^{+}}$ 离子发出的光谱;

—— $\mathrm{Fe^{III}}$ 谱：$\mathrm{Fe^{++}}$ 离子发出的光谱;

—— $\mathrm{Fe^{IV}}$ 谱：$\mathrm{Fe^{+++}}$ 离子发出的光谱.

$\mathrm{Fe^{II}}$ 或 $\mathrm{Fe^{III}}$ 等不同的离子谱线可以从下述事实得到证实：它们只出现在放电的某些特定条件下, 此时从质谱仪上可同时观察到 $\mathrm{Fe^{II}}$ 或 $\mathrm{Fe^{III}}$ 等离子的

存在.

1.3.1 组合原理和玻尔定律

每种原子都存在着一些表征其特性的发射频率, 这是一个非常重要的实验事实. 这个事实只有在发现了把这些发射频率与原子本身联系起来的基本定律以后才有可能得到解释.

a) 氢原子

这是一种特别简单的情况, 因为原子核周围只有一个电子 (参见下册). 氢原子发射的各条谱线的波长 λ 由巴耳末–里德伯经验定律联系起来:

$$\frac{1}{\lambda} = R\left(\frac{1}{n^2} - \frac{1}{p^2}\right) \tag{1.9}$$

其中, n 和 p 是两个整数; R 是一个由实验值确定的常量, 称为里德伯常量.

如果波长用厘米表示, 其倒数称为波数, 用 cm^{-1} 表示, 则里德伯常量的值为 $R = 109\ 677\text{cm}^{-1}$ (为了确立数量级概念, 我们指出, 当可见光波长为 500nm 时, 相应的波数为 $1/\lambda = 20\ 000\text{cm}^{-1}$.

这样, 氢原子发出的各种辐射的波数可用两个指标 n 和 p 来编号, 写成 $1/\lambda_{np}$, 它等于不同项 R/n^2 的差值, 而 R/n^2 则构成仅依赖于单个指标的一个序列.

注 (历史): 巴耳末在 1985 年时只知道氢原子在可见光谱中的谱线, 它们对应于一个固定值 $n = 2$, 写成一个定律, 其形式是 $\lambda = \lambda_0 p^2/(p^2 - 4)$. 1889 年里德伯把这个式子改写为

$$\frac{1}{\lambda} = \frac{4}{\lambda_0}\left(\frac{1}{4} - \frac{1}{p^2}\right) = R\left(\frac{1}{4} - \frac{1}{p^2}\right)$$

当 20 世纪初发现了对应于其他 n 值的氢原子紫外和红外谱线时, 就很容易把这种形式的定律推广了.

b) 推广: 里茨组合原理

氢原子谱线所遵守的规律是特别简单的, 因为氢原子是只有一个电子的最简单的原子. 然而, 这个定律可用某种方式推广到所有原子. 这就是用里茨在 1908 年发表的组合原理: 一种原子发出辐射的波数可用两个指标来编号, 并可以用只依赖于单个指标的一系列项之差来表达:

$$\frac{1}{\lambda_{np}} = T_n - T_p \quad (\text{两个光谱项之差})$$

这就是说, 从测量某种原子的实验值可以得到一系列的 T_n, 称为光谱项, 而对应于该原子一条谱线的波数, 则等于两个光谱项之差.

c) 玻尔解释

丹麦物理学家玻尔于 1913 年用光子概念解释了这个定律. 事实上波数 $1/\lambda$ 正比于频率 ν, 还与相应的光子能量 $h\nu$ 成正比

$$h\nu_{np} = hc/\lambda_{np} = hcT_n - hcT_p$$

因此, 用波数表述的组合定律也适用于该原子发出的各种光子的能量 $h\nu$.

如果假定每个孤立原子的发射过程是互相独立的, 即每个光子只是由单个原子发出的, 能量 $h\nu_{np}$ 代表发射过程中该原子所失去的能量, 则普遍的能量守恒定律要求

$$h\nu_{np} = E_i - E_f$$

其中, E_i 称为发射光子前原子的初始能量; E_f 为发射光子后的终止能量. 比较上述两个方程, 就能通过原子发射前后所具有的两个能量值 E 来确定 hcT_n 和 hcT_p.

因为发射光子的能量除了两项差之外, 不可能有其他值, 所以可以得出结论: 原子不可能具有 hcT_n 以外的能量值.

"一个原子所具有的能量只能取组成一个不连续序列的某些特定值", 这就是在考虑到存在光子的条件下, 玻尔为解释里茨组合原理所最终提出的假说.

对应于这些能量特定值的原子状态也叫做原子的能级. 当原子在两个能级之间跃迁时, 就发射出相应谱线的电磁波.

基于后面所述的其他理由 (见后面 1.3.2 节和 1.4.1 节), 我们规定这些能量是负的:

$$E_n = -hcT_n \tag{1.10}$$

(不要忘了, 这些能量仅仅是由它们之间的差来确定的, 因此某一能级的能量只能在含有一个附加常数的情况下才能被确定.)

当原子从初始能态

$$E_i = E_p = -hcT_p$$

过渡到能量较低的终止能态

$$E_f = E_n = -hcT_n$$

时, 原子发射出频率为 ν_{np} 的波. 玻尔定律写做:

$$\boxed{h\nu_{np} = E_i - E_f = E_p - E_n = hcT_n - hcT_p} \tag{1.11}$$

d) 氢原子能级图

我们要讲述的关于氢原子的内容可由图 1.3 全部概括. 图中朝下指向的纵轴代表谱项 T 的值 (以 cm^{-1} 为单位), 每一个谱项值由一条水平线表示, 谱项指标数 n

标在右侧轴上. 采用向上指向的纵轴和相应变化的尺度, 这些水平线就表示对应于每个原子状态的能量 ($E_n = -hcT_n$).

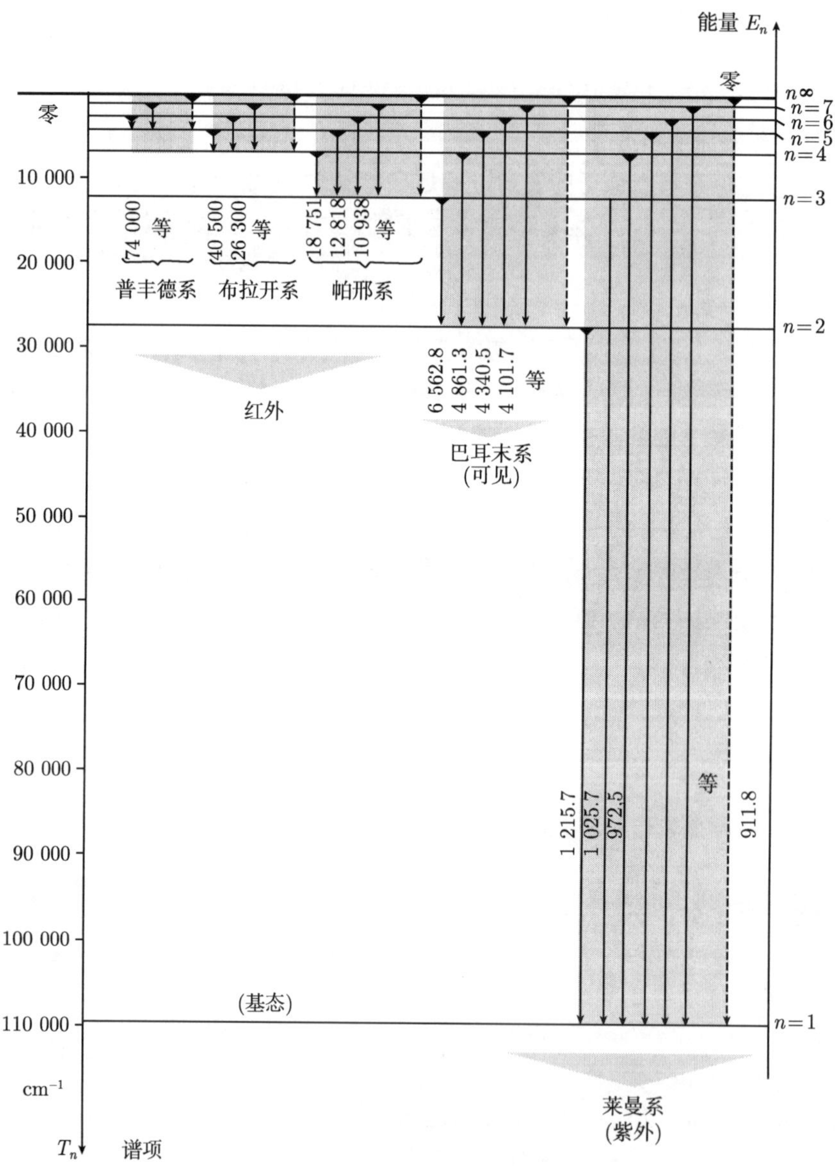

图 1.3　氢原子的能级图和光谱跃迁

在有的箭头旁标明了相应的波长值，以埃 (1Å=0.1nm) 为单位

能级之间的跃迁用竖直的箭头表示. 每种跃迁发出的光子能量用箭头的长度来表示. 在一些箭头旁还标出了以埃 (1Å=0.1nm) 为单位的波长.

氢是一种特殊情况. 一般说来, 一个原子的光谱中观察不到从两个任意 n 和 p 谱项计算出来的一切频率. 这就是说, 在任意能级 E_n 和另一任意能级 E_p 之间的跃迁并非都是可能的.

注 1(历史): 玻尔定律是实物与辐射之间能量交换量子化定律对孤立原子情况的一种简单推广. 在灼热炉子的情况下 (普朗克定律), 或在光照金属板内自由电子的情况下 (光电效应), 我们已经证实了这种规律. 但是, 这种规律和经典电磁理论的结果完全矛盾, 虽然后者在对电磁波的描述上有许多方面是非常成功的. 实际上, 只有在卢瑟福实验 (见附录 4) 推翻了汤姆孙的经典原子模型 (弹性束缚电子) 和证明经典理论不能解释原子发射光波的机理以后, 玻尔才大胆地做出了这样的推广.

注 2: 原子也能发射 X 射线波段的线状谱 (见本书下册). 这种线状谱也和光学线状谱一样遵从组合原理; 也可以定义一些被解释为能量的谱项. 把 X 射线发射的线状谱与 X 射线的光电效应相比较, 可以更为细致地了解原子内部的结构. 所以我们把有关 X 射线的内容通通归纳在下册中.

1.3.2　光学共振实验, 原子基态

a) 现象的观察

观察钠原子的光学共振现象是特别容易的 (1905 年由美国人伍德观察到). 当今含钠放电灯是工业化生产的, 常被用于街头照明. 它们发出的橙黄色光几乎是单色的, 它的光谱只包含钠的一条 D 线, 其波长为 $\lambda = 589.3\text{nm}$(在这些实验条件下, 可见光区域钠的其他谱线的强度很低).

可以用这种光来照射一个含有钠蒸气的玻璃泡 (先把含有一小块钠的玻璃泡抽成真空, 然后用本生灯把它加热, 以得到足够高的蒸气压), 此后作如下的观察 (图 1.4):

—— 透过钠蒸气从玻璃泡出来的光束强度减弱, 部分光强被蒸气吸收;

—— 被入射光穿透的钠蒸气本身变成了光源, 它向空间各方向发出同样波长的光, 称为荧光, 或更确切地叫做共振荧光.

光学共振现象可以看做是荧光现象的一种特例. 一般说来, 荧光这个词是指一个物体受外界光束照射而同时发射出来的光. 发射出来的荧光频率一般低于产生此现象的原始光束的光频率. 例如, 所谓 “黑光” 照明就是利用紫外光作为原始光束来产生可见光的荧光现象. 光学共振是一种用原始光束照射物体以使其发射同样波长荧光的特殊情况. 这种不改变频率的荧光只产生于某些非常特定的、表征组成蒸气原子的特性频率上.

在其他单原子蒸气 (即构成蒸气的粒子是孤立的、并不组成分子的原子) 中也可以实现这类实验, 并证实有以下一般规律:

—— 只有当入射光束频率与构成蒸气的原子谱线频率相符时, 单原子蒸气才能强烈地吸收这种光;

—— 只有在同时伴随有同一频率的荧光发射的某些谱线频率上才能观察到这种强吸收, 因此这些区别于其他谱线的谱线被称为共振线.

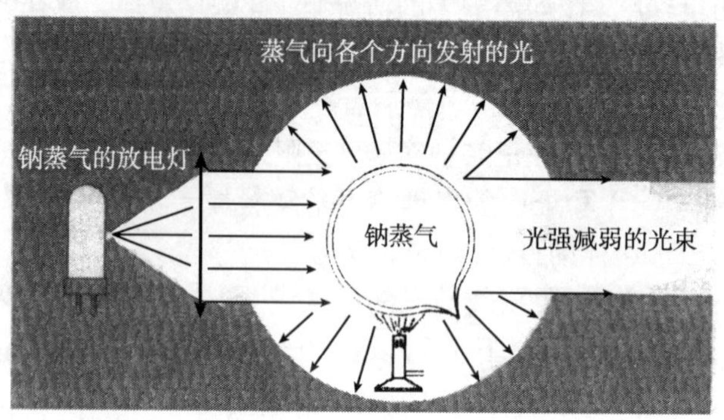

图 1.4　光学共振的实验

注: 光学共振现象与不改变频率的散射现象也有非常明显的区别, 主要有两点:

—— 强度大得多;

—— 很高的频率选择性, 符合共振条件的频率是所用原子的特征频率.

选用 "共振" 这个词汇是出于与机械和电振动现象相类比. "共振" 时, 以外加频率强迫振动的振幅急剧增大, 并且当外加频率等于所研究系统的固有特征频率时达到最大.

b) 实验事实的解释

从原子有能级的玻尔假说出发, 可以很容易地解释实验事实.

1) 如果原子和电磁波之间完全是以光子的形式来交换能量, 并且假定与原子能级相对应的能量只能取 $E_1, E_2, \cdots, E_n$ 等一系列分立值, 原子就只能吸收那些能量严格等于两个可能能级 E_n 和 E_p 之间的能量差的光子, 而自己则从 E_n 能级跃迁到 E_p 能级; 也就是说, 光子遵从玻尔定律 $h\nu_{np} = E_p - E_n$.

这样就可以理解, 原子只能吸收与其特征谱线频率相同的那些光波.

2) 还要解释为什么吸收只发生在某些谱线频率上, 而不发生在其他频率上. 我们知道, 根据物理学普遍原理, 一个系统最稳定的状态是那些能量最小的状态. 因此就可想象, 正常状态下原子只能处在相应于能量可能值中其值最小的那个状态 E_1. 这个状态称为原子基态. 如果在正常状态下蒸气只包含基态 E_1 的原子, 蒸气就只能吸收那些能够引起原子从基态跃迁的光子, 即对应于某些特定光谱线的光

子:

$$h\nu_{1p} = E_p - E_1 = hc(T_1 - T_p) \tag{1.12}$$

因此我们可以理解, 相对于原子的全部谱线, 共振线只是少数. 假如考虑到对应于每条共振线的波数的两个谱项, 就可证明这种解释是正确的; 实际上我们也验证了, 对于原子的各条共振线, 这些谱项的首项始终是相同的.

各条共振线的共同谱项 T_1 是原子谱项中最大的, 这一事实说明选择能量为负值是合理的: 基态的最低能量 $E_1 = -hcT_1$ 对应于最大谱项 T_1. 对氢原子情况 (图 1.3), 共振线是莱曼系的谱线, 它们全都处在紫外区域.

最后的结论是, 一个原子发射或吸收的辐射完全可以由能级假说来解释: 在正常情况下, 原子处于最低能量 E_1 的基态, 一个外部因素 (共振频率的辐射或放电电流) 可把原子带到具有较高能量 E_n 的状态. 这叫做原子被激发, 或者原子处于激发态. 被激发的原子自发地倾向于回到能量较低的状态, 并以光子形式发出多余的能量. 这时, 它既可跃迁到能量较低的其他激发态, 也可直接跃迁到基态而放出共振频率的光子.

下节描述的实验将分析放电中原子激发的机理, 从而证实这个假说.

注 1: 用色散率较大的光谱仪可把钠的 D 线分解为两条相邻的谱线: $\lambda = 589.6\text{nm}$ 的 D_1 线和 $\lambda = 589.0\text{nm}$ 的 D_2 线. 这两条谱线中的每一条都分别表现出共振线的行为; 同时使用这两条线也得到同样的现象.

注 2: **镜面反射** 按上述方式进行光学共振实验时, 可以通过改变充满蒸气的玻璃泡的温度来改变所用蒸气的密度, 即单位体积中的原子数 n, 而密度 n 随着蒸气压力的增大而提高, 亦即随着容器最冷点的温度 (冷壁原理) 的提高而提高. 当蒸气压力提高时, 入射光的衰减程度也和蒸气发出的荧光强度同时增大. 假如密度大大增加, 入射光束在玻璃泡内就完全被吸收了, 甚至在透过玻璃泡之前就被吸收了. 在这种情况下, 只有接近玻璃泡入射面的蒸气才能被照亮, 而位于玻璃泡另一边的蒸气就处于黑暗之中; 因此, 只有接近玻璃泡入射面的那一部分蒸气才发射荧光. 如果入射光束全部被吸收的距离比 1cm 还短, 荧光似乎是从玻璃泡壁上发出来的, 看上去好像是玻璃泡染上了入射光束的颜色. 但是, 在这个现象中并没有什么本质上新的东西.

相反, 如果蒸气密度足够高, 以致入射光束在入射窗口附近距离明显小于光波长 λ 的范围内被全部吸收, 那么在光学共振现象中就会发生显著的变化. 蒸气发出的光不再是向空间各方向发射了, 而是集中在一个特殊方向上. 整个情况如同入射光在包围蒸气的表面上反射一样, 就像金属表面反射. 这叫做镜面反射现象. 我们注意到, 只有当光波的波长严格等于共振线波长时, 才能产生这种反射现象; 其他不同波长的光波仍能正常地继续透过玻璃蒸气泡.

为了解释镜面反射现象, 需要应用子波的概念, 并认为每个原子发出的子波和激发原子的入射光波有严格的相位关系. 实际上发射原子都处于厚度远比波长 λ 还小的体积中, 从而可忽略在小体积该厚度内传播的光波的相位变化. 换句话说, 我们可以认为发射原子是分布在一个表面上. 若这个表面上不同原子发射的子波和同一入射波具有相同的相位关系, 这就把我们带到了与金属反射相同的子波光学问题中去了: 在一个特殊方向上所有子波都是同相位的, 这个特殊方向是入射方向相对于法线的对称方向, 在这个方向上由干涉而形成的总振幅是非常大的. 在其他方向上, 子波的相位是各不相同的, 干涉的结果是振幅等于零.

这个镜面反射实验表明, 光子交换概念并不会使波动传播概念废弃不用, 并且还提出了建立两种现象之间的关联问题. 对此, 我们将在第 5 章中加以讨论.

1.3.3 谱线宽度, 多普勒效应

在本教程后面章节中我们将看到, 有许多实验涉及原子体系能级之间的跃迁. 这些处于光频或射频区域的跃迁不是严格单色的, 而是在频率轴上有一定的分布宽度 $\Delta\nu$. 许多现象都与此有关.

a) *多普勒效应*

一般发出电磁辐射的原子都不是静止的. 在大多数情况下, 原子是放电激发气体的一部分, 所以它们都带有某种热激发速度. 对一个实验室参考系的观察者来说, 他应该认识到发射是来自运动光源的, 就有必要考虑多普勒效应. 相比于光速 c, 原子速度 v 是很小的, 所以可使用多普勒效应的经典表达式. 令 θ 为观察方向与速度矢量的夹角, 在跃迁精确频率 ν_0 和观察频率 ν 之间的频率变化 $\delta\nu$ 是

$$\frac{\delta\nu}{\nu_0}=\frac{\nu-\nu_0}{\nu_0}=\frac{v\cos\theta}{c}=\frac{v_x}{c} \tag{1.13}$$

其中, v_x 是沿观察方向上的速度分量. 如果我们假定光源气体的温度是均匀的, 原子速度分布遵从麦克斯韦分布律, 则速度分量在 v_x 和 $v_x+\mathrm{d}v_x$ 之间的原子数为

$$\mathrm{d}N=Nf(v_x)\mathrm{d}v_x$$

$f(v_x)$ 是 v_x 分量的概率密度,

$$f(v_x)=\sqrt{\frac{M}{2\pi RT}}\exp\left(-\frac{M}{2RT}v_x^2\right) \tag{1.14}$$

其中, N 是光源中的总原子数; M 是气体的相对分子质量; R 是理想气体常量.

设 $P_\nu\mathrm{d}\nu$ 是发射到 ν 和 $\nu+\mathrm{d}\nu$(ν 与 ν_0 相差不远) 之间频带中的功率, 它与发射到这个频带中的原子数成正比, 即与速度分量处在 v_x 和 $v_x+\mathrm{d}v_x$ 之间的原子数成

正比, 而

$$v_x = c(\nu - \nu_0)/\nu_0 \quad \text{和} \quad \mathrm{d}v_x = c\mathrm{d}\nu/\nu_0$$

令 K, K', K'' 为比例系数, 有

$$P_\nu \mathrm{d}\nu = KNf(v_x)\mathrm{d}v_x = KNf\left(c\frac{\nu - \nu_0}{\nu_0}\right) \cdot \frac{\mathrm{d}\nu}{\nu_0}$$

或

$$P_\nu = K' f\left(c\frac{\nu - \nu_0}{\nu_0}\right) = K'' \exp\left[-\frac{M}{2RT}\frac{c^2(\nu - \nu_0)^2}{\nu_0^2}\right]$$

图 1.5 表示强度随 ν 变化的函数关系的形状. 很容易确定曲线半高度处的宽度 $\Delta\nu_D$, 令指数项等于 1/2, 就能算出宽度 $\nu_{1/2} - \nu_0 = \delta\nu_{1/2}$. 我们得到

$$\delta\nu_{1/2} = \pm\frac{\nu_0}{c}\sqrt{\frac{2RT}{M}\ln 2}$$

这个宽度的一倍就是半高度线宽

$$\boxed{\Delta\nu_D = 2\left|\delta\nu_{1/2}\right| = \frac{2\nu_0}{c}\sqrt{\frac{2RT}{M}\ln 2}} \tag{1.15}$$

因此, 多普勒增宽正比于温度的平方根, 正比于频率 ν_0, 而反比于分子质量的平方根. 通过数值计算读者可以证实, 对 500K 钠的黄线, 多普勒增宽为 $\Delta\nu_D = 1700\text{MHz}$(以频率为单位), 或 $\Delta(1/\lambda) = 0.056\text{cm}^{-1}$ (以波数为单位).

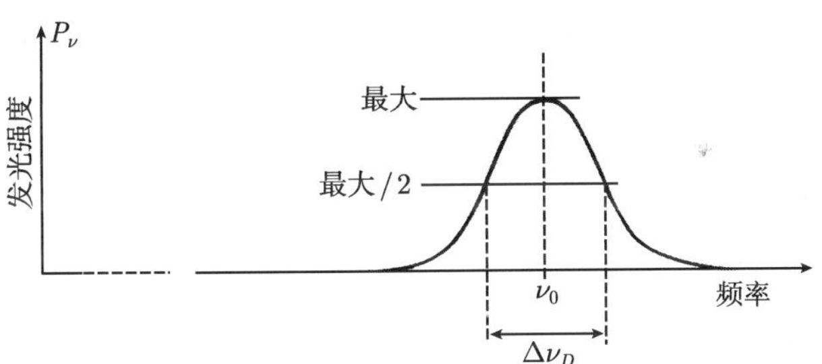

图 1.5　谱线的多普勒宽度

b) *由斯塔克效应引起的增宽*

在电场作用下原子会受到扰动, 其常规能级会分裂成许多靠得很近的能级 (斯塔克效应). 观察到的光谱会变得十分复杂, 从一条谱线分裂出许多邻近的组分来. 研究电场作用时, 为了把这些组分分开来, 往往要使用几千伏量级的高电压, 以使电场强度达到 10^7V/m. 在光源中存在着由电极产生的直流或交流电场, 而且在每个原子的能级上还存在着一个由放电产生的各种离子引起的电场. 一方面, 这些不同电场在数量上要比上述的 10^7V/m 低得多; 另一方面, 分布在一个激发原子能级上的电场, 在数量和方向上都是有涨落的. 一般情况下, 观察到的光源系统的平均效应使我们不能明显地区分邻近组分, 而只能看到谱线的增宽.

c) 自然线宽和碰撞增宽

自然线宽与孤立原子处于一个激发态的时间有关. 研究自然线宽涉及一些非常基本的概念, 我们将在 5.2.2d 节中加以讨论. 相对于上面提到的其他增宽原因, 自然线宽其实是可以忽略的. 然而在光源中原子不是孤立的, 不同原子之间存在着碰撞. 当激发原子遭受碰撞时, 一般它会在碰撞过程中丧失激发能, 因此其激发态寿命就缩短了. 读者在第 5 章中将会学到, 自然线宽与激发态的寿命成反比. 所以碰撞效应使跃迁的自然宽度增加. 为了获得一个概念, 我们记住, 在相当于一个大气压的压强下, 由碰撞引起的增宽可与多普勒增宽相比拟. 要使碰撞效应可忽略, 发射原子应处于低压气体中. 大多数用于光谱研究的光源都属于这种情况 (1Torr, 或 1mmHg 数量级的压强, 约为 1/1000atm).

当气体光源压强提高 (几个大气压) 或被强烈电离时, 谱线形状变得很复杂, 还会发生谱线频移. 这使研究谱线增宽与频移成为一种分析光源介质的方法, 常用于等离子体物理研究中.

另一种为共振线所特有的增宽原因是自吸收现象, 第 3 章中将会讲到这一点 (3.1.4 节注 2).

1.4　原子蒸气的电子激发 (能级量子化的确证)

在穿过单原子蒸气进行放电时, 可以观察到两种主要现象:

—— 在蒸气中原子形成正离子, 可用质谱技术来加以证实;

—— 蒸气中的中性原子或由其产生的正离子发出带有特征光谱频率的光.

在这两种情况中, 放电起着给蒸气原子提供额外能量的作用. 在下述实验中, 我们将研究这种能量供给的机制.

1.4.1　电离势

a) 实验测量

1902 年莱纳尔在研究电离现象时首先完成了这类实验. 为了实现可控的放电, 莱纳尔采用了一种三个电极的装置, 类似于三极管灯, 但其中不用真空, 而是充了低压蒸气 (图 1.6(a)). 第一个电极是发出电子的热灯丝, 电子的速率很低, 实际上可认为是零 (即热电子发射效应, 其理论在统计热力学教程中叙述). 第二个电极是网眼较大的栅极. 若在栅极和灯丝之间加上一个正电势差 V_g, 电子被栅极吸引. 当电荷为 $q=-e$ 的电子到达栅极并穿过栅网时, 作用在电子上的电场力对其做功, 几近于 eV_g (图 1.6(b) 画出了管中灯丝和栅极之间的等势面). 因为电子出来时速度为零, 它们得到的动能为 $\frac{1}{2}mv^2=eV_g$. 我们可以改变电势差 V_g, 从而控制穿过蒸气并与原子碰撞的电子的速度.

我们在作为第三个电极的板极和灯丝之间加上一个足够大的负电势差 V_p. 板极排斥所有的电子, 任何电子都不能到达板极 (参见图 1.6(a) 表征的电子轨迹). 但若在蒸气中形成了正离子, 它们将被板极强烈吸引, 并撞在板极上. 板极上带来正电荷使它有一个电流 I 通过, 并使连接板极与电源的电流计偏转. 如果没有正离子, 板极接受不到任何东西, 电流为零, 电流计指针停留在零点上. 这样我们得到了一种检测正离子形成的方法.

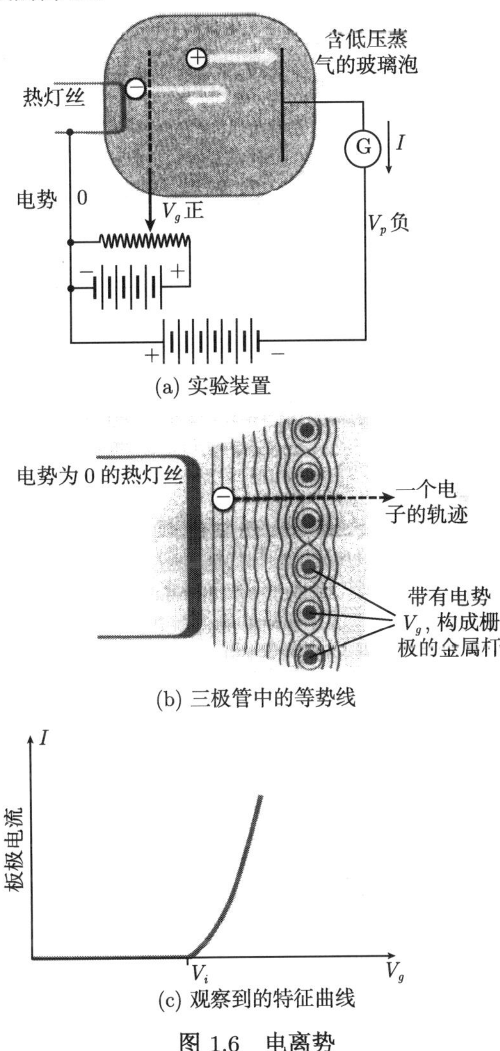

(a) 实验装置

(b) 三极管中的等势线

(c) 观察到的特征曲线

图 1.6　电离势

注:　规定栅极电压 V_g 和板极电压 V_p 两者的符号都与通常三极电子管中所用的符号相反.

实验是测量电流 I 与所加电压 V_g 的函数. 图 1.6(c) 的曲线表明所得结果是: 当电压 V_g 较小时, 电流 I 为零; 当电压大于某个初始值 V_i 时, 电流 I 才不为零, 而且随电压 V_g 的提高而迅速增长. 这表示, 蒸气中只有当 $V_g \geqslant V_i$ 时, 或者, 当与蒸气中的原子碰撞的电子所带动能 $\frac{1}{2}mv^2 = eV_g \geqslant eV_i$ 时, 才会形成正离子. 这个电压叫做相应原子的**电离势**.

b) 解释

可以用讨论蒸气中的光电效应时引入的脱出能或束缚能 (参见 1.2.4 节) 的概念来解释这个实验. 为了从孤立原子夺走一个电子, 需要给它提供由 (1.8) 式所示的电离能 W_i.

由栅极加速的电子与原子进行非弹性碰撞时, 电子带有所需的能量. 非弹性碰撞是在粒子之间的碰撞过程中, 粒子的一部分动能转变为其他形式能量的碰撞. 相反, 对弹性碰撞, 则在碰撞过程中粒子的动能总和是守恒的 (参见下一节). 当电子在非弹性碰撞之后静止时, 就把它的全部动能 $\frac{1}{2}mv^2 = eV_g$ 都交给了原子, 电子就带给原子以最大的能量.

如果这能量低于电离能 W_i, 碰撞就不会引发原子电离. 相反, 当原子与一个带有足够动能

$$\boxed{\frac{1}{2}mv^2 = eV_g \geqslant W_i = eV_i} \tag{1.16}$$

的外来电子做非弹性碰撞时, 会从原子中夺走一个电子.

加上这最后一个等式 $W_i = eV_i$, 就能很好地解释上面描述的实验 ($V_g \geqslant V_i$), 并给实验测得的电离能 V_i 以能量的意义. 表 1.3 给出了碱金属蒸气和稀有气体中 V_i 的观察值, 这也就是以电子伏特为单位的这些原子**电离能** W_i 的测量值.

表 1.3　碱金属和稀有气体原子的电离势 V_i

原子	Cs	Rb	K	Na	Li	Xe	Kr	A	Ne	He
V_i(V)	3.89	4.18	4.34	5.14	5.39	12.1	14.0	15.8	21.6	24.6

历史上, 是电子轰击实验第一次提供了原子电离能的测量值, 而这些测量后来为光电离实验所证实.

c) 与阈频率或阈波长的比较

为了解释光致电离的阈波长 λ_i (1.2.4 节), 我们已经使用了电离能的概念 [参见 (1.8) 式].

$$eV_i = W_i = h\nu_i = hc/\lambda_i$$

很容易验证, 直接从各种不同实验测得的电离势 V_i 和光电离的阈波长 λ_i 的数值之间由一个与 (1.5) 式相类似的关系式很好地联系起来, 而我们已经在 1.2.2 节中见到了把金属的脱出势 V_S 和光电效应的阈波长 λ_S 相联系的 (1.5) 式. 于是有关系式

$$\lambda_i = \frac{c}{v_i} = \frac{hc}{W_i} = \left(\frac{hc}{e}\right)\frac{1}{V_i} = \frac{1240\text{nm}}{V_i(\text{V})} \tag{1.17}$$

上述数值表可用来验证这个关系式的精确性. 这种一致性证实用来解释这些实验所引入的概念是正确的.

d) 与基态能级能量的比较

另一种重要验证是电离能与原子基态能级能量的一致性, 后者是我们同时从光谱 (1.3.1 节的谱项 hcT_n) 和从光学共振实验 (1.3.4 节, 能量最小的基态能级 $E_1=-hcT_1$ 对应于最大谱项) 中得到的. 例如, 对氢原子情况 (其能级示于图 1.3), 电离能的测量值为 W_i=13.6eV, 与最大谱项hcT_1 的值相符, 这两种独立测量提供了同一个氢原子基态的能量值:

$$E_1 = -W_i = -eV_i = -hcT_1$$
$$\Rightarrow \quad V_i = 13.6(\text{V}) = \left(\frac{hc}{e}\right)T_1 = \frac{hc}{e}\frac{1}{\lambda_{\text{lim}}} = \frac{1240}{91.18}$$

其中, $\lambda_{\text{lim}} = 91.18\text{nm}$ 是莱曼系的极限波长; 谱项 $T_1 = 1/\lambda_{\text{lim}} = 109\ 677\text{cm}^{-1} = 1.096\ 77 \times 10^{-2}\text{nm}^{-1}$.

注 1: 正像我们在讨论光电离时曾指出的, 原子的电离能 $W_i = eV_i$(参见表 1.3) 的值差不多是相应金属原子脱出能 $W_S = eV_S$ 的一倍 (见表 1.1). 这意味着, 单个原子中电子束缚得比在同类原子组成的金属块中更强. 这个性质证实了不依附于特定原子的自由电子的假说, 并由此解释了金属的导电性.

注 2 (历史): 莱纳尔在实验中使用了水银泵来抽真空, 他所用的低压气体被来自泵中的汞蒸气污染, 结果在一切情况下测到的都是汞原子的电离势 V_i = 10.5V. 但弗兰克和赫兹在改善了的条件下重复了莱纳尔的实验, 他们测得了真正属于被研究原子的电离势.

1.4.2 弹性碰撞与非弹性碰撞

电子轰击实验的解释是建立在非弹性碰撞概念基础上的. 非弹性碰撞是一种粒子间的瞬间相互作用, 在此过程中它们的部分动能不可逆地转变为功了. 相反, 在弹性碰撞过程中, 相互作用力所做的总功为零, 所以总动能守恒.

在附录 3 中我们复习了一般在力学课程中讲述的, 从能量与动量守恒出发的碰撞问题. 为了能够利用这些结果, 首先需要建立若干数量级概念. 气体中原子的

热激发速率可以从统计热力学定律出发来计算, 质量为 M 的气体, 其原子速率 v 的平均平方值是热力学温度 T 的函数, 由方程 $Mv^2 = 3k_BT$ 决定. 其中, k_B 是玻尔兹曼常量. 这样算得的原子速率为 100~1000m/s 量级. 乍一看来, 这些速率似乎很大, 但在电子动能 $\frac{1}{2}mv^2 = eV_g$ 和栅极电压 $V_g = 1\text{V}$ 的情况下, 可算得电子速率为 $v = 400\,000\text{m/s}$. 在几伏电压 V_g 的加速下, 电子速率就远远超过了原子, 所以与电子相比, 在一级近似下可以认为原子是准静止的. 因此我们所研究的碰撞是一种非常特殊的情况：一个很轻的投射粒子 (被栅极加速的电子) 撞击一个很重的、准静止的靶子 (原子).

在这种特殊情况下, 我们以普遍方式表明了, 碰撞以后重靶子实际上保持不动, 其动能仍基本为零. 这意味着, 重靶子能吸纳投射子的动量, 而仅获取了可忽略的动能. 因此可以得到下面结论：

- 若碰撞是弹性的, 投射子 (电子) 保持其动能, 仅仅其速度方向发生了变化 (可与台球从桌边弹回的情况相对比).
- 若碰撞是非弹性的, 投射子 (电子) 损失的动能全部用来补偿相互作用力所做的抵抗功 $\mathcal{T}$, 即以势能的形式转换为 $W = |\mathcal{T}|$.

相反, 若投射子和靶子有可相比的质量, 靶子受碰撞后开始运动, 从而也得到了可观的动能. 在弹性碰撞中, 投射子的动能不再保持不变. 在非弹性碰撞中, 投射子损失的动能会超过所做的功 $|\mathcal{T}|$, 即超过势能 W 的增益, 投射子动能的一部分转换为靶子的动能.

当我们把电离极限写成 $eV_g = \frac{1}{2}mv^2 = W_i$ 时, 原子和电子质量的巨大差距保证我们用碰撞来解释电离实验是合理的. 弹性碰撞或非弹性碰撞的结果也使我们能更好地理解后面章节中所描述的实验.

1.4.3　共振电势, 弗兰克–赫兹实验

莱纳尔所做的这一类电离实验中, 人们观察到, 在与电子碰撞过程中原子发生了变化, 即电离了; 而电子出现了什么变化, 人们却毫不知晓. 重复了莱纳尔的实验以后, 德国物理学家弗兰克和赫兹在 1913 年设想出了一个新实验, 其目的刚好相反, 是要观察碰撞过程中电子的行为.

a) 实验装置

实验装置 (图 1.7(a)) 与莱纳尔所用的充气三极管类似. 不过现在三极管的板极集电极带着一个正电势 V_p, 以便接收电子, 而不是离子. 板极带上负电荷, 就有电流 I 通过 (与正离子撞击的莱纳尔实验中产生的电流方向相反). 这个正电势 V_p 不能取任意值：它要比栅极电势稍微低一点, 即 $V_p = V_g - \varepsilon$. 其中, ε 是一个正的恒量, 其值为几分之一伏.

在这样的条件下得到:

1) 电子以动能 $\frac{1}{2}mv^2 = eV_g$ 穿过栅极, 在栅极与板极之间受到一个推斥力, 使它冲向板极的运动速率降低, 然而却仍能以减小了的动能 $\frac{1}{2}mv^2 = eV_g - e\varepsilon$ 到达板极. 这种情况至少对只与原子发生动能守恒的弹性碰撞的电子是适用的. 在这种情况下它们能克服相反的电势差 ε.

2) 相反, 若电子遭到非弹性碰撞, 其急剧降低的动能值等于原子得到的势能值 W; 若 $\frac{1}{2}mv^2 = W$, 则电子速率完全消失而静止不动. 当这种非弹性碰撞使电子处于静止不动时, 它就不可能克服反电势差 ε, 也就不可能到达板极. 在图 1.7(a) 中画出了对应于 1) 和 2) 两种情况的象征性轨迹. 弗兰克和赫兹设计的实验装置实际上是一种从电子体系中把非弹性碰撞后失去了动能的电子分离出来的办法.

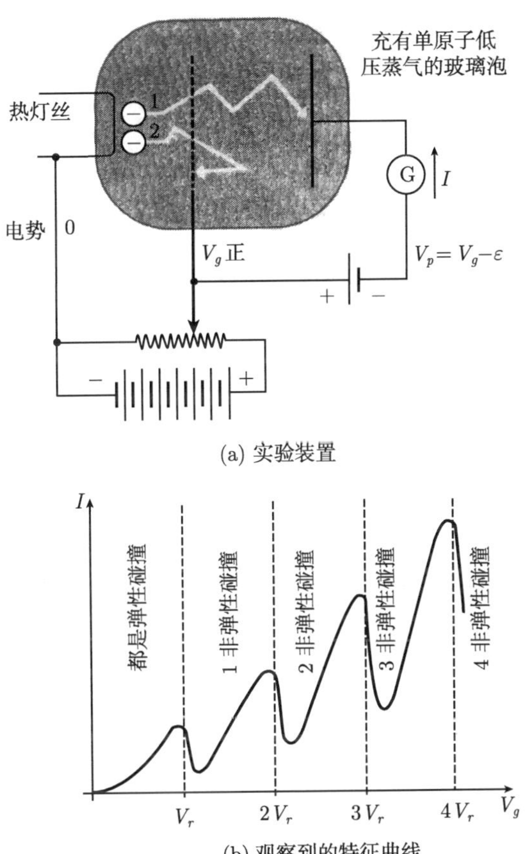

(a) 实验装置

(b) 观察到的特征曲线

图 1.7　共振势 (弗兰克–赫兹实验)

b) 非弹性碰撞的证明

在这里, 实验仍是测量板极收集到的电流 I 随加速电压 V_g 变化的关系. 图 1.7(b) 再现了实验曲线的典型形状. 从这条曲线看到, 随着电压 V_g 的升高, 相继出现了下列现象:

1) 当 V_g 较小时, 电流有规律地上升. 曲线的这一部分与二极管的特征曲线相似, 同样地可用热灯丝发射电子并在其周围聚集形成空间电荷来解释: 电流 I 的增大表示空间电荷随着电子更快地被栅极吸引而逐渐减少.

2) 当电压 V_g 超过某一阈值 V_r 时, 电流急剧下降. 这表明出现了一种新现象: 大多数先前到达板极的电子现在中途被阻止了. 这可由非弹性碰撞来解释: 在此过程中, 电子把全部动能 $\frac{1}{2}mv^2 = eV_r = W_r$ 都交给了原子. 为了解释曲线的突然变化, 还需要假定在低于电压阈值 V_r 时, 只会发生电子动能守恒的弹性碰撞.

3) 当电压 V_g 明显超过阈值 V_r 以后, 电流 I 又再次开始增长. 如果我们认为在非弹性碰撞过程中电子仍把同样的能量 $W_r = eV_r$ 交给原子, 它们就会留下一部分动能, 就仍能以降低了的速率到达板极, 从而解释了上述现象.

4) 当电压 V_g 达到 $2V_r$ 值时, 再次看到电流突然下降. 这就是说, 大部分电子再次被阻止了. 实际上, 假如电子相继与两个不同原子发生两次非弹性碰撞, 它们就会丧失全部动能 $\frac{1}{2}mv^2 = 2eV_r = 2W_r$.

当 $V_g = 3V_r$ 或 $V_g = 4V_r$ 时会重复出现这种现象, 同样可用在三次或四次相继的非弹性碰撞过程中电子丧失全部动能来解释. 这种解释已为 $I = f(V_g)$ 曲线随气体压强变化的实验事实所证实: 当压强, 即单位体积中的原子数大大下降时, 会以同样程度降低一个电子遭遇气体原子碰撞的概率; 从而使一个电子在到达板极的路径上连续遭受多次非弹性碰撞的概率十分微弱; 这也有力地证明了, 与图 1.7(b) 相反, 和 V_r 处的第一个极小值相比, 在 $4V_r$, $3V_r$ 或 $2V_r$ 处的电流极小值就很不明显了.

归根结底, 这个实验的解释是和下面的假说完全一致的: 原子只能从电子取得一份严格确定的能量 $W_r = eV_r$.

c) 光发射和与玻尔定律的一致性

在汞蒸气中, 实验测得的电压阈值为 V_r=4.9V, 而汞的电离势为 V_i=10.5V. 在这个实验中传递给原子的能量 W_r 要远小于把它分解为两部分 (电子和正离子) 所必需的电离能. 这里我们观察到另一类现象: 原子保持其完整性, 但是它从一个正常状态过渡到一个带有附加势能 W_r 的新态.

换句话说, 原子从基态 E_1 跃迁到一个能量更高的激发态 $E_2 = E_1 + W_r$.

电子不能把低于 W_r 的能量交给原子这一事实有力地证明了由玻尔定律导出的能级分立概念的正确性.

和玻尔定律的对照还可以做得更精确些. 在进行电子轰击实验时, 实际上证明了这个电压 V_r 等于蒸气发光的阈电压; 而若栅极电压 V_g 仍低于 V_r, 蒸气中就不会发生任何发光现象; 但当 V_g 超过 V_r 时, 蒸气就变成了光源. 发出的光是单色的, 在汞蒸气情况下, 发射的是相当于汞的共振谱线、波长为 λ=253.7nm 的紫外光.

同时出现发光和把原子带到能量为 E_2 的激发态的非弹性碰撞这两种现象是与玻尔假说相符合的: 激发原子再次自发回到能量较低的能态, 而把多余能量以光子形式释放. 如若不存在中间能级, 激发态 E_2 原子就直接回到基态 E_1, 发射的光子就和我们称为共振线的谱线相对应. 这时我们可以写下能量平衡式:

$$\boxed{\frac{hc}{\lambda_r} = h\nu_r = E_2 - E_1 = W_r = eV_r} \tag{1.18}$$

这就是说, 在共振线波长 λ_r 和实验测得的阈电势 V_r 之间存在着与光电效应中阈波长 λ_S 和所用金属脱出势 V_S 之间的关系式 (1.5)(参见 1.2.2 节) 相同的关系:

$$\lambda_r = \frac{hc}{e} \times \frac{1}{V_r} = \frac{1240\text{nm}}{V_r(\text{V})}$$

电势 V_r 称为共振势, 其值仍是以电子伏特为单位的、代表基态 E_1 和激发态 E_2 之间能量差 $W_r = E_2 - E_1$ 的量度, 这个能量差与共振线相对应.

因此我们验证了用下面两种完全独立的方法所测得的能级数值是一致的:
1) 在光谱实验中测量波数;
2) 在电子轰击实验中测量共振势.

1.4.4 临界势 (激发能)

从光谱实验中我们知道, 同一种原子可以处在能量不同的许多激发态之中. 而在上面描述的实验中我们却只突出了一个激发态 $E_2 = E_1 + W_r$. 这可以解释如下: 从热灯丝发出的电子在到达栅极之前, 即在取得它们的最大动能 $\frac{1}{2}mv^2 = eV_q$ 之前, 就经受了多次与气体原子的碰撞. 而当电子在热灯丝与栅极之间的半路上得到足够动能 $\frac{1}{2}mv^2 = eV_r$ 时, 它会立即发生一次非弹性碰撞, 在此过程中原子只能达到最低激发态能级 E_2. 换句话说, 在两次碰撞之间, 电子还来不及获得远超过 W_r 的动能, 因此也绝不可能使原子跃迁到比 E_2 更高的能级 (所以观察到的相当于共振线的光发射频率是最低的, 即波长是最长的).

a) 改进的实验装置

为了观察过渡到其他激发能级的原子跃迁, 弗兰克和爱因斯庞 (Einsporn) 于 1920 年在以下述方式 (图 1.8(a)) 改进了的装置上做了同样的实验:

1) 他们使用了一个间接加热的阴极, 以更精确地测定栅极和阴极之间的电势差 V_g;

2) 他们同时减小了蒸气压和栅极与阴极之间的距离, 使电子在这两极之间与原子相遇的概率很低 (电子的平均自由程比栅极–阴极间距还长);

3) 在集电板极前面安装了一个第二栅极, 它与第一栅极相连接, 并与其形成一个等位空间, 在这里没有遭受碰撞的电子保持着恒定动能. 这个等位空间相当大, 尽管蒸气压不大, 这里电子还是有一个遭受一次碰撞的合理概率 (严格地说, 在两个栅极之间有必要保持一点轻微的电势差, 以避免形成阻碍装置正常运作的空间电荷).

总之, 这个新装置的玻璃泡内分成:

—— 一个加速区, 它处在阴极和栅极之间, 但它太短了以致不可能在其中发生碰撞;

—— 一个碰撞区, 它处在两个栅极之间, 这里电子不再加速.

b) 实验结果

图 1.8(b) 表示在这种条件下测量的板极电流 I 和栅极电压 V_g 的函数关系曲线 (汞蒸气情况). 观察到曲线在共振电势 V_r 附近总是急剧下降, 但曲线还表现出另一类不太大的不连续性, 显示当 V_g 超越某个临界值时非弹性碰撞数目增加. 可以验证, 这些临界势 V_c 与从光谱上测得的能级 E_n 有很好的对应关系. 这就是说, 可以把每个临界势和一个特定能级 E_n 联系起来, 以使 $E_n - E_1 = eV_c$.

在某些临界势附近还观察到一些新的光发射波长. 例如, 在汞的情况中, 随着电压超过 6.7V 的临界势, 会出现一条波长为 $\lambda = 185\text{nm}$ 的新的共振线发射.

注: 在汞的情况中, 在基态和对应于临界势为 4.7V 的激发态 (这是一个寿命相对较长的 “亚稳态”) 之间不存在辐射跃迁. 而在电子碰撞作用下这两个能级之间的跃迁是可能的, 但是其概率十分微弱. 所以实验上显现的主要是共振能级的跃迁, 其能量稍微高一点 (V_r=4.9V), 由此能级发射的共振波长为 λ=253.7nm.

总之, 电子轰击实验可以测量非弹性碰撞中电子与原子交换的能量, 并表明这些能量只能取某些特定值, 它们形成离散谱项的不连续序列. 这些实验也证明玻尔为了解释光谱而引进的分立或量子化能级的概念是正确的.

在光谱实验中和在电子轰击实验中 (其能量分别用 hc/λ 和 eV 表示) 得到的两个能级之间能量差的数值是相等的.

现今实验技术的改进可以把非弹性碰撞中电子能量损失的测量精密度提高到几个毫伏. 和从前的实验相比, 改进是显著的. 改进在于用速度选择器来控制电子速率, 它可以是静电的 (在圆柱形电容器电极之间使电子转弯), 或者是磁的 (磁场中的回旋转动). 两种情况都可以选择电子的运动轨迹, 使之成为一条曲率十分确定、很精密地对应于一个速度的射线. **这是一个现今仍在使用的, 研究原子和分子的实验方法**.

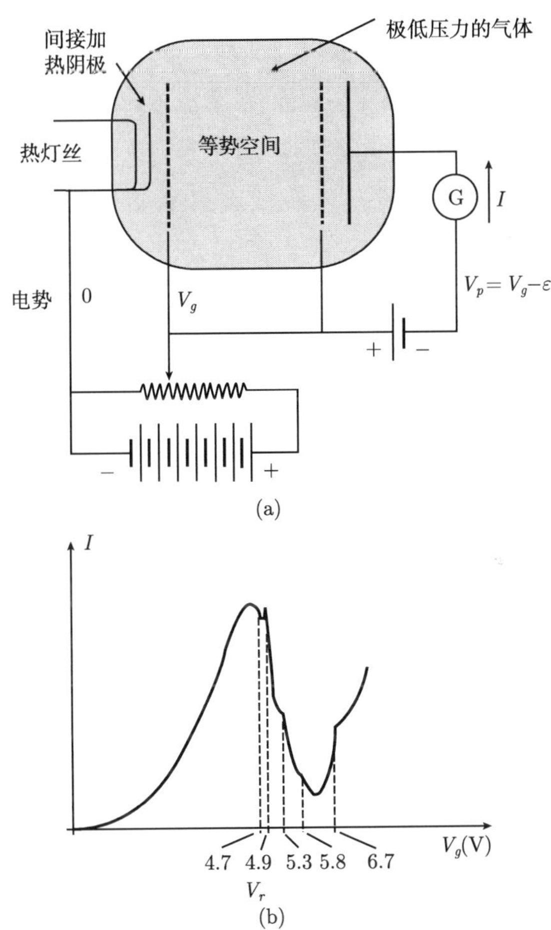

图 1.8　弗兰克与赫兹的临界势

小　　结

这一章所描述的实验能够导出两个稍有不同的概念, 它们往往出现在同一个实验中:

—— 电磁波与物质实体之间能量交换的量子化;
—— 原子能级的量子化.

这第二个概念促使 20 世纪初的物理学家发明一种新的力学 —— 波动力学或量子力学, 以从理论上描写原子. 当用量子力学框架来计算原子和用振动电场 $E_0\cos\omega t$ 表示的经典电磁波的相互作用时, 无论在光学共振还是在光电效应中, 人们都发现了能量交换的量子化. 从理论观点看, 这是源于描述原子的量子力学, 它引起与经典波 $E_0\cos\omega t$ 能量交换的量子化.

为了便于计算这种能量交换, 我们把这一量子化的能量包叫做光子. 但这些能量包只出现在波与原子交换能量的瞬间, 而原先存在的用于描述这种交换的 "粒子" 概念, 对解释这些实验是并非必要的. 在大多数实验情况下, 这个概念反而是有害的, 会令人忘记光的传播总是用麦克斯韦方程组导出的波动方程来描述的. 第 5 章中我们还会回来讨论这个问题.

能量单位

这一章全部内容都仅仅是能量守恒原理的简单应用. 在解释每个实验时, 正是系统地应用了这个原理, 才导出了辐射中的能量子 (光子) 和原子中的能级概念.

根据上面考虑的实验, 我们得以从测得的各种物理量来计算能量.

1) 在控制电子运动的实验 (光电效应、电离、弗兰克–赫兹实验) 中, 用公式

$$W = eV$$

从静电势 V 计算能量.

电子电荷 e 在所有问题中都是一样的, 在比较总是与电势 V 成正比的不同能量值时, 不需要把 V 与 e 乘起来. 人们还说, V 的值代表了以电子伏特为单位的能量 W 的量度.

2) 在光谱实验中, 人们测量频率 ν 或波数 $1/\lambda = \nu/c$, 从而可用公式

$$W = h\nu = hc\frac{1}{\lambda}$$

导出能量值.

同样, 在比较不同能量时也没有必要把一个频率乘以 h, 或者把一个波数乘以 hc, 测量频率或测量波数足以表示相应的能量值了. 所以物理学家常常用频率为单位 (Hz 或周/秒) 或用波数为单位 (cm^{-1} 或称 "kayser") 来度量能量.

知道了基本常数 h, c 和 e, 就可以比较不同量度下的能量, 或用电子伏特和赫兹, 或用传统单位尔格和焦耳. 在研究其他现象时还可用别的物理量来度量能量, 所以我们可以进一步扩展这个单位数目的清单如下:

3) 在统计热力学中, 用玻尔兹曼公式来比较能量时, 利用一个参考能量

$$W = k_B T$$

它与热力学温度 T 成正比 (k_B 是玻尔兹曼常量). 这个参考能量可以简单地用温度值 T 来表示. 这就把度量能量用热力学温度 (K) 作单位了.

4) 在研究核反应和运行大加速器时, 可以随时验证著名的爱因斯坦公式, 此公式给每个质量 m 以一份能量 W

$$W = mc^2$$

指出一个物理体系的质量, 也就表明了它所包含的能量. 所以可用质量单位来度量能量. 对于一个宏观体系, 可用常用单位克; 对于原子尺度的体系, 可用所谓 "原子质量单位", 缩写为 "u", 它是 1g 除以阿伏伽德罗常量 $\mathcal{N}$ (一个氢原子的质量接近于 1u).

表 1.4 给出了不同单位的对照, 以便使用不同单位时相互换算. 这些单位按数量级分类, 可以看出用 cm^{-1} 和 K 具有相同的数量级. 我们强调这个表是由五个常量完整地建立起来的, 它们是: 元电荷 e, 普朗克常量 h, 光速 c, 玻尔兹曼常量 k_B 和阿伏伽德罗常量 $\mathcal{N}$.

表 1.4　表示能量的实际单位

定义能量实际单位的公式	W	=	mc^2 =	eV =	$hc\frac{1}{\lambda}$ =	kT =	$h\nu$
所用单位	焦耳 (J)	尔格 (erg)	原子质量单位 (u)	电子伏特 (eV)	波数单位 (cm^{-1})	开 (K)	赫兹 (Hz)
1g=		8.987×10^{20} (c^2 用 CGS)	6.022×10^{23} ($\mathcal{N}$ 用 $^{12}\text{C}=12$)				1.356×10^{47} (c^2/h 用 CGS)
1J=	1	10^7		0.6241×10^{19} ($1/e$ 用库仑 $^{-1}$)		0.7243×10^{23} ($1/k$ 用 MKS)	1.509×10^{33} ($1/h$ 用 MKS)
1erg=	10^{-7}	1	0.670×10^3 ($\mathcal{N}/c^2$ 用 CGS)		0.5034×10^{16} [$1/(hc)$ 用 CGS]	0.7243×10^{16} ($1/k$ 用 CGS)	1.509×10^{26} ($1/h$ 用 CGS)
1u=		1.492×10^{-3} ($c^2/\mathcal{N}$ 用 CGS)	1	0.9314×10^9			
1eV=	1.602×10^{-19} (e 用库仑)		1.073×10^{-9}	1	0.8065×10^4	1.1605×10^9 (e/k 用 MKSA)	2.4181×10^{14} (e/h 用 MKSA)
1cm^{-1}=		1.986×10^{-16} (h/c 用 CGS)		1.239×10^{-4}	1	1.4388 (hc/k 用 CGS)	2.9979×10^{10} (c 用 CGS)
1K=	1.380×10^{-23} (k 用 MKS)	1.380×10^{-16} (k 用 CGS)		0.8617×10^{-4} (k/e 用 MKSA)	0.6950 [$k/(hc)$ 用 CGS]	1	2.083×10^{10} (k/h)
1Hz=	6.626×10^{-34} (h 用 MKS)	6.626×10^{-27} (h 用 CGS)		0.4136×10^{-14} (h/e 用 MKSA)	0.3335×10^{-10} ($1/c$ 用 CGS)	0.4799×10^{-10} (h/k)	1

把另外两个常用能量单位和物理学家使用的各种能量单位进行比较不无益处, 它们是:

5) 在工业上: 千瓦时, $1\text{kW}\cdot\text{h}=3600\text{kJ}=3.6\times10^{13}\text{erg}$.

6) 在化学上: 千卡/摩尔, 为了把它和一个真实分子对应起来, 需要将它除以阿

伏伽德罗常量 $\mathcal{N}$

$$1\text{kcal/mol}=0.7\times10^{-13}\text{erg}=1/23\text{eV/分子}$$

注意, 阿伏伽德罗常量的值 $\mathcal{N}=6.022\ 141\times10^{23}$ 是相对于一个为现今物理学家和化学家所普遍采用的原子质量系统而言的, 在这个系统中, ^{12}C 同位素的质量为 $\mathcal{A}=12.000\ 000\cdots$ (这是一个用以定义阿伏伽德罗常量和原子质量单位的精确值).

在这种情况下：

—— 原子质量单位为 $1\text{u}=1.660\ 538\times10^{-24}\text{g}$;

—— 质子质量为 $M_p=1.007\ 276\text{u}=1.672\ 621\times10^{-24}\text{g}$;

—— 电子质量为 $m_e=1/1823\text{u}=0.910\ 938\times10^{-27}\text{g}$.

$$(M_p/m_e=1836.152\ 66)$$

其他常量为

$c=299\ 792\ 458.000\cdots\text{m/s}$(定义长度单位的精确值);

$e=1.602\ 176\times10^{-19}\text{C}$;

$h=6.626\ 068\times10^{-34}\text{J·s}=6.626\ 068\times10^{-27}\text{erg·s}$;

$k_B=1.380\ 65\times10^{-23}\text{J}/k=1.380\ 65\times10^{-16}\text{erg/K}$.

为了使表格简洁, 常量 k_B 就简单地用 k 表示.

第 2 章　辐射的动量

2.1　经典图景, 辐射压强

第 1 章讲述了原子与电磁辐射之间的能量交换. 但辐射除了能量之外, 还有其他性质, 特别是它还能输送动量. 在一些较为深入的电磁学著作中, 为了建立这种辐射性质的概念, 其论证是非常普泛的, 因而有十分抽象的缺点. 这里, 我们选择从一种实验可观察到的事实出发来建立辐射动量的概念, 这个事实就是一束光施加在一面屏上的力 —— 辐射压强.

我们从用电磁学基本规律计算辐射压强开始 (2.1.1 节). 但是, 比较复杂的计算细节对下面的叙述并非必需, 重要的是计算结果及其实验验证, 然后是 2.1.2 节讲述的用动量概念来解释辐射压强.

2.1.1　用经典电磁学计算辐射压强

这个计算的基本假设是: 电磁波射入的壁是不透明的. 光波可在任意性质的壁面上反射、散射或被吸收, 这都无所谓, 只要不能透过壁面就行. 此外, 还假设壁面的曲率半径很大, 可将其局部看成是一块平面 (即其曲率半径比波长 λ 大得多). 我们称 xOy 为真空 (处于图 2.1 中 z 轴负向一边) 与组成壁的物质 (z 轴正向一边) 之间的分界面.

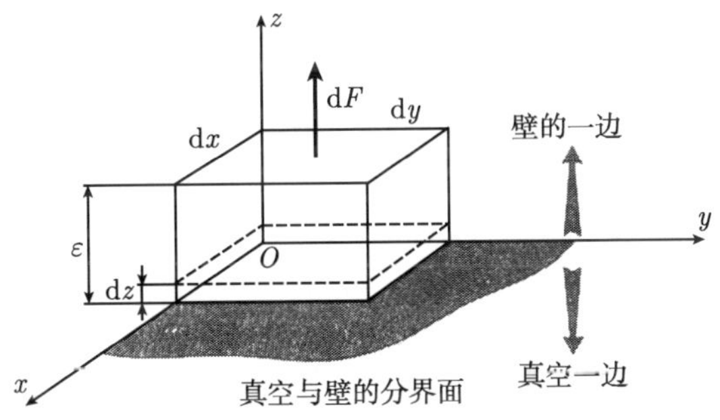

图 2.1　辐射压强

为了进行计算, 必须认为光波穿过壁表面一块厚度 e 非常小的薄层, 并对壁内的微观电荷和电流施加了力. 我们计算作用在厚度为 e、表面积为 $\delta S = \delta x \cdot \delta y$ 的小体积薄层内的合力. 合力矢量 $\delta \vec{F}$ 仅与 $z = 0$ 平面外表面上光波场的分量有关.

a) 平面波垂直于壁面的简单情况

光波平行于 Oz 轴传播, 其法向场分量 E_z 和 B_z 为零. 从问题的对称性可知, 力是与表面垂直的, 分量 δF_x 和 δF_y 均为零, 可算得力的法向分量 δF_z, 由此可得压强:

$$\varpi_z = \frac{\delta F_z}{\delta S} = \frac{\varepsilon_0}{2}(\overline{E_x^2} + \overline{E_y^2}) + \frac{1}{2\mu_0}(\overline{B_x^2} + \overline{B_y^2}) \tag{2.1}$$

其中, $\overline{E_x^2}, \overline{E_y^2}$ 和 $\overline{B_x^2}, \overline{B_y^2}$ 分别表示电场和磁场的切向分量的平方对时间的平均值.

在平面波沿 Oz 轴传播的特殊情况下, 从上式可得电磁能量的体密度 u 对时间平均值的表达式为 $(E_z = B_z = 0)$

$$u = \overline{u(t)} = \frac{\varepsilon_0}{2}\overline{\left|\overrightarrow{E(t)}\right|^2} + \frac{1}{2\mu_0}\overline{\left|\overrightarrow{B(t)}\right|^2}, \quad \text{即 } \varpi_z = u \text{ (法向波)}$$

截面积为 S 的正方形光束中的能量密度 u 和光束所带的功率 P(可用功率计方便地测量) 之间可用公式 $P = Scu$ 简单地联系起来, 因为每秒内通过截面 S 的光波所占的体积为 Sc.

b) 斜入射波的较普遍情况

这是较为复杂的情况: 压强不再只有平行于 Oz 轴的法向分量了. 但这里只要计算法向分量就够了. 其结果如下:

$$\varpi_z = \frac{\delta F_z}{\delta S} = \frac{\varepsilon_0}{2}(\overline{E_x^2} + \overline{E_y^2} - \overline{E_z^2}) + \frac{1}{2\mu_0}(\overline{B_x^2} + \overline{B_y^2} - \overline{B_z^2}) \tag{2.2}$$

其中, 在法向分量一项的前面加了个减号. 引入两种场的模, 可把这个式子改写为

$$\varpi_z = \frac{\varepsilon_0}{2}(|\vec{E}|^2 - 2E_z^2) + \frac{1}{2\mu_0}(|\vec{B}|^2 - 2B_z^2) = u - \left(\varepsilon_0 E_z^2 + \frac{1}{\mu_0}B_z^2\right)$$

我们只在平面波的特殊情况下来计算 E_z 和 B_z. 平面波的方向可以是任意的: 令 i 为入射角, 即壁面的法线 Oz 和波平面的法线 ON 之间的夹角 (图 2.2). 选 Oy 轴处在两条法线 NOz 构成的平面上; 通过原点 O、含有 Ox 轴的波平面与 $NyOz$ 平面相交于一条直线 OY 上, OY 则与 Oy 轴形成夹角 i. 令光电场 $\vec{E}$ 与直线 OY 形成 α 角, 则从图 2.2 就立即算得 $\vec{E}$ 的法向分量 $E_z = E\cos\alpha\sin i$. 令 β 为磁场 $\vec{B}$ 与直线 OY 的夹角, 同理可得磁场 $\vec{B}$ 的法向分量 $B_z = B\cos\beta\sin i$ (这里 E 和 B 表示场矢量的模). 我们还需考虑波平面上两种场 $\vec{E}$ 和 $\vec{B}$ 之间的关系:

—— 在模值上, $\dfrac{B^2}{\mu_0} = \varepsilon_0 E^2$, 也就是 $B = E\sqrt{\varepsilon_0\mu_0}$;

—— 在方向上, $\vec{E}$ 和 $\vec{B}$ 互相垂直, 所以 $|\cos\beta| = |\sin\alpha|$,

$$\begin{aligned}\varepsilon_0 E_z^2 + \frac{1}{\mu_0} B_z^2 &= \varepsilon_0 E^2 (\cos^2\alpha + \cos^2\beta)\sin^2 i \\ &= \varepsilon_0 E^2(\cos^2\alpha + \sin^2\alpha)\sin^2 i = \varepsilon_0 E^2 \sin^2 i = u\sin^2 i\end{aligned}$$

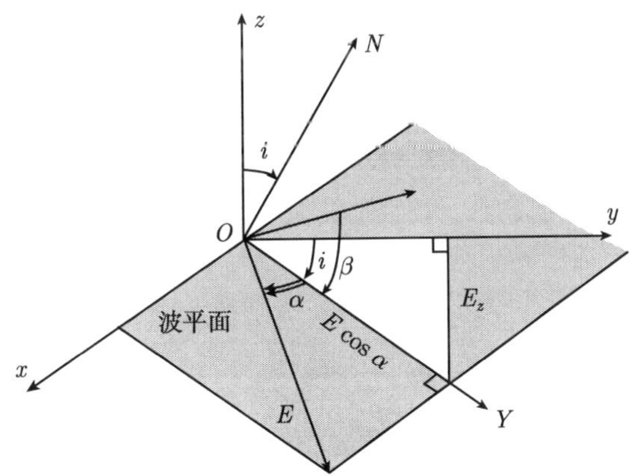

图 2.2　波平面 (灰色) 包含两个矢量 $\vec{E}$ 和 $\vec{B}$, 并与传播方向 ON 垂直, ON 与表面的法线 Oz 构成入射角 i

最后, 我们得到辐射压强的法向分量 ϖ_z 与能量密度 u 和入射角 i 之间的函数关系:

$$\boxed{\varpi_z = u\cos^2 i} \tag{2.3}$$

从这个式子我们看到, 在光波向壁垂直入射的特殊情况下 $\varpi_z = u$, 而 ϖ_z 为正值, 即光波趋向于推斥壁.

另一种重要的特殊情况是: 辐射是各向同性的, 即是由各方向所有的光波叠加而成的. 其能量分布与立体角成正比, 这需要把 $\cos^2 i$ 对立体角 2π(相当于半个球面) 求平均, 得到

$$\varpi_z = u\int_0^{\pi/2} \cos^2 i \sin i \mathrm{d}i = \frac{u}{3} \quad (\text{各向同性情况}) \tag{2.4}$$

这就是密闭容器内平衡条件下热辐射理论所用的公式, 从中导出了斯特藩定律.

注:　我们没有对压强的切向分量 ϖ_x 和 ϖ_y 进行计算. 在上述两种特殊情况下 (正入射或各向同性辐射), 从对称性考虑, 它们都为零. 但普遍推广开来就不正确了.

2.1.2　用动量概念解释

射到壁表面 S 上的电磁波给壁施加了一个压力 $\vec{F}=S\vec{\varpi}$, 它使壁产生运动 (见下节描述的实验), 就是说, 给壁传递了一个动量. 动力学的基本规律对壁上的作用力与作用其上的动量矢量 $\vec{p}=m\vec{v}$ 的变化之间给出了一个关系式:

$$\frac{\mathrm{d}\vec{p}_{壁}}{\mathrm{d}t}=\vec{F}=S\vec{\varpi}$$

我们忽略波源 (在大部分问题中它在距离很远处, 且是未知的), 就可把光波和壁看成是一个孤立体系, 并可对这个孤立体系推广应用动量守恒的普遍规则. 要确保动量守恒, 必须假设光波也具有一个动量矢量 $\vec{p}_{波}$, 且其变化是与壁的动量变化相反的, 因此有

$$\vec{p}_{壁}+\vec{p}_{波}=常数$$

如同我们在上面只计算了压强的法向分量一样, 下面我们也只论证法向分量. 在一个时间 t 很短的实验过程中, 可算得壁的动量变化为

$$\delta\vec{p}_{z壁}=F_zt=S\varpi_zt=Su\cos^2 i\times t$$

我们将在两种特殊情况下检验时间 t 内射在壁上的一串长度为 ct 的波列所产生的结果.

a) 吸收壁的情况

壁吸收了入射波列, 同时也接收了它的动量 $p_{波}$, 从而引起壁的动量变化, 即

$$p_{z波}=\delta p_{z壁}$$

以入射角 i 入射、照在壁表面 S 上的光束有垂直截面 $S\cos i$, 能量密度 u, 在时间 t 内传输的能量为 $W=uctS\cos i$.

于是我们得到波列的动量与能量之间的关系为

$$Su\cos^2 i\times t=\delta p_{z壁}=p_{z波}=W\cos i/c \tag{2.5}$$

b) 反射壁的情况

入射波列原来有动量 $\vec{p}_{入}$, 从壁上反射回去时则带着不同的动量 $\vec{p}_{反}$, 因此波的动量变化为

$$\delta p_{z波}=p_{z反}-p_{z入}=-\delta p_{z壁}=-Su\cos^2 i\times t$$

但是波列从镜面原路返回, 在壁面附近的能量密度应分别是入射波和反射波的两种能量密度之和. 两者对总能量密度 u 的贡献是相等的, 因此每种贡献是总能量

密度的一半. 因此对应于入射光束的能量密度实际上只有总能量密度的一半. 入射波列在时间 t 内所带的能量 (反射波列也带着同样的能量) 密度应为 $u/2$, 而不是 u, 即

$$W = \frac{u}{2}ctS\cos i$$

由此可得关系式

$$Su\cos^2 i \times t = \delta p_{z壁} = -\delta p_{z波} = p_{z入} - p_{z反} = 2W\cos i/c \tag{2.6}$$

假如认为输送能量 W 的波列还具有动量矢量

$$\vec{p}_{波}\begin{cases}\text{方向：与传播方向相同}\\ \text{模：}\left|\vec{p}_{波}\right| = W/c\end{cases} \tag{2.7}$$

则在 a) 和 b) 两种情况下, 对任意入射角 i 所得关于法向分量 p_z 的结果 (包括它们的符号), 就都好理解了.

注： 这个注是关于比较上述 a) 和 b) 两种情况的. 假如在实验中让入射光束带有某个功率 $P = \delta W/\delta t$, 该光束在反射壁附近产生的能量密度 u 是吸收壁附近产生的能量的一倍. 因此, 它作用在反射壁 (镜面) 上的压强比作用在吸收壁 (黑壁) 上强一倍. 于是,

—— 作用在吸收壁上的法向力为

$$F_z = \delta p_z/\delta t = \delta W\cos i/c\delta t = P\cos i/c$$

—— 作用在反射壁上的法向力为 $F_z = 2P\mathrm{cos}i/c$ (注意, 不要把表示功率的符号 P 和始终是代表动量的符号 p 搞混了). 换句话说, 反射波施加的压强等于入射波施加的压强, 且符号也相同.

2.1.3　实验验证

a) 辐射压强的第一个间接证明

从测量密闭容器内的平衡热辐射 (这相当于黑体辐射, 见 1.1 节), 我们已经得到了辐射压强的验证. 1879 年, 斯特藩通过把黑体辐射指向一块全吸收的涂黑小平板, 再测量该小板上的热量, 从而测得了全频率的黑体辐射功率 P. 改变黑体的热力学温度 T, 他发现了以他的名字命名的定律：$P = \sigma T^4$.

为了从理论上解释这个定律, 若干年后 (1884 年), 玻尔兹曼在用能量密度为 u 的各向同性辐射垂直照射到一块壁时, 他必须认为其辐射压强为 $\varpi_z = u/3$ [参见 (2.4) 式]. 斯特藩定律以及玻尔兹曼所作的理论解释就是存在这种压强的一个间接证明.

注： 玻尔兹曼推理的快速复习.

在平衡条件下, 由体积为 V 的容器内能量密度为 u 的辐射组成热力学体系, 该能量密度只跟温度 T 有关. 设容器体积改变, 辐射所做的功为 $\varpi \mathrm{d}V$, 因而体系得到的功为

$$\mathcal{T} = -\varpi \mathrm{d}V = -\frac{u}{3}\mathrm{d}V$$

体系的内能为 $U = uV$.

与壁交换的热量为 $\mathrm{d}Q = \mathrm{d}U - \mathcal{T} = u\mathrm{d}V + V\mathrm{d}u + \dfrac{u}{3}\mathrm{d}V$.

熵的变化为 $\mathrm{d}S = \dfrac{\mathrm{d}Q}{T} = \dfrac{4u}{3T}\mathrm{d}V + \dfrac{V}{T}\mathrm{d}u$.

要使 $\mathrm{d}S$ 为严格的全微分, 需要

$$\frac{\partial}{\partial u}\left(\frac{4u}{3T}\right) = \frac{\partial}{\partial V}\left(\frac{V}{T}\right), \quad \text{即} \quad \frac{4}{3T} - \frac{4u}{3T^2}\frac{\mathrm{d}T}{\mathrm{d}u} = \frac{1}{T}$$

由此推得 $\dfrac{\mathrm{d}u}{u} = 4\dfrac{\mathrm{d}T}{T}$, 即 $u = CT^4$. 因辐射功率 P 正比于 u, 于是又推得了斯特藩定律.

b) 辐射压强的直接实验证明

由于压强的数值很小, 直接证明是比较困难的. 实验室通常能得到的强光束 (由电弧或现今由强激光产生的光束) 的功率约为瓦的量级. 假设把这样的光束照射到面积为 S=1cm^2 的小板上, 则在其附近产生的能量密度为 $u = P/Sc$, 可算得辐射压强为 $\varpi = u = 0.33 \times 10^{-4}$Pa=$0.25\times10^{-6}$Torr(或 mmHg).

要使这个效应可观察到, 必须把接收小板悬挂在真空容器里, 内部的残余压强非常小. 实际上, 光束穿过时所产生的热量会产生一种寄生力 (称为 “辐射度量力”), 这种力在数值上是残余压强可观的一部分. 现今商品真空泵通常可达到低于 10^{-8}Torr 的残余压强, 甚至更低. 但是, 1900 年, 当列别杰夫 (Lebedew) 第一次观察到小板在辐射压强作用下做后退运动, 并测到了这个压强的时候, 技术还没有达到足够先进的程度.

实验室里辐射压强产生的力非常小, 它很难被观察到, 但在恒星上却不是这样, 那里往往有很高的能量密度. 在解释某些恒星结构的理论上, 辐射压强起着重要的作用.

注： 专门卖 “小玩意儿” 的商店通常会向他们的顾客销售小辐射计, 它模仿了 20 世纪的古老实验, 并能很好地说明我们在上面提到过的辐射度量力. 这种小辐射计有两个小翼片对称地安装在一根很轻的支轴上, 每个翼片的一面涂黑、一面光亮. 把这样的装置密封在一个低真空的玻璃泡里 (图 2.3). 把整个装置放在一盏灯前, 翼片就转动起来, 光亮面向前、黑暗面后退.

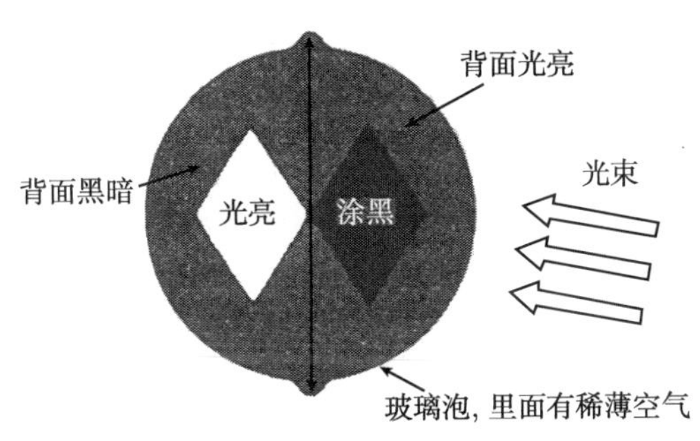

图 2.3　辐射度量力

这个现象的解释很简单. 我们知道, 这里并不存在初等气体运动论所说的弹性碰撞. 实验表明, 一束朝着同方向运动的分子, 当它们碰到一块壁时就会或多或少地向各个方向发散. 我们还认为, 这些分子在离开壁面前会在短时间内黏附在壁面上.

翼片的涂黑面吸收光, 并强烈加热; 撞上的分子会在极短暂的瞬间黏附在上面, 同样被加热. 这意味着, 这些分子离开涂黑面时具有高于气体平均动能的动能. 另一方面, 在同一翼片的光亮面则相反, 它把大部分光都反射掉了, 因而很少加热. 从这一面出来的分子带着正常气体温度的平均动能. 在这个条件下, 从涂黑面离开的分子带着比从光亮面离开的分子更大的总动量. 要保证总动量守恒, 涂黑面就只好后退.

这个 "辐射度量力" 要比辐射压强引起的力强得多, 但两者之间不大可能混淆, 因为两种效应的方向相反. 若真空抽得很高, 以致 "辐射度量力" 消除了, 并且, 还用比支轴更灵敏的线 (摩擦小) 来悬挂, 均匀照射的翼片就会反向旋转: 光亮面后退. 实际上它受到比涂黑面强一倍的辐射压强, 因为由于反射, 在其附近的能量密度加倍了; 或者也可以说, 除了入射光束的动量以外, 还吸收了反射光束的动量 (参见 2.1.2 节最后的注).

2.2　光子的动量

2.2.1　从辐射压强出发

上节对辐射压强的研究把它归结为一串带有能量为 W 的波列具有模为 $|\vec{p}|=W/c$ 的动量矢量的结果. 因此, 一个能量为 $W=h\nu$ 的光子也同样具有一个动量,

$$\vec{p}\begin{cases}\text{模：}\ p=h\nu/c=h/\lambda=\hbar k\\ \text{方向：与传播方向相同,}\ \vec{p}=\hbar\vec{k}\end{cases}\tag{2.8}$$

其中, 引入了波矢量 $k=2\pi/\lambda$ 和 $\hbar=h/2\pi$.

在上面的阐述中, 我们选用了一串经典波列的辐射动量的概念 (参见 2.1.2 节), 以致这种概念似乎与量子假说无关. 我们还可以直接假设光子具有上面所指出的动量, 通过计算光子所带的总动量反过来得到施加在壁上的辐射压强. 更准确地说, 我们通过施加在壁上的光子动量的垂直分量 $p_z = \pm\dfrac{h\nu}{c}\cos i$($i$ 为入射角, "+" 或 "−" 号用以区别是入射光子还是反射或散射光子) 来计算壁上的正压强 ϖ_z. 对各向同性辐射的情况, 我们要对一切可能的入射角进行平均. 计算与气体运动论中从分子动量出发计算气体压强完全类似, 我们可以复习热力学教程中的这类计算.

但对此我们要作两点说明:

1) 气体运动论计算通常假设每个分子在壁上做弹性碰撞, 它们像光线在镜面上反射那样. 我们已经说过, 这并不符合实际 (见 2.1.3 节末 "辐射度量力" 的附注). 然而这种计算还是有效的, 因为到达壁面分子的速度平均分布与离开分子的速度平均分布是一样的, 其总体结果与每个分子是弹性反射的情形一样.

2) 要得到气体压强, 必须对分子的各种速度值 v 作平均; 而计算辐射压强则相对比较简单. 因为光子都具有同样的动量 $h\nu/c$, 可以认为光子都以光波的速度运动, 即都有相同的速率 $v = c$.

计算结果可按壁面附近能量密度 u 的函数分两种情况来表述. 在气体情况下, 能量密度代表单位体积中 n 个分子动能 $W = mv^2/2$ 的总和. 两种情况稍有区别:

—— 辐射情况: 每个光子有 $p = W/c = W/v$, 算得压强为 $\varpi_z = u/3$;

—— 气体情况: 每个分子有 $p = mv = 2W/v$, 算得压强为 $\varpi_z = 2u/3$. (分子平均平动动能为 $\dfrac{3}{2}k_BT$, 因此有 $u = n\dfrac{3}{2}k_BT$ 和 $\varpi = 2u/3 = nk_BT$).

2.2.2 从相对论出发

a) 回顾相对论公式

首先我们来回顾一下相对论的几个经典公式. 我们知道, 在对粒子的下列定义:

$$\begin{cases} 能量: W = mc^2 \\ 动量矢量: \quad \vec{p} = m\vec{v} \end{cases}$$

以及相对论质量 $m = m_0/\sqrt{1 - v^2/c^2}$ 的条件下, 能量和动量守恒的普遍定理可以被推广到相对论粒子.

由质量和能量之间的正比关系, 还可把动量矢量写成

$$\boxed{\vec{p} = \frac{W}{c^2}\vec{v}}$$

我们还知道, 在四维闵可夫斯基空间, $\vec{p}$ 的三个分量和 W 可形成空–时四维矢量的四个分量. 在改变参考系时, 动量–能量四维矢量的模值不变, 由此可得对任何粒子系统 $W^2-p^2c^2$ (p 是 $\vec{p}$ 的模) 值的不变性. 假如系统仅仅是单一粒子, 从上面加框的方程可精确地算得

$$\boxed{W^2-p^2c^2=m_0^2c^4}$$

b) 对光子的应用

在第 1 章里我们把光子看成是一个简单的能量子. 但在上节中我们看到, 它和整个电磁波一样, 还带有动量. 因此, 我们把光子也归属为相对论粒子. 光子以光速传播, 这就是说, 它的速度是 $v=c$.

这个速度值一般会导致一个无穷大的质量 m 和因之也同样是无穷大的能量 W. 唯一能使速度 $v=c$ 和有限能量相容的, 是假定静止质量 m_0 为零. 根据这些条件, 可以用上述两个加框的式子得到

$$\begin{cases} |\vec{v}|=c, \text{第一式成为 } |\vec{p}|=\dfrac{W}{c^2}c=\dfrac{W}{c} \\ m_0=0, \text{第二式成为 } W^2-p^2c^2=0, \text{即 } p=W/c \end{cases}$$

因此, 对动量, 我们也得到了和辐射压强计算中一样的值. 我们把一个粒子的静止能量 m_0c^2 与它的动能 $W-m_0c^2$ 区别开来, 而对光子的情况, 其全部能量都是动能. 这显示把光子和一个粒子相比较带有十分人为的性质.

2.3　光子的弹性散射, 康普顿效应

2.3.1　X 射线散射的康普顿实验

X 射线透过一块材料时的散射现象是巴克拉 (Barkla) 在 1909 年发现的. 他用汤姆孙的经典理论解释了实验：当 X 射线电磁波的交变电场, 给束缚于原子中的电子带来振幅很小、频率远高于其本征频率的受迫振动时 (相反, 当受迫振动频率远低于本征频率时, 称为瑞利散射, 瑞利散射理论在一级近似下解释了空气分子对可见光的散射), 这些束缚电子发射散射波. 巴克拉的散射强度测量与汤姆孙理论符合得相当好, 他甚至相当准确地估算了振荡电子数, 后来, 还推算出束缚于每个原子的电子数. 这是原子中电子数的第一次直接估算, 很好地证实了对应于门捷列夫元素周期表中位置的原子序数 Z (参见下册经典辐射附录).

然而, 巴克拉还观察到了某些用经典理论不能解释的偏差, 特别是当他使用硬 X 射线来做实验时. 因为当时人们还无法测量 X 射线的波长, 所以人们把 X 射线用它的硬度分类, 即以它们穿透材料能力的大小来分类. 波长测量是在劳厄 (1912

年) 和布拉格 (1914 年) 的 X 射线晶体衍射的工作之后才成为可能的. 因此, 康普顿在 1923 年重复了巴克拉的散射实验, 用晶体光谱仪分析了散射射线的波长.

康普顿以更精确的方式把一束近乎单色的、波长为 λ_0、方向确定 (令该方向为 Oz) 的 X 射线射向一块材料. 他在晶体光谱仪的入射窗口接收与入射方向 Oz 成 θ 角的特殊方向上的那部分散射射线 (图 2.4(a)).

图 2.4(b) 显示在不同角度值 θ 得到的谱线的形状, 每一条曲线表征强度 P 随波长 λ 变化的函数关系. 我们把下面三条对应于散射的曲线与上面一条代表入射谱

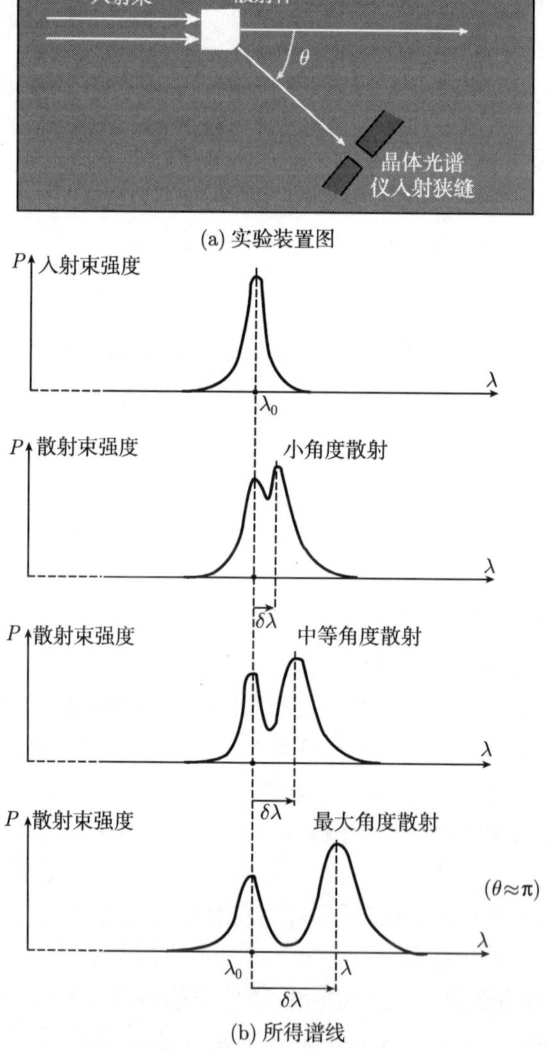

图 2.4　康普顿散射实验

线的曲线进行比较. 散射谱线由两条线组成:

1) 一条是入射线波长 λ_0 的成分, 称为汤姆孙成分. 因为根据汤姆孙的经典理论, 散射射线的频率与入射线相等.

2) 一条有波长差, $\lambda = \lambda_0 + \delta\lambda$, 是不可能用经典理论解释的成分, 称为康普顿成分. 康普顿的测量还表明:

—— 偏差 $\delta\lambda = \lambda - \lambda_0$ 是正的, 即康普顿成分的波长总是比汤姆孙成分的波长大;

—— 偏差 $\delta\lambda$ 是入射方向和散射方向之间的夹角 θ 的递增函数;

—— 偏差 $\delta\lambda$ 只与夹角 θ 有关, 与入射波长 λ_0 和用做散射体的材料的物质性质绝对无关.

我们看到随波长变化的散射成分有一种颇具特征的性质. 这已经由康普顿用电子和两种不同频率的波 (入射波与散射波) 之间能量和动量交换的量子化得到了解释.

注: 虽然康普顿散射成分的波长 λ 与入射波长 λ_0 及散射体的性质无关, 但强度则与两者都有关, 很容易把它与汤姆孙成分的强度进行对比来加以测量. 对长波长 ($\lambda_0 > 0.1$nm, 软 X 射线), 康普顿成分很弱, 实际上很难观察到, 随着波长 λ_0 缩短, 其强度迅速增加, 当使用硬 X 射线 ($\lambda_0 \approx 0.001$nm; $h\nu \approx 1$MeV) 时, 它占压倒优势.

2.3.2　自由电子弹性散射的计算

本问题中可以把与原子结合微弱的电子看做自由电子; 只要其结合能和入射光子的能量 $h\nu$ 相比是可以忽略的, 这就满足了. 康普顿假定电子与两列频率为 ν_0 和 ν 的波以彼此相反的方式交换能量: 它接收一个来自入射波的光子 $h\nu_0$, 反过来向散射波放出一个光子 $h\nu$.

在入射波、散射波和电子之间不管以什么样严格的方式进行相互作用, 在极短的相互作用瞬间, 它们形成了一个孤立体系, 对这个体系可以应用能量和动量守恒的普遍规律.

在仔细计算两个规律的总效应时, 我们不准备详尽地描述现象, 但却已有了足够的信息. 为了描述总效应, 只需考虑相互作用过程中的变化就够了: 相互作用之前的入射波光子 $h\nu_0$ 被作用后的散射波光子 $h\nu$ 所替代, 而原来静止的电子为运动的同一个电子所替代. 表 2.1 和图 2.5 给出了为进行计算所选用的记法.

表 2.1　光子–自由电子弹性碰撞的总结

		交换前 (入射波)	交换后 (散射波)
波	能量	$h\nu_0 = \dfrac{hc}{\lambda_0}$	$h\nu = \dfrac{hc}{\lambda}$
	动量	模: $\dfrac{h\nu_0}{c} = \dfrac{h}{\lambda_0}$; 方向: Oz	模: $\dfrac{h\nu}{c} = \dfrac{h}{\lambda}$; 方向: 与 Oz 成 θ 角

续表

		交换前 (入射波)	交换后 (散射波)
电子	能量	m_0c^2	$W=\sqrt{p^2c^2+m_0^2c^4}$
	动量	模：零 电子静止不动	模：p 方向：与 Oz 成 φ 角

(我们已经考虑到 p 与 W 之间存在着相对论不变性关系 $W^2-p^2c^2=m_0^2c^4$.)

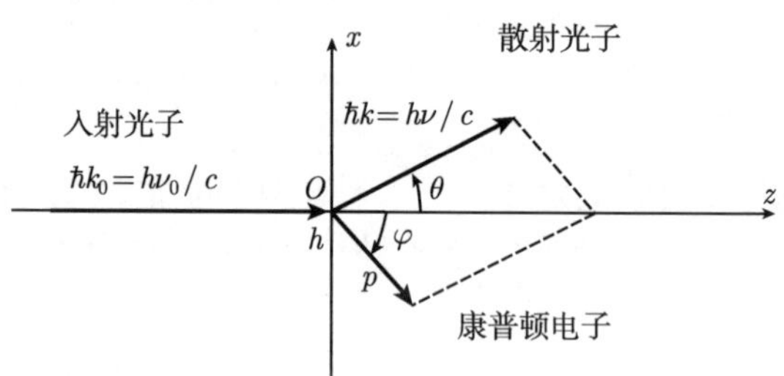

图 2.5　动量守恒

为保证动量守恒, 交换后两个动量的几何和必须与交换前唯一的动量矢量相等. 这可从图 2.5 上得到证明; 它是平面图, 但只要在此平面上把这些矢量在两个轴上作投影就可以了 (此两轴为入射线 Oz 和与其垂直的 Ox). 有了这些记法, 我们可以写出守恒方程:

$$\text{能量：}h\nu_0+m_0c^2=h\nu+\sqrt{p^2c^2+m_0^2c^4}$$

$$\text{动量}\begin{cases}Oz\text{ 轴上投影：}\quad \dfrac{h\nu_0}{c}=\dfrac{h\nu}{c}\cos\theta+p\cos\varphi\\ Ox\text{ 轴上投影：}\quad 0=\dfrac{h\nu}{c}\sin\theta+p\sin\varphi\end{cases}\tag{2.9}$$

这样, 我们得到了关于入射频率 ν_0 和四个未知量 ν, θ, p 和 φ 的三个方程. 至此问题并未完全确定, 但我们可以把三个未知量作为第四个 (选为参量) 的函数来进行计算. 在进行实验测量时, 我们给 θ 以一个特殊值, 即把 θ 选为参量, 其他未知量作为 θ 的函数. 为了与实验进行比较, 我们首先着眼于散射光子的频率 ν, 所以需要消去关于电子的两个未知量 p 和 φ.

我们先来消除 φ, 这要把关于动量的两个式子改写为

$$\begin{cases}p\cos\varphi=\dfrac{h}{c}(\nu_0-\nu\cos\theta)\\ p\sin\varphi=-\dfrac{h}{c}\nu\sin\theta\end{cases}$$

把上两式平方, 并逐项相加, 得到

$$p^2=\frac{h^2}{c^2}(\nu_0^2+\nu^2-2\nu_0\nu\cos\theta)$$

从上面关于能量的第一个方程出发, 我们也可以计算 p^2. 这需要把等式右边第二项的根号项提出来, 然后将所得等式进行平方. 把对 p^2c^2 的两个式子相等起来, 就可消去 p:

$$p^2c^2 = [h(\nu_0 - \nu) + m_0c^2]^2 - m_0^2c^4 = h^2(\nu_0^2 + \nu^2 - 2\nu_0\nu\cos\theta)$$

将上面等式除以 $2hm_0c^2$, 就可把它大为简化:

$$\nu_0 - \nu = \frac{h}{m_0c^2}(1 - \cos\theta)\nu_0\nu$$

为了和实验比较, 把频率换成波长是恰当的. 这很容易, 只要把上面等式除以 $\nu_0\nu$ 即可:

$$\frac{1}{\nu} - \frac{1}{\nu_0} = \frac{h}{m_0c^2}(1 - \cos\theta)$$

即

$$\boxed{\delta\lambda = \lambda - \lambda_0 = \frac{h}{m_0c}(1 - \cos\theta) = \frac{h}{m_0c}2\sin^2\frac{\theta}{2}} \tag{2.10}$$

这样算得的波长差 $\delta\lambda$ 具有三个实验上观察到的性质:

1) $\delta\lambda$ 是正的. 这是能量守恒的一个结论: 光子的能量变小, 因为它的部分能量转化为电子的能量. 我们可以认为光子的全部能量为动能, 因为其静止质量为零, 而一般情况下相对论动能写成 $W - m_0c^2$. 在这种条件下, 所有交换能量为动能, 这种交换保持着动能守恒, 这使它得到了弹性散射的名称.

2) $\delta\lambda$ 是 θ 角的递增函数, 因为 θ 只能在 0 与 π 之间变化, cosθ 是单调下降的.

3) 一旦 θ 角已知, $\delta\lambda$ 就完全确定. 它与散射体的性质及入射波的波长 λ_0 完全无关. 这样我们解释了康普顿效应的这个具有特征的性质: 由效应决定的是绝对波长差. 计算这个波长差归结为计算一个在因子 $(1-\cos\theta)$ 前面、具有波长量纲的常量, 它称为康普顿波长 Λ:

$$\boxed{\Lambda = \frac{h}{m_0c} = 0.002\ 426\text{nm}} \tag{2.11}$$

这就是当光子能量等于电子的静止能量时所对应的波长:

$$h\nu = hc/\Lambda = m_0c^2 = 0.511\text{MeV}$$

康普顿波长的理论值与实验值之间在数值上的一致性, 证实了对这个现象的解释是正确的. [康普顿的测量还是比较粗糙的, 1930 年金格里希 (Gingrich) 做了更为精确的测量.]

康普顿波长 Λ 代表与入射波成直角的散射波的波长. 最大的波长差发生在后向散射波 $(\theta = \pi)$ 上, 此时有 $\delta\lambda = 2\Lambda$.

不管怎样, 绝对波长差都是 Λ 的数量级. 从这个波长的绝对差很容易导出相对差, 从而得到下列光子与电子之间能量交换情况下的相对大小:

1) $h\nu_0 \ll m_0c^2$ 或 $\lambda_0 \gg \Lambda \Rightarrow \delta\lambda \ll \lambda_0$, 两个光子几乎相等. 电子得到很小的能量, 但动量却很可观.

2) $h\nu_0 > m_0c^2$ 或 $\lambda_0 < \Lambda \Rightarrow \delta\lambda > \lambda_0$, 散射光子的能量比入射光子小得多, 电子得到了入射光子的大部分能量.

2.3.3 康普顿电子的观察

在上节计算中我们只对辐射的特性感兴趣. 但在我们得到了 λ 和 θ 之间的关系以后, 就很容易计算因碰撞而产生运动的电子的特性了 (同样作为 θ 的函数):

$$\text{动能：} W - m_0c^2 = h(\nu_0 - \nu) = \frac{h\nu_0}{1 + \dfrac{m_0c^2}{h\nu_0(1-\cos\theta)}}$$

$$\text{角度：} \tan\varphi = \frac{-\sin\theta}{\dfrac{\nu_0}{\nu} - \cos\theta} = \frac{-\sin\theta}{(1-\cos\theta)\left(1 + \dfrac{h\nu_0}{m_0c^2}\right)} = \frac{-\cot\theta/2}{1 + \dfrac{h\nu_0}{m_0c^2}} \tag{2.12}$$

我们从电子的动能出发又一次得到了上节末尾讨论的结果: 由于 $h\nu_0 \ll m_0c^2$, 电子只能得到入射光子的很少一部分能量.

至于电子运动的方向, $\tan\varphi$ 表达式中的负号意味着光子和电子分别飞向 Oz 轴的两边. 暂且不管符号, 当 θ 从 0 增加到 π 时, 即 $\theta/2$ 从 0 增加到 $\pi/2$ 时, φ 从 $\pi/2$ 减少到 0, 但 φ 永远不可能大于 $\pi/2$, 所以电子总是飞向前方.

为了实验检验这些公式, 康普顿和西蒙 (Simon) 在 1925 年把一束 X 射线射向威耳逊云室, 他们观察了因碰撞而运动的电子轨迹. 他们能将康普顿电子和同样是由 X 射线产生的光电子区分开来, 因为光电子的飞行路线是垂直于光子的传播方向的 (该方向与入射波的电场方向平行). 散射光子的轨迹不可能在威耳逊云室中被记录下来, 但在某些情况下还是可以从它的出发点 (也就是康普顿电子的出发点) 和它的终止点 (如果也是光电子的出发点) 把它描绘出来, 并且还能测得 θ 角. 采用通常核物理中所用的复合计数器技术, 康普顿电子还可与散射光子同时被观察.

注： 在 $h\nu_0 \ll m_0c^2$ 的情况下, 即电子所得能量非常小, 可近似地写出 $\tan\varphi \approx -\cot\theta/2$, 则可得电子轨迹是垂直于 θ 角的内等分线的 (图 2.6, 这是两个光子

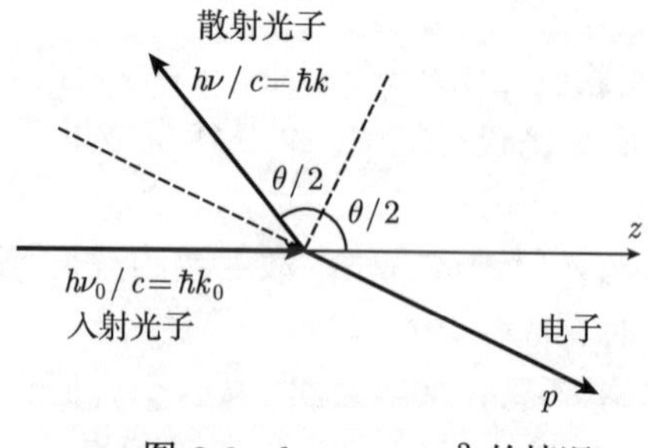

图 2.6　$h\nu_0 \ll m_0c^2$ 的情况

几乎相等的情况, 两个矢量的模 $h\nu_0/c$ 和 $h\nu/c$ 也几乎相等). 这正是力学中轻质小球 (光子扮演的角色) 碰撞很重的静止大球 (电子) 的情况.

2.3.4　束缚电子的弹性散射, 汤姆孙散射

在上两节计算中我们已假设了相关的电子是静止的自由电子, 但这种计算对弱束缚在原子中的电子 (其结合能为几个电子伏特, 参见 1.4.1 节) 仍是有效的. 与 X 射线光子的能量 (通常在 10keV 和 1MeV 之间, 即 λ 为 0.1~0.001nm) 相比, 在我们的计算中未被计入的这个附加能量实际上是可忽略的. 从严格意义上说, 交换已经不是完全弹性的了, 因为一小部分光子能量被用来补偿结合能, 并且不再表现为动能的形式, 但是所涉及的只是一个可忽略的小量.

原子还包含另外的电子, 它们与原子的结合要强得多, 这个结合能不可能被忽略. 在一个波的弹性散射中, 电子的结合能保持不变, 即电子仍然束缚于原子中. 因此, 最终是整个原子参与交换, 并吸收光子的动能. 只要仅仅改变 W, p 和 m_0 几个量的意义, 即认为它们现在应该是属于整个原子的, 而不再只属于电子中的一个, 我们所写的守恒方程在一般形式下仍是有效的, 也能应用于这个新问题中. 只是要改变静止质量 m_0 的数值, 现在让它代表整个原子的质量 (比电子质量要大 $10^4\sim10^5$ 倍), 上面几节计算的所有公式也仍是有效的. 算得的波长差也要除以这个比例数, 因此, $\delta\lambda \leqslant 10^{-7}$nm. 这个值在 X 射线的波长范围内实际上是可以忽略的.

在散射介质是**固体**的情况下, 原子本身固定地嵌在刚性晶格中, 于是整个物质样品在吸收动量. 因此在所有公式中要用样品的质量代替 m_0, 即 m_0 是一个乘以接近于阿伏伽德罗常量 $\mathcal{N}=6\times10^{23}$ 的数. 算得的波长差 $\delta\lambda$ 变得非常小, 以致超出了一切测量的可能性, 不再有任何意义了; 我们的散射计算结果和汤姆孙的经典计算结果之间也没有任何差别了. 这样也就解释了散射光谱中的汤姆孙成分.

换句话说, 现在被交换的 X 射线光子的能量要比静止样品的能量小得多, $h\nu_0 \ll m_0c^2$; 在这个条件下, 动量交换就显得十分重要 (散射光子可能向后飞行), 而样品则实际上不接受任何能量.

2.4　原子的非弹性散射

我们刚刚描述的康普顿散射或汤姆孙散射现象是建立在所研究体系的总**动能**守恒的基础之上的, 因而被称为弹性散射. 在第 1 章中我们叙述了两种现象, 在那里则相反, 在波的动能和其他形式的能量之间进行着交换. 这就是光电效应和光学共振现象. 我们曾满足于对所研究的体系简单地写下总能量守恒, 但是我们完全没有考虑波的动量. 现在我们要把光学共振现象看成是一个非弹性散射过程, 以弥补上述缺陷.

2.4.1　光子的吸收

我们还是采用在第 1 章 1.3.2 节中研究光学共振时使用过的记法：$h\nu_{12}$ 表示原子的两个状态之间的能量差, 它包括内能 E_1(基态) 和 E_2(激发态), 有 $E_2 - E_1 = h\nu_{12}$. 但我们现在所进行的更精确的研究要对现象的描述作明显的变更.

事实上, 在交换以后, 原子和光子形成了单一粒子, 入射光子的初始动量应当由激发态原子来保存; 即交换后原子应当运动, 因而具有它原来所没有的某种动能. 原子只有靠入射光子的能量才能取得这个动能, 而只有当入射光子的能量 $h\nu$ 大于能量差 $E_2 - E_1 = h\nu_{12}$ 时, 这个过程才有可能. 因此问题就归结为确定 $h\nu$ 和 $h\nu_{12}$ 之间的精确关系.

为了进行这个计算, 同 2.3.2 节一样, 我们要使用相对论粒子的特性, 这使我们必须预先作一个注解：质量和能量之间的相对论关系是绝对普遍的, 因此, 具有内能比正常基态原子高的激发态原子应当比基态原子更重. 所以要把基态原子的静止质量 m_1 与激发态原子的静止质量 m_2 区别开来. 在表 2.2 中总结了这些记法.

表 2.2　光子吸收的总计

		吸收前	吸收后
波	能量	$h\nu$	无
	动量	模：$h\nu/c$；方向：Oz	
原子	总能量	E_1	$W = \sqrt{p^2c^2 + m_2^2c^4}$
	动量	零；静止	模：p；方向：Oz
	静止质量	$m_1 = E_1/c^2$	$m_2 = E_2/c^2 = \dfrac{E_1 + h\nu_{12}}{c^2}$

无论交换前还是交换后, 这里只有唯一的一个动量矢量, 为了保证动量守恒, 这两个矢量必须处在同一方向. 因此我们的问题中并不包含角度未知量, 这就大大简化了守恒方程的写法：

$$\begin{cases} \text{能量：} h\nu + E_1 = W = \sqrt{p^2c^2 + m_2^2c^4} \\ \text{动量的模：} h\nu/c = p \end{cases}$$

将第二个式子中 p 的表达式代入第一式, 就可立即消去 p：

$$(E_1 + h\nu)^2 = (h\nu)^2 + m_2^2c^4 = (h\nu)^2 + (E_1 + h\nu_{12})^2$$

此式化简后得到

$$\boxed{\nu = \nu_{12}\left(1 + \frac{h\nu_{12}}{2m_1c^2}\right)} \quad \text{(吸收)} \tag{2.13}$$

诚如我们所预言的那样, 入射波频率 ν 应高于光谱跃迁的理论频率 $\nu_{12}=(E_2-E_1)/h$.

然而这并不能使我们对第 1 章所讲的内容提出质疑. 如我们讲过的, 与原子静止质量的能量相比, 在光学跃迁中起作用的能量确实要小很多

$$\left.\begin{aligned} h\nu_{12} &\approx 1\sim 10\text{eV} \\ m_1c^2 &\approx 10\sim 100\text{GeV} \end{aligned}\right\} \Rightarrow \frac{h\nu_{12}}{m_1c^2}\approx 10^{-10}$$

实验观察到的光学共振的线宽决定于蒸气中原子热运动速度引起的多普勒效应 (参见 1.3.3 节), 因此得到谱线的相对线宽为: $\delta\nu/\nu\approx v/c\approx 10^{-6}$. 由此可见, 由动量守恒引起的谱线移动比线宽小得多, 因此是观察不到的 (除了精确度非常高的实验以外).

总之, 我们再一次得到了我们在讨论弹性散射问题时所强调的能量与动量平衡的一般性质: 当交换的总能量比静止的散射粒子 (电子、原子) 的能量小得多时, 这个粒子会吸收可观的全部动量, 而得到的能量则可忽略. 在非弹性散射情况下, 这意味着粒子所吸收的全部能量实际上完全转化为它的内能. 这就事后证实了第 1 章中没有考虑动量的简化描述还是正确的.

2.4.2　光子的发射

我们以讨论激发态原子发射光子现象的另一个侧面来结束对考虑了动量的光学共振现象的新描述. 所用记法仍和上节相同, 只需要用表 2.3 明确列出新问题中假设的各项概念就够了, 而无需加以解释.

表 2.3　光子发射的总计

		发射前	发射后
波	能量	无	$h\nu$
	动量		模：$h\nu/c$ 方向：Oz
原子	总能量	$E_2=E_1+h\nu_{12}$	$W=\sqrt{p^2c^2+m_2^2c^4}$
	动量	零 静止	模：p 方向：Oz
	静止质量	m_2-E_2/c^2	$m_1=E_1/c^2$

在发射前总动量为零, 因此发射后出现的两个动量矢量应该处于同一方向而符号相反; 即只要在该轴上把它们的代数和写成零就行了. 于是守恒方程写为

$$\begin{cases} \text{能量：} E_2=m_1c^2+h\nu_{12}=h\nu+\sqrt{p^2c^2+m_1^2c^4} \\ \text{动量：} 0=h\nu/c+p \end{cases}$$

与上面计算一样, 很容易把 p 消去, 得到

$$\boxed{\nu = \nu_{12}\left(1 - \frac{h\nu_{12}}{2m_2c^2}\right)} \quad (发射) \tag{2.14}$$

所得结果与以前相似, 但是 m_1 被近乎相等的 m_2 替代了, 并且修正项的符号变了.

这里频率移动的符号也相反: 原子得到一个与发射光子方向相反的动量. 这就是说, 原子应该以动能的形式保留它丢失的内能 $h\nu_{12}$ 中的一部分; 因此光子不可能带走全部能量 $h\nu_{12}$.

显然, 如同在前面吸收情况中一样, 在光学跃迁情况下这个频率移动也是可以忽略的; 这个计算只不过证明第 1 章中所作的简化是合理的. 但当处理下节要讲的大能量跃迁时, 频率计算的结果就非常不同了. 在下面 2.4.4 节的其他实验中, 我们将看到光学跃迁中因原子速度变化而显示出的动量变化.

2.4.3 γ 射线的应用, 穆斯堡尔效应

我们知道, γ 射线是由天然或人工放射性原子发射出来的、频率特别高的电磁波. γ 射线的区域覆盖了部分 X 射线区域, 并还延伸到更高的频率.

人们把发射一个 γ 光子的过程解释为两个核能级之间的辐射跃迁, 这与我们讲到的光谱过程完全相似. 但是核跃迁的能量 $h\nu_{12}$ 在数量级上要高得多, 通常在 10keV 到 10MeV 之间变化. 比值 $h\nu_{12}/m_0c^2$ 仍比 1 小得多, 但从上述计算公式得到的频率移动却变得超过线宽了. 所得情形如图 2.7(a) 所示, 这里对应于同一跃迁的吸收线和发射线不再相互重合. 就是说, 发射波的频率太低, 不足以被吸收; 这种情况下不可能发生光学共振现象.

但线宽基本上决定于多普勒效应 (参见 1.3.3 节), 它是温度的递增函数. 类似于光学共振那样, 我们来做 γ 射线实验, 其条件是把 γ 射线的源和吸收体都置于一个很高的温度下, 以使发射线和吸收线的多普勒轮廓部分重叠 (图 2.7(b)). 这样就能观察到部分吸收.

1958 年, 一位德国青年物理学家穆斯堡尔用这种技术研究了 ^{191}Ir 核的 129keV 辐射的吸收. 他观察到, 把源和吸收体都冷却时, 与预料相反, 吸收意外地增长了. 这个现象的解释如下: 在低于某个特征温度 (它表征含有发射核与吸收体的固体特性, 称为德拜温度, 见热力学教程) 的低温下, 一部分 γ 射线的发射或吸收是既没有反冲, 也没有多普勒展宽的. 可以简要地把这个现象作如下描绘: 发射体或吸收体的原子核是冻结在晶格中的, 在发射或吸收过程中整个晶体承受着反冲. 因为晶体质量要比原子核的质量大得多 (比值是阿伏伽德罗常量 $\mathcal{N} = 6 \times 10^{23}$ 的数量级), 反冲速度就可忽略了. 固体理论框架内的一种比较精确而复杂的研究表明, 只有 γ

射线的一部分 f 才能无反冲地发射或吸收, 这个比例因子 f 基本上只决定于比值 T/Θ (T 为实际温度, Θ 为固体的德拜温度). 图 2.7(c) 描绘了谱线的轮廓.

无反冲的发射线或吸收线的线宽很窄, 简单情况下它就是与核能级辐射寿命相关的自然线宽 (参见 5.2.2d 节). 以频率为单位的自然线宽 $\Delta\nu$ 是 10^6Hz 数量级, 因为 γ 射线的频率为 10^{19}Hz 数量级, 相对线宽为 $\Delta\nu/\nu \sim 10^{-13}$, 是所有物理现象中最小的相对宽度了*.

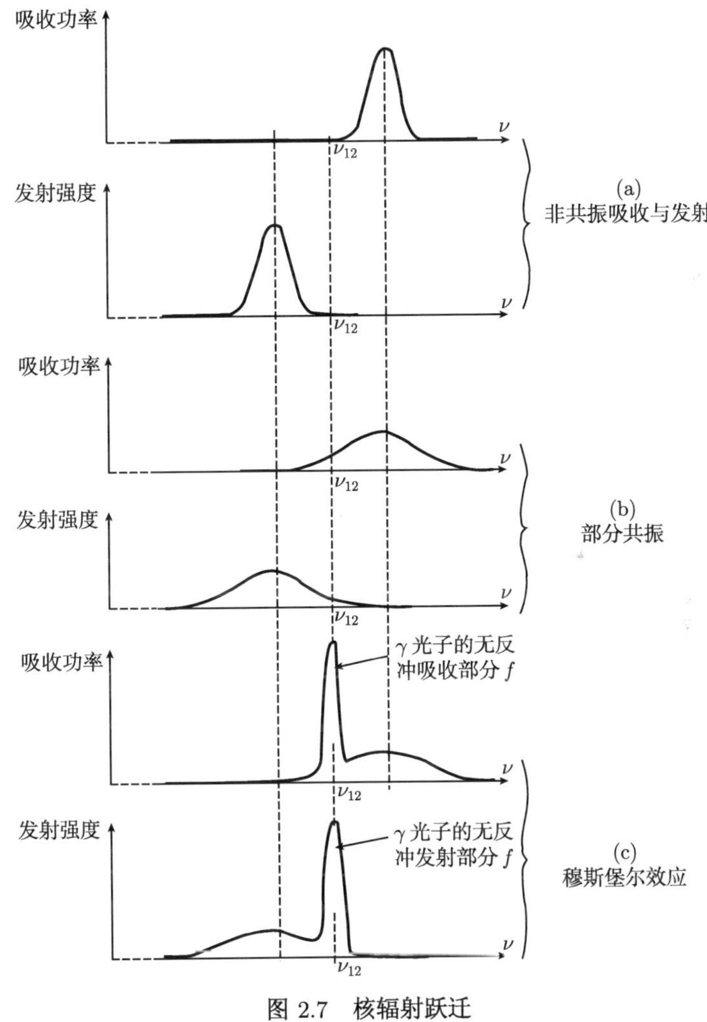

图 2.7 核辐射跃迁

鉴于它们极端精细, 要观察无反冲的吸收和发射线, 以及图 2.7(c) 中所示的理

* 21 世纪初观察到的某些冷原子的禁阻跃迁谱线有同样的, 甚至更小的相对线宽, 如 ^{87}Sr 等. —— 译者

论曲线, 需要用到十分特殊的实验技术.

固定吸收屏, 发射源以速度 $\vec{v}$ 平行于 γ 射线的传播方向移动 (图 2.8). 用一只能记录穿过吸收体的 γ 光子数目 N 的检测器, 就可研究 γ 射线的吸收与移动速率之间的函数关系. 根据多普勒效应, 吸收体原子看到的频率不是 ν_{12}, 而是 $\nu = \nu_{12}\left(1 \pm \dfrac{v}{c}\right)$, "±" 号决定于速度矢量的方向.

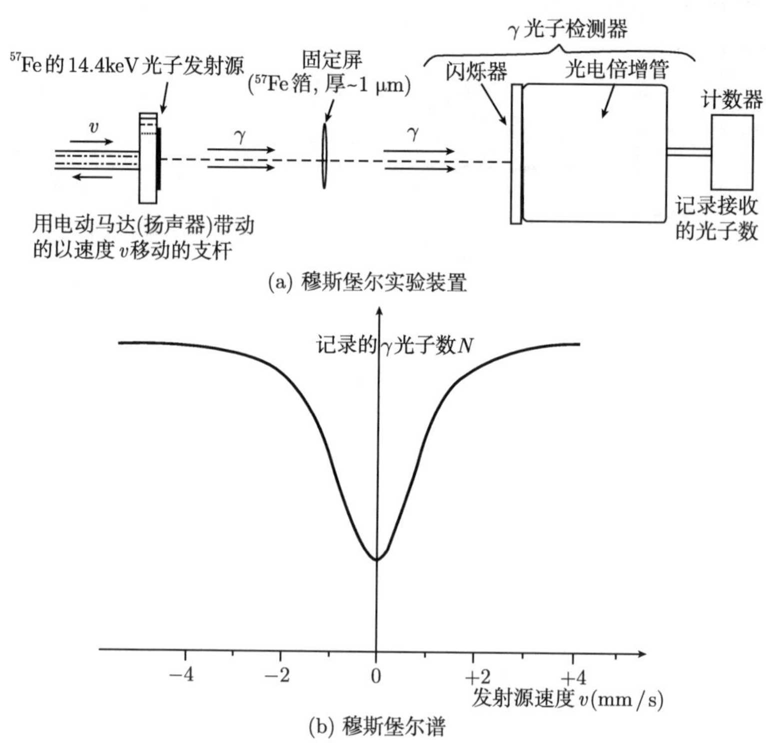

(a) 穆斯堡尔实验装置

(b) 穆斯堡尔谱

图 2.8　穆斯堡尔效应

令 $\Delta\nu$ 为无反冲线宽, 我们立即看出, 若有 $v/c > \Delta\nu/\nu_{12}$, 则共振吸收条件不再满足. 根据 $v/c > \Delta\nu/\nu_{12}$ 的数值, 以每秒几厘米量级的很小的速度, 就足以消除共振吸收. 曲线 $N = f(v)$ 代表吸收和发射线的轮廓, 其中 N 是计数率. 这种曲线通常称为 "穆斯堡尔谱"(图 2.8(b)).

核能级可能具有复杂的结构, 尤其是在磁性物质中. 发射或吸收线的轮廓反映了固体的性质. 穆斯堡尔谱学取得了显著进展, 在磁学、化学键、晶体结构等不同领域做出了巨大的贡献, 其发明人穆斯堡尔在 1961 年获得了诺贝尔奖.

我们将指出穆斯堡尔效应和汤姆孙散射 (参见 2.3.4 节) 之间存在着相似性, 虽然它们对应于不同的相互作用过程, 一个是弹性散射, 一个是非弹性散射. 在这两种情况下, 原子发射体都牢牢地结合在晶格中, 而晶格则能吸纳动量而不接收动能. 相对于康普顿效应的汤姆孙散射, 与相对于 γ 光子非共振吸收和发射现象的穆斯堡尔效应, 都扮演着同样的角色.

注: 不可能像原子那样把一个核激发到一个激发态. 只有某些核反应可以从一个放射性核 B 出发得到另一个核 A 的激发态: B→A 激发 →A 基态 $+\gamma$. 例如:

$$^{57}\text{Co}\rightarrow{}^{57}\text{Fe 激发}\rightarrow{}^{57}\text{Fe 基态}+14.4\text{keV}$$

$$^{191}\text{Os}\rightarrow{}^{191}\text{Ir 激发}\rightarrow{}^{191}\text{Ir 基态}+129\text{keV}$$

对于重核, 这类核反应比较常见, 而轻核则基本不存在. 可以对约 40 种不同化学元素的 60 种核进行这类吸收实验. 我们举出几个例子: ^{40}Ca, ^{57}Fe, ^{61}Ni, ^{67}Zn, ^{73}Ge, ^{83}Kr, ^{99}Ru, ^{107}Ag, ^{117}Sn, ^{119}Sn 等.

2.4.4　光束引起的原子束偏转

在 2.4.1 节中我们解释了在光波与原子之间的动量转移所产生的动能变化是很小的, 以致实际上是观察不到的; 与这种能量变化相关的频率差 $(\nu-\nu_{12})$ 也是测量不到的. 然而, 这个动量转移却可在一些比较复杂的、观察原子速度变化的实验中显现出来.

a) *原子束技术*

为了观察原子的速度变化, 要用如图 2.9 所示的原子束进行工作. 最早的原子束研究出现在 20 世纪初 [迪努瓦耶 (Dunoyer), 1911], 是用来作为检验气体运动论的手段的. 最容易实现的方法是使用常温下固态或液态的化学元素, 把它们放在密封炉内加热蒸发. 炉子密封在高真空 (剩余压强为 10^{-6}Torr 数量级或更低, 即 10^{-9}atm, 或 10^{-4}Pa) 的容器内, 开了一个小孔. 热运动中一些原子抵达小孔, 无阻

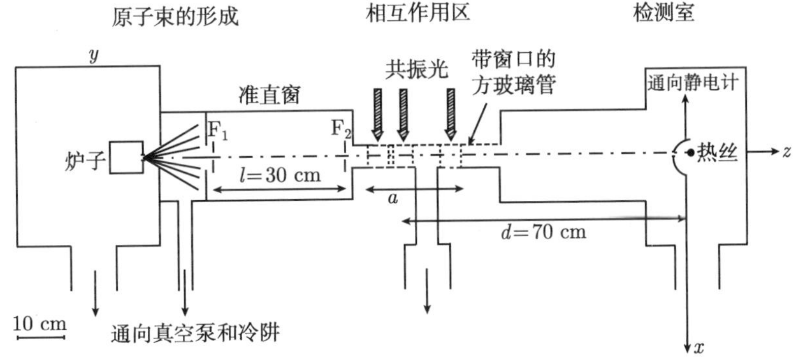

图 2.9　光照射下原子束的偏转

Picqué 和 Vialle 的实验 (Optics Communication, 1972, 5:402)

碍地继续以不变的速度在真空容器内沿着直线轨迹行走. 鉴于热运动速度相对较高, 通常在 100∼1000m/s, 容易计算出, 在 1m 量级的长度上重力影响几乎是可忽略的.

从小孔出来的全体原子的轨迹形成一个锥体, 其张角决定于小孔的形状和炉壁的厚度. 在炉子前约几十厘米处放置一个束阑 (图 2.9 上 F_1), 用以选取几乎是平行的轨迹, 可以直达真空容器的终端, 那里放着一个原子检测器.

最常用的原子检测器的原理是, 把原子离化形成的离子被吸引到带有负电势的金属栅上, 那里它们又获得了丢失的电子. 金属栅上测得的电流正比于接收到的离子数, 即到达束终端的原子数. 不同检测器的区别在于所用电离方法的不同. 在仅有一个外层电子的碱金属 (元素周期表第一列) 情况下, 只需用一条烧得发红的热丝就行, 所有打到热丝上的原子都被立即离化.

为了得到定向性更好的原子束, 常常还在第一个束阑 F_1 后面一段距离 l 处设置了第二个束阑 F_2; 因为用精密机械控制处于常温下的束阑 F_1 和 F_2 比控制受炉子烧热的小孔更方便. 原子束中携带的原子数的多少, 亦即检测到的信号的大小, 显然决定于两个束阑形成的张角. 若束阑窗口宽度大于一个毫米, 束中原子密度足够大, 原子束可用肉眼看到: 用所研究原子的共振光 (参见 1.3.2 节) 透过束装置侧面照射原子束, 就可在另一侧面看到束中原子自发发射的共振光. 我们可以在容器的暗本底中观察到受光照的部分原子束形成的光迹*.

某些实验中, 相距为 l 的两个束阑 F_1 和 F_2 的窗口是用旋转的带着齿状边沿的圆片做成的, 使原子周期性地通过. 两个束阑的旋转是同步的, 但却不是同相位的: F_2 让原子比 F_1 晚一段时间 δt 通过. 于是只有速度为 $v = l/\delta t$ 的原子才能通过. 改变延迟时间 δt, 就可以检验气体运动论的结果是否正确.

b) *原子束的偏转*

现在我们来描述 1972 年在法国奥尔赛 Aimé Cotton 研究所所做的实验, 它采用了 1933 年弗里希 (Frisch) 的思想, 但技术有了明显改进.

实验研究测量了原子吸收共振光子时速度方向的变化. 共振光是由传统光谱灯发出的, 方向 Ox 与原子束 (方向 Oz) 垂直, 并与 F_1 和 F_2 窗口的高度方向 (Oy, 与图 2.9 的纸面方向垂直) 垂直. 用很窄的窗口, 宽度降到 $\varepsilon = 10\mu\text{m}$, 因此原子束中与 Ox 平行的速度分量 v_x 可忽略.

相反, 束阑窗口的高度有几个厘米, 以保持 v_y 分量有较大的分散, 这样便保证了原子束中有足够多的原子流. 在准直器 F_1 和 F_2 的出口处, 距离检测器为 d 的地方进行光照.

---

* 用肉眼只能看到钠原子束的黄色光迹, 因为它的共振光处于 589nm 附近的可见光波段, 铷和铯的共振光都处在红外波段, 需要借助于红外光观察器才能 “看到” 原子束的光迹. —— 译者

吸收一个共振光子给原子带来一份动量为 $\vec{p}=\hbar\vec{k}$, 令其速度分量为 v_x, 有

$$p_x = mv_x = \hbar k = h\nu/c = h/\lambda$$

则原子束偏转一个角度 α:

$$\boxed{\alpha = \frac{v_x}{v_z} = \frac{\hbar k}{p_z} = \frac{h}{m\lambda v_z} = \frac{h\mathcal{N}}{\mathcal{A}\lambda v_z}} \tag{2.15}$$

(计算中原子的真实质量用原子的质量数 $\mathcal{A}$ 除以阿伏伽德罗常量 $\mathcal{N}$: $m=\mathcal{A}/\mathcal{N}$). 由此可得检测到的原子束偏移量为 $\delta x = \alpha d$.

实验是用碱金属原子铯 (Cs) 做的. 原子检测器是烧红了的钨丝, 厚为 10μm, 与两个束阑 F_1 和 F_2 平行 (垂直于图 2.9 纸面的方向 Oy). 为检测原子束的位置, 在 Ox 方向上用测微装置移动热丝, 记录离子电流 I 随位置 x 变化的函数关系. 测量结果示于图 2.10. 曲线 (a) 是无光照的直通束的轮廓; 曲线 (b) 表示有照射的结果, 显示了光子作用下**原子束的偏转**.

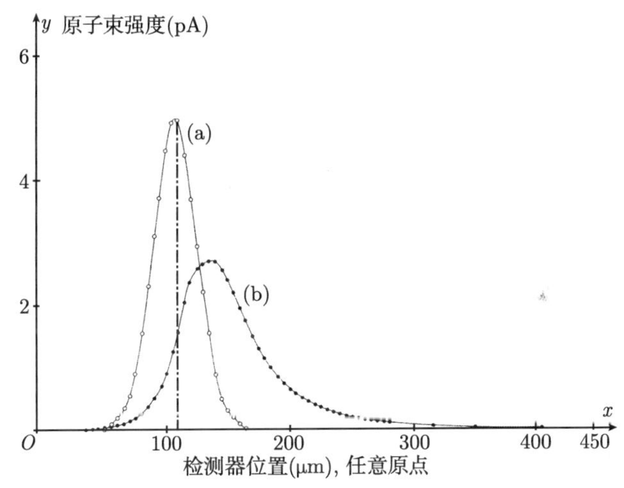

图 2.10　图 2.9 原子束的检测 (热丝检测器平行于 Ox 方向移动)

(a) 无光照的直通束; (b) 光照下的偏转

c) *原子束展宽的解释*

图 2.10 上束轮廓 (a) 的宽度约为 35μm，相当于从准直角 $\beta=\varepsilon/l\approx 3\times10^{-5}$rad 估算得到的宽度: $\delta x=\beta d\approx 20$μm, 还要在此基础上加上检测热丝的宽度 10μm.

图 2.10 上偏转束的轮廓 (b) 显示其高度差不多只有轮廓 (a) 的一半, 而其宽度则几乎大一倍; 每种轮廓的总面积是相等的, 因为它相当于每秒内原子束所输运的总原子数. 展宽的不对称, 是由三种不同展宽效应引起的:

1) 束中原子的纵向速度 v_z 是围绕一个平均速度分布的, 而从上面对一个光子算得的偏转角 α 与速度 v_z 成反比, 对慢速原子偏转较强, 对快速原子偏转较弱.

2) 慢速与快速原子的第二个区别在于, 它们与光的相互作用时间不同, 这时间也是与速度 v_z 成反比变化的, 慢速原子作用时间长, 快速原子时间短. 吸收一个或多个光子的概率 (参见第 3 章) 也是慢速原子大, 因此它们的平均偏转更厉害.

3) 还需要考虑到, 原子不会待在激发态, 而要无规则地向空间各方向自发发射光子回到基态, 那些发射在 Oz 或 Oy 方向上的光子对原子速度的 x 分量没有任何作用. 发射到平行于 Ox 方向上的光子, 带着一个平行于 Ox 的或正或负的动量 $\hbar\vec{k}$. 若其方向与照射光相同, 则和原始的偏转 α 相抵消; 若其方向与光的方向相反, 则会使原始偏转加倍. 所以自发发射也会对不同原子产生不同的偏转, 从而使束轮廓展宽. 但此效应是对称的, 平均为零, 不会改变平均偏转.

d) *束偏转的解释*

最后, 可以估算出该原子束轮廓的平均偏移为 $\delta x \approx 45\mu\text{m}$, 并将其与计算值作比较 (考虑到轮廓的不对称性, 这平均偏移要明显大于两个轮廓极大点之间的距离).

铯原子有原子质量数 $\mathcal{A} = 133\text{g}$(在 MKS 单位制中, $\mathcal{A} = 0.133\text{kg}$), 相对较重, 一个光子引起的偏转 α 相对较小. 但是, 这部分又反过来被偏转随 $1/v_z$ 而变这一事实所抵消, 因为原子的质量较大而速度较慢. 我们对具有最多原子数的一组速度 (即最概然速度) 来进行计算. 从气体运动论 (参见附录 2) 计算得到束中最概然速度 v_z 的平方等于束源蒸气 ($T \approx 500\text{K}$) 的平方平均速度:

$$v_z^2 = \frac{3k_BT}{m} = \frac{3k_BT\mathcal{N}}{\mathcal{A}} \quad \Rightarrow \quad v_z \approx 300\text{m/s}$$

铯的两条共振线 D_1 和 D_2 处在很近的红外波段, 波长为 852.1nm 和 894.3nm, 平均值约为 870nm. 由此得到吸收一个光子后的最概然偏转为

$$\alpha = h\mathcal{N}/\mathcal{A}\lambda v_z \approx 10^{-5}\text{rad} \quad \Rightarrow \quad \delta x = \alpha d \approx 7.5\mu\text{m}$$

与从束轮廓测得的偏移 $\delta x \approx 45\mu\text{m}$ 相比较, 得到束中原子在长为 $a \approx 20\text{cm}$ 的光照区, 即在光照时间 $\theta = a/v_z \approx 0.7\text{ms}$ 之内, 有吸收六个光子的最大概率. 这与第 3 章中估算的跃迁概率完全吻合.

注 1: 同样的装置还用于研究更轻的钠 (Na, $\mathcal{A} = 23\text{g}$) 原子, 其蒸发温度较高 ($T \approx 630\text{K}$). 这导致原子束的平均速度高三倍, $v_z \approx 900\text{m/s}$, 从而使偏转角 α 缩小. 但 Na 的黄共振线光子的动量大 (因其波长小于 590nm), 加上靶原子 Na 很轻, 结果算得吸收一个光子以后的偏转角为铯原子的三倍

$$\alpha = h\mathcal{N}/\mathcal{A}\lambda v_z \approx 3.2 \times 10^{-5}\text{rad} \quad 和 \quad \delta x = \alpha d \approx 23\mu\text{m}$$

然而从 Na 的束轮廓测得的平均偏移为 $\delta x \approx 36\mu\text{m}$, 小于铯束的, 这是因为 Na 原子平均只吸收 1.5 个光子. 这可用第 3 章中算得的跃迁概率来解释.

差不多同时, 德国科隆大学的一个科研组用 Na 束做了类似的实验. 他们用早期波长可调的单色激光器作光源. 激光器和传统光谱灯发光的总强度可相比 ($P\approx$10mW), 但激光器发出的所有光子其频率都正好是可用频率 $\nu_{12}=(E_1-E_2)/h$, 每个原子可以吸收约 100 个光子, 这使平均偏转大了 50 倍, $\delta x\approx$1mm. 但因他们用了很大的束阑窗口 ($\varepsilon\approx$1mm), 精确度并没有更好.

注 2: 还可对铯束轮廓线顶端测得的最大离子电流 $I=6\times10^{-12}$A 做出解释 (参见图 2.10). 已知每个离子带给收集栅网的一个元电荷为 $e=1.57\times10^{-19}$C, 由此得到检测器上收到的原子流量为

$$Q=I/e=4\times10^7\text{原子/s}$$

借助于附录 2 中的公式, 已知 T=500K 下铯的饱和蒸气压 p, 从而得知 Cs 炉中的密度 n:

$$\begin{aligned}p(500\text{K})&=0.1\text{Torr}\quad\Rightarrow\quad n=p/k_BT=2\times10^{21}\text{m}^{-3}\\&\approx14\text{Pa}\qquad\qquad\qquad\quad=2\times10^{15}\text{cm}^{-3}\end{aligned}$$

由此读者可以验证原子流量的数值是合理的.

2.4.5　补充: 原子的减速或冷却

假设光束沿着原子束的轴 Oz 行进, 但方向相反, 传给原子的动量与它的初始动量反向, 因而使其速度减小, 即减速. 但如同我们在上节所见, 与原子的动量相比光子动量十分微小. 每一次吸收光子引起的原子动量的变化 δp_z 是和上节实验中相同的:

$$\delta p_z=-\hbar k\quad\Rightarrow\quad\frac{|\delta p_z|}{p_z}=\frac{\hbar k}{p_z}=\alpha\approx10^{-5}\quad(\text{参见 2.4.4 节 b 和 d})$$

因此要得到显著的减速必须要有很大量的吸收–发射循环.

a) *原子束的减速*

但是, 假若使用强度足够高, 以致超过了饱和值 (参见 3.3.3 节) 的激光束, 减速还是可能的. 在吸收–发射循环的平均时间缩短到在数量级上等于激发态寿命 τ (对钠原子 $\tau=10^{-8}$s) 的情况下, 初始平均速度为 v_z=300m/s 的束中原子, 经过长度为 l=1m 的路径所需的时间为 $t=l/v_z\approx3\times10^{-3}\text{s}>10^5\tau$, 足以完成所需的吸收–发射的循环数, 从而可使速度降低到接近于零.

事实上因为要考虑到多普勒效应, 实验还是比较复杂的. 在上一节的横向照射中, 这个效应不起任何作用, 但在沿着束方向纵向照射时, 这个效应起重要作用. 需要选择激光频率 ν_L, 使它能与最概然速度的原子发生共振, 而原子在其自身坐标系中将接收到表观频率提高了的波:

$$\nu_{\text{表观}}=\nu_L(1+v_z/c)=\nu_{12}=(E_2-E_1)/h$$

(因为运动中光源和原子互相接近, 而这里 v_z 沿着 Oz 轴方向为正, 与光的方向相反).

当减速开始时, 速度 v_z 减小, 所需共振激光频率 ν_L 也要改变. 为了每时每刻都保持共振条件, 必须事先计算原子位移和速度随着时间变化的函数关系 $z(t)$ 和 $v_z(t)$, 并用以改变实验参数. 为此, 采用两种解决方法:

1) 固定激光频率 ν_L, 而用一个平行于 Oz 轴的磁场通过塞曼效应改变原子的能级 (参见第 9 章), 使沿 z 轴的磁场强度 $B(z)$ 按照计算出来的规律变化.

2) 或用一个电子伺服系统使激光频率自动随时间的函数变化 $\nu(t)$, 它满足算得的函数关系 $v_z(t)$. 这样也能几乎使原子束停住.

b) **通过多普勒效应使蒸气冷却**

1975 年斯坦福大学的汉施 (Hänsch) 和肖洛 (Schawlow) 提出了另一种可使蒸气原子减速的方法 [与此同时, 瓦恩兰 (Wineland) 和德梅尔特 (Dehmelt) 也提出来可用于囚禁离子的类似方法]. 但直到 1985 年, 贝尔实验室的朱棣文 (S. Chu) 小组才将其实现. 这个方法精确地利用了多普勒频移, 而它在原子束情况下是起了相反的作用.

用对射光束 (用一面反射镜把入射激光反射回来即可) 照射原子. 激光频率ν_L固定在略低于共振值 ν_{12} 上, $\nu_L = \nu_{12} - \varepsilon$. 考虑一个速度 v_z 较低的原子, 在其自身坐标系中它将 "看到" 以反向速度迎面传来的波的表观频率提高了, 而同向传来的波的频率则降低了. 换句话说, 反向传播的波更接近于共振频率, 而同向传播的波的频率则距共振相去更远. 结果是从反向波传递来的动量比从同向的波传递来的动量更多, 因此原子吸收的总动量与速度方向相反, 从而使其减速, 不管这速度的方向如何.

实验是用沿着 Ox, Oy 和 Oz 三个轴的对射激光束组成的六束光实现的, 使速度的三个分量同时被减速. 要使被减速原子在六束光交汇处的小体积中积累起来, 只需要很短的时间. 现在这个方法经常被很多实验室使用, 成为原子和辐射之间交换动量的最好例证. 但是, 由于自发发射方向的无规性引起的不确定性, 这速度实际上不可能减小到零. 通常得到的速度为 30cm/s 数量级, 用玻尔兹曼定律 $mv_z^2/2 = k_BT$, 这个速度相当于温度 $T \approx 0.3\text{mK}$. 速度减小到千分之一, 温度则降低为百万分之一.

使用各种陷俘 (阱) 技术可以把速度和温度降得更低. 把已经被减速的原子放在一个磁场或电磁场的空间组态中, 当原子偏离阱的中心位置时会产生一种恢复力把它们拉回来. 这些阱可使原子速度降低到几个厘米/秒的数量级, 对应的温度约为 1μK. 但这种陷俘方法需要用到更复杂的物理过程, 已超出了本书的范围.

2.5　能量与动量交换体系的总复习

总结起来, 我们所考虑的波与物质粒子 (电子、原子) 之间的交换, 是与描述机械物体之间, 或从加速器出来的高能粒子之间的真实碰撞过程完全类似的. 在进行这样的对比时, 在入射波与某种粒子交换过程中光子起着一个类似于投向固定或准固定靶子的 "投射粒子" 的作用.

- 这一章我们主要讨论了电磁波的弹性散射 (汤姆孙或康普顿散射) 和非弹性散射 (共振或非共振).
- 我们也讲述了光电效应和光电离效应 (涉及一个波和两个粒子的非弹性相互作用).
- 我们还将适当地讲述由高速电子撞击一块金属时产生的 X 射线 (或 "轫致辐射", 参见下册) 谱; 这是一种带有波散射的弹性碰撞: 当一个入射电子撞击原子核时, 其部分动能转给了光子.
- 当 γ 光子撞击原子核的能量超过 1.02MeV($h\nu > 2m_0c^2$, 其中, m_0 为电子和正电子共同的质量) 时, 在核物理上可观察到 γ 光子物化为一个电子和一个正电子的过程. 这是一个非弹性相互作用过程, 涉及一个波和三个粒子. 这个过程只有当 γ 光子遇到一个能吸收多余动量 (另外两个粒子 —— 电子与正电子在一起, 也不能拥有像 γ 光子那样大的动量) 的原子核时才能产生.

a) "投射粒子"(光子或电子) 的总能量大大低于静止 "靶子" 能量的情况

此时不管守恒方程的细节如何, 我们可以认为 "靶" 粒子实际上不接收动能. 若

$$\left.\begin{array}{l}w\ \text{为入射“投射粒子”的总能量}\\ m_0c^2\ \text{为静止靶子的能量}\end{array}\right\}\text{有}\quad \boxed{w \ll m_0c^2}$$

$$\left.\begin{array}{l}\text{靶子有能量}\ W=\sqrt{m_0^2c^4+p^2c^2}\\ \text{动量}\ p\end{array}\right\}\text{相互作用以后}$$

投射粒子有能量 w, 拥有动量的值小于或等于 w/c(等号用于光子情况, 不等号用于一切物质粒子). 碰撞过程中, 靶子接收了一个动量 p, 其数量级等于投射粒子的动量 w/c. 这就是说, p 总是小于或等于 w/c 的量级:

$$\boxed{p \leqslant w/c \leqslant m_0c}$$

这个条件表明, 靶子保持着非相对论粒子的行为. 我们可以用相对论不变性近似来计算它的能量:

$$W=\sqrt{m_0^2c^4+p^2c^2}=m_0c^2\sqrt{1+p^2/m_0^2c^2}\approx m_0c^2(1+p^2/2m_0^2c^2)$$

由此我们得到一个接近于非相对论公式的动能值:

$$W - m_0c^2 \approx p^2/2m_0$$

考虑到 p 的量级, 最后得到

$$W - m_0c^2 \leqslant w^2/2m_0c^2 = w(w/2m_0c^2) \ll w$$

这就是说, 靶子得到的能量只是投射粒子能量 w 的很小的一部分. **重靶子吸收动量而不吸取动能**.

我们在计算交换过程中曾多次得到了这个非常普遍的结果 (参见 1.4.2 节, 2.3 节和 2.4 节), 现在就可以深刻理解其道理了. 比较入射粒子能量 w 与靶子的能量 m_0c^2, 为我们提供了一个表征这些交换现象特性的重要准则.

b) **动能与其他形式能量的区别**

[光子能量被认为是动能 (参见 2.2.2 节).]

上面讨论的假说中, 很重的靶子 ($w \ll m_0c^2$) 吸取动量而不吸收动能, 这样我们可以得到两个不同的结论:

1) 若交换是弹性的, 即总动能保持不变, 在两个粒子之间实际上没有任何能量的转换;

2) 若交换是非弹性的, 即有动能转变为另一种形式的能量; 这种动能的变换可以是全部的, 这样我们就证明了第 1 章中所作的简化是合理的.

本章最后, 我们把此教程中所研究的全部能量和动量交换的现象整理成一张表 (表 2.4), 根据我们刚刚指出的 a) 和 b) 两条准则来进行分类. 此表即作为第 2 章的结论.

表 2.4 各种碰撞类型的分类

	$w \ll m_0c^2$ 投射粒子总能量 ≪ 静止靶子的能量 (靶子吸收动量而不吸取动能)	$w \geqslant m_0c^2$ 投射粒子总能量 ⩾ 静止靶子的能量 (靶子吸取大部分动能)
弹性碰撞 (动能守恒, 包括光子能量)	(粒子间没有任何能量转换) — 低速电子与气体原子碰撞 (低于弗兰克–赫兹共振势) — α 粒子被原子核偏转 ⟷ (卢瑟福实验, 参见附录 4) — 汤姆孙散射 ⟷ — 轫致辐射	(粒子间有大量动能转换) α 粒子被石蜡中的氢核散射 (参见附录 4) 短波长康普顿散射
非弹性碰撞 (动能可以转换为另一种形式的能量)	(初始动能全部转换为另一形式能量) — 电子轰击引起的气体激发 (超过弗兰克–赫兹共振势) — γ 光子与核碰撞物化为电子和正电子 — 光学共振与穆斯堡尔效应 ⟷ — 光电效应 (光致电离)	(大部分动能被迫保持动能形式) γ 光子的非共振吸收和发射

第 3 章　辐射跃迁概率

我们看到, 在前两章中描述的共振发射或吸收、光电效应、康普顿效应等各种过程中, 物质与辐射之间的能量和动量交换是以不连续的方式进行的. 我们可以认为每一种交换都是准 "瞬间" 完成的个别事件; 但对产生这事件的 "瞬间" 我们能说些什么呢?

在现今实验中, 应当认为, 这些单个交换是在偶然的、其准确度不可预见的瞬间产生的. 唯一可预测的是用概率表达的统计性质. 在这一章中, 我们将讲述这些概率的意义及其实验测量.

第一节讨论光子吸收问题, 可用于上面描述的所有现象. 但这一章中我们主要关心的是光学共振现象, 即在频率为 $\nu_{12} = (E_2 - E_1)/h$ 或 ν_{12} 附近的波的作用下, 原子在能量为 E_2 和 E_1 的两个能级之间的跃迁 (参见 1.3.2 节). 第一节讨论处在下能级 E_1 上的原子吸收光子, 以后几节讨论处在激发态 E_2 的原子的光发射.

3.1　光波的吸收

3.1.1　吸收系数

a) *稀薄介质中吸收系数的定义*

在研究与原子相互作用改变光束的强度之前, 我们复习一下可用来测量的几个物理量: 光强表示单位时间内传输的能量, 实际上就是以瓦特表示的功率 P. 若令频率为 ν、截面为 S, 并以单位面积内的光子流 $\mathcal{D}$ 表征单色光束, 可算得传输功率为 $P = \mathcal{D}Sh\nu$.

在计算中, 使用另一个量 —— 透过吸收原子的光束的平均能量密度 u(参见 2.1.1 节) 通常较为方便. 假如我们令单位时间内一个长为 c(光速) 运载能量的圆柱形光束通过横截面 S, 则可算得 $P = Scu$. 比较这两种光强 P 的表示式, 可以得到一个关于平均能量密度 u 和单位面积光子流 $\mathcal{D}$ 之间的关系式:

$$\boxed{P = \mathcal{D}Sh\nu = Scu \quad \Rightarrow \quad \mathcal{D} = \frac{P}{Sh\nu} = \frac{uc}{h\nu} = u\frac{\lambda}{h}} \tag{3.1}$$

这样, 我们把光子流 $\mathcal{D}$ 和与其成正比的描述能量的量 u 和 P 联系起来了.

在实验上最容易做到的是, 当光束透过一个与 Oz 轴平行的薄层 δz 时观察光强的减弱 δP. 在稀薄气体介质 (低压下) 的情况中, 原子密度 n(单位体积内的原子

数) 很小, 自然可以认为能量的吸收部分与吸收原子数成正比, 亦即与透过介质的厚度 δz 成正比: $|\delta P|/P = K\delta z$. 其中 K 是很容易测量的吸收系数; 它的量纲是长度的倒数, 常用 cm^{-1} 为单位来量度.

吸收系数也应当与原子密度 n 成正比: $K=\sigma n$, 其系数 σ 的量纲为面积, 因为密度的量纲为体积的倒数.

总之, 可把量纲为一的分数 —— 能量相对吸收, 或光束横截面 S 上光子的相对吸收写成:

$$\boxed{\frac{|\delta P|}{P}=\frac{|\delta \mathcal{D}|}{\mathcal{D}}=K\delta z=\sigma n\delta z=\frac{\sigma(nS\delta z)}{S}}\quad (\text{假设 } \sigma n\delta z \ll 1) \tag{3.2}$$

由最后这个式子, 可以把截面 σ 解释为每个原子的 “暗表面”. 事实上 $(nS\delta z)$ 代表截面 S 上吸收原子的总数 (量纲一), 而分子 $\sigma(nS\delta z)$ 表示 S 截面内原子体系总的暗表面.

根据这样的解释, 我们就能更好地理解了为什么我们要作一个稀薄介质的假设. 事实上, 总暗表面 $\sigma(nS\delta z)$ 的计算只有在每个原子的 “暗表面” 不被另一原子遮盖的条件下才成立. 而这只有当 $\sigma(nS\delta z)\ll S$, 或 $\sigma n\delta z \ll 1$ 时, 才能得到确认. 这就是说, 被吸收的部分要比 1 小得多.

b) *厚介质情况*

在涉及光与原子相互作用的问题中, 原子的 “暗表面” 要远远大于原子的尺寸 (σ 可为 $10^2\sim10^4\mathrm{nm}^2$ 或 $10^{-12}\sim10^{-10}\mathrm{cm}^2$ 数量级, 比原子尺寸大得多). 假如光束透过一个厚度 l 足够大的吸收介质, 上述不等式不成立. 为了计算所得效果, 我们想象把吸收介质相继切割成许多小薄层, 每一层有很薄的厚度 δz, 可满足上述不等式 (3.2)(图 3.1(a)). 对每一厚度为 δz 的薄层, 可以使用上述概率公式 (3.2). 由此我们可导出透过薄层 δz 的功率 P 的代数变化 δP, 或光子流 $\mathcal{D}$ 的变化 $\delta\mathcal{D}$:

$$\frac{\delta P}{P}=\frac{\delta\mathcal{D}}{\mathcal{D}}=-\sigma n\delta z \quad\Rightarrow\quad \boxed{-\frac{1}{P}\frac{\mathrm{d}P}{\mathrm{d}z}=\sigma n=K} \tag{3.3}$$

吸收系数 $K=\sigma n$ 可以解释为单位长度的吸收概率. 把微分方程对变量 z 积分, 从而得到

$$P(z)=P_0\exp(-\sigma nz)$$

光强按指数规律逐渐减弱 (见图 3.1(b)), 透过厚度为 l 的吸收介质后测得的剩余光强为

$$\boxed{P(l)=P_0\exp(-\sigma nl)=P_0\exp(-Kl),\quad K=\sigma n} \tag{3.4}$$

我们称量纲一的量 Kl 为吸收介质的**光学厚度**. 若光学厚度很小 ($\sigma nl=Kl\ll 1$), 不需要使用指数规律.

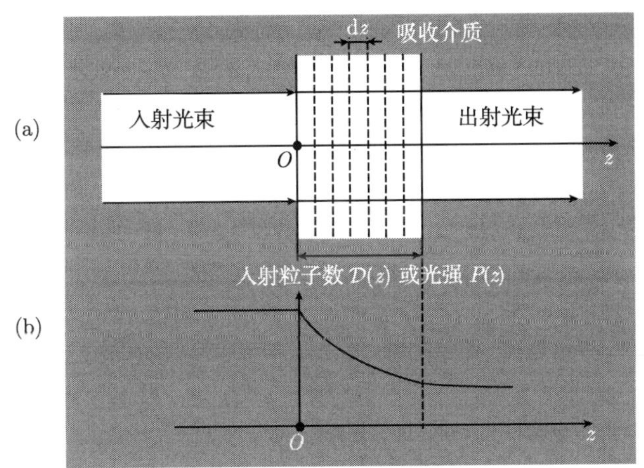

图 3.1　光透过吸收介质

相继测量无吸收介质时的光强 P_0 和在介质出口处的 $P(l)$, 很容易从实验上得到吸收介质的光学厚度 Kl. 改变介质厚度 l, 就可以检验吸收的指数规律; 由此可测得吸收系数 K. 若吸收介质的原子密度 n 已知, 还可算得原子的 "暗表面"σ, 它表示原子与光相互作用的概率.

3.1.2　与碰撞理论有效截面的比较, 刚球模型

为了一般地描述粒子之间的碰撞实验 (例如核物理实验), 我们首先用机械物体碰撞这一特别简单的模型来进行论证. 靶粒子 1 是半径为 r_1 的、静止地分散在空间的刚性球, 同样投射粒子 2 是半径为 r_2 的刚球, 都以平行于 Oz 方向的速度运动. 在这种情况下, 一切球心处于以 Oz 为轴、以 r_1+r_2 为半径的旋转圆柱体内的投射子, 将与一个球心处于 O 点的特定靶子发生碰撞 [圆柱体的横截面为 $\sigma=\pi(r_1+r_2)^2$, 见图 3.2]. 令 $N_{\text{投}}$ 为实验过程中发出的投射子总数. 全部投射子形成一个平行于 Oz 轴、横截面为 S 的圆柱体束. 这个圆柱体束在靶子介质中划出一个含有靶子总数等于 $N_{\text{靶}}$ 的体积.

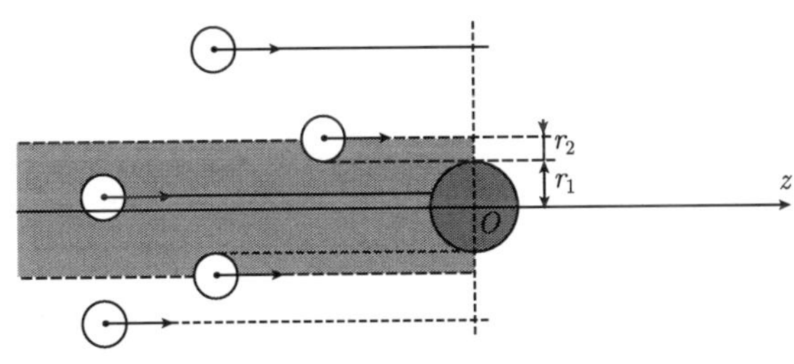

图 3.2　刚球碰撞, 单个靶子情况

每个靶子都能截住球心处于横截面为 σ 的旋转圆柱体内的投射子. 若有两个靶子几乎处在平行于 Oz 的同一直线上, 一个靶子把另一个遮盖了, 那么, 这些圆柱体中的两个就会部分重叠 (图 3.3). 但这是一种例外情况, 如果靶子不是太多, 这种案例完全可以忽略.

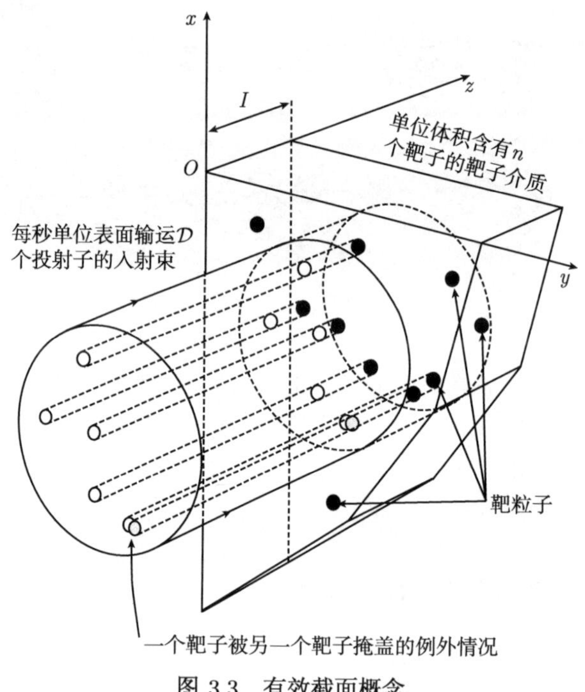

图 3.3　有效截面概念

假设**平均说来**束中入射粒子是均匀分布的, 即经受相互作用的投射子 N_{inter} 正比于 $N_{\text{靶}}$ 个截面为 σ 的旋转圆柱体的体积. 更准确地说, 经受相互作用的投射子与其总数的比值 $N_{\text{inter}}/N_{\text{投}}$ 等于 $N_{\text{靶}}$ 个旋转圆柱体的总体积与束的总体积之比, 亦即它们的横截面积之比:

$$\frac{N_{\text{inter}}}{N_{\text{投}}} = \frac{\sigma N_{\text{靶}}}{S} \quad 或 \quad \boxed{N_{\text{inter}} = \frac{\sigma}{S} N_{\text{投}} \cdot N_{\text{靶}}} \tag{3.5a}$$

为了更详细地讨论, 我们引入新的符号.

若所用符号为:

—— n = 单位体积中的靶子数;

—— l = 靶子介质的厚度 (平行于 Oz), 有 $N_{\text{靶}} = nlS$.

一个投射子的相互作用概率为

$$\boxed{\frac{N_{\text{inter}}}{N_{\text{投}}} = \sigma n l} \tag{3.5b}$$

若所用符号为:

—— $\mathcal{D}$: 单位表面的投射粒子流 (每秒内通过横截面的投射子数);

—— t: 实验时间, 有 $N_{投} = \mathcal{D}tS$.

一个靶子的相互作用概率为

$$\boxed{\frac{N_{\text{inter}}}{N_{靶}} = \sigma\mathcal{D}t} \tag{3.5c}$$

在此概率公式中投射子截面 S 消去了.

我们看到, 只有在靶子互相不遮盖的情况下计算一个投射子的相互作用概率 $N_{\text{inter}}/N_{投}$ 才有意义; 这要求有效截面和靶子数足够小, 以致投射子的相互作用概率很小:

$$N_{\text{inter}}/N_{投} = \sigma nl \ll 1$$

在许多核物理实验中这个条件是满足的, 因为所用靶子非常细小 (l 可为微米量级), 而相应的有效截面 σ 为几靶恩量级 (1 靶恩 $=10^{-24}\text{cm}^2$). 在原子物理中这种情况比较稀少.

更常见的是靶子被相互作用所破坏或变形. 为不致发生这种情况, 对靶子的相互作用概率要求满足同样的条件:

$$N_{\text{inter}}/N_{靶} = \sigma\mathcal{D}t \ll 1$$

当投射子和靶子是波、电子、原子或其他粒子时, 我们刚刚论证过的刚球特殊情况在现实物理中是找不到任何对应的. 尽管如此, 我们仍可把所得公式推广到任意相互作用的情况. 刚球模型以及有效截面的概念给我们提供了方便的手段, 以计算那种杂乱而大量产生的偶然的微观过程. 事实上, 这些公式表达了相互作用概率和单位面积内粒子数的比例关系:

$$N_{靶}/S = nl \quad 或 \quad N_{投}/S = \mathcal{D}t$$

在一切情况下都证实了这个比例关系, 我们称相应的比例系数为有效截面, 其量纲为面积 (概率的量纲为一, 两个积 nl 和 $\mathcal{D}t$ 的量纲都是面积的倒数). 这就是说, 在一般情况下, 上面三个带框的公式 (3.5) 中有一个被选为有效截面的定义, 另两个就可马上推得. 刚球模型提供了一个方便的直观表示, 使我们能够想象出这个有效截面的具体意义. 根据所得公式之间的相似性, 我们看到, 上节的原子 "暗表面" 和碰撞理论中的有效截面并无差别. 以后我们就用后一个名称.

注: 倘若我们研究原子之间碰撞引起原子速度的变化 (气体运动论), 实际上就测得了有效截面, 它是 1nm^2 数量级, 与原子尺寸可比. 但与光的相互作用

导出了一个完全不同的数量级 (在这里, 我们指的是相互作用过程的总有效截面). 在关于卢瑟福实验的讨论中我们将引入一个更为精细的概念 —— 微分有效截面 (参见附录 4).

3.1.3 单位时间的跃迁概率

现在我们来关心原子靶子发生了什么变化. 我们注意到, 用有效截面来表述的好处在于靶子和投射子所起的作用是对称的 (参见 3.1.2 节). 在这个对称性中, 对应于众靶原子分布的长度 l, 有入射光子通过的时间 t. 因此, 对应于单位长度上一个光子的吸收概率 $\sigma n = K$, 就有单位时间内一个原子的相互作用概率 $\sigma \mathcal{D} = \varpi$.

假如现在只限于讨论光学共振现象, 我们就说一个原子在单位时间内吸收光子的激发概率 (或跃迁概率)$\sigma_{12}\mathcal{D} = \varpi_{12}$. 下标 1 和 2 表示原子从较低的能态 E_1 跃迁到较高的能态 E_2. 能量为 $h\nu$ 接近于 $h\nu_{12} = E_2 - E_1$ 的光子只可能被处在基态 E_1 的原子所吸收. 为了精确起见, 我们计算单位体积内这类原子的数目 n_1. 我们经常把 n_1 称为$\boldsymbol{E_1}$ **能级的布居数**. 在通常实验中, n_1 总是非常接近于总原子数 n, 以致直到现在仍把 n_1 和 n 混用. 不过 n_1 要比 n 稍微小一点, 严格地说, 我们应当用 n_1 替代 n.

每当原子吸收一个光子而被激发的时候, 就把它从 E_1 能态带到新的 E_2 能态, 并使 n_1 减去 1. 在极短的实验时间 $\mathrm{d}t$ 内, n_1 的代数变化量 $\mathrm{d}n_1$ 等于激发原子数的负值:

$$\frac{\mathrm{d}n_1}{n_1} = -\sigma_{12}\mathcal{D}\mathrm{d}t = -\varpi_{12}\mathrm{d}t \quad 或 \quad \frac{1}{n_1}\frac{\mathrm{d}n_1}{\mathrm{d}t} = -\sigma_{12}\mathcal{D} = -\varpi_{12}$$

其中第二个关系式可以认为是单位时间跃迁概率 ϖ_{12} 的另一种定义方式. 考虑到上节中给出的有效截面 σ 和吸收系数 K 之间的关系, 以及光子流 $\mathcal{D}$ 和能量密度 u 之间的关系, 我们可以对这个**单位时间的激发概率** (或原子吸收一个光子的概率) 给出各种不同的表示式:

$$\boxed{\varpi_{12}(\nu) = -\frac{1}{n_1}\frac{\mathrm{d}n_1}{\mathrm{d}t} = \sigma_{12}(\nu)\mathcal{D} = \sigma_{12}(\nu)\frac{\lambda}{h}u = \frac{K(\nu)}{n_1}\frac{\lambda}{h}u} \tag{3.6}$$

这个公式提醒我们, 只要这个频率稍微偏离原子跃迁的精确频率 $\nu_{12} = (E_2 - E_1)/h$, 吸收概率就与波的真实频率 ν 有关. 因此这个公式只适用于**单色波**. 利用最后这个式子, 我们能从实验数据 (K, λ, u 和 $n_1 \approx n$) 来计算概率 ϖ_{12}. 注意, 单位时间的概率具有时间倒数的量纲, 可用 s^{-1} 为单位来测量. 因此它和作为数学概率定义的比值不同.

注: 在下册附录《经典辐射》中有作为能量密度 u 和电磁波频率 ν 的函数的跃迁概率 ϖ_{12} 的理论计算. 由此也可导出作为频率 ν 函数的有效截面 σ_{12} 的理论表达式.

3.1.4　实验现象的频率分布

a) 多色光的一般情况

实际上人们在实验中常用多色光，它的能量分布在一定的频率宽度之内. 假如我们用单色仪把一个频率处在 ν 与 $\nu+\mathrm{d}\nu$ 之间的窄频带提取出来，就能测量对于频率为 ν 的光子的吸收系数 $K(\nu)$. 这样还可从实验上画出 $K(\nu)$ 随频率变化的函数曲线来. 图 3.4 描绘了这种曲线的形状：在精确频率 $\nu_{12}=(E_2-E_1)/h$ 处，$K(\nu)$ 通过最大值，当 ν 远离 ν_{12} 时，$K(\nu)$ 下降为零.

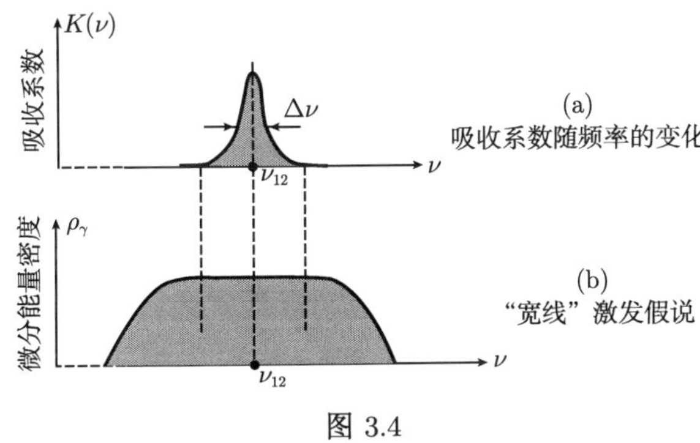

图 3.4

用单色仪分离出来的光强显然与相应的频带宽度 $\mathrm{d}\nu$ 有关. 若 $\mathrm{d}\nu$ 很小，光强与 $\mathrm{d}\nu$ 成正比. 这样分离出来的光束中所含的能量密度可写成 $\rho_\nu\mathrm{d}\nu$ 形式，比例系数 ρ_ν 称为微分能量密度. 分布在频率尺度上的光束总能量密度为

$$u=\int\rho_\nu\mathrm{d}\nu$$

这是图 3.4(b) 中曲线所包围的面积.

假如我们不用单色仪，而用多色光照射原子，上面几节的论述只能分别用于宽度为 $\mathrm{d}\nu$ 的每一个频带上，在这个频带作用下的基态原子数 n_1 的变化为

$$\left.\frac{\mathrm{d}n_1}{\mathrm{d}t}\right|_{\text{频带}}=-\frac{\lambda}{h}K(\nu)\rho(\nu)\mathrm{d}\nu\quad(\text{频带 }\mathrm{d}\nu\text{ 的贡献})$$

把每个频带 $\mathrm{d}\nu$ 所作的贡献总加起来就得到原子数的总变化：

$$\left(\frac{\mathrm{d}n_1}{\mathrm{d}t}\right)_{\text{总}}=\sum\left.\frac{\mathrm{d}n_1}{\mathrm{d}t}\right|_{\text{频带}}=-\frac{\lambda}{h}\int K(\nu)\rho(\nu)\mathrm{d}\nu\quad(\text{总})$$

于是得到多色光照普遍情况下的总跃迁概率为

$$\varpi_{12}=-\frac{1}{n_1}\left(\frac{\mathrm{d}n_1}{\mathrm{d}t}\right)_{\text{总}}=\frac{\lambda}{h}\frac{1}{n_1}\int K(\nu)\rho(\nu)\mathrm{d}\nu=\frac{\lambda}{h}\int\sigma_{12}(\nu)\rho(\nu)\mathrm{d}\nu$$

注： 严格来说, $\lambda = c/\nu$ 应该放在积分号里面. 但实际上在 $K(\nu)$ 不为零的频率区间 $\delta\nu$ 内, λ 的变化可以忽略：$\delta\nu/\nu \leqslant 10^{-5}$.

b) "宽线" 激发

假设在 $K(\nu)$ 不为零的整个频率平坦区 (图 3.4(b)) 微分能量密度 ρ_ν 是常量, 公式可简化. 这样, 可把 ρ_ν 从积分号中提出来, 在这种称为 "宽线激发" 的特殊情况下有

$$\boxed{\varpi_{12} = B_{12}\rho_\nu, \quad B_{12} = \frac{\lambda}{h}\int \sigma_{12}(\nu)\mathrm{d}\nu = \frac{\lambda}{h}\frac{1}{n_1}\int K(\nu)\mathrm{d}\nu} \tag{3.7}$$

一秒内一个原子的跃迁概率 ϖ_{12} 正比于微分能量密度 ρ_ν. 因为 $K(\nu)$ 的积分等于图 3.4(a) 曲线所包围的面积, 所以从实验数据就完全可能计算比例系数 B_{12}. 注意到, 描写频率为 ν 的光子和原子之间的相互作用的特征参量是有效截面 $\sigma_{12}(\nu)$, 我们实验测量的是吸收系数 $K(\nu) = \sigma_{12}(\nu)n_1$, 它与单位体积的原子数 n_1 成正比, 而这样算得的系数 B_{12} 则与原子数 n_1 无关. 系数 B_{12} 是表征原子类型和所研究的特定跃迁 $(E_1 \to E_2)$ 的, 它与实验条件完全无关, 在电磁波与原子相互作用的量子理论中起着重要的作用. 由此就可推出理论表达式.

注： 因为用弹性束缚电子模型①可以计算积分 $\int K(\nu)\mathrm{d}\nu$, 故也可用经典理论计算系数 B_{12}. 这个计算的重要思想是, 若原子密度固定, 积分值与决定线宽的次级现象无关.

c) 与单色情况的比较, 归一化线宽

上述带框的公式可应用于图 3.4 所描绘的 "宽线" 激发这一十分特殊的假设情况. 相反, 在大多数用激光进行的实验中, 原子与宽度很窄的单色波相互作用, 其频率是十分确定的, 在这种情况下必须保留使用 3.1.3 节从有效截面 $\sigma_{12}(\nu)$ 或系数 $K(\nu)$ 出发来定义的, 与频率 ν 有关的概率 $\varpi_{12}(\nu)$ 公式.

因此, 为了方便起见, 引入一个与有效截面成正比的, 归一化线形函数 $\phi(\nu)$, 以使其对频率的积分等于 1. 很容易证明, 在频率为 ν 的单色波作用下的跃迁概率为

$$\boxed{\varpi_{12}(\nu) = \frac{\lambda}{h}\sigma_{12}(\nu) = B_{12}\phi(\nu)u, \quad \text{其中} \quad \int_0^\infty \phi(\nu)\mathrm{d}\nu = 1} \tag{3.8}$$

或

$$\sigma_{12}(\nu) = (h/\lambda)B_{12}\phi(\nu)$$

① 参见本书下册附录《经典辐射理论回顾》.

为了验证它, 只要把上面计算 ϖ_{12} 或 B_{12} 的公式中用这个表示式来替代 $\sigma_{12}(\nu)$ 就够了; 而假设 ρ_ν 为常量对频率进行积分时, 由于归一化条件, $\phi(\nu)$ 函数会消失. 我们还注意到, $\phi(\nu)$ 函数的量纲为频率的倒数, 即时间.

注 1: 为了得到 $\phi(\nu)$ 的数量级, 我们采用下面注释: 根据归一化关系, 在吸收曲线中央 $\phi(\nu)$ 的最大值取决于线宽 $\Delta\nu$(图 3.4(a)); 这个最大值近似地等于 $\phi(\nu_{12}) \approx 1/\Delta\nu$.

纯理论上, 曲线 $\phi(\nu)$ 的宽度是自然线宽 [见 (5.9) 式和 (5.11) 式], 可算得其最大值为 $\phi(\nu_{12}) = 4\tau$. 但实际情况中, 由于下面两个原因, 实验曲线 $\phi(\nu)$ 一般要宽得多:

1) 寄生相互作用 (碰撞) 改变了原子的行为, 加宽了对其中每个原子单独计算出来的曲线 $\phi(\nu)$(即对每个原子都是相同的**均匀增宽**).

2) 不同原子不是精确地共振在同一频率 ν_{12} 上, 实验观察到的一条曲线是 ν_{12} 数值各不相同的曲线的统计平均叠加所得 (即**非均匀增宽**, 由原子间相互作用的不同而引起). 多普勒效应也使不同原子的共振频率 ν_{12} 分散在一个幅度 $\Delta\nu$ 接近于 1000MHz 的区域之内 (参见 1.3.3 节).

注 2: **共振线的自吸收**　在 1.3.3 节中我们指出过, 常用光源谱线增宽的原因主要是多普勒效应, 在图 3.5 中我们用曲线 (a) 来表示相应的线形. 但在共振线的情况下, 处于放电中心发出来的光可能被处于灯壳附近放电边缘的原子所再吸收.

这种自吸收现象在中心频率 ν_{12} 处具有最大值, 因为在这个频率值吸收系数 $K(\nu)$ 最大. 相反, 在发射线的两翼这个效应很小, 因为靠近灯壳吸收原子的温度要比处在放电中心的发射原子的温度来得低. 因此, 靠近灯壳的曲线 $K(\nu)$ 要比代表发射功率 P_ν 的曲线窄. 这就使代表放电灯发光强度随频率变化的函数曲线的轮廓产生了形变, 从而导致了可观的增宽 [图 3.5 曲线 (b)], 若蒸气压太高, 甚至还可看到整个曲线的反转 [图 3.5 曲线 (c)].

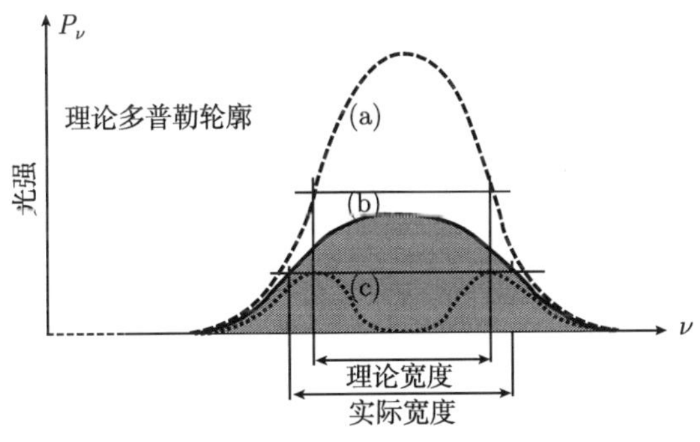

图 3.5　共振线的自吸收

3.2 光子的自发发射

3.2.1 自发发射概率和激发态寿命

第 1 章讲述的光谱和电子轰击实验给我们引入了一个能量稳定而分立的原子状态的概念. 它们同时也告诉我们, 大多数这样的稳定态是不稳定的, 光学共振和电子轰击实验实际上向我们表明:

—— 正常情况下原子处在能量最低的状态, 称为基态;

—— 要使原子过渡到能量较高的状态 (称为激发态), 必须通过一个外部激发过程给原子输送能量;

—— 原子不会滞留在激发态, 它会自发地回到能量较低的状态或基态, 而把多余的能量以光发射的形式释放出来. 这就叫做自发发射现象.

于是提出一个问题: 能不能预测经过多长的一段时间, 激发原子会自发回到基态? 我们不可能对特定原子回答这个问题, 但我们可以对大量原子给出一个统计答复. 事实上, 所有能做的实验结果都与单位时间自发发射概率的假设相符合, 这个概率的定义与上节的激发概率 ϖ_{12} 相似.

令 n_2 为给定瞬间单位体积中处在能量为 E_2 的激发态的原子数 (n_2 称为**能级 $\boldsymbol{E_2}$ 的布居数**). 当原子没有遭受任何外部作用时, 唯一能产生的现象就是原子从激发态自发跃迁回到基态. 假设这段短时间 $\mathrm{d}t$ 内原子数 n_2 的相对减少正比于时间 $\mathrm{d}t$, 即

$$\frac{\mathrm{d}n_2}{n_2} = -A_{21}\mathrm{d}t \quad \Rightarrow \quad \boxed{A_{21} = -\frac{1}{n_2}\frac{\mathrm{d}n_2}{\mathrm{d}t}} \tag{3.9}$$

A_{21} 称为**单位时间自发发射概率**.

把上面加框的微分方程积分, 得到激发态原子数 n_2 随时间变化的规律. 令 $t=0$ 时刻已经有 n_0 个原子处在激发态, 且在这一时刻激发过程立即终止, 当 t 为正值时, 我们得到指数规律:

$$n_2(t) = n_0\exp(-A_{21}t) \quad (\text{图 } 3.6)$$

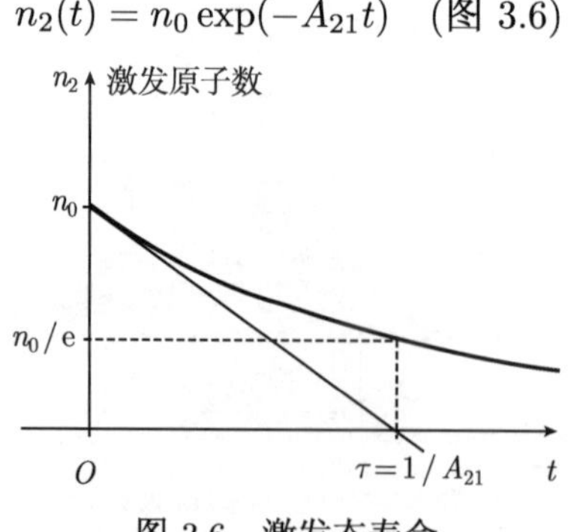

图 3.6 激发态寿命

由此我们可导出原子处在激发态的平均寿命. 对特定瞬间 t_i, 我们知道计算 t_i 与 $t_i+\mathrm{d}t$ 之间的短时间 $\mathrm{d}t$ 内原子数 n_2 的变化:

$$\mathrm{d}n_2 = -A_{21}n_0\exp(-A_{21}t_i)\mathrm{d}t = -A_{21}n_2(t_i)\mathrm{d}t$$

$|\mathrm{d}n_2|$ 的绝对值表示激发态寿命处在 t_i 与 $t_i+\mathrm{d}t$ 之间的原子数. 由此可求得激发态原子的平均寿命为

$$\begin{aligned}\tau - \frac{1}{n_0}\sum_{i=1}^{n_0} t_i = \frac{1}{n_0}\int_0^{\infty} t\,|\mathrm{d}n_2| = \int_0^{\infty} tA_{21}\exp(-A_{21}t)\mathrm{d}t \\ = \frac{1}{A_{21}}\int_0^{\infty}\theta\exp(-\theta)\mathrm{d}\theta = \frac{1}{A_{21}}\end{aligned}$$

这里引入了量纲一的变量 $\theta = A_{21}t$, 经典的分部积分给出对 θ 的积分值为 1.

我们把这个**平均寿命** $\tau = 1/A_{21}$ 称为**激发态寿命**. 这也是激发原子数成为 e(=2.718) 分之一时的寿命.

这个假设由下节描述的测量寿命的实验所证实.

注 1: 上述计算假定所有激发过程在 $t=0$ 时终止, 因此激发原子数为 n_0. 但在这个计算中完全没有涉及把 n_0 个原子带到激发态的那个瞬间. 假如激发是很激烈、准瞬间的, 可以认为这 n_0 个原子都是在 t=0 时刻同时到达激发态的. 但通常它们是过去 (t 是负的) 分阶段地在不同时刻到达激发态的, 因此 τ 代表 n_0 个在激发态仍然活着的原子的平均寿命, 而不管它们过去的情况如何.

注 2: 用来描述光子自发发射的假说与描述放射性衰变现象的假说完全相似. 然而要注意, 核物理学家把放射性原子数衰减到一半 (不是 1/e) 的时间定义为放射半衰期 $\tau_{1/2}$, 则我们在这里有半寿命为

$$\tau_{1/2} = \frac{\log 2}{A_{21}} = \frac{0.693}{A_{21}} = 0.693\tau$$

注 3: 假如我们所研究的特定能级比其他一些激发能级更高, 则回到基态可能要经过一个或多个中间激发能级, 并相继地串级发射光子.

因此存在着不同的、间接回到基态的渠道. 这里我们关心这些回归渠道的第一步: 从第一个激发能级 E_p 出发, 原子可以通过自发跃迁过渡到许多低于 E_p 的能级 E_i, 对每一个这样的跃迁可以定义一个自发发射概率 A_{pi}.

在时间 $\mathrm{d}t$ 内离开激发态 E_p 的原子数是经受这些自发跃迁的所有原子数的总和, 因此可写出处在 E_p 态的原子数 n_p 的变化为

$$\mathrm{d}n_p = \sum_i -A_{pi}n_p\mathrm{d}t = -n_p\mathrm{d}t(\sum_i A_{pi})$$

这里我们再一次得到了熟识的独立事件的概率相加规则: 从激发态 E_p 发出的总概率等于从该能级出发的各种不同竞争过程概率的总和. 因此推出能态 E_p 的寿命为

$$-\frac{1}{n_p}\frac{\mathrm{d}n_p}{\mathrm{d}t}=\sum_i A_{pi}=\frac{1}{\tau_p}$$

3.2.2 寿命的实验测量

3.2.1 节做出的假说已为测量寿命的许多实验所证实.

a) *激发过程的突然中断*

这种中断不会立即终止原子发光, 但可以测得激发中断后光强逐渐降低.

这是上节图 3.6 描述的激发态原子数 n_2 随时间演变的函数规律的直接结果. 单位时间发出的光子数就等于同一时间内离开激发态的原子的数目 $|\mathrm{d}n_2/\mathrm{d}t|$.

在 $S\times l$(假设为圆柱体, S 是截面积, l 是长度) 体积中 $n_2S\cdot l$ 个激发原子向空间所有方向随机发射的光子中, 在 Ω 立体角上接收到的是其中的 $\Omega/4\pi$ 部分. 因此测得的光功率为

$$\boxed{\begin{aligned}P(t)=h\nu\frac{\Omega}{4\pi}\left|\frac{\mathrm{d}n_2}{\mathrm{d}t}\right|Sl&=h\nu\frac{\Omega}{4\pi}A_{21}n_2(t)Sl\\&=h\nu\frac{\Omega}{4\pi}n_0A_{21}Sl\exp(-A_{21}t)=P_0\exp(-t/\tau)\end{aligned}}\tag{3.10}$$

发出的光强 P 也以与原子数 n_2 一样的时间常量 τ 变化; 记录 P 随时间的函数变化, 就可测出寿命 τ. 通常在光谱学中观察到的激发态寿命分布在纳秒 (10^{-9}s) 和微秒 (10^{-6}s) 之间, 但没有绝对的限制. 因此要求使用非常快速的记录技术. 这些实验的主要困难在于要求非常急剧地中断激发, 这段时间要比寿命短得多.

假如激发是由入射光束产生的 (光学共振实验), 可以利用在两片正交的偏振片之间放置一个克尔盒作为光斩断器: 当电场使组成克尔盒的透明介质成为双折射时, 光能通过, 而当加在克尔盒上的电势差消除时, 光被阻断. 现今电子学的进展可以使电压的关断时间小于纳秒, 达到 1/10ns.

若激发由电子轰击产生, 需要在电极上突然加上负电压, 以阻止电子通过, 这种阻断的时间常量可达到同样数量级. 实际上, 这些实验并非总是这样简单, 因为常常难以把原子激发到单一能级, 会产生不易解释的串级辐射效应.

b) *交变激发*

交变激发可用来代替激发的急剧中断, 克服其固有的困难. 这就是用一种周期为 T 的交变电压 $V(t)$ 加在用以控制电子通过的电极上. 在这种情况下, 原子发出的光强也以同样的周期交替变化.

然而, 既然原子会有某些时间停留在激发态, 发出的光强 $P(t)$ 相对于电压 $V(t)$ 会有一段延时; 用光电管测得的交变函数 $P(t)$ 相对于电压 $V(t)$ 就会有相位差. 如果周期 T 比寿命 τ 长, 而延时为 τ 的数量级, 则相位差为 τ/T 的数量级. 相位差 $\varphi \approx 2\pi\tau/T$ 是很小的, 不可能被察觉. 但若把周期 T 缩短到接近于 τ, 测得的相位差 φ 就比较大. 在 T 比 τ 短得多的极限情况下, 光强 $P(t)$ 实际上保持不变. 可以精确计算光强 $P(t)$ 的交变部分的振幅和相位随以 τ/T 为参量的函数变化; 然后把它们与实验观察到的随 T 变化的函数进行比较, 从而求得 τ 的值. 这第二种方法比第一种复杂些, 但它具有只需用交变电压的优点, 这比不连续的突然变化电压要容易产生和容易使用得多.

c) 原子束的点状激发

它可使原子发射的光强从时间变化转换为空间变化. 在 2.4.4 节中我们已经看到原子束是如何形成的：我们用束阑上一个小孔把一个蒸气容器和一个抽了高真空的真空室 (图 3.7(a)) 互相连通, 残余气压要低于 10^{-5}Torr (托, 即毫米汞柱的名称), 使原子的平均自由程比真空室的尺寸还要长. 就是说, 原子之间不会互相碰撞, 保持着直线轨迹. 另一个也钻了小孔的束阑把速度平行于 Oz 轴, 并通过前后两个小孔的原子选择出来. 只有这些原子能够继续它们的直线轨迹而穿过真空室的第二部分, 从而形成一条直线的原子束 (重力可忽略).

我们可以精确地在原子束的一个点上用从电子枪输出一束很细的电子束把原子激发, 这如同在示波器的阴极射线管中电子束的工作. 这样我们就能观察到激发原子发射的光, 在从电子束作用的、非常精确的 O 点开始, 在一定长度上原子束会呈现发光现象 (考虑到激发原子寿命的统计性质, 某些原子在发射光子前还来得及沿 Oz 轴跑到路径的终点).

可以把离作用点 O 有一段距离 z 的原子束一小点上发射出来的光提取出来以测量其强度 $P(z)$; 改变距离 z, 画出 P 随 z 变化的函数曲线 (图 3.7(b)). 若所有原子具有同一速度 v, 只要用 $z = vt$ 作一个简单的变量替换, 这条曲线就可由 P 随时间变化的函数关系导出 (参见本节开头), 即给定 $P(t) = P_0 \exp(-t/\tau)$, 得 $P(z) = P_0 \exp(-z/v\tau)$.

从电子束的作用点 O 到距离 $l = v\tau$ 处, 光强降低到 $1/e$.

严格计算需要考虑原子束中的速度分布. 根据气体运动论, 以原了束源的蒸气温度为 T, 就可以计算出速度分布随 T 变化的函数来. 不过, 在一级近似下, 可以认为 v 是一个接近于蒸气中的平均平方速度 C 的平均速度, 其中 $C^2 = 3k_BT/m$(k_B 是玻尔兹曼常量), 则用上述公式就可描述实验现象. 在这通常情况下, v 是 km/s 数量级, 寿命相对较长, $\tau = 1$ms, 则得到距离 l 为毫米量级. 由于数值太小, 测量比较困难. 因此这种测量方法只能用于寿命特别长的特殊情况 [1942 年布吕克 (Brück)

用锌的共振能级 4^3P_1 做了实验, 寿命为 3×10^{-5}s].

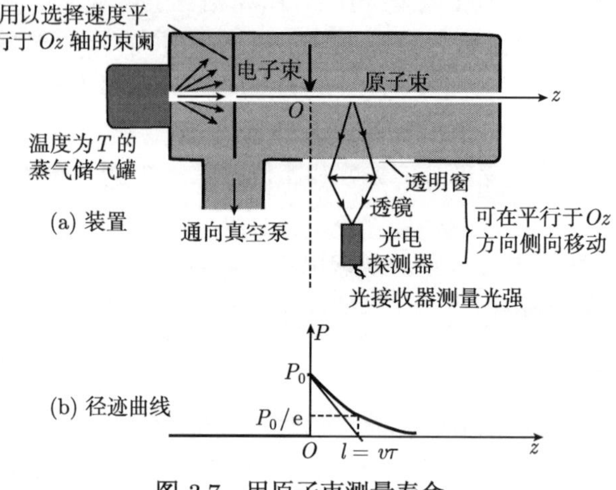

图 3.7　用原子束测量寿命

但若干年来这个方法颇为广泛地被推广应用于离子光谱. 因为使用常规生产的粒子小加速器很容易得到动能为几个兆电子伏特的离子, 还可得到速度超过 1000 km/s 的**单能**离子, 这些条件非常有利于采用这种方法. 所有离子都在束中同一地方, 在透过一片厚度仅为几微米的很薄的箔片时被激发 (薄箔使离子减速仅约 1%), 从这片箔开始, 可以观察到束发光的强度逐渐减弱, 所以它被称为 "束箔光谱学" 技术.

d) 其他间接方法

还可以用存在于寿命与谱线宽度之间, 或与谱线强度之间的理论关系来测量寿命 (参见下册《经典辐射》的附录《振子强度》).

注: 共振辐射的囚禁时间 当用光学共振来测量寿命时, 总是需要用足够稀薄的介质 (极低压蒸气) 来工作, 以使其光学厚度 Kl 远小于 1(l 为实验气室尺寸, 见 3.1.2 节). 相反, 若有 $Kl > 1$, 实验气室中心发射的光子的相当大的一部分将在离开气室之前就被另一些原子所再吸收. 这样被 "第二手" 间接激发的原子又向空间各方向发射光子, 其中一部分穿出气室, 一部分又重新被吸收.

这种过程可以连续地多次进行, 这类现象总称为**多次散射**. 其结果是, 观察者接收到的光子中, 只有很小一部分是受外部激发作用的原子直接发射出来的. 相反, 大部分接收到的光子是相继被 2, 3, 4 个或更多原子吸收过的. 当突然截断外部激发作用时, 由于相继在多个原子上逗留, 这最后一批光子产生延迟, 到达观察者时已显著延时了. 结果, 可以观察到很慢的光衰减, 实验测得的时间常量会比激发态寿命 τ 长得多. 这就是共振辐射的囚禁时间.

3.3　感生或受激发射, 爱因斯坦辐射理论

3.3.1　感生或受激发射概念

假如我们只停留在前面两节的内容上, 我们对原子与辐射之间的相互作用的描述就是不完整的, 而过于匆忙地加以推广应用会使我们误入歧途.

至今我们的研究只限于两种过程, 在通常情况下它们起了最重要的作用, 并且在实验观察上也最为直接. 它们就是 3.1.1 节的在频率为 ν_{12} 的电磁波的作用与使原子从低能级 E_1"上升" 到高能级 E_2 的吸收跃迁; 以及 3.2 节使原子从高能级 E_2"下降" 到低能级 E_1 的, 不存在任何外部作用而自发产生的发射跃迁. 但是, 电磁波的作用不仅导致我们在 3.1 节所说到的现象, 而发射跃迁也不是只有 3.2 节所描述的自发发射唯一的一种.

事实上, 在理论模型上计算原子体系 (包括原子、离子、分子等) 和一个与时间成正弦函数的电磁波之间的相互作用时, 得到的结果是与作用时间有关的. 对作用时间的细致分析表明, 原子和电磁波之间的能量交换基本上是可逆的: 有些时候原子的能量靠电磁波而增加, 另一些时候相反, 原子损失能量而给了入射波. 从旧的弹性束缚电子经典模型中已经得到了这个结果①, 并在 20 世纪中叶诞生的量子力学计算中仍是有效的.

1917 年爱因斯坦处理这个问题时, 还不能利用量子力学的结果, 但他考虑到**相互作用的可逆性是一个基本性质**. 结果, 他构建了一个量子模型, 后来为量子力学和实验所证实. 爱因斯坦提出了一个假说: 波也能感生 (或激励) 光子发射过程, 而发射的光子又还给了入射波. 更准确地说, 他还假设了一个感应发射的概率, 其定义是与激发概率 (参见 3.1.3 节) 完全相对称的. 感生发射过程只能由处在激发态 E_2 的原子产生. 这个过程使原子数 n_2 像吸收过程中基态原子数 n_1 一样地减少. 这就是说, 单位时间的感生发射 (或受激发射) 概率是由下面公式来定义的:

$$\varpi_{21} = -\frac{1}{n_2}\frac{\mathrm{d}n_2}{\mathrm{d}t}$$

(下标 2 和 1 表示原子从能态 E_2 过渡到能态 E_1).

根据与吸收过程 (参见 3.1.4 节) 的对称性, 爱因斯坦假设, 这个发射概率也与单色电磁波的能量密度 u 成正比, 并且遵从同样的随频率变化的规律:

$$\boxed{\varpi_{21}(\nu) = -\frac{1}{n_2}\frac{\mathrm{d}n_2}{\mathrm{d}t} = \frac{\lambda}{h}\sigma_{21}(\nu)u = B_{21}\phi(\nu)u, \quad \text{并有} \quad \int_0^{\infty}\phi(\nu)\mathrm{d}\nu = 1} \tag{3.11}$$

引入的 $\sigma_{21}(\nu)$ 是受激发射有效截面, 它与吸收有效截面不同, 但遵从同样的随频率而变化的规律.

① 参见本书下册附录《经典辐射理论回顾》.

在 “宽线” 激发的特定假说中, 在积分区间的有用部分 (图 3.4) 微分能量密度 ρ_ν 是常量, 我们可以把 3.1.4 节中所做的工作重新做, 得到单位时间的感生发射概率为

$$\boxed{\varpi_{21} = -\frac{1}{n_2}\frac{\mathrm{d}n_2}{\mathrm{d}t} = B_{21}\rho_\nu} \quad (\text{“宽线” 情况}) \tag{3.12}$$

(B_{21} 是表征原子特定跃迁 $E_2 \to E_1$ 性质的系数, 但与实验条件完全没有关系).

综上所述, 上面带框的等式应该看成是假说. 证实这些假说要靠所得理论结论的自洽 (参见 3.3.3 节) 与包括激光与微波激射器 (见下节) 在内的漂亮的实验验证. 原子和电磁波相互作用的量子理论也将证实这个假说, 并将允许从理论上计算 B_{21} 系数.

3.3.2 光学共振中三种跃迁的总计

为了针对三种跃迁中的每一种来确定单位时间的概率 ϖ_{12}, A_{21} 和 ϖ_{21}, 我们曾每次只讨论一种跃迁, 似乎只有这种跃迁才存在. 但在现实实验中, 三类跃迁是同时发生的, 为了精确计算单位体积原子数 n_1 和 n_2(它们仍被称为 E_1 和 E_2 能级的布居数) 的演化, 必须把它们的效应相加起来.

a) *布居数的时间演化*

同样, 我们认为原子只在 E_1 和 E_2 两个能级之间跃迁 (我们仅限于此简单情况), 两个布居数中的一个发生变化 $\mathrm{d}n_1$ 的过程, 必然使另一个布居数同时发生相反的变化 $\mathrm{d}n_2 = -\mathrm{d}n_1$.

根据这些考虑, 我们把这三种布居数 n_1 和 n_2 演化过程中的每一种贡献归纳如下:

$$\begin{cases} \text{吸收:} & \left.\dfrac{\mathrm{d}n_2}{\mathrm{d}t}\right|_{\text{吸}} = -\left.\dfrac{\mathrm{d}n_1}{\mathrm{d}t}\right|_{\text{吸}} = +\varpi_{12}n_1 \quad (\text{参见 3.1.3 节}) \\ \text{自发发射:} & \left.\dfrac{\mathrm{d}n_2}{\mathrm{d}t}\right|_{\text{自}} = -\left.\dfrac{\mathrm{d}n_1}{\mathrm{d}t}\right|_{\text{自}} = -A_{21}n_2 \quad (\text{参见 3.2.1 节}) \\ \text{受激发射:} & \left.\dfrac{\mathrm{d}n_2}{\mathrm{d}t}\right|_{\text{受}} = -\left.\dfrac{\mathrm{d}n_1}{\mathrm{d}t}\right|_{\text{受}} = -\varpi_{21}n_2 \quad (\text{参见上节}) \end{cases}$$

在同一时间 $\mathrm{d}t$ 中, 把三种贡献相加起来, 最后我们得到

$$\begin{aligned} \frac{\mathrm{d}n_2}{\mathrm{d}t} = -\frac{\mathrm{d}n_1}{\mathrm{d}t} &= \varpi_{12}n_1 - A_{21}n_2 - \varpi_{21}n_2 \\ &= (B_{12}n_1 - B_{21}n_2)\phi(\nu)u - A_{21}n_2 \quad (\text{单色}) \\ &= (B_{12}n_1 - B_{21}n_2)\rho_\nu - A_{21}n_2 \quad (\text{“宽线”}) \end{aligned} \tag{3.13}$$

b) 稳态状况

在大多数实验中, 入射波和被研究介质之间很快建立起动态平衡来, 结果是: 虽然原子还在两个能级 E_1 和 E_2 之间作大量交换, 但布居数 n_1 和 n_2 却保持稳定, 即 $\mathrm{d}n_1/\mathrm{d}t = \mathrm{d}n_2/\mathrm{d}t = 0$. 因此, 在稳态状况下得到

$$\boxed{\left(B_{12}\frac{n_1}{n_2} - B_{21}\right)\phi(\nu)u = A_{21}} \quad \text{或} \quad \boxed{\left(B_{12}\frac{n_1}{n_2} - B_{21}\right)\rho_\nu = A_{21}} \tag{3.14}$$

(单色激发)　　　　(“宽线” 激发)

如果已知入射光束的强度的话, 用这个公式可以计算, 例如, 光学共振实验中持续存在的激发态原子数 n_2. 在通常 $n_1/n_2 \gg 1$ 的条件下, 可以忽略感生发射的 B_{21} 项, 这种计算就大为简化.

我们要强调一下这种简化成立的条件: 假定原子只受到电磁波唯一的作用, 并且只发生上述三种辐射跃迁过程. 如果存在其他激发过程 (例如电子轰击) 或其他的去激发过程, 这样的计算就不成立了. 激发态原子 “跌落” 到基态的过程还可以通过, 例如, 非辐射跃迁而发生; 这时被研究的原子被杂质气体或 “缓冲气体” 混杂, 并与这类气体分子碰撞. 因此, 被研究原子的激发能量可能被转化为杂质气体分子的转动能或振动能. 这种现象叫做**猝灭**.

3.3.3　辐射跃迁概率之间的关系

上面所讲的三个辐射跃迁概率之间, 有着确定的关系. 这是爱因斯坦从理论上分析了原子与热辐射场相互作用达到热平衡的情况后得到的结论.

需要指出, 我们在上一小节里刚刚说过的跃迁动态平衡, 虽然也使用了通用的术语 “平衡” 二字, 但并不是热平衡. 理由有两点: *

—— 原子只与电磁波交换它们的激发能, 而不与周围介质组成的热库交换能量;

—— 光谱灯发出的电磁辐射与普朗克定律描述的热平衡辐射没有任何关系.

爱因斯坦理论中讲的热平衡 (在恒星内可以达到), 尽管不大适合实验室的现实条件, 但是我们还是可以设想一种有效实现热平衡的情况. 设想原子处在一个热力学温度为 T 的密封容器中, 经过一段必要的时间以后实现了热平衡. 这就是说:

1) 容器内电磁辐射的微分能量密度 ρ_ν 是普朗克定律给出的热平衡密度 (它随频率的函数变化是比较慢的, 因而属于 “宽线激发” 的情况);

2) E_1 和 E_2 能级的布居数 n_1 和 n_2 是稳定的, 并遵从玻尔兹曼统计规律:

$$\frac{n_1}{n_2} = \frac{G_1}{G_2}\exp\left(\frac{E_2 - E_1}{k_B T}\right) \quad (\text{因 } E_2 > E_1, \text{ 故 } n_1 > n_2)$$

* 本节开头的几行文字 (包括下面一段) 做了调整, 第一段是为表述更清晰起见所加的.—— 译者

G_1(或 G_2) 表示能级 E_1(或 E_2) 的统计权重, 即具有相同能量 E_1(或 E_2) 的不同量子态的数目, 称为该能级的简并度.

假设两个能级之间只发生辐射跃迁. 由于其布居是稳定的, 在 "宽线" 激发情况下, 可以写出关系式 (3.14):

$$A_{21} = \left(B_{12}\frac{n_1}{n_2} - B_{21}\right)\rho_\nu = \left[B_{12}\frac{G_1}{G_2}\exp\left(\frac{E_2 - E_1}{k_B T}\right) - B_{21}\right]\rho_\nu \tag{3.15}$$

容器中包纳的电磁能量分布在全频率标尺上 (图 1.1), 但这里我们只关心能够产生 E_1 和 E_2 之间跃迁的频带, 即我们只取特定频率 $h\nu_{12}$ 上 ρ_ν 的值, 该频率满足 $h\nu_{12} = E_2 - E_1$.

不管密封容器是什么温度 T, 这个关系式都是成立的. 当 T 为无穷大时, 它特别有意义. 即 $T \to \infty$, 有

$$\begin{cases} \exp\left(\dfrac{E_2 - E_1}{k_B T}\right) \to 1; & \text{上式第二项方括号} \to \left[B_{12}\dfrac{G_1}{G_2} - B_{21}\right] \\ \rho_\nu \to \infty, & \text{根据普朗克定律} \end{cases}$$

因等式 (3.15) 的第一式是有限值的常数 A_{21}, 所以第二式的乘积也必须保持为有限的, 即方括号应为零. 由此得到一个重要的关系式:

$$\boxed{G_1 B_{12} = G_2 B_{21} \quad \Rightarrow \quad G_1\sigma_{12}(\nu) = G_2\sigma_{21}(\nu)} \tag{3.16}$$

吸收概率 $\varpi_{12} = B_{12}\rho_\nu$ 和感生发射概率 $\varpi_{21} = B_{21}\rho_\nu$ 是与两个有关能级的统计权重 G_1 和 G_2 成比例的. 这个关系式表明两个概率总有相同的数量级, 并且很好地说明了两种现象具有完全对称的性质. 而两个布居数 n_1 和 n_2 之差使它们在实验上产生了不对称的表现.

我们还可对导出 B_{12} 和 B_{21} 之间关系的讨论作一点更为具体的解释. 当能量密度 ρ_ν 变得非常大的时候, 由电磁波引起的跃迁比自发跃迁要强得多, 而自发跃迁数是一个常数. **为使布居数保持稳态, 由电磁波引起的跃迁 (吸收和感生发射) 之间必须互相保持平衡.**

考虑到上面新的加框的关系式, 我们可以把作为出发点的等式变换到热平衡下:

$$A_{21} = B_{21}\left[\exp\left(\frac{E_2 - E_1}{k_B T}\right) - 1\right]\rho_\nu = B_{21}\left[\exp\left(\frac{h\nu_{12}}{k_B T}\right) - 1\right]\rho_\nu$$

由此推得

$$\rho_\nu = \frac{A_{21}}{B_{21}}\frac{1}{\exp(h\nu_{12}/k_B T) - 1}$$

而根据热平衡假说, ρ_ν 也遵从普朗克定律

$$\rho_\nu = \frac{8\pi h\nu_{12}^3}{c^3}\frac{1}{\exp(h\nu_{12}/k_B T) - 1} = \frac{8\pi h}{\lambda_{12}^3}\frac{1}{\exp(h\nu_{12}/k_B T) - 1}$$

系数 A_{21} 和 B_{21} 与实验条件无关, 特别是与温度无关. 这样我们又一次得到了能量密度 ρ_ν 作为温度函数的变化关系, 并证实了普朗克定律. 这也证实了我们所作假说的正确性. 我们特别注意到, 如果忽略感生发射, ρ_ν 的式子分母中 1 的一项消失, 结果就和普朗克定律相冲突了.

感生发射假说是保证原子–辐射相互作用量子描述的严密性所必需的.

为了与普朗克公式进行比较, 我们得到为表述跃迁概率而引进的系数之间的第二个关系式:

$$\boxed{\frac{A_{21}}{B_{21}} = \frac{8\pi h}{\lambda_{12}^3}} \tag{3.17}$$

在假定非常特殊的实验条件 (热平衡) 下, 已经展示过这样的关系式. 但系数 B_{21}, B_{12} 和 A_{21} 只与原子和特定的跃迁 $E_1 \leftrightarrow E_2$ 有关, 而无论如何与实验条件无关. 因此, 所得关系式是普遍适用的.

因此, 在自发发射和感生发射概率之间存在着一个非常精确的关系式. 这个关系式以 $1/\lambda^3$ 的规律为特征. 当从光学跃迁 ($\lambda \approx 1\mu\text{m}$) 过渡到射频跃迁 ($\lambda \approx 1\text{m}$) 时, 波长增加了 10^6 倍, A_{21}/B_{21} 的比值要除以 10^{18}; 这就是说, 与感生发射相比, 自发发射概率是非常小的 (显然这要求假定能量密度 ρ_ν 是适度的, 不是无穷小的). 经验表明, 在寻常的实验条件下研究射频跃迁时, 自发发射现象实际上是可以忽略的; 而相反, 在光学跃迁情况下, 感生发射现象常常是可以忽略的.

总之, 我们这样证实了感生发射假说, 并且在三个系数 B_{21}, B_{12} 和 A_{21} 之间建立了两个基本的关系式. 这些关系式可以从电磁辐射的量子理论出发而得到. 但是我们要指出, 爱因斯坦于 1917 年, 在量子力学奠基以前, 已经得到了这些关系式. 我们并没有结束对感生发射的讨论, 事实上, 感生发射所产生的辐射具有非常特殊和非常重要的性质, 我们将在下面一章中进行研究. 微波激射器和激光器是感生发射更漂亮的实验证明, 所以我们将要描述用微波激射器和激光器所做的实验.

注: 爱因斯坦关系式的推论:

$$\frac{1}{\tau} = A_{21} = \frac{8\pi h}{\lambda^3}\frac{G_1}{G_2}B_{12} = \frac{8\pi}{\lambda^2}\frac{G_1}{G_2}\frac{1}{n_1}\int K(\nu)\mathrm{d}\nu$$

从测量吸收 (参见 3.2.2 节) 出发还可得到寿命.

吸收有效截面的计算:

$$\sigma_{12}(\nu) = \frac{h}{\lambda}B_{12}\phi(\nu) = \frac{h}{\lambda}\frac{G_2}{G_1}B_{21}\phi(\nu) = \lambda^2\frac{A_{21}\phi(\nu)}{8\pi}\frac{G_2}{G_1} \quad \Rightarrow \quad \sigma_{12}(\nu_{12}) = \frac{\lambda^2}{2\pi}\frac{G_2}{G_1}$$

在自然线宽情况下, 在最大值为 $\phi(\nu_{12}) = 4\tau$(参见 3.1.4 节注, 或 5.2.2c 节) 的谱线中心频率 ν_{12} 处, $\sigma_{12}(\nu_{12})$ 的数量级约为 λ^2, 即 10^6, 故吸收有效截面要比气体运动论有效截面大 10^6 倍.

3.3.4　共振跃迁的饱和

感生发射还带来另一种结果, 即用强光照射时的共振饱和现象.

a) "宽线" 激发下的稳态布居数

我们回到微分方程 (3.13), 通过消除基态布居数 $n_1 = n - n_2$(实验中总原子密度 n 是常量, 并且不随照射而改变), 把它写成只含唯一的激发态布居数 n_2 变量的方程

$$\frac{\mathrm{d}n_2}{\mathrm{d}t} = B_{12}\rho_\nu n - \left[\left(B_{12}+B_{21}\right)\rho_\nu + A_{21}\right]n_2 = B_{12}\rho_\nu n - \frac{1}{T_{\text{irrad}}}n_2$$

这个微分方程表明, $n_2(t)$ 以时间常量 T_{irrad} 迅速按指数演化:

$$T_{\text{irrad}} = \frac{1}{\left(B_{12}+B_{21}\right)\rho_\nu + A_{21}} \leqslant \frac{1}{A_{21}} = \tau$$

令导数 $\mathrm{d}n_2/\mathrm{d}t$ 为零, 立即可得最常见的稳态解:

$$\boxed{n_{2\text{stat}} = nB_{12}\rho_\nu T_{\text{irrad}} = n\frac{B_{12}\rho_\nu}{\left(B_{12}+B_{21}\right)\rho_\nu + A_{21}}} \tag{3.18}$$

稳态 n_2 随光强 ρ_ν 变化的函数关系示于图 3.8, 图中还用虚线显示了布居数 $n_1 = n - n_2$. 激发态布居数 n_2 是 ρ_ν 的递增函数, 但永远不可能达到总密度 n. 实际上,

$$当\ \rho_\nu \to \infty, \quad n_{2\text{stat}} \to n\frac{B_{12}}{B_{12}+B_{21}} = n\frac{G_2}{G_1+G_2}$$

(这里使用了爱因斯坦关系式 $G_1B_{12} = G_2B_{21}$). 由此推得 $n_2/n_1 \to G_2/G_1$, 但总是低于这个值.

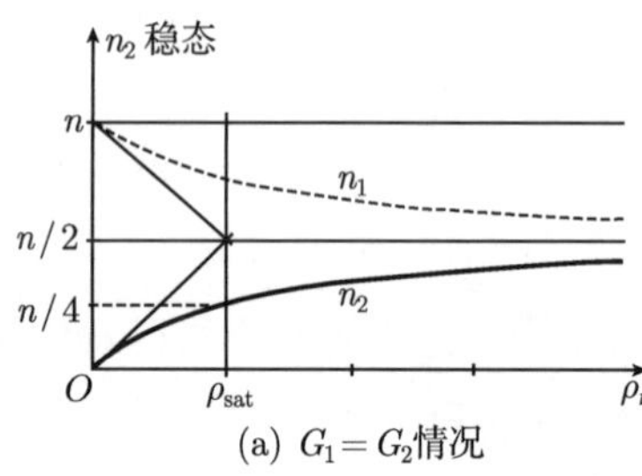

(a) $G_1 = G_2$情况

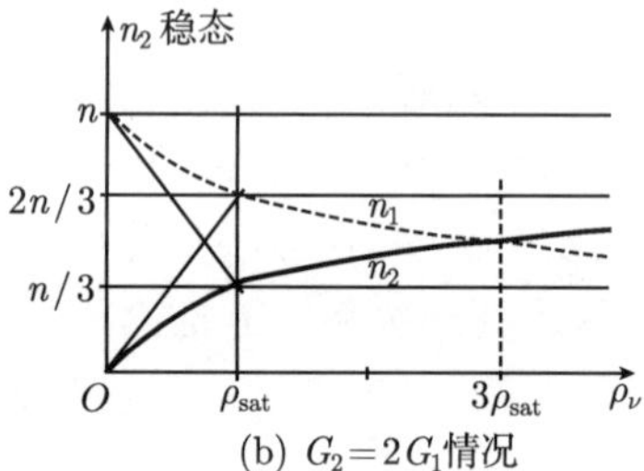

(b) $G_2 = 2G_1$情况

图 3.8　饱和

图 3.8 中光强无穷大的横向渐近线取决于两个能级的统计权重之比. 为了便于说明, 图 3.8 中显示了两种不同情况: 图 3.8(a) 为 $G_1 = G_2$ 的情况, 图 3.8(b) 为 $G_2 > G_1$ 的情况, 这里 n_1 和 n_2 的曲线彼此交叉. 也有这样的情况, $G_2 < G_1$, 则两条曲线永不交接. 重要的是要理解, 无限增大光强 ρ_ν 没有任何意义. 如果光强已经很大, n_2 已接近于渐近线, 再增加光强实际上没有任何好处. 这时我们说, 跃迁已经饱和.

b) 饱和强度

我们用 $n_{2\text{stat}}(\rho_\nu)$ 曲线达到渐近线一半高度的点来表征饱和现象的特性. 我们称这时候的能量密度为**饱和光强密度** ρ_{sat}. 稳态布居数 $n_{2\text{stat}}(\rho_\nu)$ 表示式的分母中包含一个常数项 A_{21} 和一个含 ρ_ν 的变量项. 当常数项相对于变量项成为可忽略时, 该布居数达到了渐近线; 而当分母中两项相等时, 它到达了一半:

$$\boxed{n_2(\rho_{\text{sat}}) = \frac{1}{2}n\frac{B_{12}}{B_{12}+B_{21}} \Rightarrow (B_{12}+B_{21})\rho_{\text{sat}} = A_{21} \quad \text{或} \quad \rho_{\text{sat}} = \frac{A_{21}}{B_{12}+B_{21}}} \tag{3.19}$$

容易看出, $n_{2\text{stat}}(\rho_\nu)$ 曲线在原点的切线与横向渐近线精确地相交于 $\rho_\nu = \rho_{\text{sat}}$ 点上.

等式 $(B_{12}+B_{21})\rho_{\text{sat}} = A_{21}$ 表明, 在这个 ρ_{sat} 能量密度上, 自发跃迁概率等于辐照引起的两个感生跃迁 (吸收和感生发射) 概率之和. 这是一个容易记住的规律.

总之, ρ_{sat} 值把光强分割为两个区域:

—— 弱光强 ($\rho_\nu \ll \rho_{\text{sat}}$), 这时激发态布居数相对较小, 但随着光强迅速增大;

—— 强光强, 或饱和光强 ($\rho_\nu \gg \rho_{\text{sat}}$), 此时激发态布居数十分接近于上面计算所得的渐近值, 实际上与增加光强无关了. 这可以解释为由照射引起的感生跃迁 (吸收和感生发射) 概率的总和 $\varpi_{12}+\varpi_{21}$ 已远大于自发发射概率 A_{21}, 这两感生跃迁概率已达到彼此平衡.

c) 单色辐照情况, 速度组

这个问题多少有点复杂, 因为吸收线的宽度一般是决定于非均匀增宽 (参见 3.1.4 节注 1), 即由随原子而随机分布的多普勒频移所决定, 因此依赖于在 3.1.3 节中计算的速度沿光束方向的分量 v_x. 在实验室坐标中测得的光源频率 ν, 在原子的固有坐标系中其表观频率成为 $\nu_{\text{app}} = \nu(1 - v_x/c)$:

—— 若 $v_x > 0$, 光源和接收原子互相走远, 表观频率 ν_{app} 降低;

—— 若 $v_x < 0$, 光源和原子互相接近, 表观频率 ν_{app} 升高.

对实验室测得的原子共振中心频率 ν_c 有

$$\nu_c(1 - v_x/c) = \nu_{\text{app}} = \nu_{12} = (E_2 - E_1)/h$$

或

$$\boxed{\nu_c = \frac{\nu_{12}}{1 - v_x/c} \approx \nu_{12}(1 + v_x/c) = \nu_{12} + \frac{v_x}{\lambda_{12}}} \quad \Rightarrow \quad v_x = \lambda_{12}(\nu_c - \nu_{12})$$

因此, 频率为 ν 的光束就只能与速度等于 $v_x = \lambda_{12}(\nu - \nu_{12})$ 或十分接近这个值的原子进行强烈相互作用. 这 “接近” 取决于 $\phi(\nu)$ 函数的均匀线宽, 它对所有原子都是一样的, 我们用 $\delta\nu_{\rm hom}$ 表示. 因此能与光进行强烈相互作用的原子的中心频率 ν_c 处于 $\nu-\delta\nu_{\rm hom}$ 和 $\nu+\delta\nu_{\rm hom}$ 的频率间隔之中, 其速度则处在

$$\lambda_{12}[(\nu-\nu_{12})-\delta\nu_{\rm hom}]\leqslant v_x\leqslant\lambda_{12}[(\nu-\nu_{12})+\delta\nu_{\rm hom}]$$

这就是我们称之为原子的 v_x 速度组. 当改变光束频率时, 与原子蒸气整体相互作用的频率分布在一个以多普勒宽度 $\Delta\nu_D$ 表示的区间内, 而与速度组原子的相互作用则处在均匀线宽 $\delta\nu_{\rm hom}$ 的范围内, 这个线宽远小于 $\Delta\nu_D$. 因此, 在与单色光相互作用中属于速度组的原子只占原子总体很小的一部分, 这一小部分由两个线宽 (以频率表示) 之比给出:

$$\delta\nu_{\rm hom}/\Delta\nu_D\approx1/1000$$

这只是一个平均数量级, 有可能显著地大于或小于 1/1000.

利用这个与单色光相互作用特定的速度组, 我们可以从单色光的微分方程出发重新来计算节 a) 的饱和问题; 就是说, 我们应当将上述方程中的 ρ_ν 用 $u\phi(\nu)$ 来代替. 但这只是一种近似计算, 只对速度组的中心有效. 要精确计算, 必须计算气体运动论的分布函数 $f(v_x)$ 的积分 (参见 1.3.3 节).

d) 跃迁概率的数量级

我们把第 3 章中得到的各种概念应用于 2.4.4 节所述的铯原子束偏转实验上.

铯的第一激发态的寿命为 $\tau=3\times10^{-8}$s, 即 $A_{21}=1/\tau\approx0.3\times10^{8}{\rm s}^{-1}$.

应用邻近于 $\lambda=0.89\mu$m 和 $\lambda=0.85\mu$m 的共振线, 我们采取其平均值 $\lambda=0.87\mu$m, 计算

$$B_{21}=A_{21}\lambda^3/8\pi h\approx10^{21}{\rm MKS}$$

统计权重之比 G_2/G_1 对于一条谱线为 1, 对另一条线为 2. 我们将对 $G_2=G_1$ 的情况, 即 $B_{12}=B_{21}$ 的情况继续进行这种数量级的计算.

通常的光谱灯发射所用波长的光功率为 10~100mW, 但由于是自发发射, 所以是向空间各方向发射的. 当用透镜将光收集而形成定向光束时, 它只剩下立体角 $\Omega/4\pi$ 的部分, 丢失了一个很大的因子. 如果定向光束能得到功率 $P\approx$1mW, 就是幸运的了.

这个功率是把灯聚焦成像照到原子束上, 像的面积约为 S=4cm^2=4×10^{-4} m^2, 得能量密度为

$$u=P/Sc\approx10^{-8}{\rm J/m}^3$$

对 $T=500$K 下的铯蒸气, 用第 1 章公式算得的多普勒宽度是比较小的, $\Delta\nu_D\approx$ 700MHz = 7×10^{8}s^{-1}. 这是因为原子质量较大, $\mathcal{A}\approx$133g=0.133kg, 导致速度比较慢,

v_z=300m/s. 可以认为, 灯中由于有电场效应和自吸收现象 (参见 3.1.4 节注 2), 线宽实际上翻了一番. 因此, 频率微分能量密度为

$$\rho_\nu = u/\Delta\nu_{\text{灯}} \approx 10^{-17}\text{MKS}$$

由此推得束中原子的吸收概率为

$$\varpi_{12} = B_{12}\rho_\nu \approx 10^4\text{s}^{-1} \ll A_{21}$$

因此吸收概率比自发发射概率要小得多, 也远在饱和之下. 这样我们就容易算得沿束的长度 $a \approx 0.2\text{m}$, 即在渡越时间 θ 内被吸收的光子数:

$$\theta = a/v_z \approx 0.7 \times 10^{-3}\text{s} \quad \Rightarrow \quad \varpi_{12}\theta \approx 7$$

这与从束偏转实验估算得到的每个原子吸收 6 个光子的数目很符合 (事实上, 总的平均寿命为 $6\tau \approx 2\times10^{-7}\text{s}$, 在这段时间内原子仍处在激发态, 不能再吸收光子, 而这段时间与原子束被光照射的时间 θ 相比可以忽略).

注:　在钠的情况, 被吸收的光子数会大大降低, 因为有三个因素联合作用: 1) 无疑, 钠灯效率低; 2) 钠原子轻 ($\mathcal{A} = 23$), 速度高, 大大增加了钠灯的线宽 $\Delta\nu_{\text{灯}}$, 因而能量密度 ρ_ν 小, 同时也缩短了每个原子的照射时间$\theta=a/v_z$; 3) 钠的共振线波长短, 因而系数 B_{21} 小 (尽管系数 A_{21} 约大了一倍).

在用定向、单色激光照射的情况下, 在这种光束中可以得到约 100mW 的总功率. 因此必须把 ρ_ν 用 $u\phi(\nu)$ 来代替, 从而增大了一个比值 $\Delta\nu_{\text{灯}}/\delta\nu_{\text{hom}} \sim \Delta\nu_D\tau$ 的因子. 此外, 还可把光束集中到小得多的截面 S, 增大了密度 u. 因此可以达到饱和.

注意, 单色光强达到 $P/S \sim 1\text{W/cm}^2 = 10\text{mW/mm}^2$ 时, 就可达到饱和.

在大大超过饱和时, 在相互作用时间 θ 内从入射光束中实际取走的光子数仍维持为常数, 并等于 θ/τ, 因为在激发态上度过的总时间不可能超过 θ.

小　结

这一章我们研究了前两章讲述的辐射跃迁过程中原子的时间演化. 从测量一定时间内交换的光子数 (可以是发射, 也可以是吸收) 出发, 测量了自发发射概率 ($A_{21} = 1/\tau$), 以及在共振光照射下的原子吸收概率 [$B_{21}\rho_\nu$ 或 $B_{21}\phi(\nu)u$].

要描述一个实际的实验, 必须考虑到过程中所有效应同时存在, 并且有竞争性的作用. 爱因斯坦指出, 不考虑第三种过程, 是无法正确描述实验的. 这第三种过程就是感生或受激发射, 那里来自激发态原子的能量增加了入射波的能量. 这第三种过程实验上的直接证明将在下一章讨论激光器工作中给出.

第 4 章　微波激射器和激光器

上章介绍的受激发射的最重要成果, 是发明了新的电磁波源, 它在射频和微波波段叫做微波激射器, 在光频段叫做激光器. 本章将讨论这些问题.

4.1　光放大原理

原子与光的相互作用是双向的：一切光对原子的作用反过来都对应有原子对光的作用. 在 3.1.2 节的 (3.5b) 和 (3.5c) 式中我们已对吸收过程描述过这种相互作用的对称性. 在 3.3.4 节中我们由光束通过介质导出了受激发射引起原子布居数变化的结果. 现在我们需要反过来描述受激发射对入射光的影响.

4.1.1　总吸收系数, 自透明

3.1.1 节我们计算了吸收过程中功率为 P 的光束通过厚度为 δz 的介质时的功率损失 $\delta P_{吸}$. 用 (3.2) 式计算的吸收功率之比等于相互作用中发生吸收的光子数 $N_{吸}=N_{\text{inter}}$ 与光束里总光子数 $N_{光}$ 之比：

$$\frac{\delta P_{吸}}{P}=-\frac{N_{\text{inter}}}{N_{光}}=-\frac{N_{吸}}{N_{光}}=-\sigma_{12}n_1\delta z$$

现在我们要在激发态布居数 n_2 不可忽略的情况下, 精确地求得吸收有效截面 σ_{12} 和基态能级的布居数 n_1. 反过来, 受激发射过程增加了光子数 $N_{发}$, 并以相应概率使功率产生了一个增量 $\delta P_{发}$：

$$\frac{\delta P_{发}}{P}=+\frac{N_{发}}{N_{光}}=+\sigma_{21}n_2\delta z \tag{4.1}$$

把上述两种贡献 $\delta P_{吸}$ 和 $\delta P_{发}$ 代数相加, 就得到功率总变化为 (因分母 P 公用, 故可写成)

$$\frac{\delta P}{P}=\frac{\delta P_{发}+\delta P_{吸}}{P}=(\sigma_{21}n_2-\sigma_{12}n_1)\delta z$$

由此导出光频率为 ν 的总吸收系数为

$$\boxed{K(\nu)=-\frac{1}{P}\frac{\mathrm{d}P}{\mathrm{d}z}=\sigma_{12}(\nu)n_1-\sigma_{21}(\nu)n_2=\frac{h}{\lambda}\phi(\nu)(B_{12}n_1-B_{21}n_2)} \tag{4.2}$$

[上式最后一式是用 3.1.4c 节中 σ 与 B 之间的关系式 (3.8) 得到的].

把上式与 3.1.2 节的相应公式作比较, 两式只差一个表示感生发射作用的附加项 $-B_{21}n_2$. 在通常实验条件下, n_2 要远小于 n_1, 即吸收比受激发射占优势, 功率变化 δP 是负的, 吸收系数 $K(\nu)$ 是正值. 但是, 当 n_2 不是很小时, 实验测得的系数 $K(\nu)$ 会稍微减小. 1930 年, 拉登堡 (Ladenburg) 在用很强的经典光源所做的实验中, 这种减少达到 30%. 这是受激发射的第一个实验证明.

用现今所知能造出来的很强的单色光源可以达到饱和 (参见 3.3.4 节): 这时 n_2 增加到接近于渐近极限值 $nB_{12}/(B_{12}+B_{21})$, 而 n_1 则减少到 $nB_{21}/(B_{12}+B_{21})$, 系数 $K(\nu)\rightarrow 0$. 这就是说, 光束实际损失 (还有一点自发发射的散射损失) 的能量相对值可忽略. 这就是**自透明**现象, 通常在用调谐到共振频率的脉冲激光器发出的极强光束通过蒸气时可观察到.

注: 上一章我们对涉及三种辐射过程的原子布居数做了总计, 而本节中与光束交换能量的总计则只涉及两种过程. 实际上在后一种总计中并不**直接**涉及自发发射, 因为向外部一切方向发射的自发发射光子并不与光束交换.

所有向外发射的光子最终要从光束中丢失, 它们是通过布居数 n_2 和 n_1**间接**损失的.

4.1.2 布居数反转, 放大条件

我们可以反问, 是否可能找到相反的、受激发射比吸收占优势的条件, 亦即吸收系数 $K(\nu)$ 为负值, 导致透过介质的光强增大? 为了使这种感生发射胜过吸收、产生的功率变化δP 为正值、光波实现了放大的逆过程得以实现, $K(\nu)$ 系数必须成为负值, 即满足条件

$$B_{12}n_1 - B_{21}n_2 < 0 \quad \text{或} \quad \boxed{\frac{n_2}{n_1} > \frac{B_{12}}{B_{21}} = \frac{G_2}{G_1}} \tag{4.3}$$

我们看到, 不管用多大强度, 甚至达到饱和的光照, 都是不可能的. 即使把原子加热到很高温度, 也是不可能的. 事实上, 玻尔兹曼规律给出了热力学温度为 T 的平衡条件下两个能级的布居数 n_2 和 n_1 之比为

$$\frac{n_2}{n_1} = \frac{G_2}{G_1}\exp\frac{E_1-E_2}{k_BT} < \frac{G_2}{G_1} \quad \text{因} \quad E_1-E_2<0$$

不管温度有多高, 在热平衡条件下上述方框中的条件是永远也不能满足的.

然而, 借助于下节的破坏热平衡的技术手段, 这样的条件还是有可能实现的. 这时候我们说, 相对于热平衡条件这是实现了**布居数反转**. 我们还可以想象, 这是实现了**负温度**, 因为根据玻尔兹曼公式, 要比值 $n_2/n_1 > G_2/G_1$, 只有温度 T 是负值时才有可能. 现在物理学家经常使用负温度概念, 但这是人为的, 用起来要非常小心. 特别要注意, 当比值 n_2/n_1 连续增大, 直到超过 G_2/G_1 的时候, 温度 T 就会

从 $+\infty$ 值突然变到 $-\infty$ 值, 因此我们的系统经过无穷大温度连续地从正温度变成了负温度系统.

至此, 自发发射完全没有在问题中起作用; 但是它间接地起着作用, 因为它倾向于使上能级布居数 n_2 减少, 从而阻止布居数反转的实现. 在第 3 章中我们已经看到, 自发发射概率 A_{21} 随 ν^3 变化, 在低频下是可以忽略的. 所以当跃迁频率 ν_{12} 处在射频段时, 最容易实现布居数反转.

实际上, 1954 年实现的第一台观察到由布居数反转产生电磁波放大现象的实验装置就是在射频波段. 发明人美国物理学家汤斯 (Townes) 给它取了一个名字 "MASER(微波激射器)", 它是英文 "Microwave Amplifier by Stimulated Emission of Radiation(辐射的受激发射微波放大器)" 的头一个字母的缩写 *. 当类似实验在光学波段实现时, 就把 "Microwave" 的第一个字母换成了 "Light(光)" 的第一个字母, 使用了 "LASER(激光器)" 的名称.

某些激光器或微波激射器确实是用来作为放大器的, 使入射波的强度放大. 但更常用的是把这些装置作为振荡器或电磁波发生器使用, 那里并没有入射波, 而用它们的放大性能来直接产生电磁波. 后面我们将对它们作进一步解释.

4.2 布居数反转方法, 抽运

这里我们将叙述用于打破热平衡, 产生布居数反转的技术手段. 显然, 我们不可能无所不包地对它们进行介绍.

4.2.1 原子或分子束选态

这是 1954 年汤斯建造第一台微波激射器时所用的方法, 我们作为特例来进行解释. 气态氨分子 (NH_3) 的基态能级分裂为两个相近的能级, 其间的跃迁频率落在微波波段, ν_{12}=23 870MHz(λ_{12}=1.25cm). 在通常温度下, T=300K, 比值 $h\nu_{12}/k_BT=(E_2-E_1)/k_BT$ 约为 1/250, 两个能级的布居数 n_2 和 n_1 的数量级相同. 处于该两能级的分子还有一种性质有所不同, 即电偶极矩不同, 汤斯利用这一点把两种分子分开.

氨分子贮存器通过一个小孔与抽了真空的容器连通. 从贮存器出来途中没有受阻的分子沿直线轨迹行进. 一个也钻了小孔的屏板把有横向轨迹的分子挡住. 这样形成的分子束通过一个有很强电场梯度的区域, 在场梯度的作用下, 电偶极矩受到一个平移力把分子轨迹偏转. E_1 和 E_2 能级分子具有不同的偶极矩, 因而轨迹也不

---

* "Maser" 的英文第二个字母代表的原为 "Amplification" 而不是 "Amplifier", 所以指的是物理现象, 而不是 "器", 后来也借用来指 "器". 因此 "Maser" 这个词有两种意义, 既指 "受激发射微波放大现象", 也可表示 "微波激射器". "Laser" 一词也相同. —— 译者

相同, 从而使它们分离. 我们挡住低能级 E_1 的分子, 而让高能级 E_2 分子通向一个波导 (图 4.1). 波导中的超高频波只对高能态分子进行相互作用, 于是就实现了放大.

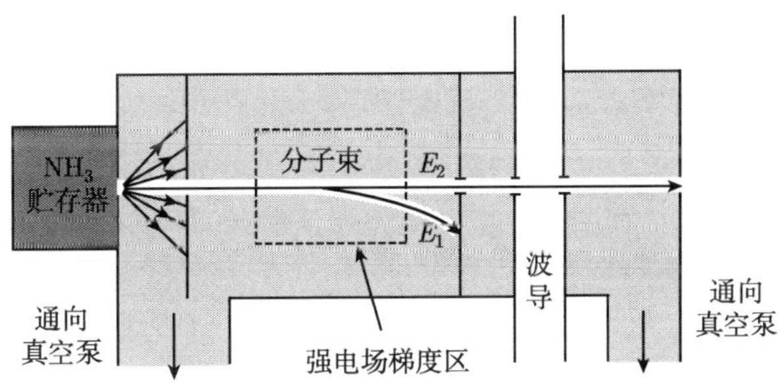

图 4.1　汤斯的微波激射器原理图

注: 这种分子束选态技术只不过是对 1920 年施特恩–格拉赫用磁矩分束的实验在电偶极矩情况的一种推广 (见第 8 章).

4.2.2　用另一跃迁的电磁波进行抽运

这种方法至少要用三个原子能级, 我们按能量增高的次序分别称为 E_1, E_2 和 E_3. 用频率为 $\nu_{13} = (E_3 - E_1)/h$ 的强辐射激发 E_1 和 E_3 能级之间的大量跃迁, 可以改变 E_1 和 E_3 能级的布居数 n_1 和 n_3, 从而根据情况可得到 E_1 和 E_2 能级、或 E_2 和 E_3 能级之间的布居数反转. 这样就可以观察到频率为 ν_{13} 或 ν_{23} 的放大现象; 而频率 ν_{13} 称为抽运 (或泵浦) 频率. 我们给出三种典型例子.

a) *用射频波抽运*

这种三能级微波激射器是巴索夫 (Basov) 与普罗霍罗夫 (Prokhorov) 在 1955 年, 以及布洛姆伯根 (Bloembergen) 在 1956 年独立提出来的. 在这种情况下, 三个能级 E_1, E_2 和 E_3 都是十分靠近的基态能级, 它们之间的跃迁频率都落在射频波段. 此外,

—— 自发发射可以忽略;

—— 即使在低温下, 也有 $(E_2 - E_3)/k_BT \ll 1$, 热平衡下三个能级的布居数都是同一数量级 (参见分子束选态技术).

为论述简便起见, 假定三个能级的统计权重相等, $G_1 = G_2 = G_3$. 一个频率为 ν_{13}、功率很大的电磁波激发大量吸收和感生发射跃迁, 其平均结果是使 E_1 和 E_3 能级的布居数 n_1 和 n_3 相等 (即令 ν_{13} 跃迁饱和, 参见 3.3.4 节). 在抽运波作用之前, 布居数决定于玻尔兹曼定律:

$$\frac{n_3}{n_2} = \exp\left(-\frac{h\nu_{23}}{k_BT}\right) \approx 1 - \frac{h\nu_{23}}{k_BT} \quad \text{或} \quad n_3 \approx n_2\left(1 - \frac{h\nu_{23}}{k_BT}\right)$$

$$\frac{n_1}{n_2}=\exp\left(+\frac{h\nu_{12}}{k_BT}\right)\approx 1+\frac{h\nu_{12}}{k_BT}\quad 或\quad n_1\approx n_2\left(1+\frac{h\nu_{12}}{k_BT}\right)$$

在一级近似下抽运波照射既不改变 n_2, 也不改变 n_1+n_3 的和; 由此可导出照射后的 n_1 和 n_3:

$$n_1=n_3\approx\frac{n_1+n_3}{2}=n_2\left[1+\frac{h(\nu_{12}-\nu_{23})}{2k_BT}\right]\begin{cases}>n_2 & 若\quad \nu_{12}>\nu_{23}\\ <n_2 & 若\quad \nu_{12}<\nu_{23}\end{cases}\tag{4.4}$$

第一种情况下在 n_3 和 n_2 之间可实现布居数反转, 第二种情况下, 则可在 n_2 和 n_1 之间可实现反转 (图 4.2(a)).

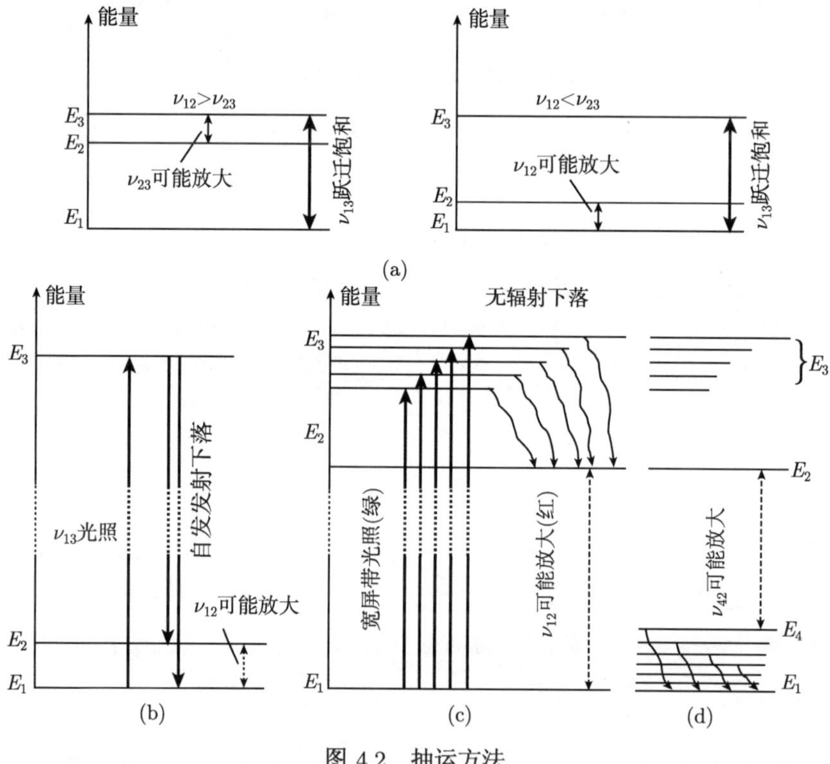

图 4.2 抽运方法

(a) 三能级微波激射器: 左边, $\nu_{12}>\nu_{23}$ 情况; 右边, $\nu_{12}<\nu_{23}$ 情况; (b) 射频跃迁的光抽运; (c) 光学跃迁的三能级抽运; (d) 光学跃迁的四能级抽运图 (d) 左边与图 (c) 相同, 为节省版面没有重复画出

b) 射频跃迁的光抽运

在这种情况下两个下能级 E_1 和 E_2 之间的跃迁频率总是处在射频波段, 而抽运频率 ν_{13} 则落在光频段 (图 4.2(b)). 我们假定光辐照只能在 E_1 和 E_3 之间产生跃迁, 而在 E_2 和 E_3 之间则不能 (或假定 E_1 和 E_2 之间的能量差显著超过谱线宽

度, 或假定光的偏振起着这样作用). 激发到 E_3 态的原子在自发发射回落时可以通过许多不同的跃迁, 其中一部分原子也可以回到 E_2 能级. 在第 9 章中我们将给出一个非常详细的实例.

这样, 一部分 E_1 能级的原子就转到了 E_2 能级. 为了在 E_1 和 E_2 之间实现布居数反转, 只要这种抽运过程比趋于建立热平衡的随机相互作用过程来得快就足够了.

c) 光学跃迁的光抽运 (三能级情况)

这是梅曼 (Maiman)1960 年在实现第一台激光器 —— 红宝石激光器时所用的, 多少有点例外的情况. 红宝石是铝的晶体 (Al_2O_3), 其中以杂质形态稀疏地掺杂着三价离子 Cr^{+++}(浓度在 0.1%~1%), 它引起可见光段晶体的所有光学性质. 图 4.2(c) 很粗略地描绘了镶嵌在 Al_2O_3 晶格中的 Cr^{+++} 离子的能级, 在适当波长的光照射下, Cr^{+++} 离子可从基态能级 E_1 上升到激发态能级 E_3 组成的连续能带, 这里存在着大量频率相近的跃迁 (谱线非常密集, 很难分辨, 组成很大的绿色吸收带, 正是因为吸收了绿光, 晶体才呈现出红色). 但是我们观察不到来自 E_3 能级的自发发射, 因为还来不及发射, 就发生了特别迅速的非辐射跃迁, 把多余的能量以热运动能的形式传给了晶格. 所有这些非辐射跃迁把 Cr^{+++} 离子从 E_3 能级带到同一个 E_2 能级, 它的寿命 τ 异常长 (毫秒数量级), 从这个能级会发出红光来 (改变波长的荧光现象).

在照相闪光灯非常强的光照下, 红宝石晶体会同时产生绿色带的一切跃迁, 把大量离子激发到 E_3 能带, 而当所有原子迅速回到同一 E_2 能级时, 就实现了 E_2 和 E_1 能级之间的布居数反转, 并使 ν_{12} 红光激光器运转 (λ_{12}=692.9nm).

d) 四能级组态下的光抽运

这种情况要容易实现得多 (图 4.2(d)). 在基态能级之上稍远处还有第四个能级 E_4, 但在常温下它离得已相当远, 以致能满足 $(E_4 - E_1) > k_B T$. 在此情况下, 按照玻尔兹曼定律, 在热平衡下 E_4 能级基本上是空的. 类似图 4.2(c) 的情况, 抽运用 E_3 能带实现, 因此非常容易实现 E_2 和 E_4 空能级之间的布居数反转. 在凝聚介质 (液体或固体) 中, 由邻近原子之间的相互作用引起的热弛豫过程一般是十分迅速的, 它使因来自 E_2 到 E_4 能级的受激发射而刚被布居的 E_4 能级很快被抽空. 这样就容易保持 E_2 和 E_4 之间的布居数反转.

这就是大多数凝聚介质激光器所用的抽运方法. 在某些情况下, 跃迁下落的 E_4 能级是一个很大的能带 (类似于能带 E_3), 所以可能在这个能带宽度中选出一个能级 E_4, 然后从一定频段中选出放大频率 $\nu_{42}=(E_2 - E_4)/h$. 化学家能够生产出大量荧光染料, 其分子溶于水或其他溶剂, 可以覆盖很大的频率或波长范围. 这就是频率可调谐的染料激光器.

4.2.3 气体中的电子碰撞

a) 低压气体中的放电

我们刚刚叙述过的红宝石中 Cr^{+++} 离子情况是相当例外的 (一方面有许多途径使离子汇集到同一能级 E_2, 另一方面 E_2 能级的自发发射概率 $A_{21}=1/\tau$ 很小). 在最常见的情况下, 原子基态能级和一个光波段的激发能级之间是不可能实现布居数反转的. 但相反, 在正常条件下, 非布居的两个激发能级之间很容易产生布居数反转. 低压气体发生放电时, 可以找到这样的放电条件, 那里大多数原子会聚集到一个特定的激发能级, 或更确切地说, 是到达该能级的原子比到其他能级的多. 这就是通常气体激光器的工作原理.

b) 准分子

这种分子的性质非常特殊, 它可以用图 4.3 从理论上加以解释. 对双原子分子可算出相互作用势 U 与两个原子核之间的距离 r 的函数关系, 并画出相应曲线 $U(r)$. 在通常分子情况下 (图 4.3(a)), 这条曲线 $U(r)$ 一般在 r_m 处有一个极小值 U_m. 该处两个原子组成一个系统, 其能量比两者处于无穷远时更小, 从而保证了分子的稳定性.

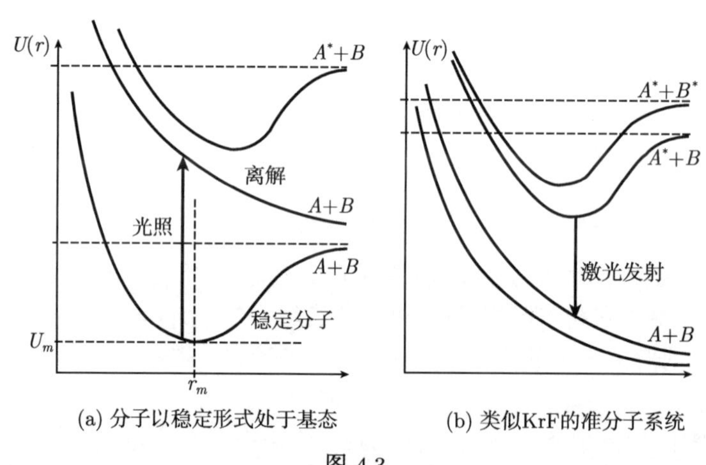

(a) 分子以稳定形式处于基态　　(b) 类似KrF的准分子系统

图 4.3

最下面的一条曲线对应于分子的基态, 其能量最小值 U_m 比两个处于基态的分离原子的能量还要低. 最上面一条曲线对应于分子的激发态, 其最小值也比两个分离原子的能量低, 不过至少其中之一要处在激发态 (另一个原子既可以处在激发态, 也可以处在基态). 对原子中电子的某些量子态, 可算出没有极小值的曲线, 这相当于非稳定态, 分子很快离解为两个分离原子. 这样我们就可以解释, 例如, 某些分子

的光电离 (如图 4.3(a) 中用一个黑箭头表示光子把分子带到该态).

图 4.3(b) 表示准分子的情况, 最低能态是不稳定的离解态. 分子实际上只能存在于激发态. 这类分子只能制备在一个激发态上. 当它们发射一个光子而丧失激发能以后, 就会自发地离解为两个分离原子, 通过受激发射产生的基态分子因而自动消失. 分子离解起着和四能级抽运中热弛豫一样的作用, 有利于保持布居数反转.

准分子 (两个同类原子组成) 由稀有气体 Ar、Kr、Xe 产生; 激基分子 *(两个异类原子组成) 则由卤素原子和稀有气体原子组成, 例如, ArF、KrF、XeF(或用 Cl 和 Br 代替 F). 这种激光器的好处在于其相应跃迁波长分布在 0.4~0.12μm 的大部分紫外光区, 对许多光化学和光刻应用很有价值.

制造这种激光器比较复杂, 因为产生这种激发态分子的碰撞是三体碰撞 (一个电子和两个事先没有关联的原子). 为了增加产生分子的概率, 必须把气压提高到一个大气压左右, 这时通常放电不工作了. 所以要用一台高压 (产生几百千伏电压) 脉冲发生器在真空中把电子加速, 使它们可以不太消耗能量地穿过分隔气体的薄壁, 然后继续沿着其轨迹进入大气压的气体中.

4.2.4　与异类原子、离子或分子的碰撞

设被研究样品中包含两类原子 A 和 B, 则 A 类原子的布居数 n_1 与 n_2 之间的平衡可以通过复杂多样的微观机制得到, 而这些机制会涉及同一样品中另一类原子 B. 假如先用上述的某种方法来改变原子 B 的布居数, 但并不使其形成反转, 则通过一些相互作用机制反过来会改变原子 A 的布居数 n_1 与 n_2, 在某种情况下, 可以实现原子 A 的布居数反转.

作为实例, 我们首先选择 1960 年雅文 (Javan) 的第一台气体激光器 —— 氦氖激光器, 它是在红宝石激光器诞生后不久实现的. 这里他使用了两种稀有气体氦和氖的混合气体放电. 图 4.4 表示氦 (左边) 和氖 (右边) 的相关能级.

放电使一定数量的氦原子 (此处起 B 原子的作用) 进入两个亚稳激发态, 就是说, 从这些态出发的自发发射跃迁 (向较低能级的) 实际上是不可能的, 因而它们的寿命特别长. 氦原子亚稳能级的能量相对较高, 约为 20eV; 与氖原子某些邻近激发能级的能量基本符合, 这种能量几乎会准确把亚稳态氦原子的能量转移给处于基态的氖原子: 碰撞以后, 氦原子重新处在基态, 而氖原子则到了相应的激发能级 (为保证能量守恒, 少许剩余能量差由两个原子的动能变化来补偿).

这样就优先使氖的两个激发能级有了布居, 并与所有较低的激发能级发生了布居反转. 因此可以在许多波长上得到放大, 图 4.4 指出了三种主要的、放大最强的波长: 红线 λ=632.8nm, 和两条红外线 λ=1.15μm 和 λ=3.39μm.

---

* 原文标题为“准分子或激基分子”, 中文“准分子”一词包含“激基分子”, 一般不加区分, 故译文省去了后者.—— 译者

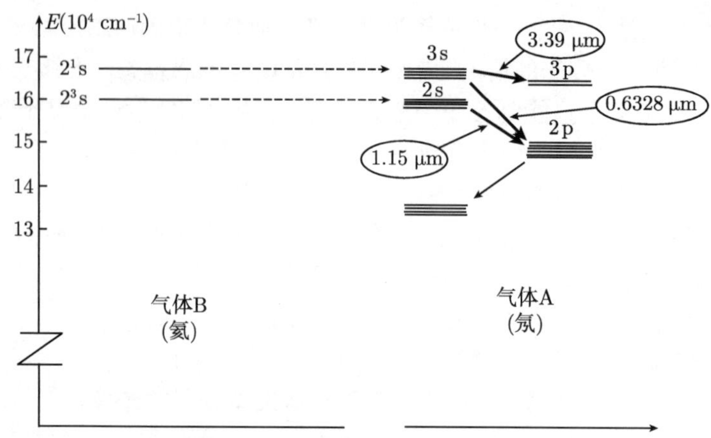

图 4.4　特殊情况下氦和氖能量共振转移的图示

根据放电条件, 使一种转移机制占优势, 有可能产生 1.15μm、0.6328μm、3.39μm 的激光发射

在工业上有许多应用的二氧化碳 (CO_2) 气体激光器, 也是根据类似原理工作的. 把起 A 原子作用的二氧化碳 CO_2 和起 B 原子作用的氮气 N_2 大体等比例地混合后, 进行放电. 但在这种情况下, 我们不像上述准分子激光器那样使用激发态的电子能级, C、O 或 N 原子仍处在电子基态能级. 起作用的能量是几个原子核间的振动能: 原子之间的距离是 r, 它围绕平均距离 r_0 做着正弦振动. 在双原子对称分子 (N_2) 情况下, 理论与量子力学的简谐振子理论完全相似 (一级近似下), 可以算出一系列等距能级, 其间距为 0.29eV.

三原子分子 CO_2 的振动情况要复杂得多, 我们不打算详细讨论. 我们发现 N_2 的第一振动能级 0.29eV 与 CO_2 分子的特定振动能级在 1%之内吻合, 这样在与处于第一振动激发能级的 N_2 分子准共振地交换能量时, CO_2 分子的该特定振动能级就会被优先布居.

CO_2 分子的特定振动能级显然比所有其他通常是空的振动能级要高, 就自动实现了布居反转. 这样我们就得到分布在 9~11μm 红外区域上百条不同波长的放大. CO_2 激光器的重要性在于它能提供能量产出效率特别高, 可超过 10%(有用光能与消耗的电流能量之比) 的红外光. 这是工业上需要大功率的地方选用的激光器, 用于如钻孔、焊接、局部热处理等.

对液态或固态样品, 还有一些使用其他不同布居反转机制的实例.

4.2.5　半导体中的电子注入

半导体激光器是依靠电致发光二极管中的受激发射过程而工作的.

二极管是由同类化学物质、但掺了不同杂质而导致结构不同的两种半导体组成的结: 一种是 N 型半导体, 其导电性由导带中的电子运动引起; 另一种是 P 型半导体, 其导电性产生于价带中称为 “空穴” 的带正电荷的自由位置的运动.

在电致发光二极管情况下, 来自 N 型材料的电子注入到 P 型材料的导带中, 该导带与同一材料的价带有 “能隙”ΔE 相隔. P 型材料导带中某些注入电子会与价带中正的空穴复合, 以光子 $h\nu=\Delta E$ 的形式释放出能隙能量 ΔE.

假如同一 P 型材料导带中的电子和空穴实现了布居数反转, 这个电子–空穴复合发射光子的过程也会以受激发射的方式进行. 这自然要求有极强的电流密度的注入. 为此, 要求通过 P 型材料激活区内二极管的电流集中在非常小的尺寸之内 (典型值为几到几十微米). 能隙的能量 ΔE 可随温度和空间电荷 (与电流强度有关) 而变化, 从而可通过一定措施来进行波长调谐.

半导体激光器是常用的、可在红色到近红外波段提供可观光强 (典型值为 10mW~10W) 的激光器. 研究者们正在努力探索扩展到更高频率 (更短波长, 从绿色到蓝色) 波段的方法*.

4.3　激光振荡器, 谐振腔的作用

对用上述技术产生的 “反转” 介质, 我们先来定义一个单位长度的放大系数 (或增益)$\alpha(\nu)$ 的概念, 它与吸收系数 [参见 (4.2) 式] 相反:

$$\boxed{\begin{aligned}&\alpha(\nu)=+\frac{1}{P}\frac{\mathrm{d}P}{\mathrm{d}z}=\sigma_{21}(\nu)n_2-\sigma_{12}(\nu)n_1=\sigma_{21}(\nu)\delta n\\&\delta n=n_2-(B_{21}/B_{12})n_1=n_2-(G_2/G_1)n_1\end{aligned}} \tag{4.5}$$

其中, δn 是**加权布居数差**.

由此推得沿长度 l 的放大系数或增益 g 为

$$g=P_{出}/P_{入}=\mathrm{e}^{\alpha(\nu)l} \tag{4.6}$$

为了简便起见, 通常处理统计权重 G_1 和 G_2 相等的特殊情况, 则 $\alpha(\nu)$ 正比于布居数差 (n_2-n_1). 在一般情况下, 只要把 (n_2-n_1) 换成加权布居数差就可以了, 其他论证可以很容易照搬.

这个公式的应用并不像看来那么简单. 事实上, 每个使光波放大的受激发射光子使激发态布居数 n_2 减少, 也使基态布居数 n_1 增加. 换句话说, 放大作用又迅速使产生这种作用的布居数差减少. 放大建立在增加原子体系能量的抽运过程和从该体系取走能量的受激发射过程之间的持续竞争之上.

本节后面我们将解释如何使放大器变成产生光波的振荡器或激光发生器.

---

* 目前已经达到了研究目标, 绿色和蓝色半导体激光器早已问世.—— 译者

4.3.1 用于正反馈的光学腔

光学腔想法的出发点是要使入射光多次通过放大器来增加放大作用, 在谐振腔内这会自动产生. 在超高频波段, 谐振腔是一只与波导连接的金属做的方盒或圆柱形盒. 在光波段, 按照汤斯和肖洛 (Schawlow)1958 年提出的建议, 最通常的是用法布里–珀罗腔. 如图 4.5 所示, 它由两块平行平面镜组成. 腔的尺寸是根据频率非常精确地计算出来的, 使从镜面来回反射的子波同相位地互相重合, 它们相干叠加构成振幅很大的驻波系统, 在腔内造成比入射波或每个子波大得多的能量密度 u_c.

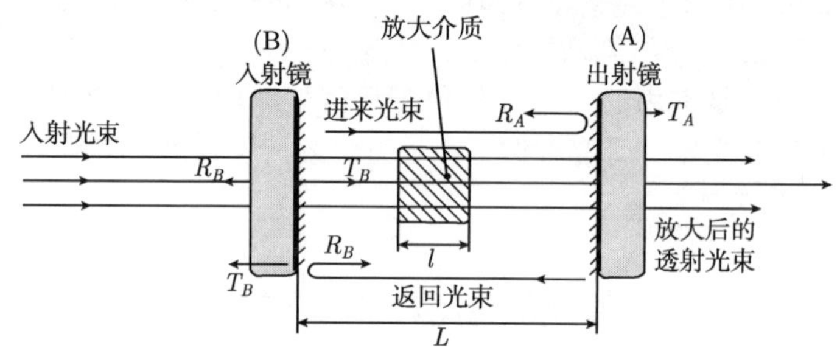

图 4.5 法布里–珀罗腔

它调谐到波长 λ, 镜面的间距为 L, $L=N\lambda/2$, N 为整数

用另一种说法是, 在有限体积腔中一定时间内积累并贮存了可观的能量 W, 这个能量在进入腔之前是分布在极长的入射行波中的. 但是, 这种积累或贮存过程丝毫没有增加光波所输运的总能量, 从任何意义上也不是可用能量的放大过程. 为了解释谐振腔能提高增益, 我们用镜面多次反射的行进子波通过放大介质的概念来进行论证: 第一次通过介质而放大了的子波, 第二次通过时又一次得到了放大, 然后是第三次, 等等.

这样描述的现象与电子放大器中观察到的现象完全相同: 在放大器输出端得到的电功率 $P_{出}$ 的比率为 f 的一部分后来又反馈注入到输入端, 再次进行放大. f 称为反馈率. 反馈现象常用来人为地提高放大器的增益.

图 4.6 表示这种系统的工作原理. 令 g 为信号或子波单次通过放大器时的正常功率增益, 即输出功率与输入功率的比值 $g = P_{出}/P_{入}$.

考虑到反馈 (假定满足相位调谐条件) 以后输入端所加的功率是入射功率 P_{in} 和反馈注入功率 $fP_{出}$ 之和. 可算得输出功率为

$$P_{出} = gP_{入} = g(P_{\text{in}} + fP_{出}) \quad \Rightarrow \quad P_{出}(1 - fg) = gP_{\text{in}}$$

可用功率则为

$$P_{\text{u}} = (1 - f)P_{出} = \frac{1 - f}{1 - fg}gP_{\text{in}} = GP_{\text{in}} \tag{4.7}$$

其中, $f>0$; $g>1$. 上述比值远大于 1, 带有反馈的总增益 G 则大于 g(注意, 不要把没有下标的 G 和统计权重弄混了).

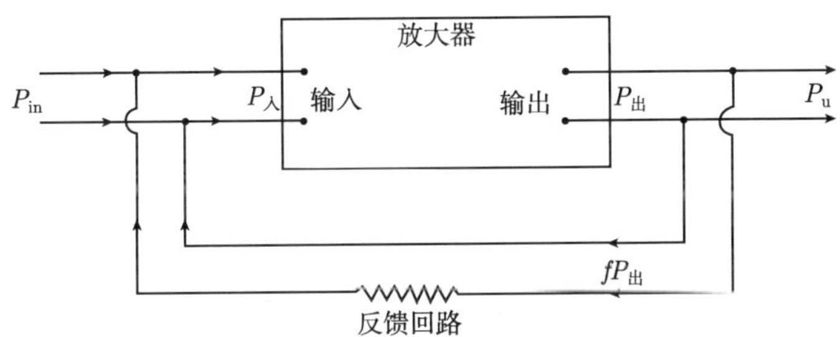

图 4.6　用反馈回路从放大器出发构建一台振荡器的原理图

若反馈回路调节得好，此系统会在放大器输入端没有外加电压情况下产生交变电压

若反馈率很大, 且 $fg\geqslant 1$, 总增益 G 趋于无穷, 即输入端没有东西时放大器输出端也会产生一个交变电压, 因为输入端电阻中的电子稍有运动就会被无限放大. 装置就会自发振荡, 变成为一台交变电压发生器. 这就是通常交变电压发生器的制造法. 无线电爱好者们知道, 如果不细心注意防止寄生反馈的话, 高增益放大器就很可能会 "卡壳", 产生自激振荡. 在微波激射器和激光器中发生的正是同样的现象: 如果腔的质量很高, 布居数反转很强, 就会发生自由振荡; 从一个寄生光子开始, 腔内就会产生一列波.

4.3.2　腔内一次来回的增益与损耗, 振荡阈值

另一种更富表现力的论证方式是, 跟着腔内波列 (可以是前行的子波, 或加起来的总波) 沿传播路径走, 考察其能量变化: 受激发射的增量 $\delta P_{发}$ 和因各种损耗引起的减量 $\delta P_{失}$. 只要计算腔内一次来回就足够了, 因为后面的来回完全是同一现象的重复.

a) *弱增益近似*

这种计算方法比较简单, 因为在许多激光器中, 一次来回 (两次通过放大介质) 的能量增加十分微弱, $\alpha(\nu)l$ 远小于 1; 一次来回之后与之前的光强之比, 或单次来回的增益: $g=\mathrm{e}^{2\alpha(\nu)l}\approx 1+2\alpha(\nu)l$, 一次来回中受激发射引起的功率相对增加可写成

$$\delta P_{发}/P=g-1\approx 2\alpha(\nu)l \tag{4.8}$$

主要损耗取决于镜子的质量, 它们的能量反射系数 R_A 和 R_B 可以测量. 这种损耗引起的光强相对变化是负的, 可写为

来程上: $-\delta P/P=1-R_A=\varepsilon_A$;　回程上: $-\delta P/P=1-R_B=\varepsilon_B$

加起来一次来回共有 $\delta P_{失}/P=-(\varepsilon_A+\varepsilon_B)=-[(1-R_A)+1-R_B)]$.

一次来回能量变化总计为

$$\frac{\delta P}{P} = \frac{\delta P_{发} + \delta P_{失}}{P} \approx 2\alpha(\nu)l - (\varepsilon_A + \varepsilon_B) \tag{4.9}$$

若这总变化是负的, 起初存在于腔内的波列在每次来回中减少能量, 很快就会消失; 反之, 若总变化是正的, 起初进入腔内的波列不管多弱 (哪怕就是单独一个与两镜面垂直, 沿 Oz 轴方向行进的自发光子) 也会逐渐增加能量, 达到可观强度. 放大器就成为一台振荡器, 在没有入射光的情况下产生光波. 只有在实现下列条件下, 振荡才会发生:

$$\frac{\delta P}{P} > 0 \quad \Rightarrow \quad 2\alpha(\nu)l > (\varepsilon_A + \varepsilon_B)$$

用 (4.5) 式:

$$2l\sigma_{21}(\nu)\delta n = 2l\sigma_{21}(\nu)\left[n_2 - \frac{G_2}{G_1}n_1\right] > (1 - R_A) + (1 - R_B) \tag{4.10a}$$

即

$$\boxed{\delta n > \frac{(1 - R_A) + (1 - R_B)}{2l\sigma_{21}(\nu)} = \frac{\lambda}{h}\frac{(1 - R_A) + (1 - R_B)}{2l\phi(\nu)B_{21}} = \Delta n_S} \tag{4.10b}$$

(4.10b) 不等式右边的量是加权布居数差的振荡阈值.

激光振荡器的条件是加权布居数差要超过此阈值. 这是比布居数反转更为严酷的条件.

b) 普遍情况

另一种得到振荡阈值条件的方式是, 不用光强的相对变化, 而是用每个行程前后光强之比来论证:

来程上: $\dfrac{P(后)}{P(前)} = \dfrac{P_2}{P_1} = \mathrm{e}^{\alpha(\nu)l}R_A$; 回程上: $\dfrac{P(后)}{P(前)} = \dfrac{P_3}{P_2} = \mathrm{e}^{\alpha(\nu)l}R_B$

加起来一次来回共有

$$\frac{P(后)}{P(前)} = \frac{P_2}{P_1}\frac{P_3}{P_2} = \mathrm{e}^{2\alpha(\nu)l}R_A R_B > 1$$

这个阈值条件写得更加严格, 没有近似.

我们注意到, 乘积 $R_A R_B$ 不是什么新东西, 它就是上节的反馈率 f, $f{=}R_A R_B$, 因此得到同一个条件 $fg > 1$.

更常用的是作下列有限展开:

$$\frac{1}{R_A R_B} = \frac{1}{1 - \varepsilon_A}\frac{1}{1 - \varepsilon_B} \approx 1 - \varepsilon_A - \varepsilon_B \cdots$$

我们又得到了上述弱增益近似下的不等式.

注 1：上述计算中假定了 ε_A(亦即 R_A) 整合了一切来程损耗，ε_B 则包含所有回程损耗. 这里涉及, 例如衍射、吸收和腔内光学元件的寄生反射等的损耗. 为降低寄生损耗, 涂覆反射膜很重要. 注意这样计算出来腔的损耗不但包括了由吸收或寄生反射丢失的真正的损耗, 而且还包括了透过部分反射镜面输出腔外的有用光束, 它也被作为腔的损耗的一部分.

注 2：电子学工作者往往用贝尔或分贝测量增益 (这样测量的增益是 g 的十进位对数). 对数增益可以把部分增益的乘积转换为对数增益之和. 用这种语言时, 一次来回的受激发射增益是 $\log g=2\alpha(\nu)l$.

本节开头计算过的功率的相对增加 $\delta P_{发}/P\approx 2\alpha(\nu)l$ 会与激光电子学专家的一次来回增益 (不言而喻, 是对数) 混同. 假定镜子有很高反射率 (R_A 和 R_B 接近于 1), 可写成

$$\log R_A = \log(1-\varepsilon_A) \approx -\varepsilon_A = -(1-R_A)$$

4.3.3　腔的品质因数和阻尼时间

上节计算是用激光器的法布里–珀罗腔来作的, 那里腔内驻波很容易分解为两列方向相反的行波. 对这类腔, 是假定两面镜子之间的距离 L 要比波长大得多 ($L\gg\lambda$). 在微波波段, 这个条件很难满足, 因为波长是米或分米数量级. 因此腔内波列分解为行进子波是不可能的, 必须用有复杂的空间组态的驻波整体来进行论证, 用腔内一个来回的损耗和增益来计算不再有任何意义. 因此, 要用单位时间体积为 V 的腔内积聚的电磁波能量 W 和所含光子数 N_c 来计算：

$$W = u_c V = h\nu N_c = (h/\lambda)cN_c \tag{4.11}$$

a) 腔内两种不同原因引起的损耗

—— 腔不是全封闭的, 它与波导连接, 在波导中形成输出波, 带走一部分外部可用的功率 P_{u},

—— 腔壁不是理想反射面, 而有损耗, 即使腔是全封闭的, 还有一定能量 P_{dis} 从壁上散失.

这两个功率 P_{u} 和 P_{dis} 都与波中电场强度的平方成正比, 即与腔内平均能量密度 u_c 以及贮存在体积 V 内的总能量 W 成正比. 比例系数为 $1/\tau_c$, 它有时间倒数的量纲：

$$-\left.\frac{\mathrm{d}W}{\mathrm{d}t}\right|_{失} = P_{\mathrm{u}} + P_{\mathrm{dis}} = \frac{1}{\tau_c}W \quad\Rightarrow\quad \frac{1}{W}\left.\frac{\mathrm{d}W}{\mathrm{d}t}\right|_{失} = \frac{1}{N_c}\left.\frac{\mathrm{d}N_c}{\mathrm{d}t}\right|_{失} = -\frac{1}{\tau_c} \tag{4.12}$$

对 $W(t)$ 的微分方程积分, 得到以时间常量 τ_c 变化的指数规律：

$$W(t) = W(0)\exp(-t/\tau_c)$$

这个**阻尼时间**τ_c 表征停止供给入射波后, 贮存在腔内的能量自发耗尽的快慢程度 (对于质量很高、τ_c 时间足够长的腔可以实际观察到这类变化曲线). 还可定义一个正比于 τ_c 的、量纲为一的**品质因数**Q(类比于谐振回路来定义的):

$$\boxed{Q = \omega\tau_c = 2\pi\nu\tau_c = 2\pi\tau_c/T} \tag{4.13}$$

其中, T 是波的周期. 除 2π 外, Q 表示阻尼时间 τ_c 内波的周期数.

b) 每秒内受激发射提供的能量

从第 3 章定义的单位时间跃迁概率出发, 求得受激发射和吸收的光子数差, 就容易算出每秒内受激发射提供的能量. 体积为 $V\eta$ 的放大介质 (填充因子 η 是一个小于 1 的数字, 表示腔体积 V 中介质所占据的那部分体积的比例) 产生的光子数变化由下式给出:

$$\left.\frac{\mathrm{d}N_c}{\mathrm{d}t}\right|_{发} = (\varpi_{21}n_2 - \varpi_{12}n_1)V\eta = [\sigma_{21}(\nu)n_2 - \sigma_{12}(\nu)n_1]\frac{\lambda}{h}u_cV\eta$$
$$= \sigma_{21}(\nu)\delta n\frac{\lambda}{h}u_cV\eta = \sigma_{21}(\nu)\delta ncN_c \quad \Rightarrow \quad \frac{1}{N_c}\left.\frac{\mathrm{d}N_c}{\mathrm{d}t}\right|_{发} = \sigma_{21}(\nu)\delta nc\eta$$

如同我们写出 (4.12) 式所做的, 损耗能量的相对变化也可以用光子数的变化来表述. 把两种变化的代数和相加:

$$\frac{1}{N_c}\frac{\mathrm{d}N_c}{\mathrm{d}t} = \frac{1}{N_c}\left(\left.\frac{\mathrm{d}N_c}{\mathrm{d}t}\right|_{发} + \left.\frac{\mathrm{d}N_c}{\mathrm{d}t}\right|_{失}\right) = \sigma_{21}(\nu)\delta nc\eta - \frac{1}{\tau_c} > 0$$

就可得到总的能量变化. 为使能量增加, 求和总计应该是正的, 由此得到振荡阈值:

$$\boxed{\delta n \geqslant \frac{1}{\tau_c\sigma_{21}(\nu)c\eta} = \frac{1}{\tau_c h\nu\phi(\nu)B_{21}\eta} = \frac{1}{Q\hbar\phi(\nu)B_{21}\eta} = \Delta n_{\mathrm{S}}} \tag{4.14}$$

其中, $\hbar = h/2\pi$.

为达到振荡, 抽运应当使加权布居数差超过这个阈值, 它与品质因数 Q 或时间常量 τ_c 成反比.

注: 可把这个公式写得与上节激光器法布里–珀罗腔情况下的公式相一致. 用 4.3.2 节 (4.9) 式我们计算了腔中一个来回, 或在来回时间 $\delta t = 2L/c$ 内总的能量损失, 即

$$\delta P_{失}/P = -(\varepsilon_A + \varepsilon_B)$$

在时间 δt 内为

$$\frac{1}{\tau_c} = -\frac{1}{P}\frac{\mathrm{d}P}{\mathrm{d}t} = -\frac{1}{P}\frac{\delta P_{失}}{\delta t} = \frac{\varepsilon_A + \varepsilon_B}{\delta t} = \frac{c}{2L}(\varepsilon_A + \varepsilon_B)$$

由此推得法布里–珀罗腔的时间常量表达式为

$$\frac{1}{\tau_c} = \frac{c}{2L}[(1-R_A)+(1-R_B)]$$

把此式代入上述的布居数差阈值, 并注意到法布里–珀罗腔的填充因子 $\eta = l/L$, 我们就验证了不同计算方法结果的一致性. 我们还加上法布里–珀罗腔品质因数的表达式:

$$Q = \omega\tau_c - 2\pi\nu\tau_c = \frac{2L}{\lambda}\frac{2\pi}{(1-R_A)+(1-R_B)}$$

在这个因数中 $2L/\lambda$ 贡献很大, 它代表在腔中一次来回时间 δt 内波的周期数.

4.3.4　无腔振荡 (超辐射)

在结束 4.3 节之前我们回顾一下, 腔内波的增强只是能量的简单贮存, 丝毫也不表示可用能量的增加. 腔本身没有任何放大性质; 在没有输入波的情况下, 它降低了布居数差阈值, 促进了波的产生 (振荡), 尤其是用高质量腔的时候 (Q 很大, R_A 和 R_B 接近于 1).

不管怎样, 最基本的作用还是由获得布居反转的抽运方法来完成. 它的最好证据是存在一种超辐射的光源. 这是一种没有腔的感生发射振荡器. 假设放大介质 z 足够长, 单位长度的增益 $\alpha(\nu)$ 足够大 $[\alpha(\nu)z \gg 1]$, 只要有一个初始光子, 一次单路通过就可能获得显著的光强 (注意! 在物理上所用的 “超辐射” 这个词有两种不同的意义, 这里指的是有限意义下的用法, 相当于 “自发发射放大”, 用英文字头命名叫做 ASE).

在实验室相对较短的长度 z(米或分米)、密度大的介质中也能观察到超辐射现象 ASE, 但布居反转率要非常高. 它还可在非常稀薄、但尺寸要有几十万公里的星际云雾中自然产生. 所以射电天文学家能观察到具有微波激射器一切特性的强烈而定向的微波发射, 其特征频率是属于小分子或自由基 (H_2O、OH、SiO、SiF 等) 的, 它们是太阳或恒星光抽运的结果.

4.4　运 转 状 态

我们先用图 4.7 给出典型的气体激光器的结构. 尽管半导体激光器的竞争与日俱增, 在实验室里使用气体激光器还是很多的.

放大介质是低压气体或混合气体, 整个气体都被放电所穿透 (参见上节). 充气管放在干涉仪的两面镜子之间, 每次部分反射之后波能通过整个管子. 两面镜片的距离为 1m 量级, 比常用干涉仪要长得多. 这种加长腔可增大品质因数 Q(参见上面公式) 和放大介质的体积, 从而可提供更多能量.

为了减少腔的损耗, 通常用球面凹面镜代替干涉仪中常用的平面镜, 以便使稍有点发散的光束 (由衍射现象引起) 集中到光轴上 (关于电磁波组态的计算, 请参阅更加专业的著作).

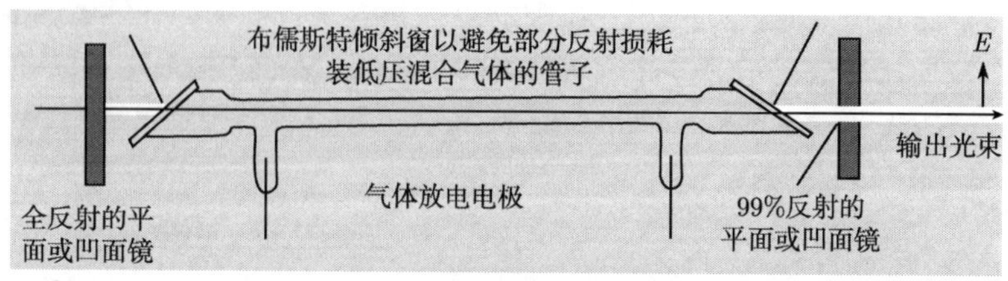

图 4.7　气体激光器结构图

在某些激光器中, 法布里–珀罗腔的镜子可作为密封气体的端面, 但这种安排会使结构复杂化, 并且有损伤镜面的危险. 更简易的办法是把气体密封在另一只管子中. 为了避免光通过管子两个端面时部分反射的损失, 这两个端面根据布儒斯特倾角 ($\tan i = n$, n 为折射率) 倾斜, 根据电磁理论, 电矢量 $\vec{E}$ 处在入射平面上的波就全部通过而不会反射. 这样, 激光产生的光波是偏振的 (另一种偏振波会被部分反射所削弱而消失).

4.4.1　振荡频率, 单模或多模状态

通常使用法布里–珀罗干涉仪时, 入射角稍微有点偏离镜面的法线以便观察干涉环. 与此不同, 激光器的法布里–珀罗腔只有在入射线与镜面法线重合的轴向模上才能工作. 实际上, 如果入射角 i 不是严格为零, 每次反射光线偏离中心, 一部分光功率就会逐渐从腔的侧面损失, 这种损耗是不可忽略的 (品质因数就会低于上述的计算值).

不同轴向模的频率可用腔长所容纳的半波长的整数来计算:

$$L = N\lambda/2 = Nc/2\nu$$

其中, N 是整数. 由此求得轴向模的频率为 $\nu = Nc/2L$, 相邻两个轴向模 (N 和 $N+1$) 之间的频率间隔 $\delta\nu$ 是

$$\delta\nu = \nu_{N+1} - \nu_N = c/2L$$

不要把它和每个模的宽度 $\Delta\nu_c$ 搞混了, 它是由品质因数来定义的:

$$\Delta\nu_c/\nu = 1/Q$$

由此还可推得两个相邻模之间的间隔 $\delta\nu_m$ 与一个模的宽度 $\Delta\nu_c$ 的比值 (参见图 4.8):

$$\frac{\delta\nu_m}{\Delta\nu_c} = \frac{c}{2L}\frac{Q}{\nu} = \frac{2\pi}{(1-R_A)+(1-R_B)} \tag{4.15}$$

(在波动光学教程中从艾里函数出发也可得到同样的结果).

一般说来, 在可用光谱线的多普勒线宽 $\Delta\nu_D$ 的频率范围内, 存在着许多轴向模 (图 4.8). 激光可能在这些模中任一个模上运行; 更常见的是它在多个模上运行, 随机地从一个模跳到另一个模. 这叫做多模工作状态.

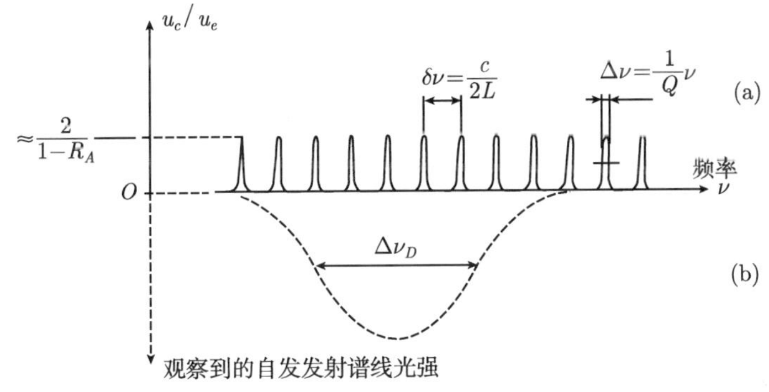

图 4.8　激光器

(a) 法布里–珀罗腔的艾里函数，表明了轴向模; (b) 原子光谱线, 线宽为 $\Delta\nu_D$

用一些巧妙技术可使激光器调谐到一个特定模上, 并保持持续运行. 这就叫做单模工作状态. 这里我们作两条注解:

1) 振荡频率的准确度决定于法布里–珀罗腔, 而不是原子跃迁;

2) 在计算能级布居数 n_1 和 n_2 时, 例如为了描写振荡条件, 必须考虑到只有很小一部分, 其速度分量 v_z 能使吸收或发射频率精确地与模频率符合的那些原子才能算进去 (参见 3.3.4c 节, 单色光饱和的速度组).

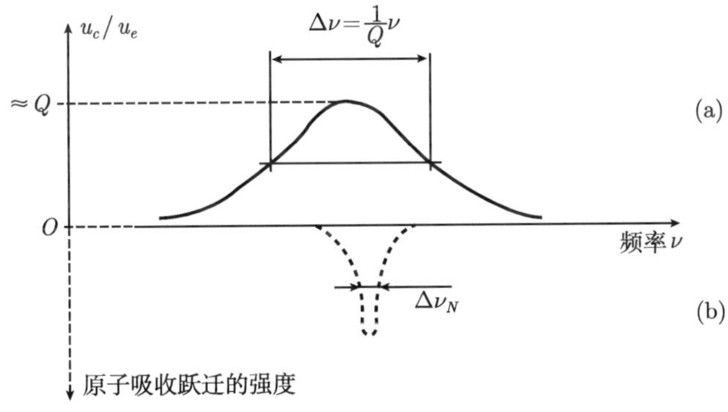

图 4.9　微波激射器

(a) 超高频腔的单一模式; (b) 有自然线宽的原子谱线

把图 4.8 激光器和图 4.9 微波激射器的工作原理进行比较很有意思：超高频

谐振腔通常只有单个驻波模 (若有多个模, 它们的频率相差甚远). 必须计算腔的尺寸, 以使其共振频率落在原子频率附近, 还要预先设计一套通过改变腔的形状来调节频率的系统, 使之与原子频率符合. 超高频腔的品质因数 Q 的数量级为 $10^4 \sim 10^5$, 一般比光频腔要小得多 (没有 L/λ 的因子). 这个唯一模式具有比法布里–珀罗腔大得多的相对宽度 $\Delta\nu_c/\nu = 1/Q$.

相反, 在超高频波段, 原子跃迁的多普勒增宽一般可忽略, 因为原子运动的幅度要远小于波长 (见附注), 而其自然线宽 $\Delta\nu_N$ 要 (参见下一节) 比腔模宽度 $\Delta\nu_c$ 窄很多. 必须注意, 原子跃迁频率会受到腔内很强的电磁场作用而轻微移动.

在激光器和微波激射器两种情况中, 产生的波的频率落在放大作用最强处, 即两条线 (腔和原子谱线) 中最窄的线的中心 (见图 4.8 和图 4.9). 产生的波的谱线宽度 (不确定性) 要比这条窄线还要窄:

—— 在激光器情况, 小于法布里–珀罗腔的模宽度;

—— 在微波激射器情况, 小于原子跃迁的自然线宽.

由于腔的涨落和机械缺陷, 以及强度的不稳定性使谱线增宽, 所以, 汤斯和肖洛估算出来的理论线宽实际上从未达到过.

注: 如果原子运动被限制在一个尺寸 l 小于波长 $\lambda(l < \lambda)$ 的容器中, 多普勒增宽就可被抑制, 所以微波激射器有利于消除多普勒增宽. 1954 年由迪克 (Dicke) 算得的这个效应可解释如下: 原子相继两次改变速度时, 其固有坐标系中的表观波与入射波的相位差总是小于 2π; 而原子与腔壁碰撞总要改变速度方向. 对此我们说明如下:

实际上速度为 v_x 的原子走过容器大小 l 的时间为 $t = l/v_x$, 而多普勒频移为 (参见 1.3.3 节或 3.3.4b 节)

$$\delta\nu = \nu - \nu_{\rm app} = \nu(v_x/c) = v_x/\lambda$$

t 时间内两个频率之间的相位差的数值是

$$|\delta\varphi| = |\delta\omega|\, t = 2\pi\, |\delta\nu|\, t = 2\pi l/\lambda$$

若 $l < \lambda$, 两个波之间向前或退后错位都不会超过一个波长. 对于整个系统来说, 相位变化平均为零 (相位数值变化很小, 且符号总是交替变换).

4.4.2 连续振荡器的时态

根据 4.3.2 节的分析, 如果光抽运持续进行, 创造了足够大、高于阈值 $\Delta n_{\rm S}$ 的布居数差, 腔内一次来回的增益和损耗的总计为正, 则腔中每次来回波的功率增加, 能量密度 u_c 指数上升. 开始瞬间只要一个光子 (方向要好) 就足以启动整个放大过程, 使装置自发产生波而成为振荡器.

假如我们认为这种简单考虑始终成立, u_c 就会无限增长, 这就不能不提出一点问题. 但实际上并不是如此, 无疑, 能量结算显然只与布居数差有关, 这里没有出现能量密度 u_c, 它在计算中消去了. 但布居数差本身不仅依赖于抽运, 还与受激跃迁有关, 它使布居数差减少. 这个效应对激光器的启动不成问题, 但受激跃迁的数目随 u_c 而正比增加, 当波的振幅很大时, 上能级布居数 n_2 趋于下降, 因为抽运过程补偿不了受激发射引起的 "失落". 换句话说, 激光器运行所产生的效果与使它启动的原因正好相反.

结果是, 得到了一种恒定强度的状态, 这时能量密度 u_c 和布居数 n_1 与 n_2 稳定在一个值上, 使一次来回的功率变化为零, $\delta P = \delta P_{发}+\delta P_{失}=0$, 即布居数差将等于阈值 Δn_{S}.

激光振荡器在布居数超过阈值时启动, 但在连续状态下将回到并稳定在这个阈值上.

在经过一段很短的瞬态过程以后, 所有中功率激光器会自动稳定在阈值的连续状态上. 但这种连续状态所能提供的功率, 只有当振荡开始前抽运所得初始反转布居数差远大于阈值时才有较大的实际值; 这个初始反转布居数差比阈值高得越多, 激光器的功率也会提得越高.

注: 用简单模型可以说明这种运行状态. 令 $\Delta n_{\mathcal{P}}$ 为没有腔镜子 (即没有光束)、激光未起振时抽运能够达到的最大布居数差, 这时抽运只跟自发发射竞争. 当然我们假定了 $\Delta n_{\mathcal{P}} > \Delta n_{\mathrm{S}}$.

设自发发射与抽运之间的竞争可用跃迁概率 $\mathcal{P}$ 来表征, 它导致加权布居数差 $\delta n = n_2 - (G_2/G_1)n_1$ 随时间的演化为

$$\frac{\mathrm{d}}{\mathrm{d}t}(\delta n)\bigg|_{\text{抽运 + 自发}} = \mathcal{P}[\Delta n_{\mathcal{P}} - \delta n]$$

注意不要把抽运 $\mathcal{P}$ 与功率 P 弄混了. 令上述导数为零, 可推得稳态 $\delta n = \Delta n_{\mathcal{P}}$.

现在我们加上形成腔内光束组态的镜片, 这就必须加上光束引起的时间演化, 使之与 3.3.2 节的微分方程相一致:

$$\frac{\mathrm{d}n_2}{\mathrm{d}t}\bigg|_{发} = -\frac{\mathrm{d}n_1}{\mathrm{d}t}\bigg|_{发} = (\varpi_{12}n_1 - \varpi_{21}n_2) = (B_{12}n_1 - B_{21}n_2)u_c\phi(\nu) = -B_{21}(\delta n)u_c\phi(\nu)$$

由此可得光作用下布居数差 δn 的变化:

$$\frac{\mathrm{d}}{\mathrm{d}t}(\delta n)\bigg|_{发} = \left(1+\frac{G_2}{G_1}\right)\frac{\mathrm{d}n_2}{\mathrm{d}t}\bigg|_{发} = -(B_{12}+B_{21})u_c\phi(\nu)\delta n$$

把上面两个独立的时间变化 (一方面是抽运 + 自发发射, 另一方面是受激跃迁) 加起来, 得到总的时间演化方程:

$$\frac{\mathrm{d}}{\mathrm{d}t}(\delta n) = \mathcal{P}(\Delta n_{\mathcal{P}} - \delta n) - (B_{12}+B_{21})u_c\phi(\nu)\delta n$$

令上述导数为零, 得到连续稳定状态, 同时有 $\delta n = \Delta n_{\mathrm{S}}$, 即

$$\mathcal{P}(\Delta n_{\mathcal{P}} - \Delta n_{\mathrm{S}}) - (B_{12} + B_{21})u_c\phi(\nu)\Delta n_{\mathrm{S}} = 0$$

由此导出腔内波的能量密度和提供给外部的有用能量为

$$u_c = \frac{\mathcal{P}\left(\dfrac{\Delta n_{\mathcal{P}}}{\Delta n_{\mathrm{S}}} - 1\right)}{(B_{12} + B_{21})\phi(\nu)} \quad \Rightarrow \quad P_{\mathrm{u}} = T_A Sc\frac{u_c}{2} \quad (T_A \leqslant 1 - R_A)$$

T_A 是输出镜面的透射率, 它适用于 "来波", 其能量密度是腔内总能量密度 u_c 的一半.

总而言之, 连续激光器运转在布居数阈值上, 但它的输出功率只有在抽运所产生的最大布居数差 $\Delta n_{\mathcal{P}}$ 远大于阈值 Δn_{S} 的时候, 才会有较大的值.

4.4.3 脉冲振荡器的时态

用强抽运手段工作的大功率激光器的现象是比较复杂的.

a) *弛豫脉冲*

事实上我们已经提到过激光器内部过程的自相矛盾, 激光的运行和使激光启动的抽运起着相互相反的作用. 当激光器发出很大功率时, 这个矛盾显得非常突出, 上能级布居数 n_2 迅速锐减, 使布居数差 δn 降得比阈值还低得多, 以致受激发射实际停止, 激光器不工作.

但从激光器实际停止工作那一瞬间开始, 抽运又恢复全效率工作, 激光器重新启动, 再次发出很大功率, 并又使布居数差 δn 迅速降低, 再次使激光器停止工作, 等等. 腔内能量密度 u_c 和布居数差 δn 周期性变化, 形成一种弛豫振荡的状态, 其重要特征是每个周期内上升段和下降段的不对称性.

图 4.10 显示这种激光器中能量密度 u_c[曲线 b] 和布居数差 δn[曲线 c] 的弛豫振荡. 注意, 每次布居数差通过阈值, 能量密度 $u_c = h\nu N_c/V$ 就通过其极值 (最大或最小), 即导数 $\mathrm{d}N_c/\mathrm{d}t$ 等于零处 [参见 4.3.3b 节, (4.14) 式和上式]. 这类很强的抽运一般不可能持续维持, 故用脉冲技术产生. 这种抽运脉冲通常由穿透气体的大电容放电 (如照相闪光灯) 来实现, 一般放电等离子体存在时间在 1~100μs. 图 4.10 曲线 (a) 表示这种抽运脉冲的时间变化.

要注意本章所用的几个易混淆的名词:

1) "振荡 (oscillation)", 这个词有时表示激光振荡器或发生器产生光波, 有时表示激光强度的时间变化 (如在弛豫振荡情况下);

2) "脉冲 (pulse, 法语 impulsion)", 这个词可表示为: ①抽运的时间变化; ②激光弛豫振荡的强度尖峰 (图 4.10); 比如说激光工作在弛豫脉冲状态.

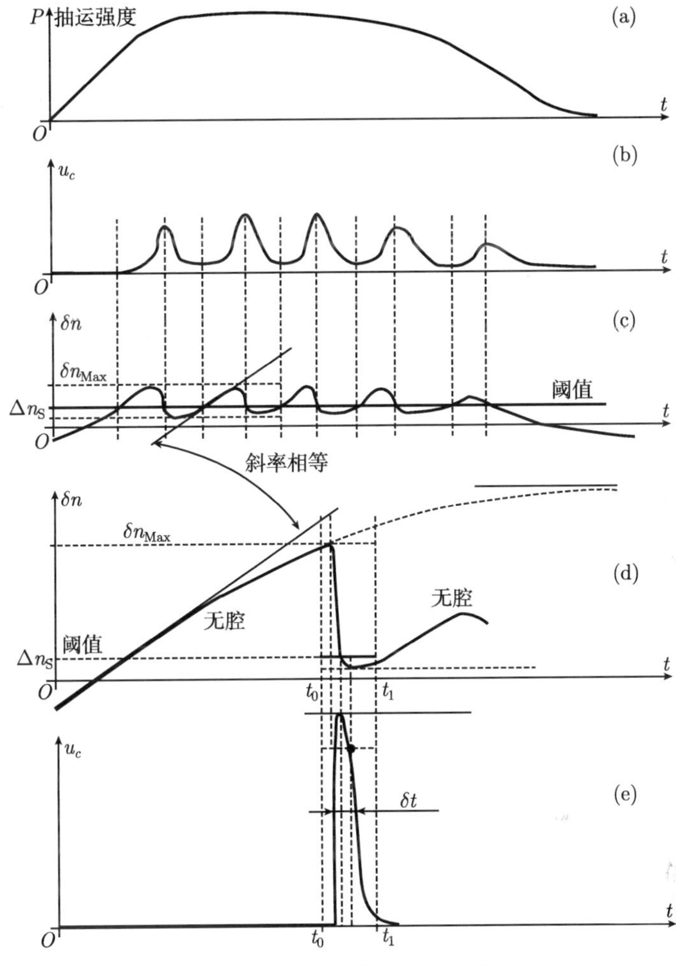

图 4.10　激光器的弛豫脉冲或开关脉冲

b) 开关脉冲

激光波所能达到的最大强度显然取决于抽运脉冲过程所能达到的最大布居数差 δn_{Max}. 但上一小节的分析表明, 激光器产生波的同时也降低了布居数差, 它阻挠激光器达到不存在腔时抽运所能达到的最大值. 为了获得更大的光强, 必须防止过早发生激光振荡, 而是精确地在抽运单独工作达到最高效率的那一刻才来启动激光振荡.

防止发生光波的最简单办法是收起一面镜片以消除光腔. 这种收起镜面的方法还要能极快地恢复原状, 这不可能用机械方法来实现, 但却可用下面所说的光断续器来等效地实现. 图 4.10 曲线 (d) 表明, 在没有腔情况下较长时间的抽运可以达到大得多的布居数差 δn_{Max}. 在选定时刻 t_0, 光断续器突然开启光腔, 使

$\delta n_{\mathrm{Max}} \gg \Delta n_{\mathrm{S}}$, 导致腔内光强增加也要快得多、强得多, 其时间 δt 基本上决定腔内一次来回的时间 $2L/c$, δt 为纳秒数量级.

图 4.11 表示一台常用光断续器装置的原理图. 它包括一个格兰棱镜和一片薄片, 该薄片在两面金属夹架上加上电压 V 时显出双折射性质. 格兰棱镜由两块相同的各向异性双折射晶体切割而成的三棱镜组成, 由一层很薄的空气层隔开. 在晶体内部, 电场矢量 $\vec{E}$ 的两个偏振方向有不同的折射率: 与图面平行的偏振在每块棱镜的倾斜面上全反射, 而垂直于图面的偏振则透过两个棱镜. 当电压 V 为零时, 激光以垂直偏振运转.

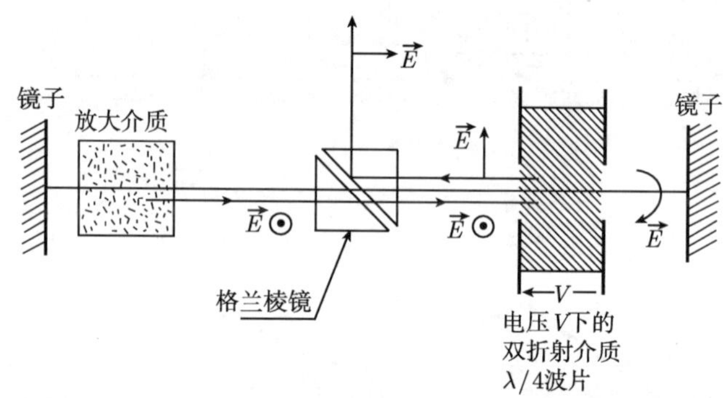

图 4.11　激光腔中的光断续器, 用于开关光脉冲

加上电压 V, 把薄片的平行面转变成为一个四分之一波片, 其中性光轴与两个偏振方向成 45°, 垂直于图面的偏振波通过薄片后成为圆偏振波, 反射后又回来再次通过该薄片, 成为与原来偏振方向垂直的线偏振光. 电场 $\vec{E}$ 的方向则处在图面上, 这个波在棱镜内被反射掉, 从而在腔中消失. 这样就等效于收起了镜子. 实践上, 电压 V 加在抽运脉冲的起始, 以便在没有腔时抽运起作用, 在 t_0 时刻突然撤去电压 V, 恢复腔正常工作, 并启动激光脉冲. 然后稍等一个时刻 t_1 后再加上电压, 确保抽运脉冲的尾端不再产生新的光发射.

表征激光脉冲特性的是它所提供的光能量: $W = P \cdot \delta t_m^*$. 实验室激光器通常可提供的能量为 W=1mJ(毫焦耳), 持续时间 δt 约 1ns(=10^{-9}s), 亦即功率 P 约为 1MW. 有的很大的装置能产生 1J 的功率. 为了满足某些实验取得更大功率的需要, 通常还用一些其他技术以产生更短的脉冲, 其持续时间 δt 约为 1ps(=10^{-12}s), 甚至例外地达到 0.01ps(=10fs). 关于这类问题建议读者阅读专门著作.

4.4.4　放大器的应用

微波激射器和激光器可以根据情况, 作为放大器或振荡器工作. 我们已经详细

* δt_m表示光脉冲平均持续时间. 本节所述的最短脉冲目前早已突破了小于 10fs(1fs=10^{-15}s). —— 译者

讨论了激光振荡器的工作, 因为它给物理学者第一次提供了相干的、频率十分确定的、像通常存在于射频和超高频波段的那种光波源, 使光学发生了革命. 微波激射振荡器没有这样的重要性, 因为电子学工作者长期以来已经具备了各种各样性能良好的信号发射器了. 微波激射振荡器主要用于时间频率计量, 因为能够提供基于原子频率的非常精确和稳定的振荡频率的频率标准 (参见图 4.9), 特别是氢激射器和铷激射器.

微波激射器和激光器也能作为放大器来工作, 但完全是各种辅助性的应用.

- 微波激射放大器的频率选择性极好. 其频率的极端精密性使它的噪声水平很低, 因而对微弱信号有极高的灵敏度, 这成为它的基本优势. 这种微波激射放大器曾用于, 例如, 第一次通过卫星建立了洲际电视联络.
- 与微波激射器相反, 由于光频段不可避免的自发发射 (在超高频段自发发射可以忽略) 引起的干扰, 激光器不能用来放大微弱信号. 但相反, 激光器可用来作为功率放大器, 以放大第一个激光振荡器产生的功率. 实际上, 当试图极大地增加激光抽运功率时, 就很难保持波前有很高的光学质量 (这对光束的使用具有很大的重要性), 而由于寄生自发发射也发生了放大, 也很难维持激光器单一频率的单模运转. 最好是把振荡器的功率作些限制, 然后通过空间滤波把自发发射引起的干扰滤掉, 再把光束放大.

最简单的空间滤波方式是拉开振荡器和放大器之间的距离, 使放大器接收来自振荡器的自发发射光的立体张角 Ω 减小 (接收光强与 $\Omega/4\pi$ 成比例减小). 为了更好地得到滤波, 在两个间隔一倍于焦距的全同透镜的共同焦点上放置一张屏幕, 上面打一个小孔, 定向的受激发射光束被聚焦而通过小孔, 而全方位的自发发射光则几乎全部被阻断.

由于上面所说的原因, 放大器的增益是有限的, 因此可以使用几个放大器串联成链. 实验室里常常有一台振荡器跟着三台放大器组成的链. 但也存在很大的装置, 有 10 台或 20 台放大器组成的链.

注: 在波尔多附近, 法国原子能委员会 (CEA) 正在建设的巨大装置, 要产生 1MJ 的激光脉冲. 预期用 24 个激光器链同步并联同时聚焦到一个靶子上, 每条链产生约 40kJ 的能量. 假如这个脉冲的持续时间为 1ns, 瞬间功率就可达到 10^{15}W(=1PW, 拍瓦) 的量级. 这个装置用来研究极高温度下的等离子体, 类似于核爆炸所产生的过程或受控核反应所需要的过程.

小　结

在结束第 3 章和第 4 章的时候, 我们强调指出, 从爱因斯坦辐射理论导出的概率方程 (英文文献称为 “rate equations”, 中译为 “**变率方程**”, 不少文献称为 “**速率**

方程") 足以表述通常实验室大多数实验中电磁波与原子之间的能量交换, 解释多数激光器的工作原理.

但我们还是要指出这些方程有两方面的缺陷:

- 由电磁波特性不能导出它所传输的能量. 还必须考虑描述所发射的波传播的电磁方程. 这就是下一章我们要讨论的, 由此可理解激光光源与其他寻常光源不同的特性.
- 一个孤立原子和一个电磁波的量子相互作用会产生一些更为复杂的现象, 它们不能完全用爱因斯坦方程来表示. 但是用大量原子平均来进行测量时, 或实验条件变化不太快, 则可以证明, 这些个别的量子相互作用的平均会导致一个与概率方程相同的平均结果.

一般情况下, 概率方程是不精确的, 但在大多数通常实验情况下, 它们还是有价值的.

不能用这些方程来描述超短 (皮秒或飞秒) 脉冲; 建议读者对此阅读专门著作 (如 Cagnac B, Faroux J P. 2002. 激光器, 光与原子相互作用. EDP-Science-CNRS).

第 二 编

波-粒关系

第 5 章　相干波与光子

本章首要目的是对激光器产生的光与其他传统光源产生的光进行比较. 这种比较建立在相干性概念的基础之上, 所以首先要介绍这个概念. 有了这个概念之后, 我们就能更好地思考电磁波和光子之间的关系, 而光子是与物质进行着交换的. 这个概念还把我们带向下面一章, 该章是用波动力学研究粒子束实验中物质波干涉的.

5.1　光波的相干性概念

在物理学里, “相干性” 这个词在广义上用于表征两个正弦变化的物理量之间的相位关系. 实验上所用的光波从来不是严格的麦克斯韦理论所说的平面波, 在这个理论中, 电场矢量的每个分量 E 是一个纯粹的正弦函数:

$$E(x,y,z,t)=E(\vec{r},t)=\mathcal{E}_0\cos(\vec{k}_0\cdot\vec{r}-\omega_0 t-\varphi)$$

其中, $\mathcal{E}_0$ 是振幅; $\omega_0=2\pi\nu_0$ 是圆频率; $\vec{k}_0$ 是波矢量, 其模值与频率相关, 在传播速度为 c 的稀薄介质中, 有 $\left|\vec{k}_0\right|=k_0=\omega_0/c$.

现实的波很像这种平面行波. 我们通常可以在, 例如 “傍轴光束” 中遇到. 这种光束由频率稍有差异但十分接近、波矢量 $\vec{k}_0$ 相近的波叠加而成. 我们可以定义一个平均频率 ω_0 和一个方向为 Oz 的波矢量 $\vec{k}_0$, 这个叠加波可写成下面的一般形式:

$$E(\vec{r},t)=\mathcal{E}(\vec{r},t)\cos[\vec{k}_0\cdot\vec{r}-\omega_0 t-\varphi(\vec{r},t)]=\mathcal{E}(\vec{r},t)\cos[k_0 z-\omega_0 t-\varphi(\vec{r},t)]$$

和两个表示迅速正弦变化的 $k_0 z$ 与 $\omega_0 t$ 两项相比, 这里的振幅 $\mathcal{E}(\vec{r},t)$ 和相位 $\varphi(\vec{r},t)$ 只是缓慢地随空间和时间变化. 事实上, 由于相应的振幅 $\mathcal{E}$ 和相位 φ 的变化可忽略, 实际观察到的是在时间 (在一段较短的时间里) 和空间 (在一段不太长的距离内) 上正弦变化的很好近似. 这就是为什么在多数光学问题中可以使用平面波近似来表示波矢量 $\vec{k}_0$ 沿着任意方向 Oz 行进的光束 (图 5.1).

研究一列波的相干性, 就是比较两个不同地点 P_1 与 P_2 上, 两个不同时刻 t_1 与 t_2 的相位 $\varphi(\vec{r}_1,t_1)$ 与 $\varphi(\vec{r}_2,t_2)$. 若相位变化 $\delta\varphi=\varphi(\vec{r}_1,t_1)-\varphi(\vec{r}_2,t_2)$ 小于 1rad(或几分之一弧度), 就可被忽略, 我们就可以应用平面波近似, 并说在 P_1 与 P_2 点和 t_1

与 t_2 时刻上波是相干的. 当 $\delta\varphi$ 变化相当可观, 平面波近似失去意义的时候, 就说这些波是不相干的.

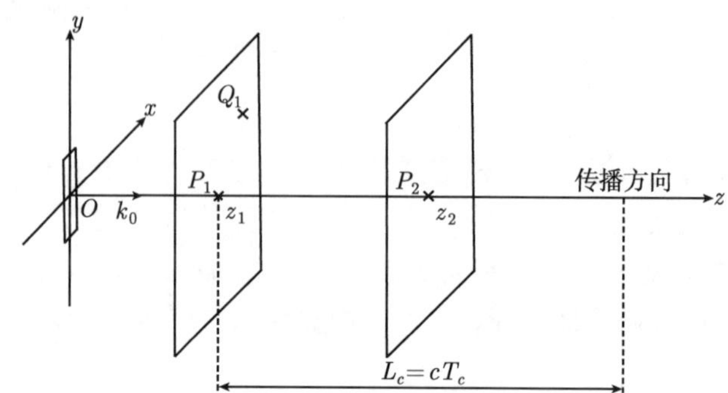

图 5.1　傍轴光束情况下的空间与时间相干性

(代表一个平行于 Oy 轴的狭缝光源情况; 参见 5.3.3 节)

实践中, 相位 $\varphi(P,t)$ 的变化可以根据我们选择时间 t 以及空间 x,y,z 的变化而大有不同. 所以要加以区别:

—— 时间相干性, 同一地点 P 上在不同时刻 t_1 与 t_2 测量电场 $E(P,t_1)$ 和 $E(P,t_2)$, 得到它们之间的相干性;

—— 空间相干性, 同一时刻 t 在不同地点 P 与 Q 测量电场 $E(P,t)$ 和 $E(Q,t)$, 比较它们之间的相位, 得到两者的相干性.

如果我们满足于上面的定义, 就难以避免两个概念的交错, 因为波是在空间中传播的. 在传播过程中, 在 t 时刻通过 Oz 轴上 P_2 点 (图 5.1) 的波实际上就是在同一轴上的 P_1 点前一个时刻 $t' = t - (z_2 - z_1)/c$ 波的再现, 亦即 P_2 点 t 时刻波的相位近似地等于 P_1 点 t' 时刻的相位:

$$\varphi(P_2,t) \approx \varphi(P_1,t') = \varphi\left(P_1, t - \frac{z_2 - z_1}{c}\right)$$

因此, t 时刻在 Oz 轴上两个不同的地点比较 $\varphi(P_2,t)$ 与 $\varphi(P_1,t)$, 等于在同一地点 P_1 的两个不同时刻上比较相位; 处在传播轴上两个点 P_1 与 P_2 之间的相干性归结为其中一个点上的时间相干性. P_1 与 P_2 之间的相干性可以认为是与时间相干性结合在一起的; 所以可以不把它当做空间相干性. 在比较图 5.1 上 P_1 与 Q_1 两点之间的相位时, 我们才保留用 "空间相干性" 这个词, 这两点处在垂直于傍轴光束传播方向的同一波平面上.

我们暂时只对相干性概念作这样简单而不全面的介绍. 为了更好地领会这个概念, 通过几个简单特例来说明它的应用似乎更有效, 所以我们要把几个重要问题细致地讲一讲. 我们先来研究最简单的、只有一个变量起作用的时间相干性特例. 然后, 我们再回来讨论空间相干性.

5.2　时间相干性实例

我们来分析在一个固定点 P_1 上电场的时间函数 (我们常常可能省略 P_1 而不加显示):

$$E(P_1,t)=\mathcal{E}(P_1,t)\cos[\omega_0 t+\varphi(P_1,t)]=\mathcal{E}(t)\cos[\omega_0 t+\varphi(t)]$$

当 $\varphi(t)$ 几乎为常数时, 就能保持时间相干性. 可以定量地定义相干时间为相位变化到绝对值为 1rad 时平均所需的时间 T_c,

$$\left|\overline{\varphi(t+T_c)-\varphi(t)}\right|\approx 1\text{rad}$$

(上横线表示对时间 t 求平均). 实践中观察 P_1 点相干波是在很短时间内完成的:

$$|t'-t|<T_c \quad \Rightarrow \quad \varphi(t')\approx\varphi(t)$$

上面我们已经解释过, 引入 P_1 与 P_2 点上两个波之间的延时 $\delta t=(z_2-z_1)/c$ 后, Oz 轴上两个点 P_1 与 P_2 之间的相干性归结为时间相干性. 假如有

$$\delta t=(z_2-z_1)/c<T_c \quad 即 \quad z_2-z_1<cT_c=L_c$$

两列波就是相干的. 这样, 我们从相干时间定义出来一个平行于传播方向上的相干长度:

$$\boxed{L_c=cT_c}$$

5.2.1　邻近频率波的叠加

这是在使用传统光谱灯时频繁遇到的情况. 用干涉滤光器或单色仪从灯中原子发出的 “谱线” 中分出一条单色谱线来. 由于多普勒–菲佐 (Fizeau) 效应 (参见第 1 章), 不同速度的不同原子发出的波相对于原子频率 $\omega_0=(E_2-E_1)/h$ 有轻微的频移; 所得的波是许多正弦波的叠加, 它们的频率 ω_i 邻近, 且分布在一个频率区间中:

$$\omega_i=\omega_0+\delta\omega_i \quad 其中 \quad |\delta\omega_i|\approx 10^{-6}\omega_0$$

a) 相干时间

可把合成波写成

$$\begin{aligned}E(t)&=\sum a_i\cos(\omega_i l+\varphi_i)-\sum a_i\cos[\omega_0 t+\Phi_i(t)]\\ 其中 \quad &\Phi_i(t)=\delta\omega_i t+\varphi_i\end{aligned} \tag{5.1}$$

假定 $\Phi_i(t)$ 在一段足够短的时间 t 内变化很小, 可以认为这个合成波就是一个以原子频率 ω_0 振动的简单正弦波, 则所有子波都是相干的, 此时有

$$\delta\Phi_i(t)=\delta\omega_i t<1\text{rad} \quad 或 \quad t<1/\delta\omega_i$$

但时间一长, 就变成不相干的了.

频率偏移 $\delta\omega_i$ 分布在一个频率区间之内, 其数量级等于第 1 章算得的多普勒线宽 $\Delta\omega_D$ 的一半. 由此可推得相干时间 T_c 为

$$\boxed{T_c = 2/\Delta\omega_D = 1/\pi\Delta\nu_D} \tag{5.2}$$

频率分布表现为对相干时间的限制, 分布越宽, 相干时间越短. 通常 $\Delta\omega_D$ 的宽度为 1000MHz=10^9Hz 数量级, 所以 $T_c \approx 0.3 \times 10^{-9}\text{s} = 0.3\text{ns}$.

b) **相干长度**

把相干时间乘上光速 c=3×10^8m/s, 就得到相干长度 $L_c = cT_c \approx 0.1\text{m}$.

这个概念在干涉实验中有一个特别简单的应用. 实验用双波干涉仪中一片半反射镜把入射波分解为两束不同的光束, 分别通过长度不等的两 "臂", 然后或在同一半反射镜面上 (迈克耳孙), 或在另一个镜面上 (马赫–曾德尔) 重新叠合 (图 5.2). 若两臂的行程差小于相干长度 L_c, 两列在出口上干涉的波彼此就有延迟时间差 $\delta t < T_c$, 因此两列波就是相干的, 可看到干涉花纹. 若逐渐延长两臂的光程差, 干涉花纹也就逐渐模糊, 因为两列波的延迟时间差 δt 变得超过相干时间 T_c, 两者的相位相差太大, 成为不相干的了. 实践中, 采用传统光源, 两臂的长度差不可能超过零点几米.

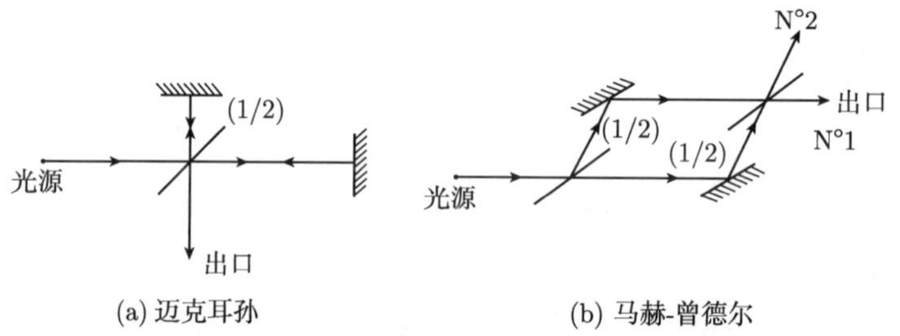

图 5.2　用半反射镜 (1/2) 分离波前的两列波干涉仪

在改变镜面方向使光程组态不再是平行四边形时, 马赫–曾德尔方案中两臂的长度可以不等

c) **相位随机变化的情况**

上面我们使用了频率偏移和广义相位 $\Phi_i(t) = \delta\omega_i t + \varphi_i$ 的等效性. 反过来, 很容易表明相位的时间变化和频率偏移的等效性. [这种相位 $\varphi(t)$ 变化可以通过, 例如, 一列波在移动镜面上的反射, 或气体中某些类型的原子碰撞而产生]. 可以把 $\varphi(t)$ 在一个很短时间内作有限展开, 写成

$$\varphi(t) = \varphi(0) + t\mathrm{d}\varphi/\mathrm{d}t + \cdots$$

把 φ 用这个表达式代替, 波就写为

$$E(t) = a\cos[\omega_0 t + \varphi(t)] = a\cos[(\omega_0 + \mathrm{d}\varphi/\mathrm{d}t)t + \varphi(0)]$$

在一个很短的瞬间, 整个过程似乎是以频率

$$\omega_0 + \mathrm{d}\varphi/\mathrm{d}t = \omega_0 + \delta\omega$$

变化的过程. 相位 $\varphi(t)$ 变化可以用频率偏移 $\delta\omega = \mathrm{d}\varphi/\mathrm{d}t$ 来表示. **相位或频率涨落导致同样效应**.

5.2.2　振幅变化引起的频率扩展

我们假定读者在光学课程中已经学过傅里叶变换导论. 在把它们应用到几个简单实例之前我们需要确定几个标记法. 在计算中, 复数标记法更为方便. 因此, 我们考虑一列频率 ω_0 确定、振幅随时间变化的波:

$$E(t) = \mathcal{E}(t)\exp(-i\omega_0 t)$$

这意味着, 真实的波 $E(t)$ 是 $\mathcal{E}(t)\exp(-i\omega_0 t)$ 的实部.

由于它的振幅是变化的, 这个波不是麦克斯韦方程组和由其导出的传播方程组的真实正弦函数的解. 事实上, 作为传播方程组解的真实正弦函数的振幅是常数. 但是, 傅里叶理论指出, 一切时间函数可以表达为频率 ω 不同于 ω_0、振幅 $A(\omega)\mathrm{d}\omega$ 不随时间变化的真实正弦函数的叠加:

$$E(t) = \int_{-\infty}^{+\infty} A(\omega)\exp(-i\omega t)\mathrm{d}\omega$$

实际上, 函数 $A(\omega)$ (可称为微分振幅) 只有当频率 ω 接近于 ω_0 时才不等于零. 这个函数还可以从 $E(t)$ 通过计算下述积分而得到

$$A(\omega) = \frac{1}{2\pi}\int_{-\infty}^{+\infty} E(t)\exp(+i\omega t)\mathrm{d}t$$

$E(t)$ 和 $A(\omega)$ 函数两者之间互称为一个到另一个的傅里叶变换.

注: 在数学处理上常常采用稍有不同的傅里叶变换 $\mathcal{F}(\omega)$ 的定义形式, 这毫不改变其基本性质, 只是简单地改变了归一化性质, 它使数学表述上更为对称:

$$E(t) = \frac{1}{\sqrt{2\pi}}\int_{-\infty}^{+\infty} \mathcal{F}(\omega)\exp(-i\omega t)\mathrm{d}\omega$$

$$\mathcal{F}(\omega) = \frac{1}{\sqrt{2\pi}}\int_{-\infty}^{+\infty} E(t)\exp(+i\omega t)\mathrm{d}t \quad \Rightarrow \quad \mathcal{F}(\omega) = A(\omega)\sqrt{2\pi}$$

不过要注意, 在物理上 $E(t)$ 和 $A(\omega)$ 起着完全不同的作用.

a) **矩形光脉冲**

许多实验需要在较短时间内对一个被研究系统进行光照, 以观察此后黑暗中系统的行为. 所以要产生一个有限时间的光脉冲, 如图 5.3(a) 所示.

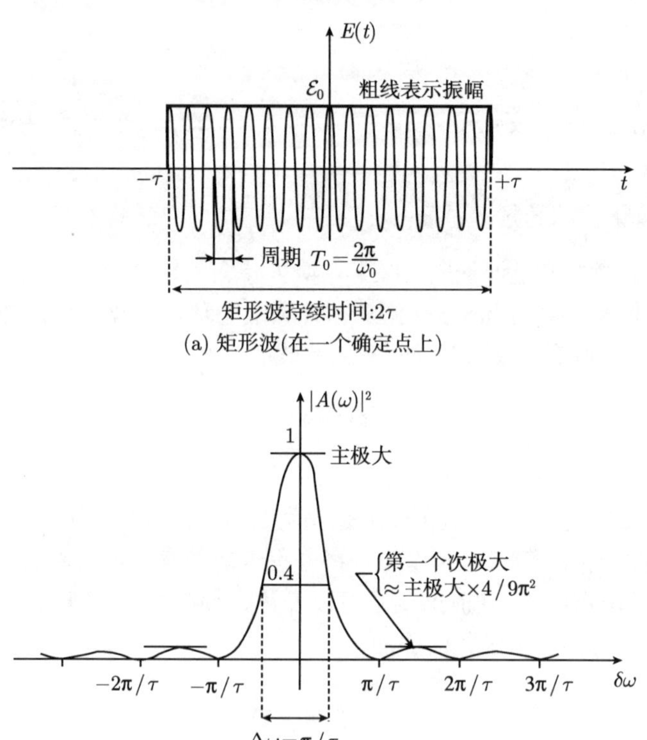

(a) 矩形波(在一个确定点上)

(b) 矩形波的谱分解(其傅里叶变换的模的平方)

图 5.3 有限时间的矩形波

为了计算方便, 我们选定时间坐标的原点为脉冲中心点, 脉冲起于 $-\tau$ 时刻, 终于 $+\tau$ 时刻. 假定电场的振幅是图上用粗线勾画的方形函数: 在脉冲持续时间 2τ 内, $\mathcal{E}(t)=a$(常数), 在 $-\tau$ 之前与 $+\tau$ 之后, $\mathcal{E}(t)$ 为零. 但频率始终是确定的, 则电场可写为

$$E(t)=\mathcal{E}(t)\exp(-i\omega_0 t)=\begin{cases}\mathcal{E}_0\exp(-i\omega_0 t) & -\tau\leqslant t\leqslant +\tau\\ 0 & t<-\tau \text{ 与} t>+\tau\end{cases} \tag{5.3}$$

在这个实验中所利用的波并不是真正频率为 ω_0 的正弦波, 真正的正弦波应该分布在从 $-\infty$ 到 $+\infty$ 的整个时间中. 傅里叶理论指出, 它实际上分布在许多不同频率 ω 中, 其微分振幅是

$$A(\omega)=\frac{1}{2\pi}\int_{-\infty}^{+\infty}E(t)\exp(+i\omega t)\mathrm{d}t=\frac{\mathcal{E}_0}{2\pi}\int_{-\tau}^{+\tau}\exp[i(\omega-\omega_0)t]\mathrm{d}t$$

利用相对于时间原点的对称性, 可得 $A(\omega)$ 的实数解:

$$A(\omega)=\frac{\mathcal{E}_0}{2\pi}\frac{\exp[i(\omega-\omega_0)\tau]-\exp[-i(\omega-\omega_0)\tau]}{i(\omega-\omega_0)}=\frac{\mathcal{E}_0}{\pi}\frac{\sin[(\omega-\omega_0)\tau]}{\omega-\omega_0}$$

每个频率 ω 的光强正比于每个傅里叶成分复数振幅的平方:

$$|A(\omega)|^2=\frac{\mathcal{E}_0^2}{\pi^2}\frac{\sin^2[(\omega-\omega_0)\tau]}{(\omega-\omega_0)^2}=\frac{\mathcal{E}_0^2}{\pi^2}\frac{\sin^2(\delta\omega\tau)}{(\delta\omega^2)}=\frac{\mathcal{E}_0^2\tau^2}{\pi^2}\left[\frac{\sin(\delta\omega\tau)}{\delta\omega\tau}\right]^2 \tag{5.4}$$

在矩形脉冲内对每个傅里叶成分我们引入了一个相对于 ω_0 的频率偏移 $\delta\omega=\omega-\omega_0$. 图 5.3(b) 表示光强随频率偏移 $\delta\omega$ 的变化. 在中心 $\delta\omega=0$ 处, 需要按照传统方式去掉不定式 0/0(用变量 $x=\delta\omega\tau$, 可知当 $x\to 0$, $\sin x/x\to 1$), 即可求得主极大值 *.

除了 $\delta\omega=0$ 处之外, $|A(\omega)|^2$ 曲线周期性地当 $\delta\omega\tau=\pm\pi+k\pi$($k$ 是整数) 时为零, 在相继的两个零之间有高度很小的次极大. 第一个次极大在 $\delta\omega\tau=x\approx 3\pi/2$ 处, 可算得 $\sin^2 x/x^2\approx 4/9\pi^2<1/20$. 在频率分布中作主要贡献的是中央峰, 为了把它的形状搞得更明确些, 我们可以计算它的两个特殊对称点的值:

$$\delta\omega\tau=x=\pm\pi/2 \quad\Rightarrow\quad \sin^2 x/x^2\approx 4/\pi^2\approx 0.4$$

此两特殊点之间的频率差可以表征中央峰的宽度:

$$\boxed{\Delta\omega_{方}=\frac{\pi}{\tau}} \tag{5.5}$$

由于频率似乎是十分确定的, 在这个新的实例中我们看到一种与上面例子相反的情况 (指脉冲持续时间越长, 相干时间也越长), 但波的相干时间不能超过脉冲时间. 通常我们可以采用脉冲持续时间的一半 τ 作为相干时间.

相干时间越短, 傅里叶变换算得的频率分布 $\Delta\omega_{方}$ 越大.

b) 高斯光脉冲

本节没有新的思想, 在第一次阅读时可以跳过去. 但高斯函数是麦克斯韦方程组的特别简单的解, 其 “钟形” 曲线常常用来表示实验上不完善的矩形脉冲形状, 是一种合理近似. 我们把时间原点选在波的最大值处, 因此其振幅可写成如下形式:

$$\mathcal{E}(t)=\mathcal{E}_0\exp(-\beta^2t^2)$$

* 图 5.3 上该主极大值等于 1, 应为相对值.—— 译者

常数 β 有频率的量纲. 我们注意到, 这个指数函数的特性是使光强变化得更快, 光强变化的指数常数是加倍的:

$$\mathcal{E}^2(t) = \mathcal{E}_0^2 \exp(-2\beta^2 t^2) = \mathcal{E}_0^2 \exp(-t^2/\tau^2) \quad \text{其中} \quad \tau = 1/\sqrt{2}\beta$$

波的电场写成

$$E(t) = \mathcal{E}_0 \exp(-\beta^2 t^2) \exp(-i\omega_0 t) = \mathcal{E}_0 \exp(-\beta^2 t^2 - i\omega_0 t) \tag{5.6}$$

利用频率偏移 $\delta\omega = \omega - \omega_0$, 我们算得傅里叶变换为

$$A(\omega) = \frac{1}{2\pi} \int_{-\infty}^{+\infty} E(t) \exp(+i\omega t) \mathrm{d}t = \frac{\mathcal{E}_0}{2\pi} \int_{-\infty}^{+\infty} \exp(-\beta^2 t^2 + i\delta\omega t) \mathrm{d}t$$

把指数用平方项展开:

$$\beta^2 t^2 - i\delta\omega t = \left(\beta t - i\frac{\delta\omega}{2\beta}\right)^2 + \left(\frac{\delta\omega}{2\beta}\right)^2 = u^2 + \frac{(\delta\omega)^2}{4\beta^2}$$

其中, $u = \beta t - i\dfrac{\delta\omega}{2\beta}$.

这样, 指数函数可以化为两个指数函数的乘积, 其中一个为常数, 可从积分号中提出, 而用变量 u 的函数表示的积分则是一个经典定积分, 它等于 $\sqrt{\pi}$.

$$A(\omega) = \frac{\mathcal{E}_0}{2\pi} \exp\left[-\frac{(\delta\omega)^2}{4\beta^2}\right] \frac{1}{\beta} \int_{-\infty}^{+\infty} \exp(-u^2) \mathrm{d}u = \frac{\mathcal{E}_0}{2\beta\sqrt{\pi}} \exp\left[-\frac{(\delta\omega)^2}{4\beta^2}\right]$$

我们再一次得到了这个经典结论: 高斯函数的傅里叶变换也是高斯型的, 并推得强度为

$$\boxed{|A(\omega)|^2 = \frac{\mathcal{E}_0^2}{4\pi\beta^2} \exp\left[-\frac{(\delta\omega)^2}{2\beta^2}\right] = \frac{\mathcal{E}_0^2 \tau^2}{2\pi} \exp[-(\delta\omega\tau)^2]} \tag{5.7}$$

由此推得频率分布在一个数量级为 $1/\tau$ 的宽度 $\Delta\omega$ 上, 它与此脉冲的相干时间 τ 成反比.

c) *自发发射波列*

在第 3 章中我们描述了测量原子激发态寿命 τ(与自发发射有关) 的方法, 该方法是突然终止激发过程, 然后观察原子发射光强的指数衰减:

$$P(t) = P_0 \exp(-t/\tau) \quad [\text{参见(3.10)式}]$$

在这个计算中我们做了一个附加的假设: 认为所有激发原子的速度都很小, 以致为了计算方便起见可以忽略多普勒效应, 就是说, 发出的子波都有同一频率 $\omega_0 =$

$(E_2 - E_1)/h$. 它们的合成波也是一个频率为 ω_0 的波, 但其电场的振幅 $\mathcal{E}(t)$ 与功率的平方根成正比:

$$\frac{\mathcal{E}(t)}{\mathcal{E}_0} = \sqrt{\frac{P(t)}{P_0}} = \exp\left(-\frac{t}{2\tau}\right) \text{ 当} t > 0 \quad \text{和} \quad \mathcal{E}(t) = 0 \text{ 当} t < 0$$

我们又一次注意到指数函数的这个特殊性质: 其平方根是另一个较慢的指数函数, 其时间常量加倍, 为 2τ. 因此, 这个实验中发出的波可用复数记法写成 (见图 5.4(a))

$$E(t) = \mathcal{E}_0 \exp(-t/2\tau) \exp(-i\omega_0 t) \quad \text{当} t > 0 \tag{5.8}$$

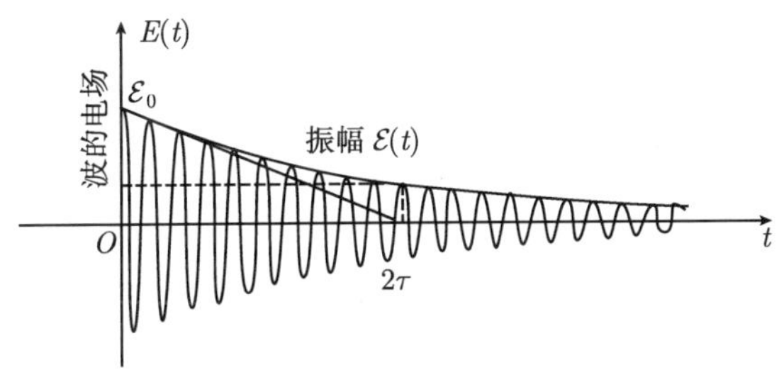

(a) 自发发射的衰减波列

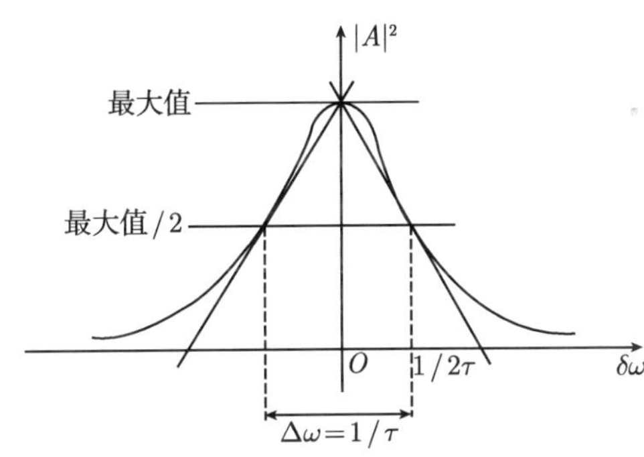

(b) 衰减波列的谱分解(洛伦兹曲线)

图 5.4　自发发射的衰减波列

振幅变化使 $E(t)$ 函数不是正弦变化的, 而是分布在不同频率上, 它们的微分振幅是

$$A(\omega) = \frac{1}{2\pi}\int_{-\infty}^{+\infty} E(t)\exp(+i\omega t)\mathrm{d}t = \frac{\mathcal{E}_0}{2\pi}\int_0^{+\infty}\exp(-t/2\tau)\exp[i(\omega-\omega_0)t]\mathrm{d}t$$

$$A(\omega) = \frac{\mathcal{E}_0}{2\pi}\int_0^{+\infty}\exp[(i\delta\omega - 1/2\tau)t]\mathrm{d}t = \frac{\mathcal{E}_0}{2\pi}\frac{-1}{i\delta\omega - 1/2\tau}$$

最后一个公式里, 每个傅里叶成分是用相对于原子频率的频率偏移 $\delta\omega = \omega - \omega_0$ 的函数来表示的.

每个频率 ω 的光强正比于复数振幅模的平方：

$$\boxed{|A(\omega)|^2 = A(\omega) \cdot A(\omega)^* = \frac{\mathcal{E}_0^2}{4\pi^2} \frac{1}{(\delta\omega)^2 + (1/2\tau)^2}} \tag{5.9}$$

图 5.4(b) 表示这个强度随频率偏移 $\delta\omega$ 的变化. 这条曲线通常叫做洛伦兹曲线. 它在 $\delta\omega=0$ 处有最大值, 然后降低, 在频率偏移 $\delta\omega_{1/2} = \pm 1/2\tau$ 的对称点上降到最大值的一半. 这个偏移的一倍代表曲线半高度线宽：

$$\boxed{\Delta\omega_N = 2\left|\delta\omega_{1/2}\right| = 1/\tau} \tag{5.10}$$

这第三个实例再现了前两例中同样的思想：由于原子激发态寿命 τ 限制了波的持续时间, 便产生了一个宽度为 $\Delta\omega_N$ 的频率分布, 它是波的持续时间的倒数, 后者起着相干时间的作用.

注： 为了仔细地研究图 5.4b 曲线, 采用新的变量 $x = 2\delta\omega\tau$ 比较方便. 曲线可写为

$$x = 2\delta\omega\tau = 4\pi\tau\delta\nu \quad \Rightarrow \quad y = \frac{1}{1+x^2}$$

很容易计算 $x = \pm 1$ 时的半高度点上切线的斜率：

$$\frac{\mathrm{d}y(x)}{\mathrm{d}x} = \frac{-2x}{(1+x^2)^2} \quad \Rightarrow \quad \frac{\mathrm{d}y(\pm 1)}{\mathrm{d}x} = \mp\frac{1}{2} \quad \text{其中} \quad y(\pm 1) = \frac{1}{2}$$

由此推得这两点的切线通过并相交于 $x=0$ 的最大值. 这是洛伦兹曲线的一个特性, 可以从实验记录上得到确认.

如果想把傅里叶振幅归一化以便表示每个频率上光能量的百分比, 我们记得洛伦兹曲线所包容的面积是

$$\int_{-\infty}^{+\infty} \frac{1}{1+x^2}\mathrm{d}x = [\arctan x]_{-\infty}^{+\infty} = \pi$$

由此得归一化洛伦兹曲线的形式为

$$f(x) = \frac{1}{\pi}\frac{1}{1+x^2} \quad \text{而} \quad \int_{-\infty}^{+\infty} f(x)\mathrm{d}x = 1$$

考虑到 $\mathrm{d}x=4\pi\tau\mathrm{d}\nu$, 得到频率的归一化洛伦兹曲线的形式：

$$\phi(\nu) = 4\pi\tau f(\nu) = \frac{4\tau}{1+(4\pi\tau\delta\nu)^2} \quad \text{并有} \quad \int_{-\infty}^{+\infty} \phi(\nu)\mathrm{d}\nu = 1 \tag{5.11}$$

在量子力学计算中常常遇到这种归一化谱线的形式.

d) 自发发射的自然线宽

常用的光源可分为两类：白炽灯 (热发射) 和气体放电灯，后者是由放电中激发态原子的自发发射而产生光的. 在一切放电灯中当然都有前面所研究的增宽; 我们称前面计算的宽度 $\Delta\omega_N$ 为自发发射的自然宽度.

对可见光、近紫外光或近红外光波段的光学跃迁来说，上能级寿命的数值在几纳秒到几分之一微秒之间变化. 因此自然宽度 $\Delta\nu_N = 1/2\pi\tau$ 在 1~100MHz 变化. 它要比第 1 章算得的多普勒宽度小得多, 该宽度通常为 1000MHz 数量级 (参见 1.3.3 节). 在用光谱灯做的寻常实验中这种自然增宽不起重要作用, 但在一切试图摆脱这种增宽的近代实验中, 它起着基础作用. 对此, 我们来描述一个实例.

在原子束光学共振实验上可实现自然线宽的实验观察, 这个实验与我们在第 2 章所描述的观察原子偏转的实验相似 (参见 2.4.4 节). 图 2.9 显示原子束指向 Oz 轴, 而光则照在与其垂直的 Ox 轴上. 我们不观察原子轨迹, 而是简单地接收原子发射到第三个方向 Oy 的荧光. 重要的是观察方向要与原子束的方向垂直, 以使原子速度在观察方向 Oy 上的分量为零, 即消除了多普勒效应.

用极高分辨率的法布里–珀罗干涉仪分析荧光, 它只允许频率 ν 与干涉仪长度精确调谐的光通过其光轴. 用一只光电接收器来测量该频率 ν 的荧光强度 $I(\nu)$. 非常精细地改变法布里–珀罗干涉仪的长度, 以调节其调谐频率 ν, 可以画出一条与图 5.4b 相似的实验曲线 $I(\nu)$, 从而测量自然线宽 $\Delta\nu_N{=}\Delta\omega_N/2\pi = 1/2\pi\tau$.

注： 即使原子速度比较快 ($v_z \approx$1000m/s), 也很容易验证原子束被光照的长度 a 是足够长的. 实际上束中原子 “看到” 光脉冲的时间限于 a/v_z, 它应当显著超过与自然宽度相对应的相干时间 τ. 对原子速度更快的相反情况, 原子实际上 “看到” 表观光脉冲的相干时间太短, 会产生一个不可忽略的频率增宽. 在 3.2.2 节中我们曾叙述过一些加速离子的类似实验, 速度超过 1000m/s, 因此照射长度 a 必须是可控的.

作为 5.2.2 节的小结, 我们可以说, 在我们所计算的三个实例中, 我们得到了不同的频率分布 $A(\omega)$. 然而, 不管波的精确形状如何, 在所有情况下我们都得到了一个共同观念：波的持续时间 τ 及其傅里叶变换 $A(\omega)$ 的宽度 $\Delta\omega$ 之间有数量级关系：$\Delta\omega\cdot\tau\approx 1$.

这个结果是普遍的, 它与所研究波列的特殊形状没有关系. 一种定性的论证可以帮助我们理解其原因.

傅里叶变换可以从简谐函数 $A(\omega)\exp(-i\omega t)$ 出发, 把波表述为 $E(t) = \mathcal{E}(t)\exp(-i\omega_0 t)$, 其合成振幅 $\mathcal{E}(t)$ 只在一段长度为 θ 的时间间隔里才有显著的值; 反之, 在此间隔之外则是很微弱的. 这意味着, 在这个时间间隔 θ 的中心时刻 t_0, 这些简谐函数的相位关系引起一个相加的干涉效应. 但当时间从 t_0 开始延长, 不同频率的不同简谐函数的相位互相错开, 一段时间以后, 就成了相消干涉, 使振幅 $\mathcal{E}(t)$ 变得很小. 设简谐函数中两个圆频率差为 $\delta\omega$, 在时间 θ 终止时刻相位相差为 $\delta\omega\cdot\theta$; 为了在 θ 时间内干涉是相加的, 这个相位差引起的角度不应太大, 但也不能太小, 所以要求 $\delta\omega\cdot\theta\approx 1\text{rad}$.

上述定性论证是不严格的, 也不是一个真正有普遍意义的演示. 实际上, 相位差的幅度是产生非相干的一个必要条件, 但不是充分的. 这种论证只有在附加了无序或随机概念时才能成立. 这要求不同傅里叶成分的相对相位是完全无规分布的, 或在时间上是随机起伏的, 以致最后不可能再把这些成分的相位重新整齐地收拢起来.

注 1: 例如, 有一种能产生超短脉冲的 "锁模" 激光器, 所产生的脉冲序列的频谱呈现出不连续的傅里叶成分, 其共同基频的高次谐波成分都被放大了. 脉冲间的相位关系是锁定的. 从这样的频谱得到的脉冲非常短, 持续时间 $\theta\approx 1/\Delta\omega$; $\Delta\omega$ 可很大, 就可得超短脉冲. 但这种脉冲要在一段时间间隔后有规则地重复, 形成一系列相继的脉冲串, 它们互相之间是**相干**的.

上述特性在数学上可用关联函数作一般描述, 关联函数是表示无序或随机过程假说的最通用的方法.

注 2: 非常具体的比较可以帮助我们更好地掌握在数学上用傅里叶变换所表述的基本规律的意义. 测量频率 ν(它是一个正弦变化量) 的最简单方法, 就是在一段时间 t 内记录周期数 N, 得到 $\nu=N/t$. 这还是测量频率低于 100MHz 的各种电压的实验室常用方法, 人们在预定时间 t 内, 用电子计数器记录正脉冲的个数. 假如不计分数周期, 测定 N 的不确定度是小于 1 的分数, 但可以接近于 1. 换句话说, 整数 N 并不正好和时间 t 对应, 会产生一个误差 $\delta N<1$. 由此得到频率误差为 $\delta\nu=\delta N/t<1/t$. 这就是说, 频率测量的误差随测量时间 t 成反比而变化. 假如一个正弦的现象被限制在时间 θ 之内, 且只能在最大时间 θ 内对周期计数, 且测量频率的误差为 $\delta\nu\leqslant 1/\theta$.

5.2.3 单模激光器的频率波动 (跳变)

在第 4 章中我们解释了激光发生器工作在调谐于腔长为 L 的轴向模的单一频率 ν 上:

$$L=N\lambda/2=Nc/2\nu \quad\Rightarrow\quad \nu=N(c/2L)\ N\text{为整数}\quad(\text{参见4.4.1节})$$

光频 ν 是腔内来回一次频率 $c/2L$(腔内一次来回时间的倒数) 的整倍数. 事实上只有某些模的频率与原子发射谱线相重合 (图 4.8), 可以用各种技术手段把这些模中的一个加以利用, 而其余则被抑制 (N 确定). 这样就得到单模激光器, 其频率是唯一的、确定的, 精确度远超过被选模宽度 $\Delta\nu_c$. 我们尚未试图去解释这个精确度的理论极限, 因为实践中这个精确度是被另一个更重要的现象所限制, 这就是光学腔的长度稳定性.

事实上不可能完全消除空气或激光器支架的热涨落、机械或声学振动, 它们引起腔镜面很小的微观位移, 从而也造成镜面间隔的长度 L 的涨落. 这种镜子颤抖现象常常用英文名词 "jitter"(译为跳变或抖动) 来称呼. 波的相干性不再决定于像多普勒效应中不同频率波的叠加 (参见 5.2.1 节), 而是决定于在抖动镜面反射时波的相位变化. 我们已经看到相位变化与频率改变的等效性, 所以我们也可以说, 这等效于激光模的单一频率随时间的波动.

假如这个波动很快, 在最短的测量时间里波动次数很多, 这不同单一频率子波组成的序列等效于它们的同时叠加 (参见统计理论上的遍历定理). 用上面所说的频率与长度的关系式, 可推得

$$\delta\nu/\nu = -\delta L/L$$

在平静环境中, 不加特殊努力就可得相对波动为 $\delta\nu/\nu \approx 10^{-7}$, 对光学频率 $\nu \approx 10^{15}\text{Hz}=10^9\text{MHz}$, 这相当于频率变化为 $|\delta\nu| \approx 100\text{MHz}$, 比多普勒宽度要小, 与自然宽度 $\Delta\nu_N$ 的数量级相同, 或比它大.

为了改善精确度, 可使用优良的防震支架和电子伺服来降低声学振动的振幅, 以对付各种不同频率的跳变. (注意, 在此颇为复杂的问题中, 不要把表征长度变化节奏的声学振动频率与决定于长度变化幅度的光学频率的变化 $|\delta\nu|$ 混淆.) 一般要求光频变化限制在 $\delta\nu \approx 1\text{MHz}$, 即 $\delta\nu/\nu \approx 10^{-9}$, 相当于相干时间 $T_c \approx 1/\pi\delta\nu \approx 0.3\mu\text{s}$.

在计量实验室中, 把激光器放置在恒温和防震的地下室里, 并用复杂的伺服装置, 可改善 1000 倍, 使剩余频率变化 $\delta\nu \approx 1\text{kHz}$, 相对值为 $\delta\nu/\nu \approx 10^{-12}$, 相当于相干时间为毫秒数量级 *.

激光光源的频率精确度可以远好于传统灯光不可能逾越的自然宽度限制, 因为激光器不是利用个别原子的自发发射, 而是利用封闭在腔内的波的受激发射, 它是所有原子相干地同时发出的.

5.2.4　长相干时间激光的应用

长的相干时间允许实现许多传统光源所不可能实现的新实验.

a) 观察距离差很大的干涉

用传统光源在距离差达到几十厘米时干涉花纹就模糊了, 而用激光则可达到上百米. 在某些特殊情况下, 距离差甚至可以超过千米.

* 目前的技术水平已远超过这个数字, 达到亚赫兹数量级, 即相干时间可大于 1s.—— 译者

b) 两个独立激光的干涉

在一切传统的干涉实验中, 利用两个同步的干涉源, 它们可以是由同一条缝光源照亮的两条狭缝, 也可以是同一条缝光源的两个像, 一般不可能观察到两个独立光源的干涉. 这种观察却可用两个独立激光器做到, 它们的光束则要以小角度交汇, 唯一条件是观察要进行得足够快.

假定两个激光的相干时间 T_c 相同, 在此时间中, 第一个激光器发出的波 $E_1(r,\ t)$ 与第二个激光器发出的波 $E_2(r,\ t)$ 性质相同. 在空间一个区域, 此两光束重叠, 在相干时间内得到同样性质的合成波 (E_1+E_2), 其振幅随空间位置 r 不同而呈现出极大和极小.

在 T_c 时间内, 把一个检测器放在振幅 (E_1+E_2) 最大处, 就能接收到很多能量 (亮纹), 在振幅 (E_1+E_2) 最小处则接收到很少的能量 (暗纹). 在稍后一个时刻, E_1 和 E_2 波被 E_1' 和 E_2' 波所代替, 它们的相位差不同, 新的合成波的振幅 $(E_1'+E_2')$ 在不同位置显示最大和最小, 即亮暗花纹随着时刻而移位.

在长时间观察中, 在两束激光叠合区内不同点上记录的光电信号是相等的, 观察不到任何干涉花纹. 但是, 若记录时间限制在两束激光的相干时间之内, 就可看到干涉花纹. 1963 年马札尔 (Magyar) 和曼德尔 (Mandel) 做了实验. 他们使用一个像增强管, 它类似于微弱光照条件下拍摄电视所用的器件. 一般情况下像增强管的工作被阻断, 在需要使用时可在相干时间 T_c 量级的很短时间内用高压脉冲把它打开.

c) 观察两台独立激光器光束的拍

这个问题只是把空间平面上的干涉花纹转化到时间平面上. 当我们把波矢量 $\vec{k}_1$ 和 $\vec{k}_2$ 稍微有点区别 (两个矢量的夹角很小) 的波 E_1 和 E_2 叠加起来时, 合成波的振幅 (E_1+E_2) 在空间里是调制的, 干涉花纹的空间周期由波矢量差 $(\vec{k}_1-\vec{k}_2)$ 给出. 同样, 当我们把两个频率 ν_1 和 ν_2 相近的两个波 E_1 和 E_2 叠加时, 合成波的振幅 (E_1+E_2) 以 $(\nu_1-\nu_2)$ 的频率差为函数进行调制. 这就是差拍现象.

观察这两个独立激光之间的差拍成为控制频率稳定度和测量其相干时间的较好的方法. 从拍频率 $(\nu_1-\nu_2)$ 的波动可以使我们得到两个激光频率的波动 $\delta\nu_1$ 和 $\delta\nu_2$, 由此可推得相干时间 $T_c\approx 1/2\pi\delta\nu$. 可观察的拍频率 $(\nu_1-\nu_2)$ 应远大于不确定量 $\delta\nu$, 通常为几兆赫; 在特别好的稳定条件下, 可以观察到几千赫的拍频率.

在这个问题中要区别短期频率波动和较长时间的频率漂移. 实际上前者与相干时间有关, 后者的数量级一般较大.

这个差拍方法还有另一种实际应用：在某些散射现象中测量光照下频率的轻微变化, 这只要把散射光和很小一部分入射光进行差拍就可以了. 由于激光的强度大和方向性好, 使各种散射实验得到了极大发展, 使用传统光源是难以实现的 (拉曼散射、布里渊散射等).

d) 激光波长的稳定和长度标准

用激光器激发原子或分子的一条谱线时, 可以用观察到的荧光信号来控制电子装置, 使之自动调整腔的长度. 其方式是: 每当腔模波长偏离原子谱线中心时, 重新把它拉回来. (激光器的一个腔镜装在一片压电陶瓷上, 它会随加在上面的电压变化而伸缩.) 电子学和自动控制技术的进步可以把激光波长稳定到很高的程度, 其精确度可达到所观察谱线宽度的很小的一个分数 (1/100 或更小).

这样, 氦氖激光器的 632.8nm 的红线可以被碘分子 I_2 的某一条邻近跃迁的谱线所稳定, 这个激光器的 3.39μm 红外线可用甲烷分子 CH_4 的一个跃迁所稳定. 这两个系统已经被许多国家的计量实验室所研究, 使用饱和吸收技术可以消除多普勒增宽, 所得的线宽为兆赫数量级. 不同实验室的比对表明, 这样控制的波长可以在优于 10^{-10} 精度之内得以复现, 预期可得到 10^{-11} 甚至 10^{-12} 的精确度. 注意到 10^{-11} 的频率稳定度必须由相同的腔长的稳定度来保证, 这意味着镜面的偏移要稳定到 0.01nm 左右, 只有原子尺度的十分之一. 实际上镜面只能确定到几十纳米左右, 但是它的平均位置的确定度可以高得多.

以前长度标准 "米" 的定义 (根据氪放电灯的橙黄线波长) 的复现性约为 10^{-8}. 显然它早就过时了, 实际上在改变 "米" 定义以前好多年里, 实验室是用碘或甲烷稳定的氦氖激光器确定长度标准的.

e) 光频测量和米定义

在进行原理论证中, 当我们希望表征电磁波的特性时, 我们会不加区别地使用频率 ν 或波长 λ, 因为两者之间有公式 $\lambda=c/\nu$ 相联系. 但在实验室的实践中却不是这样:

—— 牵涉到光波 (可见、紫外或红外) 时, 测量波长 λ, 即把 λ 与标准波长相比;

—— 牵涉到无线电或雷达波时, 则测量频率 ν, 把它与铯的超精细结构跃迁的频率标准相比, 该标准目前是频率或时间的基准.

在低频段, 测量频率十分简单, 只要在一段已知时间内对接收到的波的正弦信号的正半周期进行计数就行了. 但这种计数技术仅限于吉赫兹 (1GHz=10^9Hz) 以下的频率. 更高的频率则需求助于外差技术, 即让一个未知频率与一个已知的相近频率进行差拍 (当然差拍频率要低于 GHz). 已知的邻近频率本身则应当由标准频率通过非线性系统的倍频 (谐波) 与混频 (频率加减) 技术而产生.

当频率提得更高时, 这些技术都变得更为困难了. 但在 1970~1980 年, 一些计量实验室做了极大努力, 逐渐克服了频率扩展到越来越高时遇到的困难. 现在已经可以把红外甚至可见光波段激光的某些稳定频率与铯频率标准进行比较

了 *.

假如把同一激光的频率 ν 用铯频率标准来测量, 其波长 λ 用长度标准来测量, 则由此可导出光速 $c=\lambda\nu$. 1972~1973 年, 这类实验使光速测量的精确度突然提高了 100 倍, 达到 1m/s 左右, 得到了现在大家知道的值: c=299 792 458m/s. c 的测量不确定度与当时定义长度标准 (氪灯) 的不确定度相当. 但 1983 年国际计量局又采用了一个新的长度标准的定义 **.

新的长度标准的定义就是简单地把 c 的值确定下来, 即约定上述光速值小数点以后的数值都为零: $c = 299\ 792\ 458.000\ 000\cdots \mathrm{m/s}$.

5.2 节小结

我们看到, 把分布在一个频率区间 $\Delta\omega$ 中不同频率的波混合导致相干时间的缩短, $T_c \approx 1/\Delta\omega$.

反之, 若一列波的持续时间 τ 被限制, 我们也可算得其频率扩展为 $\Delta\omega \approx 1/\tau$. 用关联函数表述可以普遍地处理更复杂的情况, 并且表明, 在一切情况下, 相干时间 T_c 和频率增宽 $\Delta\omega$ 之间都可得到类似的关系式.

谐振腔内感生发射的相干时间可以远超过传统灯光自发发射的相干时间, 这就给了激光辐射以上述各种特殊应用的可能性.

5.3 空间相干性

至此我们只考虑了波的时间函数. 但我们可以把研究过的一切性质都很容易地转化为空间函数. 现在我们要反过来选好一个确定的时刻, 观察该时刻波的空间分布. 我们还把问题化为只有一维的, 选定 y 和 z 坐标是确定的, 波单纯地只是沿着平行于 Ox 轴的直线传播. 在这种情况下, 我们可以把波写成下面形式:

$$E(x) = \mathcal{E}(x)\exp[ik_{0x}x - i\varphi(x)]$$

k_{0x} 是波矢量 $\vec{k}_0$ 在平行于传播方向的 Ox 轴上的分量, 模 $\left|\vec{k}_0\right| = k_0 = \omega_0/c$.

设波是无限的平面波, 振幅 $\mathcal{E}(x)$ 是常数, 波函数 $E(x)$ 是一个以 k_0 波动的 x 坐标的简谐函数. 但真实的情况比较复杂, 或振幅是与 x 坐标实际相关的, 或波矢量 $\vec{k}_0$ 不是唯一的.

---

* 在世纪转折的几年里, 光频测量有了革命性的飞速进展, 利用飞秒脉冲激光形成的宽频带光梳, 可以把光频和微波频率直接联系起来, 大大方便了光频测量, 原则上其测量精确度已可达到 10^{-19} 数量级. 这个成就使 J. Hall 和 T. Hänsch 获得了 2005 年诺贝尔物理学奖, 关于光频标的简单情况参见: 王义遒.2007. 原子的激光冷却与陷俘. 北京: 北京大学出版社: 374-383.—— 译者

**1983 年 10 月第 17 届国际计量大会通过的米定义表述如下: “米是 1/299 792 458 秒的时间间隔内光在真空中行程的长度”.—— 译者

5.3.1　不同方向波的叠加

和 5.2.1 节类似, 我们从研究波矢量与 Oz 轴成一个小角度 $\delta\alpha_i$(在 xOz 平面上) 的一些子波 $E_i(x)$ 的混合开始, 它们的波矢量在 Ox 轴上的分量围绕着零点作很小的变化:

$$k_{ix} = \delta k_{ix} = k_0\delta\alpha_i$$

每个子波在 x 位置上的相移为

$$\delta\varphi = x \cdot \delta k_{ix} = x \cdot k_0\delta\alpha_i$$

我们称 Δk_x 为 δk_{ix} 值分布范围的平均宽度. 对于满足 $x\Delta k_x \leqslant 1\text{rad}$ 的 x 值, 所有这些子波都是近似同相位的, 而当 x 值增大时, 相位逐渐错开.

我们可以在 x 维度上定义相干宽度 a_c, 使

$$a_c\Delta k_x \approx 1\text{rad} \quad 或 \quad a_c \approx 1/\Delta k_x \tag{5.12}$$

距离 a_c 表征波平面上的有效宽度, 在这个范围内子波之间是同相位的, 它们之间的干涉是相加的, 产生很大振幅的合成波.

5.3.2　有限波束的角宽度

相反, 现在我们假定在一段有限的距离 $x_2 - x_1 = \pm a$ 之内波的振幅 $\mathcal{E}(x)$ 不等于零. 我们在 $x_1 = -a$ 和 $x_1=+a$ 处各放一个屏把光遮住就可达到. 这样我们又得到了一个类似 5.2.2 节的问题, 振幅 $\mathcal{E}(x)$ 是按矩形变化的:

$$\mathcal{E}(x) = \mathcal{E}_0 \exp(ik_{0x}x) \text{ 当 } |x| \leqslant a \quad 和 \quad \mathcal{E}(x) = 0 \text{ 当 } |x| > a \tag{5.13}$$

不管变量是时间还是坐标, 只要把 i 换成 $-i$, 和把频率的平均值 ω_0 换成平均值 k_{0x}, 傅里叶计算完全相同. 我们从 $\mathcal{E}(x)$ 计算它的傅里叶变换 $A(k_x)$:

$$\begin{aligned} A(k_x) &= \frac{1}{2\pi}\int_{-\infty}^{+\infty} E(x)\exp(-ik_xx)\mathrm{d}x = \frac{\mathcal{E}_0}{2\pi}\int_{-a}^{+a}\exp[i(k_{0x}-k_x)x]\mathrm{d}x \\ &= \frac{\mathcal{E}_0}{2\pi}\frac{\exp[i(k_{0x}-k_x)a] - \exp[-i(k_{0x}-k_x)a]}{i(k_{0x}-k_x)} = \frac{\mathcal{E}_0}{\pi}\frac{\sin(\delta k_xa)}{\delta k_x} \end{aligned}$$

其中，$\delta k_x = k_x - k_{0x}$，这后一式是用实数表示的.

由此得到每个傅里叶成分的光强为

$$|A(k_x)|^2 = \frac{\mathcal{E}_0^2}{\pi^2}\frac{\sin^2(\delta k_xa)}{(\delta k_x)^2} = \frac{\mathcal{E}_0^2a^2}{\pi^2}\left[\frac{\sin(\delta k_xa)}{\delta k_xa}\right]^2 \tag{5.14}$$

在这个新的问题中图 5.3 的曲线仍可使用, 只要把图 5.3(a) 中的横轴 t 换成距离 x, 把图 5.3(b) 中的横轴 $\delta\omega$ 换成波矢量的偏移 δk_x 就可以了. 我们把它复制在图 5.5 上.

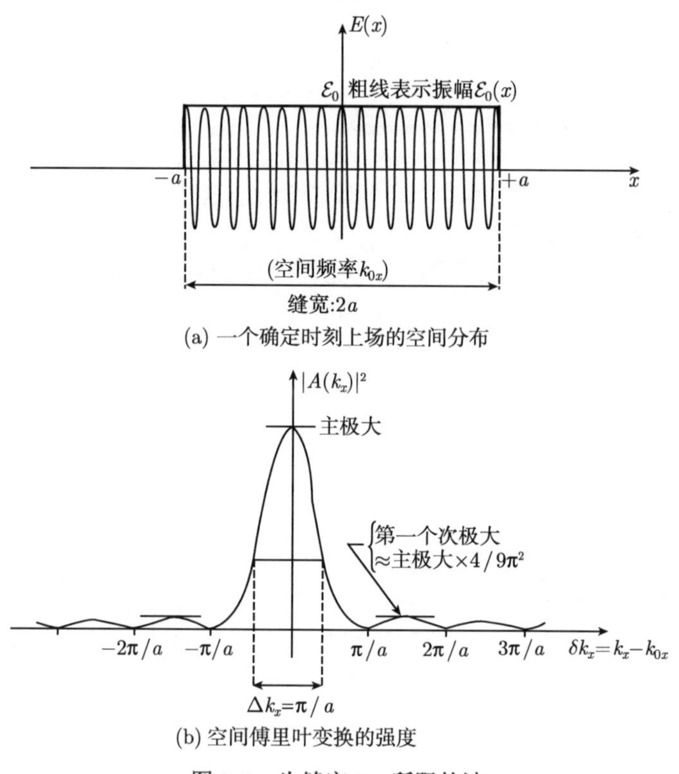

图 5.5　为缝宽 $2a$ 所限的波

波矢量的分布基本上集中在中央峰. 假如定义 $x\delta k_x = \pm\pi/2$ 两个点之间的偏移为宽度, 我们又得到表征中央峰的宽度为

$$\boxed{\Delta k_x = \frac{\pi}{a}} \tag{5.15}$$

把波平面局限在一个量级为 a 的宽度上, 我们就把波矢量的分量增大到与宽度 a 成反比的区域内.

现在我们把这个结果运用到平均波矢量 $\vec{k}_0$ 平行于 Oz 轴的情况, 因而有平均值 k_{0x}=0. 令 $\delta\alpha$ 为矢量 $\vec{k}_0$ 与 Oz 轴组成的小角度 (在 xOz 平面上), 我们可以写出

$$k_x = k_0\delta\alpha = \delta k_x$$

角偏移的幅度分布在一个宽度为 $\Delta\alpha$ 的区间里

$$\boxed{\Delta\alpha \approx \frac{\Delta k_x}{k_0} = \frac{1}{k_0}\frac{\pi}{a} = \frac{\lambda_0}{2a}} \tag{5.16}$$

我们刚刚解决的问题与在传统光学课程中处理的波在屏边缘的衍射相似, 我们又得到了一个数量级相同的结果: 衍射花纹的角偏移由光波长 λ 与光阑的直径 D 的比值 λ/D 给出. 观察衍射花纹是实验者应用光波空间傅里叶变换的另一种方式.

用同样方式可以把高斯光脉冲 (参见 5.2.2b 节) 情况推广到光束的强度分布是从 Oz 轴中心按距离 r 作高斯函数的情况:

$$\mathcal{E}(x) = \mathcal{E}_0 \exp(-x^2/w^2) \quad \Rightarrow \quad |A(k_x)|^2 = (\mathcal{E}_0^2 w^2/4\pi)\exp[-(\delta k_x)^2 w^2/2]$$

只要在 5.2.3b 节的 (5.6) 和 (5.7) 式中把 $\delta\omega$ 换成 δk_x, β 换成 $1/\omega$ 就可以得到上式了. 但是, 在 5.3.6 节中我们还要把这个问题进行更加全面的处理.

5.3.3　相干宽度的实际限制

两个相干波的干涉图像是由两者之间相位移动的空间变化形成的, 这意味着它们的相位关系是十分确定的. 因此, 这些图像只能出现在相干时间 (在时间上) 和相干宽度 (在空间上) 的限度之内. 在实践中为了保证两个光波的时间相干性, 它们一般由同一个光源的两个像产生.

为了保证空间相干性, 必须使用准点光源. 实际上, 即使两个相干光源是由单一光源的两个同步的像组成, 一个扩展光源的不同点上发出的光波到达观察平面上所经过的距离也是稍有不同的, 因此在传播过程中就会有不同的相位移动. 当光源范围很大时, 它们就不是相干的了.

用一个扩展光源做实验一般不能观察到干涉, 因为这使相干宽度下降得太多 (除非是观察 “局域图像” 的例外情况). 然而, 在使用平行于图 5.1 上 Oy 方向 (预期干涉花纹方向) 的窄狭缝光源时, 花纹的亮度可以增加, 因为狭缝上每一点产生的亮暗花纹系统是一致的. 即使在狭缝的 Oy 方向 (图 5.1) 上相干高度很小 (从狭缝上部或中部发出的, 到达同一观察点 P 的光波之间的相位差很大), 这种一致性也允许观察到干涉花纹.

但是在加宽狭缝时, 干涉花纹就会模糊并消失, 因为这导致从狭缝边上或中央发出的光的波矢量分量之间的离散 Δk_x, 从而缩小了沿 Ox 轴 (图 5.1, 垂直于狭缝方向) 的相干宽度: $a_c \approx \pi/\Delta k_x$. 5.4.3 节将给出一个描述杨氏花纹实验的例子.

单模激光光源的情况则相反, 它产生一种与腔内特殊模式相匹配的单一光波. 虽然原子分布在装置的整个体积中, 但通过感生发射放大的都是这个特殊模式的波. 这样, 一个体积较大的光源也可产生体积内各点上空间相干性很好的光波. 从这个意义上可以说, 腔体积内的空间相干性是完全的.

真正的理想平面波是无限的. 但是要注意, 光波不可能充满整个空间, 在光波不能达到的暗区域不可能有相干性. 整个空间中的相干性是不完全的, 现实波不可能用波矢量完全确定的、无穷大的平面波来模拟. 在激光腔内波动方程的这个特解不可能超越上节所研究的傅里叶变换 (或衍射) 的基本规律. 它的相干宽度受到产生波的圆柱体体积的直径 $2a$ 所限制, 傅里叶变换要求它的波矢量的横向分量 k_x 分布在一个区间 $\Delta k_x \approx \pi/a$ 之内.

为了帮助理解这一点, 我们将在 5.3.6 节叙述腔内麦克斯韦方程组最简单的精确解: 正宗的高斯光束.

注: 关于整个腔体积内和高斯光束 (麦克斯韦方程的解) 内波是相干的这个想法让我们在这里要作一个类似于 5.2.2 节关于时间相干性那样的附注. 存在于光腔内或高斯光束宽度内各点之间可由波动方程组算得的、完全可以重复的、很大的相位差, 并不是非相干的标志. 非相干性是由随机规律主导的相位差的偶然的、无规则变化所导致的.

5.3.4 激光空间相干性的应用

与传统光源的通常数值相比, 上节所述的激光的相干宽度是很大的, 这给了激光辐射以非常特殊的性质.

a) *激光束的方向性*

激光束的角宽度由 (5.16) 式给出

$$\boxed{\alpha = \frac{\Delta k_x}{k_z} \approx \frac{\Delta k_x}{k_0} = \Delta k_x \frac{\lambda_0}{2\pi} \approx \frac{\lambda_0}{2a}}$$

若 λ_0=0.5 μm, 直径 $2a$=1mm, 得 $\alpha \approx$1mrad.

还可以通过扩大光束直径来改善方向性. 方法是让光束通过一个由两面透镜组成的无焦光学系统 (第一面短焦距 f 透镜的像焦点与第二面长焦距 F 透镜的物焦点吻合). 这时, 角宽度 $\delta\alpha$ 就要除以 F/f. 实践中, 把望远镜以与常规相反的方式使用: 让光束从目镜进入, 显著扩大后从望远镜的物镜输出, 发散度可以缩小到微弧度水平. 这种很好的方向性可用来观察远方目标 (飞机、云雾、卫星、月球等) 的光回波, 用于遥测.

用传统光源要得到同样量级的方向性必须在很长焦距透镜的焦点上放置一个极小的小孔光源, 因此人们只能接收到其发光强度极微弱的一小部分. 尽管激光光源较大, 但显示的全部光能量似乎是从一个放在透镜焦点上的准点光源发出来的.

若激光发出的是很短的脉冲, 把望远镜瞄准到距离为 D 的远方目标, 则它可以接收到后向散射回来的一部分光波. 测量激光脉冲起点和收到散射回来波列 (回波) 之间的时差 $\delta t = 2D/c$, 就能以很高精度测得远方目标的距离 D. 这种技术称为激光雷达 (英文名 LIDAR, 比照雷达 RADAR 来自 Radio Detection And Ranging 词头的字母, 用 Light 代替 Radio).

b) 准点状聚焦的可能性

按上面的说法反过来可直接推得: 把激光束透过一个焦距为 f 的透镜, 在像焦点上就形成很亮的、线度为 $f\alpha$ 的极小光斑. 若 f=1cm, 则全部激光功率都可集中在一个直径为微米量级的光斑上.

把整个激光功率集中在这样一个很小的表面, 可得到极高的能量密度 u, 可在金属薄板上打孔 (应用于微成型车间或激光外科手术刀). 把激光束以与常规相反的方向送进显微镜, 就可在显微制备中一个个地破坏各类细胞.

c) 极大光功率

激光束能得到极大的光功率也是其方向性好的一个结果: 从一根很长的放电管 (气体激光器情况) 发出来的、一般是分散在空间各个方向上的所有能量, 现在都集中到了一个很小截面、很窄的立体角的光束中 (除很小一部分后向自发发射的能量以外). 一个连续工作的气体激光器通常可得约 1W 量级的光功率. 这也是一只强白炽灯或一个电弧发出来的功率的数量级, 但该功率在空间上是分散在很大的立体角中的, 而且, 它们还分布在整个可见光谱区. 而激光频率则是以很高的精度确定的, 因此微分能量密度 ρ_ν=du/dν 极高. 工业用激光器可得到 100~1000W 的功率.

用脉冲激光器可得到更高的瞬时功率: 在布居反转中所积聚的能量在极短的时间里瞬间发射出来, 在脉冲时间里可得到超过兆瓦的瞬时光功率, 在特殊设备中还可见到吉瓦的情况. 这种脉冲激光用脉冲时间 δt 内发出的总能量来表征, $\delta W = P\delta t$, 一般实验室为毫焦耳, 工业设备则为 1J, 例外的甚至有 1kJ.

d) 非线性光学

近年来非线性光学逐渐发展起来, 它是高能量密度激光束的产物. 波的电磁场理论允许只用一个电场 E 就可计算光波的能量密度 $u(t)$, 而无需用平面波的磁场 $B = E\sqrt{\varepsilon_0\mu_0} = E/c$:

$$u(t) = (\varepsilon_0/2)E(t)^2 + (1/2\mu_0)B(t)^2 = \varepsilon_0 E(t)^2 \quad \Rightarrow \quad E(t) = \sqrt{u(t)/\varepsilon_0}$$

在强能量密度下, 电场 $E(t)$ 会达到很大的值.

电介质中波的传播取决于波电场带给介质的电极化度 $P=\chi E$. 从电极化率 χ 出发可算得介电常量 $\varepsilon_r = 1+\chi/\varepsilon_0$ 和折射率 $n=\sqrt{\varepsilon_r}$. 但是当电场很强时, 只在一级近似下成立的线性规律 $P(t)=\chi E(t)$ 不再有效, 将产生像磁化现象中那样的饱和效应, P 和 E 的关系不再是线性的了. 甚至连介电常量和折射率这样的概念也不再有意义, 需要在新的基础上构建光学规律.

这种非线性光学的一个最有意思的结果是倍频：把 $P=f(E)$ 作有限展开, 写到二级近似：

$$\begin{aligned}P &= \chi_1 E + \chi_2 E^2 + \cdots = \chi_1 \mathcal{E}_0 \cos\omega t + \chi_2 \mathcal{E}_0^2 \cos^2\omega t + \cdots \\ &= \chi_1 \mathcal{E}_0 \cos\omega t + \chi_2 \mathcal{E}_0^2 (1+\cos 2\omega t)/2 + \cdots\end{aligned}$$

电极化度随时间变化的函数出来一个 $\cos^2\omega t$ 项, 它转化为 $(1+\cos2\omega t)/2$. 介质极化度以这个倍频频率 2ω 调制引起了一个以该倍频频率振荡的波. 一个电介质用大功率红色激光照射, 就可在其内部有效地观察到倍频频率的紫外辐射产生.

5.3.5　一个利用空间和时间两种相干性的实验

我们多次讲到过光学共振线的多普勒增宽. 与叫做均匀增宽 (所有原子都相同) 的自然线宽相反, 人们通常把多普勒增宽叫做非均匀增宽, 因为它与不同原子的不同特性 (在多普勒增宽中是速度) 相关. 我们提到过多种克服这种增宽的方法, 特别是 5.2.2 节的原子束方法. 这里我们讲述另一种方法.

在极低温度下的固体中, 热振动能量也可能很低, 由多普勒效应引起的频率移动可以忽略 (零声子谱线). 可惜稀释在固体中的分子与其周围近邻有很强的相互作用, 它随分子在形成溶剂的晶体或玻璃中的位置而不同, 从而使不同分子的能级和中心频率 ω_0 也有差别. 这是非均匀增宽的另一种机制.

不过近年来物理学家得以克服固体中因环境涨落而引起的非均匀增宽. 为此要用极稀释的样品进行工作, 稀释到约 10μm 大小的范围内找到几个被研究分子的概率几乎等于零. 把来自激光器的入射光束用显微镜物镜聚焦到一个约几微米的光斑上, 使之只照到一个被研究的分子. 激光束的空间相干性允许得到同样小的聚焦光斑, 以实现单分子的光学共振实验, 这样就避免了固体样品的非均匀增宽.

用这种显微物镜还接收到了来自焦点的激发态分子的自发发射光子. (分子从激发态能级串级下落到其他能级, 其荧光与激光波长不同, 很容易识别.) 图 5.6 显示波尔多大学一个研究组的实验结果, 所用的是萘晶体中的 “dibenzanthanthrene (DBATT)” 分子. 每条随频率变化的曲线是在一个恒定的激发光束强度下取得的, 曲线之间光强差约 3 倍. 实验采用的是用稳定性很好的激光器, 其时间相干性可使激光频率稳定在精确度为 1MHz 之内.

最里面的两条曲线是用弱光做的, 具有洛伦兹线形 (图 5.4b), 其宽度是由寿命决定的自然线宽. 光强较大时产生了增宽, 可用量子力学计算, 它可近似地用原子激发态寿命因感生发射而缩短 (超过了饱和) 来解释.

我们刚刚叙述的实验是作为激光的一种应用来说的, 某种程度上能 "看到" 单个分子, 并可用来作为测量的对象. 但这类实验不止这一个, 在最后一章 (10.4.3 节) 中, 我们还将叙述一些实验, 可以在电磁阱中分离出, 并 "看到" 单个离子.

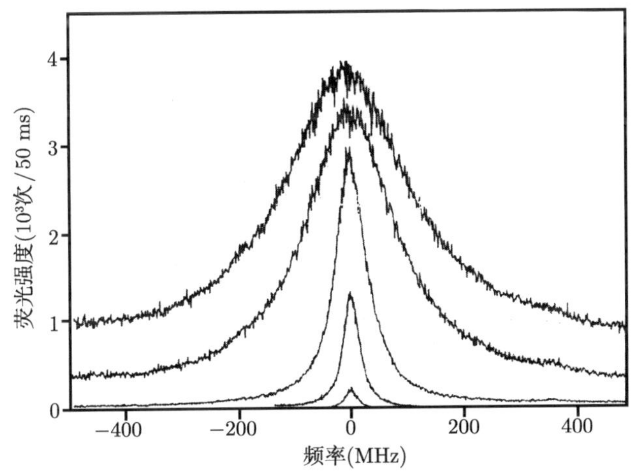

图 5.6　单分子光学共振实验

横坐标: 激发光束频率的变化; 纵坐标: 单分子发射的荧光强度 (光电子计数)

5.3.6　高斯光束

要精确描述一个光束, 必须要求麦克斯韦方程组的有限空间解, 这比求平面波的解更现实. 高斯函数就是这个方程组的数学精确解, 是一个很好的实例. 这里我们不作论证, 只给出这个高斯解最简单的计算结果. 在法布里–珀罗腔和输出激光束中, 常能有效地实现这个解.

激光腔中产生的光束是由与传播方向 Oz 轴的距离 r 为变量的高斯分布函数来表征的. 设有一束沿传播轴 Oz 的光束 (图 5.7), 在 $z=0$ 处, 波阵面是一个平面, 其振幅 $\mathcal{E}(x,y,z{=}0)$ 由高斯定律给出

$$\mathcal{E}(x,y,0)=A\exp\left(-\frac{x^2+y^2}{w_0^2}\right)=A\exp\left(-\frac{r^2}{w_0^2}\right)\quad(\text{在}z=0\text{处})\tag{5.17}$$

(由图上中央竖直的随 r 轴变化的函数表示.) 高斯半径 w_0 决定了光照表面的面积. 菲涅耳–基尔霍夫理论允许从 xOy 平面上所有各点的 $\mathcal{E}(x,y,0)$ 表达式出发得到空间各点电场的复数振幅 $\mathcal{E}(x,y,z)$, $E(x,y,z)=\mathcal{E}(x,y,z)\exp(-i\omega t)$.

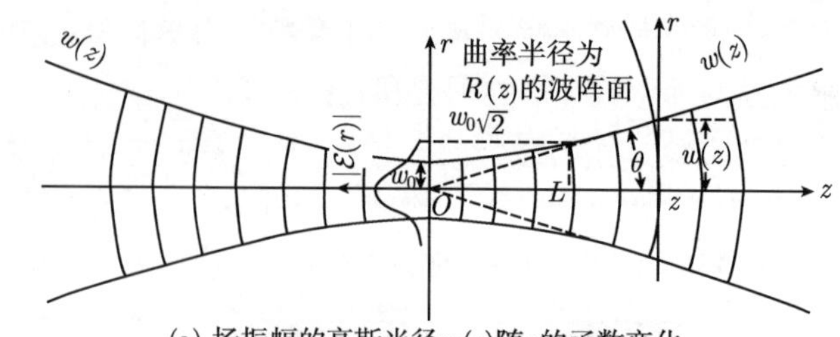

(a) 场振幅的高斯半径$w(z)$随z的函数变化,
表示曲率半径为$R(z)$的波阵面,
(在$z=0$平面上把表示场强的模随r变化的曲线也叠放起来)

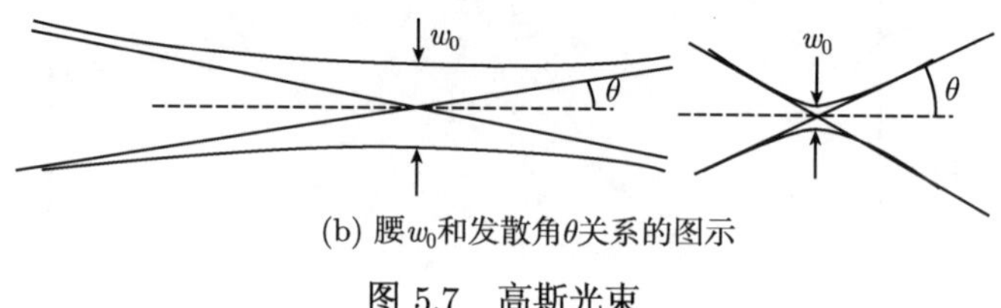

(b) 腰w_0和发散角θ关系的图示

图 5.7　高斯光束

这个计算的结果归纳在下面的公式中, 其中采用了波矢量的模 $k=\omega/c$. 乍一看, 这个公式似乎比较复杂, 但是很容易解释这个复数振幅的两个模和两个相位的物理意义:

$$\mathcal{E}(x,y,z)=A\frac{w_0}{w(z)}\exp\left[-\frac{x^2+y^2}{w(z)^2}\right]\cdot\exp\left[ik\frac{x^2+y^2}{2R(z)}\right]\exp[ikz-i\psi(z)] \tag{5.18}$$

(两个模项)　　　　　　(两个相位项)

a) **振幅的模** $|\mathcal{E}|$

对任意 z 值, 总有一个由参量 $w(z)$ 表征的高斯分布, $w(z)$ 总大于 w_0:

$$w(z)=w_0\sqrt{1+\left(\frac{\lambda z}{\pi w_0^2}\right)^2}=w_0\sqrt{1+\left(\frac{z}{L}\right)^2}\quad 其中\quad L=\frac{\pi w_0^2}{\lambda}\quad (瑞利长度) \tag{5.19}$$

瑞利长度表征了高斯光束的一切几何性质. 在图 5.7 中画出了 r, z 平面上的 $w(z)$ 曲线, 以及相对于 Oz 轴是对称的、表示光束宽度随 z 变化的函数关系的曲线. 当 z 等于瑞利长度 L 时, 有 $w(L)=w_0\sqrt{2}$.

(5.18) 式中关于模的第一项与 $w(z)$ 成反比, 保证了能量守恒. 确实, 当高斯半径增大, 照亮的面积以 $w(z)^2$ 增加, 中央的光强 (电场的平方) 也与 $w(z)^2$ 成反比地降低.

b) **与 x 和 y 有关的第一个相位项**

该项描述 $z=$ 常数的波平面上不在 Oz 轴上各点的相位变化. 可以看出, 在这

个平面上相位的变化与半径为由下式表示的 $R(z)$ 的球面波的相位变化等效:

$$R(z)=z\left[1+\left(\frac{L}{z}\right)^2\right]\quad \text{其中 } L \text{ 为瑞利长度} \tag{5.20}$$

图 5.7 中细线表示半径为 $R(z)$ 的波阵面. 在 z=0 处附近, 此半径为无穷 (平面波), 当 z 增大, 它减小; 在 $z-L$ 处, 它有极小值为 $2L$; 然后又逐渐增大, 当 $z \gg L$ 时, 它接近于 z, 即转变成为以原点 O 为中心的球面波.

c) **第二个相位项**

该项只与 z 有关, 基本上表示由传播引起的相位的经典变化 $\exp(ikz)$. 修正项 $\psi(z)$ 是比较小的:

$$\psi(z)=\arctan(z/L)\quad \text{从}-\pi/2(z\approx-\infty)\text{到}+\pi/2(z\approx+\infty)\text{变化}$$

它表示光学中一个会聚波通过透镜焦点变成发散波时经典的相位变化 π.

总而言之, 高斯光束是麦克斯韦方程组的精确解, 其几何性质完全决定于波长 λ 和最小截面处的半径 w_0, 英语称它为 "waist(腰)". 我们称长度为 $2L$ 的中央区为**瑞利区**, 该区的高斯半径 $w(z)$ 接近于 w_0(在 w_0 与 $w_0\sqrt{2}$ 之间). 在该区以外, 高斯光束近似地表现为会聚球面波 (z <0), 在 z >0 处则变为发散球面波. 但这个球面波基本上局限在一个锥体之内, 其半顶锥角为

$$\theta=w(z)/z\approx w_0/L=\lambda/\pi w_0\quad (\text{当 } |z|\gg L) \tag{5.21}$$

d) **高斯光束的方向性**

高斯光束的方向性决定于此 θ 角. 其计算与直径为 $2w_0$ 的光阑的衍射角计算非常接近. 由此还可推得波矢量的横向分量 k_x 的不确定性:

$$\Delta k_x\approx\theta k_z\approx\theta\cdot 2\pi/\lambda=2/w_0$$

我们再一次得到了上面建立并使用过的波矢量增宽 Δk_x 与 Ox 方向的相干宽度 (w_0) 之间的数量级关系.

高斯光束的方向性与其最小截面的直径 (腰) 成反比, 如图 5.7b 所示. 在通常条件下, 波长 λ=0.5μm, 腰 w_0=1mm, 得发散角为 2θ= 10^{-3}=1mrad.

假如把腰放大到望远镜物镜的尺寸 (约为 1m), 在空间实验中可得微弧度量级的方向性. 根据与几何光学稍有不同的规律, 可用一面透镜把一个高斯光束变成为另一个高斯光束. 关于高斯光束的光学, 建议读者阅读专门著作 (如前面引过的 Cagnac 和 Faroux 所著的《光学》).

5.3.7 补充: 高斯光束中的不确定性原理

有时候我们用能量的平均平方半径来表征高斯分布:

$$\overline{r^2} = \frac{\int r^2 \left|\mathcal{E}(r)\right|^2 \cdot 2\pi r \mathrm{d}r}{\int \left|\mathcal{E}(r)\right|^2 \cdot 2\pi r \mathrm{d}r} = \frac{\int r^2 \exp(-2r^2/w^2) \cdot 2\pi r \mathrm{d}r}{\int \exp(-2r^2/w^2) \cdot 2\pi r \mathrm{d}r}$$

$$= \frac{(\pi w^4/4) \int_0^\infty u \exp(-u) \mathrm{d}u}{(\pi w^2/2) \int_0^\infty \exp(-u) \mathrm{d}u} = \frac{w^2}{2}$$

由此可求得横向坐标的平均平方值:

$$\overline{x^2} = \overline{y^2} = \frac{\overline{x^2+y^2}}{2} = \frac{\overline{r^2}}{2} = \frac{w^2}{4} \quad \Rightarrow \quad \sqrt{\overline{x^2}} = \sqrt{\overline{y^2}} = \frac{w}{2} \quad \text{对任意}z\text{的}w(z)$$

令 xOz 平面上 Oz 轴与波的法线组成的夹角为 α, 在大距离 $|z| \gg L$ 下, 在以 O 点为中心的近似球面波中, α 角的平均平方值为

$$\overline{\alpha^2} \approx \frac{\overline{x^2}}{z^2} = \frac{\overline{w(z)^2}}{4z^2} \approx \frac{w_0^2}{4L^2} = \left(\frac{\theta}{2}\right)^2 \quad \text{对} |z| \gg L$$

由此可计算波矢量横向分量的平均平方值, 考虑到前面 L 的表示式 (5.19), 有

$$k_x = \alpha k \quad \Rightarrow \quad \overline{k_x^2} = \overline{\alpha^2} k^2 = \frac{w_0^2}{4L^2} \frac{4\pi^2}{\lambda^2} = \frac{1}{w_0^2}$$

光子的横向动量 p_x 的平均值为零, 这个量的平均平方不确定度 Δp_x 等于其平均平方根值:

$$p_x = \hbar k_x \quad \Rightarrow \quad \Delta p_x = \sqrt{\overline{p_x^2}} = \hbar^2 \sqrt{\overline{k_x^2}} = \frac{\hbar}{w_0}$$

在腰 (z=0) 平面上光子的横向定位是最准确的. 在这个平面上, 光子通过点的不确定度等于其 x 位置的平均平方根值:

$$\Delta x = \sqrt{\overline{x^2}} = \frac{w_0}{2} \quad \Rightarrow \quad \boxed{\Delta x \cdot \Delta p_x = \frac{\hbar}{2}}$$

这就是光子的海森伯不确定性原理.

5.4 波与光子

5.4.1 如何描述一束电磁波中的光子?

在前面所研究的一切现象中, 我们都把波描绘成为以频率 ν 在空间传播的交变电磁场 $E(x,y,z,t)$; 而用一个数量为 $h\nu$ 的值来描述波与原子相互作用中产生的能量交换. 当波被封闭在一个腔中时, 我们用能量单位 $h\nu$ 计算了贮存在腔中的电

磁能量 W, 这就是说, 我们引进了一个贮存在腔中的光子 $h\nu$ 的数目 N_c, 并有 $W=h\nu\cdot N_c$.

我们可以把这种方法推广到测量截面为 S 的光束所输运的光功率上去. 可以利用单位面积中的平均光子流 $\mathcal{D}$:

$$P = Scu = S\mathcal{D}h\nu \ \Rightarrow\ \mathcal{D} = (\lambda/h)u \quad [\text{参见}(3.1)\text{式}]$$

在电磁理论中, 我们把平均能量密度 u 作为波的电场 E 和磁场 B 的函数来进行计算; 但如考虑到这两个场之间的关系, 也可以只用一个电场来进行计算, 由此得到瞬间光子流 $\mathcal{D}$:

$$B=E\sqrt{\varepsilon_0\mu_0}=\frac{E}{c} \quad \Rightarrow \quad u(t)=\frac{\varepsilon_0}{2}E(t)^2+\frac{1}{2\mu_0}B(t)^2=\varepsilon_0 E(t)^2 \quad \Rightarrow \quad \mathcal{D}(t)=\frac{\lambda}{h}\varepsilon_0 E(t)^2$$

甚至还可得到以电场振幅 $\mathcal{E}_0$ 的时间平均值来表示的平均光子流 $\mathcal{D}$:

$$\overline{E(t)^2} = \mathcal{E}_0^2/2 \quad \Rightarrow \quad \mathcal{D} = (\lambda/h)\varepsilon_0\mathcal{E}_0^2/2$$

在计算了两种特殊情况光子数的数量级之后, 就很容易掌握这些公式的实际意义.

a) 接收无线电波

用一台晶体管收音机在一般条件下就可以接收无线广播的波. 设有一台各向同性发射机把功率 P=1kW, 频率 ν=1MHz(λ=300m) 的波发射到距离 r=100km 处. 设这些功率是均匀地分布在以 r 为半径的球面上, 可算得单位面积上的接收功率为

$$P/S = P/4\pi r^2 \approx 10^{-8}\mathrm{W/m^2}$$

由此可得单位面积上的光子流为

$$\mathcal{D} = P/Sh\nu \approx 10^{19}\mathrm{s/m^2}$$

用一块面积 S=1cm^2 的铁氧体环形天线来接收电波, 在波的**一个周期**T=10^{-6}s 内, 可接收到的光子数为 $N = \mathcal{D}TS \approx 10^9$.

只要有周期的 1/1000 的时间, 我们至少还能接收到百万个光子. 因此, 我们能够鉴别在每 1/1000 周期接收到的光子数. 这就是说, 我们能够使用光子流的瞬时值 $\mathcal{D}(t)$, 也能给电场的瞬间值 $E(t)$ 以实际意义. 在同样的实验条件下, 我们能够在阴极射线示波器上有效检测到天线接收的电压 $V = V_0\cos\omega t$, 也可在示波器屏幕上看到正弦曲线, 它代表每一时刻的瞬间电场 $E(t)$ 值.

b) 观察微弱光源

在黑夜里我们从距离 r=100m 处观察到一支蜡烛发光. 可以计算蜡烛发出的光功率. 我们仅限于眼睛最敏感的频率 (λ=600nm 附近 $\delta\lambda \approx$ 20nm 的区域), 可得数量级为 P=1mW. 在我们所在的距离 r 处, 得到单位面积的功率为

$$P/S = P/4\pi r^2 \approx 10^{-8}\mathrm{W/m^2}$$

这与上面的例子有相同的值, 但光子的能量则比上例大 10^9 倍, 而算得的光子流则很小:

$$\mathcal{D} = P/Sh\nu \approx 3\times 10^{10}\mathrm{s/m^2}$$

把瞳孔的面积放大到 S=1/3 cm^2, 可算得光波一个周期 T=2×10^{-15}s 内眼睛接收到的光子数为

$$N = \mathcal{D}TS \approx 2\times 10^{-9}$$

我们刚算得的这个数 N 这次没有任何意义, 这意味着我们必须等五亿个周期才能接收到一个光子 (我们刚算得的光通量太小, 但还超过眼睛的灵敏度极限一万倍, 一般认为, 一只在黑暗中训练有素的眼睛灵敏到可以接收每秒 100 个光子的光子流). 现在只有计算比光周期长得多的时间里的平均光子流 $\mathcal{D}$ 才有意义. 因此, 似乎经典电场瞬时值 $E(t)$ 不再有任何意义, 我们可以提问: 在光照很弱的条件下, 经典波 $E(t) = \mathcal{E}_0\cos\omega t$ 对描述辐射还有什么意义?

在 20 世纪初, 物理学家已经提出了这样的问题. 人们提出: 在弱光下电场的通常意义是否消失了, 是否不可能观察到干涉了. 在这种意义上做了一些实验. 由于那个时代唯一可用的检测器 —— 照相底板的灵敏度很低, 实验是很不容易的. 必须使用很长的曝光时间以补偿灵敏度的不足, 还要很好地控制干涉花纹的稳定性. 当这种稳定性控制得更好些时, 就能在更弱的光照下记录到干涉花纹.

现在我们已经具有灵敏得多的检测器了, 可以一个一个地检测光电子, 从而使这类实验要方便得多. 在下面几节里我们将叙述几个实例.

5.4.2 光电子计数

现今光电管的灵敏度还是很低的. 例如, 在上节所述实验条件下, 单位面积的功率为 P/S=10^{-8}W/m^2, 一个 1cm^2 的光阴极接收 10^{-12}W, 设平均灵敏度为 10mA/W(参见 1.2.3 节), 算得电流为 I=10^{-14}A, 这个值相对常规测量显得太小了.

但是, 采用电子倍增器装置以后, 光电检测的灵敏度可以大大提高. 图 5.8 给出了一个利用此方法的光电倍增管原理图. 真空管里封装了 12 片电极, 规则地排

列着, 上面加着级联递增的电压 (在相邻两片电极间约为 100V), 第一级电压最低, 是光阴极, 在光作用下发射出光电子.

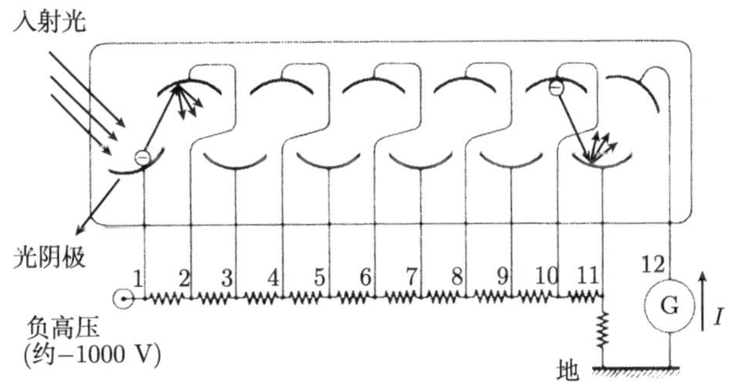

图 5.8　光电倍增管的原理结构图

这些光电子被第二级电极吸引, 以相当大的动能打在该电极上, 一部分能量传给了金属内的某些自由电子, 向它们提供了从金属中脱出所必需的脱出能 W_S. 每一个入射光电子从金属中打出 3 或 4 个其他电子来, 这就叫做**二次发射现象**. 从第二级电极引出来的电子又被第三级电极吸引, 再次引发二次发射现象. 电子的数目就这样一级一级地倍增起来, 末级电极接收到的电流就比光阴极上直接测得的电流显著增大了. 这种装置的增益通常达到 10^6, 即一个光电子在末级电极上会带出一百万个电子来.

这个增益足以检测个别光电子. 一百万个电子形成的电荷为

$$Q = -10^6 e = -10^{-13}\text{C}$$

它的静电作用虽是微弱的, 却完全可以测量. 一下子有这么多电荷瞬间充到了末级电极与地组成的电容器 (电容为 C) 上, 瞬时给它加上了电压 $V_0 = Q/C$. 如果能仔细消除管外部电路附加的寄生电容, 可得电容为 C=10pf=10^{-11}f, 由此算得 $|V_0| = |Q|/C \approx 10\text{mV}$. 这电容器很快通过接在末级电极与地之间的电阻 R 按指数规律放电, 时间常量为 $\tau = RC$. 因此, 每当光阴极释放出一个光电子, 末级电极上的电压 V 就经受一次最大幅度为 V_0 的短脉冲, 这可在阴极射线示波器上很容易地被观察到 (图 5.9). 用核物理常用技术还可以把这个电脉冲记录下来, 从而计算给定时间 t 内产生的光电子数目; 也就是说, 乘以因子 $1/\eta$(光阴极量子效率的倒数) 就得到 t 时间内的入射光子数 N=$\mathcal{D}tS$.

这种检测个别光电子的技术向我们提出了两个问题, 希望引起读者注意.

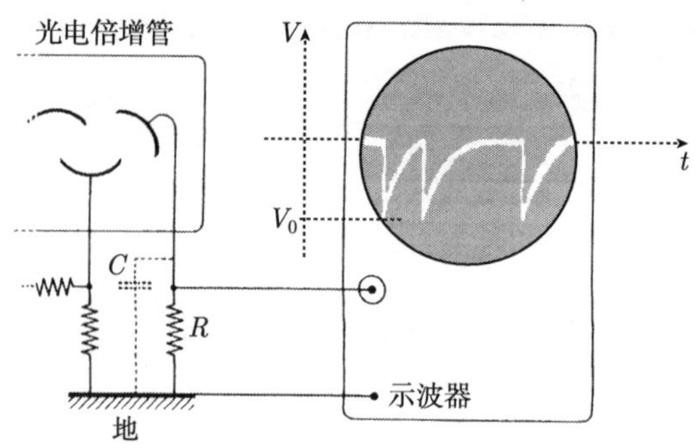

图 5.9　个别光电子的检测

a) 极少数光子实验的可能性

自从能对光子一个一个地 (或考虑到量子效率, 5 个 5 个地) 进行计数的时候起, 人们似乎觉得对光子流可以没有任何限制, 甚至对单个光子也可做实验. 这是忘记了一些寄生效应不可避免. 这些效应来自 “热电子”, 如同热电子发射现象那样, 由于固有动能, 电子会自发地从各种电极中释放出来. 这类效应是微弱的, 因为所有电极都不会发热的. 常规制造的这种光电倍增管是封闭在暗盒里的, 人们会在末级电极上接收到**暗电流**$I=10^{-9}$A, 假如这个电流完全由光阴极的热电子产生, 可算得热电子数为

$$I/|Q| = 10^{-6} I/e$$

数量级约为每秒几千个. 可以通过冷却光电倍增管来降低该数目, 但是不应把它过分冷却, 因为光阴极的量子效率也会同样降低. 制造光电倍增管时采取专门预防措施 (特别是缩小光阴极有效面积), 可以把热电子数减少到约为每秒 10 个; 这就是说, 为了做一个有意义的实验, 光阴极每秒至少应接收到多于 100 个光子.

b) 光子交换时刻的偶然性

虽然光阴极接收到的光通量是恒定的, 光电子却不是规则地到达; 在示波器上观察到的脉冲间隔时间是围绕着一个平均值随机变化的 (图 5.9). 若采用计数技术, 在时间 t 内光电子数 $N(t)$ 也是涨落的. 这可用概率理论进行计算: 若时间 t 很长, 涨落比较小; 但当时间 t 缩短, 涨落就显著增大. 不可能进一步准确地预测很短时间 t 内交换的光子数; 也就不可能再来确定这种光子交换和产生光电子的概率.

注: 这种计数技术只能用于光子流足够小的情况. 实际上, 若有两个光电子几乎同时释放出来 (时间间隔 $t < \tau=RC$), 它们产生的电脉冲是重叠的, 电子设备只能计一个数, 而不是两个脉冲. 因此, 脉冲数计算只有当注入的前后两个光电子的平均时间间隔与时间常量 $\tau=RC$ 相比足够长、两个脉冲重叠的概率很小的情况下才有意义.

5.4.3　用光电子计数观察杨氏干涉花纹

这里要叙述的实验是由位于朱苏广场的巴黎大学 *的学生们所做的. 这个实验采用杨氏狭缝装置, 非常简单.

a) 实验原理

图 5.10 表明, 光源是单一狭缝 F(垂直于图面), 发出的光送到两条与 F 平行、间隔很小、且与 F 等距的狭缝 S_1 和 S_2 上. 这两条狭缝宽度相等, 都很小, $a \approx 30\mu m$, 透过它们的光是衍射的, 走着彼此不同的几何光程 (这些光程是 FS_1 和 FS_2 从缝 S_1 和 S_2 的延续, 走向图 5.10 的右边). 这样, 在围绕 Fz 对称平面的中心区, 同时有两列同步从 S_1 和 S_2 狭缝发出来的波, 它们相加产生干涉条纹. 在图 5.10 上我们已将干涉花纹的正弦曲线用虚线画出, 它们表示在 $z=$ 常数的平面上光强 $\mathcal{E}_0^2$ 随 x 的函数变化. 下面我们计算花纹间距 δx, 来验证它们的实验测量值; 这些值或通过照相底板记录, 或通过沿 Ox 轴移动、与光电倍增管结合在一起、比花纹间距明显要窄的狭缝 M 来取得.

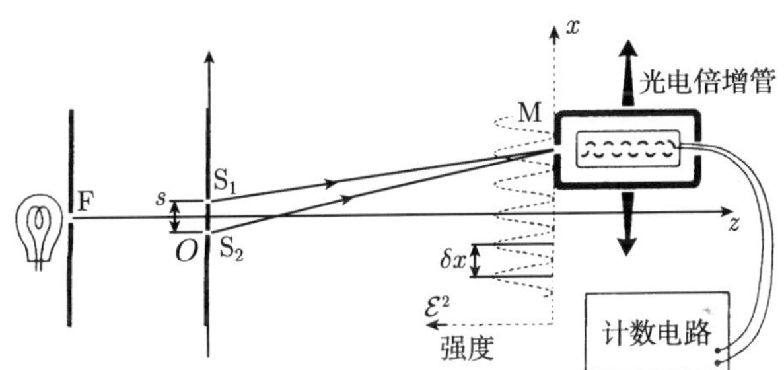

图 5.10　用光子计数观察杨氏干涉花纹

(虚线曲线表示强度随观察平面上的位置 x 变化的函数, $z =$ 常数)

令 $s=S_1S_2$ 是两狭缝的间距, 得到与 S_1S_2 平面距离 z 处、与对称平面 Fz 距离 x 处的 M 点上的合成波, 计算两列波之间的光程差 δr:

$$\delta r = S_2M - S_1M \approx s(x/z) \quad (\text{假定} z \gg x)$$

从 S_1 和 S_2 发出的两列波的相位差为

$$\varphi = 2\pi\delta r/\lambda = 2\pi sx/z\lambda$$

然后有合成波:

$$E_1 + E_2 = A\cos\omega t + A\cos(\omega t+\varphi) = 2A\cos\frac{\varphi}{2}\cos\left(\omega t+\frac{\varphi}{2}\right) = \mathcal{E}(x,z)\cos\left(\omega t+\frac{\varphi}{2}\right)$$

即

* 即皮埃尔与玛丽 · 居里大学或巴黎第六大学.—— 译者

$$\mathcal{E}(x,z)^2 = 4A^2\cos^2(\varphi/2) = 2A^2(1+\cos\varphi) = 2A^2[1+\cos 2\pi(sx/z\lambda)] \qquad (5.22)$$

当 $\varphi = N2\pi$(N 为整数) 时, E_1 和 E_2 两列波同相位, 得亮纹; 当 $\varphi = \pi + N2\pi$ 时, 两列波的相位相反, 得暗纹. 花纹间距相当于相位变化 2π:

$$\delta\varphi = 2\pi\delta r/\lambda = 2\pi s\delta x/z\lambda = 2\pi \ \Rightarrow\ \delta x = \lambda z/s \qquad (5.23)$$

第一个狭缝光源 F 是用汞光谱灯经过滤色片照亮的, 滤色片分出来波长 $\lambda \approx 0.5\mu m$、特别强的绿光. 令 z=1m, s=150μm, 算得花纹间距 $\delta x \approx$3.2mm; 完全可以用肉眼观察到间隔约为 3mm 的花纹.

b) 降低光强: 光电子计数

在光源缝 F 前安置一块光学密度足够高的黑玻璃片, 使总光强降低到在观察平面上每秒有 10 000~100 000 个光子. 现在用光电倍增管来进行记录, 它与测量缝 M 结合, 缝宽 $m = 0.25\text{mm} \ll \delta x$. 光电倍增管与狭缝 M 用一条精密齿条沿 Ox 轴整体移动, 在每一个 x 位置上计数电路在同样时间 t=10s 内记录光电子产生的脉冲数.

整个实验装置构建在一个黑匣子里, 密封起来以避免寄生光进入. 图 5.11 描绘了实验结果, 选择 x 变化的步长为测量缝 M 的宽度 m=0.25mm. 可以明显看到干涉花纹, 间隔为 3mm, 验证了计算所得的合成波 $(E_1 + E_2)$ 的强度 $\mathcal{E}^2$ 分布.

在此实验中我们同时观察了经典电磁波的干涉和与光阴极能量交换的量子化. 后者产生于不可预见的偶然瞬间, 但其统计规律则是精确的: 交换的平均光子数正比于合成电场 $(E_1 + E_2)$ 振幅的平方 $\mathcal{E}^2$. 对这个实验还可进行更精密的分析.

c) 干涉花纹的宽度

很容易检验观察到的有限数目干涉花纹的总宽度为 $\Delta x \approx$ 15~20mm, 正好与两条狭缝 S_1 和 S_2 共同的衍射光斑的宽度 a=30μm 相对应; 回想起衍射锥体顶角宽度 α 为

$$\alpha \approx \lambda/a \approx 1/60\text{rad} \quad \Rightarrow \quad \Delta x \approx z\alpha = z\lambda/a \qquad (z \approx 1\text{m})$$

这个宽度 Δx 是从狭缝 S_1 和 S_2 发出来的两列波在距离为 z 处的观察平面上共同的相干宽度.

可以直接计算这个相干区域的宽度: 从同一个狭缝的边缘 A 和 B 发出的两列波到达观察平面同一个点 M 上; 计算其光程差为 δr=MA−MB≈ $a(x/z)$, 假定相对于 x, s 可忽略. 由此得相位差为 $\delta\varphi = 2\pi\delta r/\lambda = 2\pi ax/z\lambda$. 假如认为从缝边缘两个极端波之间的相位差达到 $\delta\varphi = 2\pi$ 时相干性被破坏, 则相干区域被限制在距离 x 之内, 而有

$$ax/z\lambda \approx 1 \ \Rightarrow\ x \approx z\lambda/a$$

我们又得到了上述的数值.

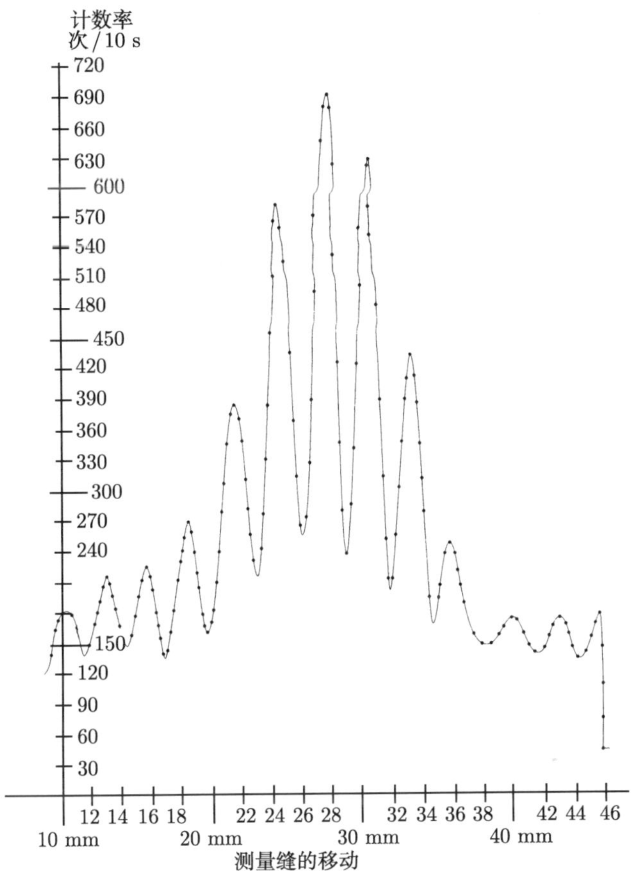

图 5.11　用光电子计数观察杨氏干涉花纹

(检测器相邻位置间隔为 0.25mm, 实验由巴黎第六大学 G. Lemeignan 完成)

d) **两个相继光电子的平均时间间隔**

在避免了 10 秒内约 100 个 (或每秒 10 个) 脉冲的热噪声之后, 我们注意到在亮纹和暗纹之间的平均计数率为每秒 30 个光电子量级. 考虑到量子效率约为 10%, 因此到达宽度为 m 的狭缝 M 上的平均光子流为每秒 300 个量级. 为了测得宽度为 Δx 的相干区接收到的总光子数, 必须有一个比值为 $\Delta x/m \approx 80$ 的倍增因子; 也就是说, 相干区总光子流的数量级为 30 000 个/s, 这相当于光子的平均时间间隔为 $\delta t \approx 3\times 10^{-5}\text{s}=30\mu\text{s}$.

为了激发想象力, 可以把这个时间 δt 与光子通过总长为 $L \approx 1.5\text{m}$ 的实验装置所需的时间, $L/c \approx 5\times 10^{-9}\text{s}$ 或 5ns, 来进行比较, 它是前者的 1/6000. 所以装置在绝大部分时间里似乎完全是空的, 没有光子. 不过一般说来, 光子渡越时间是没有什么物理意义.

重要的是光子所属的波的相干时间 T_c. 我们在 5.2 节中看到, 相干时间 T_c 大体决定了一列能产生干涉现象的相干波的时间长度. 假设这一列波包含了一个光子的能量, 则这个唯一的光子就能在整个波列的时间里, 即相干时间内进行相互作用. 在我们的实验中, 光源是遭到多普勒增宽的, 其相干时间仅为 T_c= 0.3ns(参见 5.2.1 节). 因此, 决定产生光电子发射的瞬间就带来 T_c <1ns 的不确定度. 但这个不确定度远小于前后两列波之间的时间间隔. 在这个时间间隔 $\delta t \approx 30\mu s \gg T_c$ 内产生的两个光子是属于非相干波的, 它们之间是不可能干涉的.

总之, 这个实验是关于 "**单个光子**" 或**每个光子**"**应与其自身干涉**" 的大量独立实验的一个后续实例. 上面这句话换一种说法是, 决定每个光子传播的波分解为通过 S_1 或 S_2 缝的两列波 E_1 和 E_2, 然后又以 $(E_1 + E_2)$ 的形式重新组合成为一列波, 形成干涉花纹. 对这个现象的两种可能描述方法之间我们可以进行选择:

- 或把光子看成是沿着光线传播的 "先在" 的粒子: 那么应该认为, 在这个实验中, 这单个光子一次并同时通过两个狭缝 S_1 和 S_2. 无论怎么说, 代表其传播的波在两个狭缝之间分裂了, 所有结果向我们表明, 光子通过每个狭缝的概率各为 1/2, 我们不可能知道得更多. 在后面一章讨论物质粒子时我们将再回到这个现象上来.
- 或放弃传播粒子的说法. 我们满足于传播的电磁波, 当这波与物质相互作用时, 量子力学计算出量子化的能量交换. 可以说, 就是这种相互作用, 使在交换能量的瞬间, 能量包立刻显现了出来.

不管每人想象中选择什么样的描述方法, 必须注意到, 物理学家只有在光子被破坏时, 才能做出表现光子的实验来, 人们不可能像跟踪一个物质粒子 (固有质量不等于零) 那样跟踪一个光子的行迹. 我们关于光子传播的认识严格地归结为电磁波的传播.

注: 在设备较好的研究实验室, 可以用没有多普勒增宽的光源来代替放电灯, 例如, 在 5.2.2 节所述的原子束在其垂直方向上发出的荧光. 由这种光源的自然线宽导致的相干时间显然要长得多, $T_c \approx \tau$, τ 为自发发射寿命, 在 $10^{-9} \sim 10^{-6}$s, 但总小于微秒, 因此比光子的时间间隔 δt 要短得多.

5.4.4 用 "单光子" 观察法布里–珀罗环

这里所说的这个实验并没有带来新的观念. 但是它是用技术上更复杂的方法来实现的, 所得的结果也很精彩, 光子之间的时间间隔比上面说的要长千倍, 可以用来说明并可以帮助我们理解这些很难的概念.

它是涉及法布里–珀罗腔内多光干涉的经典实验, 与激光器中所用的相类似 (参见第 4 章). 但是在激光器工作中, 仅限于沿着与两镜面垂直的公共轴上传播的波. 在干涉仪的工作中, 使用的光束可以稍微有点倾斜, 在子波干涉中, 光程差与每个子波对镜面的入射角 i 有关. 镜面之间的距离为 L. 在单色光照射下, 有限距离上的干涉花纹是一系列同心圆环, 一个环相当于同一个角度 i(有定律 $2L\cos i = k\lambda$); 把它们投射到透镜的焦点上就可以观察到这些环.

图5.12复制的记录是在汞灯光强显著减弱时得到的, 汞灯只滤出了绿线 (λ=435.8nm). 把环投射到像增强管(用于弱照明下拍摄电视) 的光阴极上, 该管能把落在光阴极上的单个光电子在输出屏幕上变成一个亮斑. 管内把电子倍增 (光电倍增管中使用的) 和 "电子光学" 的效应结合起来, 后者可使来自同一物点的所有电子 (一百万个) 聚焦到一个像点上. 总之, 光阴极发出的每个光电子能在输出屏幕

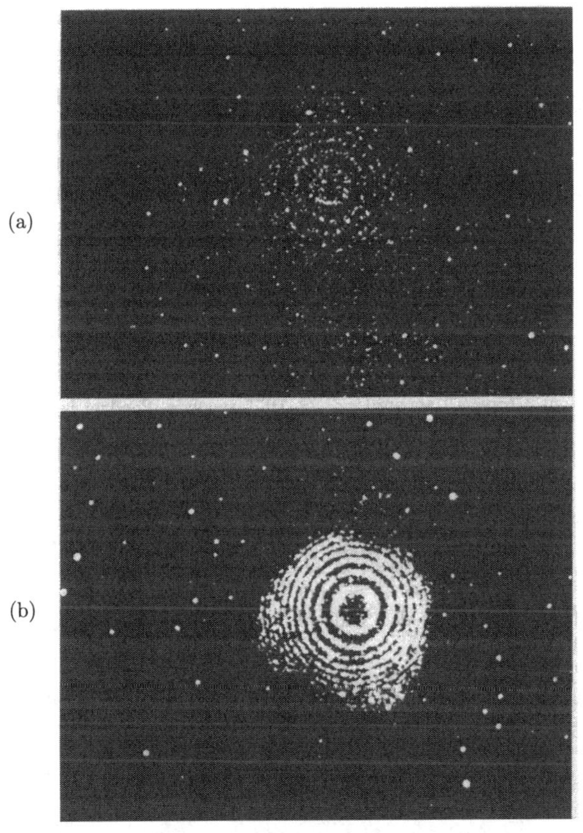

图 5.12 "单光子" 条件下记录的法布里–珀罗环

(Reynolds 和 Spartalian, 普林斯顿大学, 1968) (a) 30 个光子/s; (b) 200 个光子/s

上产生一个很亮的光斑. 记录表示输出屏幕上的照片; 每个白点相当于一个光电子的发射, 不过某些白点是由寄生电子的残余热发射引起的 (特别是那些位于中心环组以外的白点).

图 5.12a 是在总光子流为每秒 30 个 (即平均时间间隔为 $\delta t \approx 30\text{ms}$) 的情况下用 8min, 即 480s 的时间记录的, 总数有 15 000 个光子. 考虑到对这个波长光阴极的量子效率为 $\eta=0.16$, 即记录了 2000 个光电子.

图 5.12b 是在总光子流为每秒 200 个时用 6min 时间得到的, 即总数为约 70 000 个光子, 产生了约 10 000 个光电子. 在底片 (a) 中可明显看到空间偶然检测到的光子, 甚至在某些干涉环区还可发现有较多的干扰. 在底片 (b) 中, 总光强增大了 6 倍, 环状花纹更加明显, 但是, 除了环的边缘以外, 彼此靠得很近的个别光斑的重叠, 使它们难以分开.

注: 相当宽的、跟多普勒效应有关的谱线宽度 ($\Delta\nu_D \approx 1000\text{MHz}$) 解释了环的宽度较大, 它刚好比环的间距小一点 (相当于相继两个干涉级之间的频率差 $c/2L$).

5.4.5 极弱强度独立激光之间的干涉

在 5.2.4b 节中我们已指出了观察两个独立激光源之间的干涉或拍的可能性, 但在测量中观察时间要与两个光源的相干时间属于同一数量级.

两个独立激光之间的干涉或拍还可在光强降低到光子是一个一个地到来时被观察. 设两支减弱了的激光束每秒输送的总光子数为 $N/t \approx 10^6 \sim 10^7$ 个, 即前后相继的两个光子的到达时间间隔为 $t/N \approx 10^{-7} \sim 10^{-6}\text{s}$, 显然要比光子渡越装置所需的时间 $z/c \approx 10^{-8}\text{s}$ 长. 在相干时间 $T_c \approx 10^{-3}\text{s}$ 内, 还可接收到总数为 $N \approx 1000$ 个光子. 这同样可以用波 $(E_1 + E_2)$ 来描写, 并遵从同样的统计分布规律 (有关干涉的为空间分布, 有关拍的则为时间分布). 考虑到光电检测器的量子效率, 实际上只能检测到约 100 个光子, 甚至更少, 检验统计规律变得十分棘手了. 尽管如此, 却还能验证光子的检测是按合成波 $(E_1 + E_2)$ 的概率分布的 [普夫勒格 (Pfleger) 和曼德尔 (Mandel), 1967; 拉德洛夫 (Radloff), 1968].

光能量来自两个激光, 每个各出一半. 如果我们用光子发射概念来论证, 就得说两个光子中一个来自这个激光, 另一个就来自另一个激光. 既然光子是一个一个地到达的, 激光 1 发出的光子与激光 2 发出的光子相重合的机会就很少. 然而, 两个激光束重叠的区域里我们接收到的光子既 “不属于” 激光 1, 也 “不属于” 激光 2, 因为它们最终是由合成波 $(E_1 + E_2)$ 来描述的. “先在” 的光子的描述方法不再有效; 所有一切好像是光子只出现在能量交换过程 (发射或吸收) 的瞬间, 而在传播过程中它们 “消失” 了. 这就是测量所做的事: 通过与光阴极的相互作用, 发生了光子交换.

无疑, 必须把光子通过实验装置的渡越时间看成是相对的. 所有被统计的光子, 是由 T_c 时间内同一列波所描述的. 在这些条件下, 预测它们的检测时刻应是等概率地分布在整个 T_c 时间之内的. 在这个时间之内, 具体的到达瞬间是事先不可预测的, 因此光子的渡越时间和一个一个到达都是没有意义的. 这些实验还不是上面所说意义上的单光子干涉, 因为所有记录下来的光子都是在相干时间内用同样的波来描述的.

5.4.6　补充: 自发发射的球面波

光的自发发射是空间各方向等概率的, 因此要用振幅与方向无关的球面波表示. 那么, 在不同方向的远处, 甚至相反方向上, 能否观察到这些辐射的相干性呢?

a) 发射到不同方向上的波的干涉

这个问题并不简单. 实际上, 大多数干涉仪 (迈克耳孙、马赫–曾德尔, 图 5.2) 是用光源在十分确定的方向上发出来的光束, 通过波前分离来进行工作的. 另一些干涉装置, 像杨氏狭缝 (图 5.10) 或菲涅耳双棱镜 (图 6.1) 接收两个方向的光, 但它们非常接近. 不要忘记, 为了图解清晰起见, 图 6.1 和图 5.10 上横向尺寸是夸大了的 ($S_1S_2 \approx 0.1$mm). 接收的光是单一方向的, 倘若不满足, 则至少两个方向是非常接近的, 这实际上是互相干涉的两个波之间的光程差所必须满足的条件, 这样才不随光源中各发射原子的位置而变化.

在相反情况下, 两列波的方向差别很大, 光程差随发射原子的位置而变. 若光源的尺寸远大于波长, 干涉就完全模糊而不可观察. 只有原子全都处在两个方向夹角的同一等分面上, 光程差才会与原子无关. 这个条件在图 5.13a 所表示的实验中得以实现.

实验中发光分子放在玻璃片上很薄的薄层中:

—— 薄层的厚度远小于发射波长;

—— 在相对于薄片平面对称的两个方向上接收光.

在这个条件下, 接收到的分别走在左边或右边的两列波之间的光程差随分子而不同, 但其数值远小于波长 λ, 因此干涉的可能性没有被模糊掉.

实践中, 发射介质是溶解于水或酒精中的, 通常用于激光器的荧光染料 (罗丹明 6G). 我们在第 4 章中讲述了这种可改变波长的荧光发射的工作 (参见 4.2.2d 节和图 4.2(d)), 它是受波长较短、即光子能量较高的光照射后的发射. 用绿光激发罗丹明, 发出黄光. 但实验中照射的绿光不太强, 不足以产生布居数反转, 感生发射可忽略, 则只能观察到黄光的自发发射.

b) 干涉仪的实现

干涉仪的两路相对于染料薄片是对称的 (图 5.13a), 两面对称安装的镜片 M_1

和 M_2 把两束光送到同一面半反射镜 M_3 上, 它的平面与染料薄片平行, 并可在对称平面两边作轻微移动. 这 M_3 镜能使两路输出光中的每一路都把一束反射光与另一束直接透射光叠加起来.

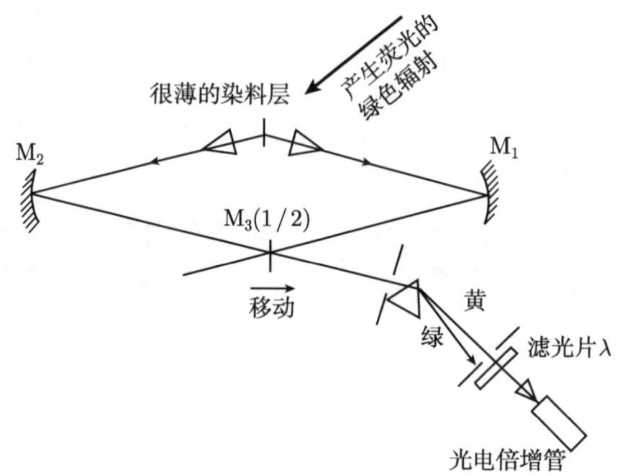

(a) 使用荧光光源的干涉装置,发射荧光的薄层厚度ε远小于发射波长$\lambda(\varepsilon \ll \lambda)$
圆括号中的1/2表示M_3镜子是半透半反的

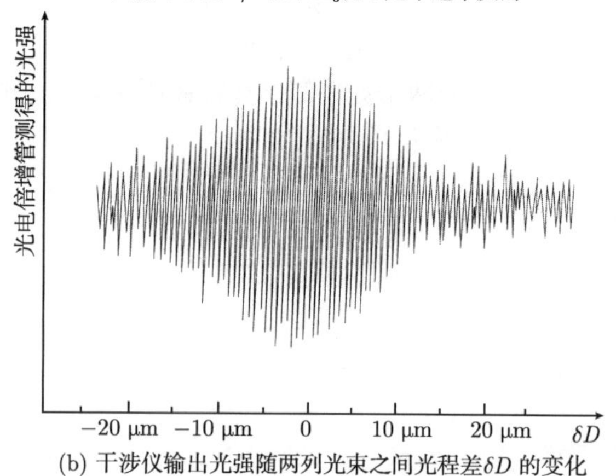

(b) 干涉仪输出光强随两列光束之间光程差δD 的变化

图 5.13　大角度干涉

(M. Lai 和 J. C. Diels: JOSA.,1992)

事实上只利用一束输出光就行. M_1 和 M_2 镜是有点凹面的, 使光束集中到光谱仪的入射缝上, 光谱仪用于把染料的自发发射黄光与产生该荧光的绿光分开, 后者有一部分光散射到各个方向. 一个干涉滤光片使光谱仪输出端的绿光全部消除.

光电倍增管测量 $\vec{E}_1 + \vec{E}_2$ 合成波的光强, 它是由分开为 1 和 2 的两路光叠加而成. 一套精密的测微装置可以非常精细地在其垂直方向移动 M_3 镜以改变两路光的光程差 δD.

c) 所得的实验记录

1992 年, 美国新墨西哥大学的研究组取得了如图 5.13b 所示的实验记录. 它代表光强随光程差δD变化的函数关系. 可以看到随两路相位变化$\delta\varphi=2\pi\delta D/\lambda$ 而产生的干涉花纹. 在 δD 变化为 10μm 时数得约 16.5 个花纹, 即花纹间距为 $\lambda=0.59$μm, 验证了波动说的预言.

注意到荧光分子的黄光发射(根据图 4.2(d) 的能级图) 是在染料内部的非辐射跃迁之后发生的, 完全消除了绿光的 "记忆", 并把分子带到了另一个寿命为$\tau\approx$ 3ns 的激发能级 E_2. 绿光辐射的强度选得足够小, 以使光电倍增管接收到的光子数的数量级小于 或等于每秒 10^6 个, 这就是说, 光电倍增管记录的孤立脉冲的平均间隔为微秒量级, 要比约为几纳秒的自发发射波列的长度大 100 倍.

这就是所谓的 "单光子" 实验, 其中每一个光子应该 "与自己干涉": 光电倍增管分别接收到的每个光子是属于一个由 1 和 2 两路光叠合而成的合成波 $\vec{E}_1+\vec{E}_2$ 的, 而两路光则来自同一个自发发射过程, 但几乎是向相反方向发射的.

注 1: 为了提高检测灵敏度, 在此实验中采用了一种经典的方法: 周期性地截断光激发(在绿色光源前安装一个迅速转动的带齿边的转盘), 测得的强度就受此截断频率调制, 就容易被电子放大器放大, 然后用 "同步检测" 方法测量(这种方法可以消除电子学上称为 "噪声" 的寄生电压涨落). 但是这种检测方法的输出电平并不重要, 也可不固定, 而只有信号从这点到那点的变化才有意义. 这解释了曲线包络的特定形式.

注 2: 在零级干涉附近只看到约 30 个花纹, 当光程差 $\delta D\approx 20\lambda$ 时, 两边花纹的幅度大大降低. 这种花纹的模糊是由相干波列的有限相干长度 $L_c\approx 20\lambda$ 所引起, 即相干时间为 $T_c=L_c/c\approx 20\lambda/c=20T$(光周期 $T=1/\nu$). 这或可用染料薄层的厚度达到 $\lambda/20$ 来解释, 或可用染料自发发射的非均匀增宽 $\Delta\lambda\approx\lambda/20$ 来解释, 还可用两种效应混合来解释.

小　　结

相干时间和相干宽度的概念对于清晰理解波动光学的实验是很基本的. 这些概念使我们能够解释传统光源 (靠自发发射)与激光振荡器 (使用感生发射) 之间的根本区别.

单光子干涉实验启发我们去更加深入地思考光传播中电磁波的基础作用, 光子似乎只有在与检测器交换能量时才出现.

另一类单光子实验目前正在实验室里进行研究, 特别是光子关联实验. 可是,它们只能用光子产生和湮没的量子算符性质来作解释, 这超出了本书范围.

总之, 要记住 5.4.3 节的结论 (它适用于大多数实验): 光子的传播是由经典电磁波算得的概率来描述的.

第 6 章　物质粒子束的干涉

与光子相反, 我们把静止质量不等于零的粒子叫做 “物质粒子”, 如电子、原子、原子核、分子等. 本章的目的在于阐明引导粒子束传播的 “物质波” 的真实性, 如同传送光子的电磁波的传播一样.

6.1　德布罗意波

第 4 章说到激光器的运行问题时, 我们复习了谐振腔内的驻波现象: 尽管波的传播方程是用连续变量的经典物理学术语描述的, 我们算得腔内该方程组的解实际上却是不连续的; 因为只有在一系列特定的、相当于各种不同驻波模的频率值上才能得到较大的振幅.

波动现象使我们从连续方程组算得了不连续解, 路易 · 德布罗意就此想象, 是否也可像从连续方程得到不连续解那样, 用波动现象来解释原子能态的分立值? 这样, 他在 1923 年把光子的波动性质推广到了构成原子的电子上. 人们已把动量为 $p = h/\lambda$ 的光子与波长为 λ 的波联结起来 (参见第 2 章), 德布罗意反过来假设波长为 $\lambda = h/ p$ 的波与动量为 $p= mv$ 的物质粒子相联结; 而波的振幅 $\psi(x,y,z,t)$ 则起着对应于光子的电磁波电场 $E(x,y,z,t)$ 的作用在空间传播. 就是说, 振幅模的平方 $|\psi|^2$ 代表 t 时刻 (x,y,z) 点上出现粒子的概率. 这个想法导致了两年后 “物质波” 所普遍遵守的薛定谔方程的出现, 并推动了波动力学的发展.

事实上, 物质粒子的情况要比光子复杂得多. 因为光子常常出现在与其他粒子的相互作用中, 而只有用薛定谔方程 (它对描述粒子相互作用能的规律起作用) 才可以计算波 ψ.

然而, 当物质粒子是孤立的、在空间中运动、而不存在各种相互作用的时候, 可以把物质粒子束的传播与电磁波的传播之间的相似性推得更远, 因为从薛定谔方程计算得到的波函数归结为德布罗意波, 其波长为

$$\boxed{\lambda = h/p} \tag{6.1}$$

这种相似性的第一个实验证明就是 1927 年戴维孙 (Davisson) 与革末 (Germer) 所做的实验, 他们观察了电子束被一个晶体衍射, 所得现象与 X 射线被同一晶体衍射完全相似. 事实上人们算得了被电位差 V 加速的非相对论电子所具有的动量为

$p = mv = \sqrt{2meV}$, 由此推得德布罗意波的波长为

$$\boxed{\lambda_V = h/p = h/\sqrt{2meV}} \tag{6.2}$$

当 V=100V 时, 它等于 1.22×10^{-10}m=0.122nm. 这完全是 X 射线波长和晶体中原子间距的数量级. 就此我们将不再来讨论电子衍射了, 因为它们的电荷与被它们穿过的介质原子之间有很强的相互作用. 这会使作用复杂化, 妨碍它们深入. 事实上, 它们是被介质表面第一层原子所衍射的, 所以电子衍射可用来研究表面. 我们会更多地说到中子束衍射, 它们不带电荷, 相互作用很弱, 可以容易地穿透整个介质内部.

类似这种波动光学的其他电子束实验还有: 屏边缘的菲涅耳衍射 [伯尔施 (Boersch), 1940], 双波干涉 [马顿 (Marton), 1953, 波的振幅分离是用一片薄晶片完成的, 它起着类似于半反射镜的作用]. 在叙述中子束 (6.3 节) 和原子束 (6.4 节) 之前, 我们将在下一节描述一个利用电子束的、特别精彩的干涉实验.

6.2 电子干涉

我们选择一个解释十分简单、而结果特别精彩的实验来加以详细描述. 这是一个波前分裂的双束干涉实验, 非常类似于如图 6.1 所示的菲涅耳双棱镜实验. 两个角度很小的棱镜把从同一个光源 S 发出的光线叠加起来: 出来向右的光线转向左边, 反之亦然. 通过棱镜右侧的光线似乎是沿着右边的直线从光源 S 的像 S_1 发出来的; 而通过棱镜左侧的光线则似乎是从 S_1 相对于实光源 S 的对称位置上的像 S_2 发出来的. 在屏幕上观察到的干涉花纹是分别从 S_1 和 S_2 发出来的两束波的相位差产生的, 并随屏幕上的位置 x 而变化. 下面 6.2.1 节解释对电子束的类似装置.

6.2.1 实验装置

对于电子的实验装置 [默伦施泰特 (Môllenstedt) 和迪克尔 (Düker), 1954; 法杰 (Faget) 和费尔 (Fert), 1956] 示于图 6.2. 从电子枪出口 S 点上发出的电子束的行程中, 插入一根很细的、带正电的金属丝 F. 电子稍稍被细丝吸引: 假如它们是从细丝的左侧通过的, 就会偏向右边; 而从右侧通过的, 就偏向左边. 在距电子枪有一段距离的 M 点上接收到的电子可以来自两条不同的轨迹.

沿着轨迹几乎平行于电子枪轴 Sz 的电子在离细丝很近的地方通过 (在图 6.2 中垂直于 Sz 的尺寸是显著放大了). 在这种情况下, 很容易证明, 所有电子轨迹, 不管其离细丝 F 的距离有多近 (都很小), 其偏转角 β 实际上都是一样的. 还可推得, 在细丝右侧通过的所有轨迹偏转后似乎都来自同一点 S_1, 并有 SS_1= FS$\times\beta = f\beta$ (f 为电子枪到细丝 F 的距离). 同样, 从细丝左侧通过的轨迹在偏转后似乎都来自

S_2, 它是 S_1 相对于 S 的对称点. 总之, 一切似乎是: 在 M 点上接收到的电子来自电子源 S 的两个像 S_1 和 S_2, 它们之间的距离是 $s = S_1S_2 = 2f\beta$.

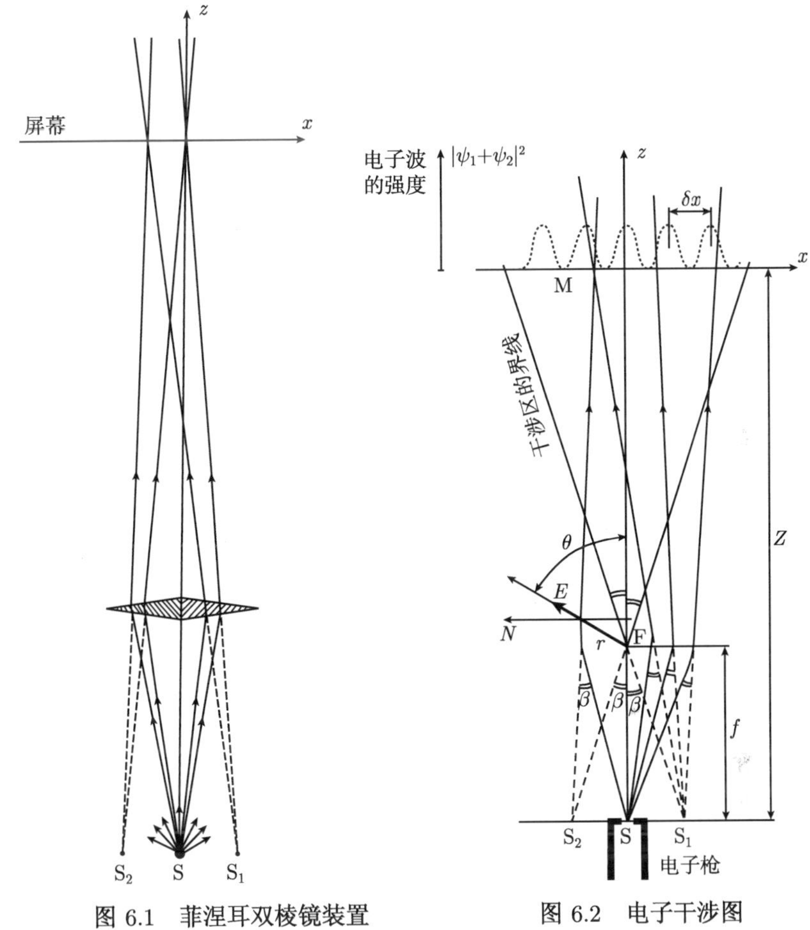

图 6.1　菲涅耳双棱镜装置　　图 6.2　电子干涉图

为了计算偏转角β, 我们采用以细丝 F 为原点的极坐标、Fz 轴作为极轴来量度极角 θ. 偏转是由细丝所产生的电场引起的, 这个场是径向的, 考虑到环绕细丝的圆柱对称性, 它只依赖于离细丝的距离 r. 根据细丝 F 产生的电场 E 的高斯定理 (场通量守恒), 我们可写出

$$E \cdot r = E_0 \cdot r_0 \quad \text{或} \quad E = E_0 \cdot r_0 / r$$

其中, r_0 为细丝的半径; E_0 为细丝表面的电场强度. 我们把这个电场分解为轨迹的切线和法线两个分量: ①切线分量除了稍微改变电子的速度以外没有什么作用, 我们不再考虑 (这里涉及高速相对论电子, 电子枪内的加速电压 V 远高于相对于枪输

出端的金属丝电位 $U_{\rm F}$); ②法线分量 E_N 让我们得以计算轨迹的曲率半径 R, 则有 $mv^2/R=eE_N$(此式适用于高速相对论质量). 我们假设偏转角 β 很小, 轨迹几乎平行于 Fz 轴, 轨迹的法线 N 大体与 Fz 的垂直线重合. 这样我们可写出 $E_N\approx E\sin\theta$. 根据曲率半径的定义, 在轨迹上走过长度 dl, 切线转过的角度为

$$\mathrm{d}\beta=\frac{\mathrm{d}l}{R}=\frac{\mathrm{d}leE_N}{mv^2}=\frac{\mathrm{d}leE\sin\theta}{mv^2}=\frac{eE_0r_0}{mv^2}\frac{\mathrm{d}l\sin\theta}{r}=\frac{eE_0r_0}{mv^2}\mathrm{d}\theta$$

$$\text{其中}\quad m=\frac{m_0}{\sqrt{1-(v^2/c^2)}}$$

(dθ 是走过长度 dl 时半径矢量转过的角度.)

把此式从极角 θ=0 积分到 θ=π, 计算总转角 β, 得 $\beta=\pi eE_0r_0/mv^2$.

此结果的重要性在于: 在我们所作的近似下, 所有轨迹的 β 都是相同的, 并证明了对于一切距离细丝 F 很近处通过的电子, 采用两个虚拟源 S_1 和 S_2 是正确的.

6.2.2 干涉花纹的计算与观察

在受细丝 F 偏转的实际轨迹上, 电子遭受一种相互作用, 使与其联结的波的传播发生复杂化. 但我们可以对这个现象采用一种很好的描述方法, 即把这些实际的偏转轨迹用从 S_1 和 S_2 发出的虚拟直线轨迹来代替, 沿这些直线轨迹不产生任何相互作用. 对这些虚拟的、无相互作用的直线轨迹, 我们可以把这些沿直线传播的波函数与十分确定的波长 $\lambda=h/p$ 联系起来.

我们计算 M 点上从 S_1 和 S_2 发出的两列波 $\psi_1(x,y,z,t)$ 和 $\psi_2(x,y,z,t)$ 的叠加. 这个问题与第 5 章中复习过的杨氏双缝干涉问题完全相同: 合成波 $|\psi_1+\psi_2|^2$ 的强度分布是一个随空间坐标而变的正弦函数, 类似于 (5.22) 式 (杨氏干涉花纹). 在图 6.2 上我们用点线表示这个随 x(距离电子枪为 Z 处、垂直于 Sz 轴的平面上) 而变的函数的曲线, 两个最大值之间的距离由与光学实验花纹间距相同的公式 (5.23) 给出 (参见 5.4.3 节)

$$\delta x=\lambda_V\frac{Z}{s}=\lambda_V\frac{Z}{2f\beta}\quad\text{其中}\quad\lambda_V=h/mv=h/\sqrt{2meV}$$

假如我们把与电子相联结的波和与光子相联结的经典波以同样的概率解释, 则由此可推得电子在空间的分布是不均等的, 我们就能在对电子轰击灵敏的底板上有效地记录到黑白花纹 (图 6.3). 当逐渐增加细丝 F 的电位 $U_{\rm F}$，因此也就增加了偏转角 β 和距离 $s=S_1S_2$ 时, 我们同时观察到:

—— 花纹变得紧凑, 因为花纹间距 δ 随 s 的增加而减小 (正比于 $1/s$);

—— 花纹的区域扩大, 因为该区域由直线 S_1F 和 S_2F 的延长线所限定 (图 6.2). 与电子相联结的波是解释形成这种花纹的唯一手段.

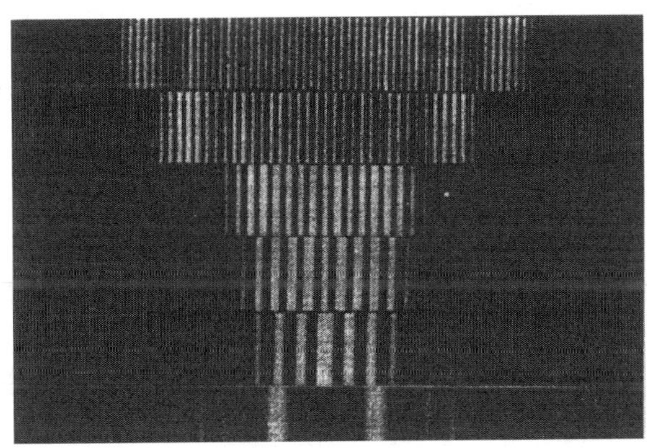

图 6.3　电子显微镜上观察到的电子干涉花纹

底板上每一条横带代表细丝上的一个特定电位值 U_F，该值从下到上逐渐增加，致使干涉花纹逐渐紧凑．最下面一条对应于 $U_F=0$，可以看到金属丝的衍射图样（法杰和伏尔的底板，图卢兹大学，1956）

6.2.3　数值计算，数量级

a) 与电子相联结的波长

实验是在电子显微镜内部完成的，那里电子受到一个相当高的电位差 V 加速，得到了相对论速度．电子的动量总是用式 $p=mv$ 表示，但在采用相对论质量的情况下，对该质量要用到上面的公式．其实，在已知电子枪内的加速电压 V 时，可以容易地把公式中的速度消去，而从相对论不变量 $W^2-p^2c^2=m_0^2c^4$ 出发，可直接计算电子的动量．已知 $W=mc^2=m_0c^2+eV$：

$$p=\frac{1}{c}\sqrt{W^2-m_0^2c^4}=m_0c\sqrt{(W/m_0c^2)^2-1}=m_0c\sqrt{(1+eV/m_0c^2)^2-1}$$

$$\text{或}\ \lambda_V=h/p=\Lambda/\sqrt{(1+eV/m_0c^2)^2-1}\quad\text{并有}\quad\Lambda=h/m_0c$$

Λ 为康普顿波长，$\Lambda=h/m_0c=0.0024\text{nm}$，

$$V=10^5\text{V}\quad\Rightarrow\quad eV/m_0c^2=1/5\quad\Rightarrow\quad\lambda_V\approx0.0037\text{nm}$$

b) 电子轨迹的偏转角 β

电子轨迹的偏转角由径向加速公式导出，$\beta-\pi eE_0r_0/mv^2$，它对相对论质量也成立，m 是相对论质量：

$$mv^2=mc^2\left(\frac{v}{c}\right)^2=mc^2\left[1-\left(\frac{m_0}{m}\right)^2\right]=mc^2\left(\frac{m^2c^4-m_0^2c^4}{m^2c^4}\right)=\frac{(m_0c^2+eV)^2-m_0^2c^4}{mc^2}$$

$$mv^2=\frac{2m_0c^2eV+(eV)^2}{m_0c^2+eV}=eV\frac{2+eV/m_0c^2}{1+eV/m_0c^2}\quad(\text{在}eV\text{和}2eV\text{之间成立})$$

另外, 还可在电场强度 E_0 和电子枪出口 S 与细丝 F 间的电位差 U_{F} 之间建立起一个随距离 FS = f 而变的近似关系式来. 假定环绕 F 的圆柱对称直到 S 点都能大体满足, 可写出

$$U_{\mathrm{F}} = \int_{r=r_0}^{r=f} E\mathrm{d}r = \int_{r_0}^{f} E_0 r_0 \frac{\mathrm{d}r}{r} = E_0 r_0 \ln\frac{f}{r_0}$$

$$r_0 = 1\mu\mathrm{m} \quad 和 \quad f = 1\mathrm{cm} \quad \Rightarrow \quad U_{\mathrm{F}} \approx 9E_0 r_0$$

由此推得角 β 等于比值 U_{F}/V 的几分之一. 令 $U_{\mathrm{F}} \approx 10\mathrm{V}$, 算得角 β 为 10^{-5}~10^{-4}rad. 这个数值很好地验证了上面所作的近似.

c) 计算花纹间距 δx

为了计算花纹间距, 我们选择 Z=10f, 我们还是利用上面提到的杨氏光学花纹的公式 (5.23), 有

$$\delta x = \lambda_V Z/s = \lambda_V Z/2\beta f \approx 1\mu\mathrm{m}$$

这个数字太小, 不足以直接观察到花纹.

事实上, 示于图 6.2 的装置安装在电子显微镜的头部, 放大了的像成在垂直于 Sz 轴, 并通过 M 点的平面上. 图 6.3 上复制的就是记录在灵敏底板上的放大了的像.

6.2.4 相继电子间的时间间隔

可以测量一个精细聚焦的电子束所传送的电流强度 I, 它总是非常小的,$I \approx 10^{-12}$A.

由此可得时间 t 内输运的电子数 N:

$$N/t = I/e \approx 10^7个/\mathrm{s}$$

若加速电压为 V=10^5V, 电子的速度 v 已经稍微超过了 $c/2$. 其结果是它们渡越装置的时间为 $Z/v \approx 2Z/c \approx 10^{-10}$s, 比两个相继通过的电子的时间间隔 $t/N \approx 10^{-7}$s 还要短得多.

在电子光学实验中电子总是一个一个地到达, 每个电子都是孤立地通过装置, 它们彼此间没有相互作用; 与同一个电子相联结的波在金属丝的左侧或右侧两条可能路径上分布.

这就解释了为什么金属丝必须非常细: 它的直径必须小于波的空间范围 (波的相干宽度或波阵面的大小), 而后者是很小的, 因为电子的动量矢量方向上的不确定度很大 (参见 5.3.2 节空间相干性). 可以得到直径 $2r_0$ 为微米量级的石英细丝, 并

通过真空蒸镀使之金属化; 甚至还可得到 0.1μm 同样金属化处理的蜘蛛丝. 就是依靠这样细的蜘蛛丝才得到了像图 6.3 那样高品质的花纹.

在这章中有关光子的一切论述都可以推广到电子上去. 与光子完全一样, 我们也不可能知道电子是从细丝的左侧还是右侧通过的. 我们所可能说的只是, 与电子相联结的波是从细丝两侧通过的.

注： 我们并不打算将 5.2.4b(或 c) 节有关激光的说法推广开来. 两束独立激光之间的干涉只能在十分精确的条件下才能观察到. 这个条件是: 在同一个模中存在大量光子. 这个性质是建立在光子遵从玻色–爱因斯坦统计的所谓 “玻色子” 的基础之上的. 电子则相反, 它们是遵从费米–狄拉克统计的 “费米子”, 两个费米子不可能都处在同一个状态、用同一个波函数来描述.

6.3　中子衍射和干涉

6.3.1　快中子和热中子

中子产生于核反应, 那里, 原子核在入射粒子、质子、α 粒子或其他中子的轰击下分裂为几块. 在作为核电站热源的核反应堆中, 研究得特别多的是对一个入射中子产生许多其他中子的核反应. 在一些专门实验室中建造了另一些类型的反应堆, 以提供中子束; 这种束不带电, 只受到短程力 (距离为核的大小数量级) 的相互作用, 很容易穿透多种材料.

核放热反应中释放出来的粒子一般有很高的动能 (称为快中子), 但在射入适当材料时会遭受许多不发生核反应 (这种反应使中子消失) 的弹性碰撞而减速. 这大量碰撞使它们逐渐丧失大部分动能, 并使它们杂乱地改变方向, 结果是得到了这样一种热中子, 其平均动能像气体分子那样决定于统计热力学规律:

$$\overline{W_k} = (1/2)\overline{Mv^2} \approx k_B T$$

其中, k_B 是玻尔兹曼常量; $T \approx 300\text{K}$ 是周围环境的热力学温度.

像气体中的分子一样, 热中子的速度是杂乱地指向所有方向的. 如同 2.4.4 节描述的原子束那样, 人们通过反应堆壁上钻一个小孔, 然后用许多能挡住中子、带小孔的束阑来形成定向中子束 (立体角为 Ω 的束中的中子数是反应堆内的中子数乘以 $\Omega/4\pi$, 相比是减少了). 我们注意到, 束中平行于 Oz 轴的最概然速率 v_z 等于容积内的平均平方根速率:

$$(1/2)Mv_z^2 = W_k = (3/2)k_B T$$

由此得热中子束的最概然德布罗意波长为 λ_n:

$$\boxed{\lambda_n = h/Mv_z = h/\sqrt{2MW_k} = h/\sqrt{3Mk_BT}} \qquad (6.3)$$

很容易把它和电子衍射中所用的电子波长 (6.1 节) 相比较:

$$\lambda_V = h/\sqrt{2meV} = 1.22 \times 10^{-10}\text{m} = 0.122\text{nm} \quad \text{设} \quad V = 100\text{V}$$

在一般温度下,

$$T = 300\text{K} \quad \Rightarrow \quad k_B T = 1.4 \times 10^{-23} \times 300 \approx 4 \times 10^{-21}\text{J} \approx 1/40\text{eV}.$$

能量比 $k_B T/eV \approx 1/4000$ 和中子与电子质量比 $M_n/m_e \approx 1800$ 在数量级上互为倒数, 推得中子波长为

$$\lambda_n \approx 0.2\text{nm} \quad \text{与}\lambda_V\text{数量级相同}$$

这也是晶体中原子间距的数量级, 因此很容易在晶体中观察到热中子的衍射. 在 20 世纪中叶建成第一个原子反应堆之后就开始了第一个中子波的 “光学” 实验, 经过四分之一世纪的快速完善以后就能做我们要叙述的实验了.

6.3.2 中子束的晶体衍射

中子波的衍射现象可以像 X 射线波段的电磁波衍射一样来解释, 关于其详细处理读者可去阅读现今的光学教程, 这里只做一个复习.

为了总体解释衍射现象, 我们把它分解为两种同时发生而又有所区别的过程:

1) 入射波被所遇到的物质粒子全方位散射 (例如, 空气分子散射引起的天空蓝光, 或雾中水滴散射产生的白光);

2) 从所有散射中心发射到特定方向上的子波的干涉过程. 假如这些中心是杂乱地分布在物质体积内, 或这些中心的间距比波长小得多, 这些子波的相对相位是杂乱的, 引起的干涉基本上是相消的; 散射波的强度很弱, 但还是可以从统计热力学确定的散射介质的密度涨落出发对它进行计算. 正是这样, 从空中蓝光的强度可以得到空气中单位体积中的分子数, 并由此测得阿伏伽德罗常量.

相反, 假如散射中心是规则地排列的, 并且其间距大于或等于波长的数量级, 就会发现其子波是同相位的优势方向, 从而导致一个很强的散射强度. 通常晶体是由平面层相继堆积起来的. 同一层晶格平面上原子的功能如同一面平面镜, 因为在入射平面的经典反射光线方向上, 从这些原子重新发射出来的子波是同相位的 (在波动光学中正是这种相位计算解释了玻璃屈光面的部分反射或金属的全反射).

但接下来必须比较间距为 d, 规则排列的不同晶格平面上重新发出的子波相位 (图 6.4). 为此, 只要简单地计算两相邻晶格平面上 “反射” 光线的光程差就行了. 若已知晶格平面与入射波 (及反射波) 方向组成的夹角为 θ, 有

$$\delta r = 2d\sin\theta \quad \Rightarrow \quad \boxed{2d\sin\theta_{\text{B}} = N\lambda \quad (N\text{为整数, 干涉的级数})} \tag{6.4}$$

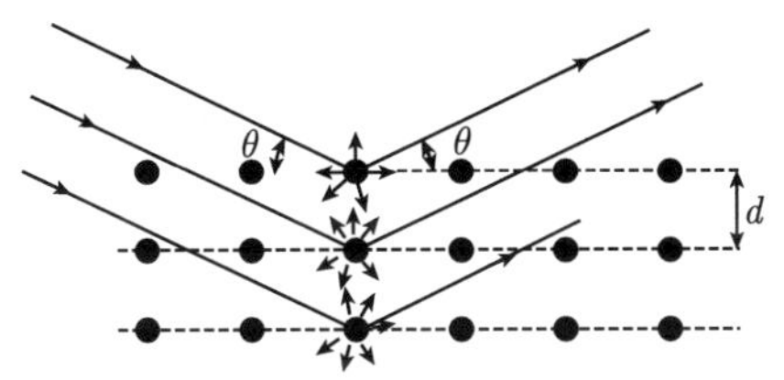

图 6.4　波的晶格衍射

上面加框的关系式就是经典的布拉格关系，它表征衍射方向 θ_B，在这个方向上不同平行晶格平面产生的子波相位相加，构成强度很大的衍射波. X 射线波和热中子的德布罗意波的论证是完全相同的. 注意：布拉格选用来表示 X 射线与晶格平面相对取向的 θ 角是与镜面法线形成的入射角 i 补角，在光学上有 $\sin\theta=\cos i$.

在实验室实践中，人们用晶体制作 X 射线和中子的单色仪：当把定向、但多色的入射束以 θ_B 角入射到一系列选定的晶格平面 (注意不要与样品的外表面搞混) 时，就会在反射方向得到一束很强的单色束，其波长严格地遵从布拉格关系.

在中子情况下，单色束也是单动能的，其中中子的速度都相同. 这个简单的选速实验，是在专业实验室里每天重复的，它已验证了引导中子传播的波函数的真实性.

但这种单色和单动能束也可应用于两列波相干的实验，它更能令人震惊地说明波与粒子之间的关系，对此我们将在下节叙述.

注 1： 然而，在散射过程中，中子和 X 射线之间还存在着很大差别. 事实上，原子的中子散射过程基本上是中子和原子核之间的核相互作用，而 X 射线电磁波则基本上是与原子的 Z 个 (Z 是原子序数) 电子相互作用.

1) 假如晶体是由原子序数相近但不同的原子组成，X 射线实际上不能把两者分辨开来，而由两种不同类型核引起的中子散射，则是不同的;

2) 有机物质组成的晶体包含大量氢原子，它只有一个电子，对X射线的散射很弱，但组成氢原子核的质子与中子的相互作用很强，因此对中子散射很大;

3) 另一种重要区别是中子具有磁矩，能与原子的磁矩发生相互作用. 若所研究的样品是磁化的，则这些原子的初级散射过程会深刻地受到因方向 (相对于磁化方向) 不同而产生强度分布不等的影响，不同方向上的衍射波强度显然不同. 中子是研究磁介质的优选工具.

注 2： 用于解释散射过程的相互作用同样也能改变入射波的传播方向. 可以指出它与折射率 n 的等效性; n 接近于 1，但不等于 1，一般小于 1(如同 X 射线情况). 这轻微地改变了介质中束的表观波长. 在精确计算中，需要把两个晶格平面的 "光程差" 写成 $n\delta r$ 而不是 δr; 而 N=1 级的布拉格关系，则成为 $n\delta r= 2nd\sin\theta=\lambda$，或 $2d\sin\theta = \lambda/n$.

6.3.3　中子束干涉

6.2 节描述的电子干涉实验类似于图 6.1 表示的菲涅耳双棱镜光学实验. 同样, 现在要叙述的中子干涉完全类似于上章图 5.2 表示的马赫–曾德尔干涉仪. 在中子干涉中, 必需的四个镜面用晶体的晶格平面的布拉格反射来代替. 这个由衍射产生的表观 “反射” 对实现实验装置带来了特殊的限制; 它要求所有 “镜面” 都有非常精确的相同角度 θ_{B}: 由第一面半反镜分离的两束光形成的平行四边形组态使四个镜面平行 (见图 5.2), 并沿着平行四边形两边夹角的等分线取向.

a) **实验装置系统**

实验装置示于图 6.5(a). 我们看到图的上边是石墨晶体构成的单色仪, 其晶格平面是沿着输入准直器 (从核反应堆的一个输出口分出来) 和输出准直器的两个轴的夹角等分线取向的. 这样就给干涉仪送去了一个德布罗意波长的单动能单色中子束.

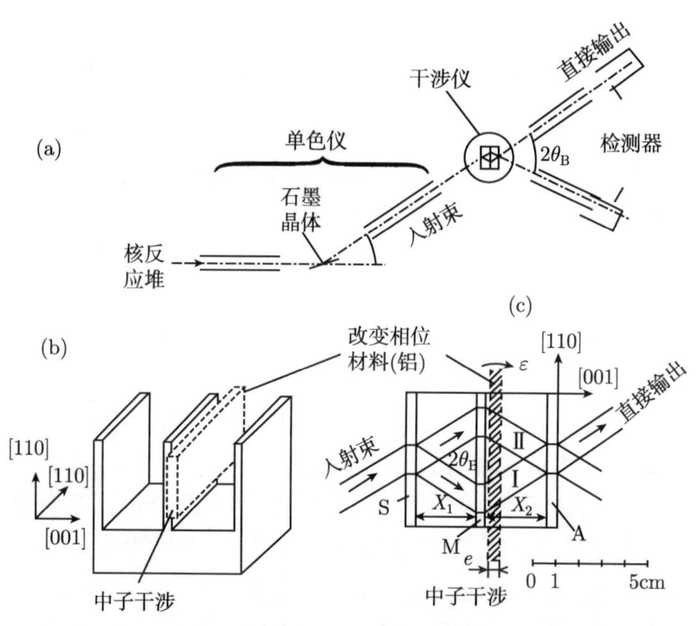

图 6.5　中子干涉

(a) 实验装置系统; (b) 单晶切割成的干涉仪透视图; (c) 干涉仪中中子束的示意图 [在干涉仪底部平面上的投影图, 该平面与图 (a) 平面一致]. 维也纳大学 H. Rauch 组的实验

在图 (a) 右边干涉仪的输出端, 可看到有两个准直器, 从干涉仪输出的两束中选出一束来直接送到充满氟化硼 BF_3 气体的中子检测器. 在一个捕获反应中, 中子被硼原子核阻止, 产生高能带电的 α 粒子, 启动寻常计数器记录带电粒子数. 这

里只考虑直接输出的、未经偏转的中子束.

干涉仪本身由图 6.5(b) 的透视图表示. 构成干涉仪的三层薄片由一块硅单晶切割而成, 平面严格平行, 由单晶块基底相连, 以保证三层薄片的晶格平面完全平行. 这对实验有重要意义. 单晶块基底与图 (a) 和图 (c) 的纸面平行. 仔细地调节好单晶块的方向, 以保证与选定的晶格平面组成布拉格角 $\theta_{\rm B}$. 单晶块切割要保证选定的晶格平面 (以便应用布拉格关系) 同时与三个薄片平面及其公共基底垂直.

b) 干涉中子束

图 6.6(c) 中显示了起干涉作用的中子束. 它们通过干涉仪的三层薄片:

- 第一薄片起着半反射镜面的作用, 把入射波分解为直接通过波和衍射引起的反射波. 薄片的厚度选得使两个波的强度大体相等.
- 从第一薄片 S 出来的两束波在第二薄片 M 上受衍射而又部分反射; 为了图示清晰起见, 图上没有画出从第二薄片直通出来的两束波, 它们会消失. 这里, 与通常的马赫–曾德尔干涉仪稍有一点差别是: 原来两片100%反射镜现在用非全反射镜来代替, 因而有显著的强度损失. 两个输出准直器是完全有必要的, 以使透过第二薄片不经偏转的 “丢失” 束不致被检测到.
- 第三薄片 A 把束 I 与 II 重新混合起来, 每一条输出路径上的束都是一支未经偏转、直接通过的束和另一支经受衍射的反射束的叠加. 我们只讨论与入射束 (干涉仪输入端上) 平行的直接输出束; 因为这样叠加起来经过 I 和 II 两条分离路径的两束、都是经受了两次反射和一次没有偏转直接通过的 (或在入射薄片上, 或在输出薄片上), 因此它们的强度相等. 干涉仪的另一路输出则不是这样, 在那里混合的一束只经过一次反射, 另一束则遭受了三次反射; 而我们不可能完全控制每一个 “镜面” 上透射和反射的强度比.
- 为了观察干涉, 必须用不同方法来改变 I 和 II 两束的相位. 我们不可能改变干涉仪的几何组态 (角度和距离), 它在构造上是固定的. 因此我们在束路径上引入一块铝片以改变波的相位, 因为它的折射率稍微小于 1(通常对 X 射线折射率也小于 1). 设这厚度为 e 的薄片与三硅片平行, I 与 II 两束波以同一布拉格角度 $\theta_{\rm B}$ 和同等距离 $D = e/\cos\theta_{\rm B}$ 倾斜地通过这薄片. 假如把薄片倾斜一个小角度 ε, 这两束走过的距离就不相等, 这两束通过铝片厚度的距离差 δD 导致路程差为 $(1-n)\delta D$, 相当于两束波的相位差为

$$\delta D = \frac{e}{\cos(\theta_{\rm B}+\varepsilon)} - \frac{e}{\cos(\theta_{\rm B}-\varepsilon)} \approx \frac{2e\sin\theta_{\rm B}}{\cos^2\theta_{\rm B}}\varepsilon \quad \Rightarrow \quad \delta\varphi = 2\pi(1-n)\frac{\delta D}{\lambda_n} \qquad (6.5)$$

c) 实验结果

实验结果示于图 6.6. BF_3 检测器记录了 40s 时间中被停住的中子数. 图的纵

轴表示中子数, 它是 I 和 II 两路中子波路程差 δD 的函数, δD 用 (6.5) 式从铝片的 ε 角测得, 以 mm 为单位.

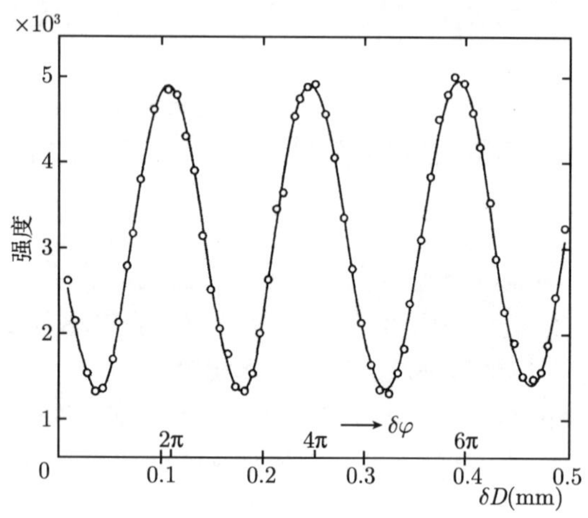

图 6.6 干涉花纹的记录

表示每 40s 计数所得的直接输出中子数, 以通过铝片的厚度差 δD 为函数, 它由测得的角度 ε 计算得到.

维也纳大学 H. Rauch 组的记录, 1990

从图 6.6 可以观察到强度的极大和极小, 分别对应于 I 和 II 两束的相位一致 ($\delta\varphi = N2\pi$), 或相反 ($\delta\varphi=\pi+N2\pi$). 这干涉图是引导中子传播的德布罗意波存在的不容置疑的明证.

从它们的动能 $W_k = (1/2)Mv_z^2 = (3/2)k_BT$ 出发容易算得单动能中子的速度为 $v_z \approx 3000\text{m/s}$(比常温下气体中氢分子的速度稍大一点). 对长度约为 1m 的仪器, 中子的渡越时间接近于 0.3ms; 而中子束的平均流量为每 40s 3000 个, 小于每秒 100 个. 就是说, 相继中子的时间间隔超过 10ms, 比渡越时间大 30 倍. 在后续中子还没有走出反应堆之前, 每个中子都已经通过整个仪器了. 因此实验完全是 "单中子" 的, 这个波是与单一中子相联结的, 它同时通过 I 和 II 两条路径, 并引起干涉.

尽管 I 和 II 两条路径的距离有几厘米, 我们却不可能知道作为粒子的中子是从哪一条路径通过的. 我们的认知事实上仅限于: 与中子相联结的波 (它决定其传播) 分解为两条路径, 而中子通过每条路径的预期概率相等, 各为 1/2.

这类实验还有许多, 它们利用其他方法与中子相互作用, 造成 I 和 II 两条路径的相位差. 例如, 在路径 I 上设置一个局域磁场, 引发对中子磁矩的作用, 而在路径 II 上则磁场可以忽略; 这样就可观察到干涉图像在 δD 轴上移动, 其相位差由路径 I 上的磁场产生. 于是, 人们可以这么说, 中子磁矩 "知道" 在路径 I 上存在着磁矩,而在路径 II 上则没有.

相反, 如果在路径 I 上施加一个相互作用, 以便检测中子在这条路径上的通过, 这个相互作用对波的干扰破坏了相位相干, 干涉图像就会消失. 干涉图像的存在是与两条路径上的概率相等相联系的. 如果这个概率变成不相等了, 干涉图像就会变得模糊, 直到一个概率等于 1 时图像完全消失.

注 1: 在图 6.6 上可测得路程差 $\delta D=\lambda/(1-n)-0.16\text{mm}$, 相当于相位差 $\delta\varphi=2\pi$. 已知波长为 $\lambda_n=0.2\text{nm}$, 推得 $(1-n)\approx1.3\times10^{-6}$(这意味着中子与铝核相互作用微弱).

注 2: 上章中我们已介绍了波的相干时间. 就是这相干时间决定了干涉的可能性. 在中子情况下, 这个可能性与波长测定的精确度有关, $\Delta\lambda/\lambda\approx1/100$ 或 $1/1000$, 它受限于准直器的方向性不够好. 从这里推得频率的不确定度为

$$|\Delta\nu/\nu|\approx|\Delta\lambda/\lambda|\quad \text{或}\quad \Delta\nu\approx(v_z/\lambda)\Delta\lambda/\lambda\approx10^{10}\text{s}^{-1}$$

或相干时间为 $\tau_c\approx1/\Delta\nu\approx0.1\text{ns}$. 这比渡越时间小得多, 就是说, 两个前后相距几厘米或几毫米的相继中子之间也是不相干的.

6.4　原子束的干涉

原子内部具有复杂结构, 是内涵丰富的 “粒子”, 因为它的大小比中子大 10^5 倍. 但若它们只受到比较弱的相互作用, 它们仍保持完整, 像第 2 章 (2.4.4 节) 所述的原子束那样作为 “整体” 传播, 并且可用一个总的波函数来描述. 在没有相互作用情况下, 它就归结为德布罗意波, 其波长为

$$\lambda_a=h/M_av=h\mathcal{N}/\mathcal{A}v\quad(\mathcal{N}\text{为阿伏伽德罗常量}, \mathcal{A}\text{为原子质量数})\tag{6.6}$$

很容易把热原子束的德布罗意波长和热中子的德布罗意波长进行比较: 原子的质量正比于原子质量数 $\mathcal{A}$, 而其速度则要被 $\sqrt{\mathcal{A}}$ 除; 因此原子的波长 λ_a 要被 $\sqrt{\mathcal{A}}$ 除, 其数值在 0.01~0.1nm. 考虑到与基本粒子相比它的尺寸极大, 即使在气体中, 原子也很容易因与其他原子碰撞而受到干扰. 因此, 只有对在很好的真空中行进的原子束, 原子的德布罗意波才有意义.

原子德布罗意波的 “光学” 实验是在 1980 年以后发展起来的, 1991 年以后才比较成熟. 第一台原子干涉仪利用了极窄狭缝上波的衍射 (该狭缝开在很薄的膜上), 它的实现从技术上提出了许多令人生畏的难题 [美国普里查德 (Pritchard) 组的栅网, 德国卡纳尔 (Carnal) 和穆莱尼克 (Mlynek) 的杨氏双缝]. 那个年代, 人们还利用了激光束来做成原子波的衍射器. 由于下面两个理由, 我们选择这种利用激光束的干涉仪来作仔细描述:

1) 推广了第 2 章讨论的原子和光波之间动量交换 (原子束偏转, 2.4.4 节);

2) 实验装置系统的功能类似于上节的中子干涉仪, 易于理解.

6.4.1　非共振光波诱导的动量转移

在与第 2 章类似的实验中, 光与原子之间的动量转移是以两种不同方式进行的. 在光子的自发发射中, 首先从入射激光束中吸收动量 $\hbar\vec{k}_L$, 然后向任意方向再发射一个动量 $\hbar\vec{k}_{\text{sp}}$. 这种自发发射动量交换以偶然方式改变了与每个原子相联结的德布罗意波, 破坏了相干性, 妨碍了波的观察.

要使原子束发生相干偏转也是可能的, 其方法不用自发发射, 而用一束较强的、稍微超过饱和的入射激光束使原子发生概率远超过自发发射的受激发射. 该激光束与原子束交叉射入, 在此交叉区后面正对入射光方向放一面镜子, 入射波在透过原子束被镜面反射后成为反射波, 两波共线而方向相反. 原子从入射波 (L) 接受光子而激发, 得到一个光子动量 $\hbar\vec{k}_L$, 而在反射波 (r) 作用下回到基态, 产生一个受激发射光子, 其动量为 $\hbar\vec{k}_r = -\hbar\vec{k}_L$, 原子得到反冲动量 (图 6.7). 因此原子动量的总变化为

$$\hbar\vec{k}_L - \hbar\vec{k}_r = 2\hbar\vec{k}_L$$

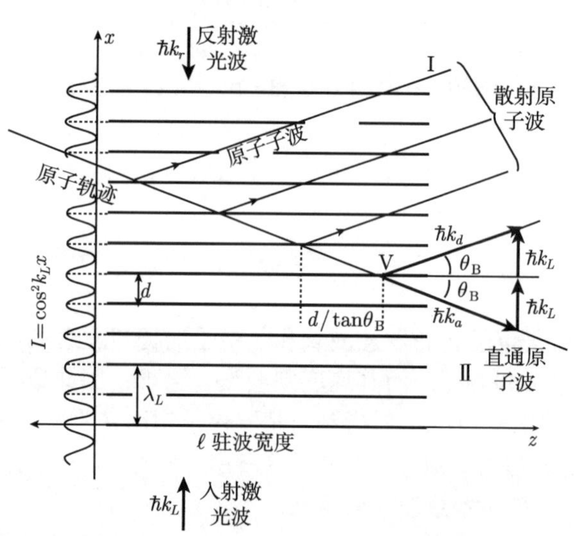

图 6.7　在光驻波波腹上原子波的衍射

左边: 驻波光强; 中间: 被驻波波腹衍射的物质波; 右边: 表示特定波腹 V 上入射原子动量 $\hbar\vec{k}_a$ 与偏转原子动量 $\hbar\vec{k}_d$ 的关系: $\hbar\vec{k}_d = \hbar\vec{k}_a + 2\hbar\vec{k}_L$

当然, 相当一部分原子还是通过自发发射回到基态, 这就产生了部分无序. 为了全部消除这种无序, 只要把入射激光频率 ν_L 从原子跃迁的共振频率 ν_0 上稍微

移动一下就够了：

$$\nu_L = \nu_0 + \Delta\nu = (E_2 - E_1)/h + \Delta\nu$$

量子力学计算表明, 若失谐 $\Delta\nu \approx 1\text{GHz}$ 要比激发态的自然宽度 $\Delta\nu_N \approx 1/\tau_2$ 大得多, 引起自发发射的实际共振跃迁就会几乎消失, 而随着光功率的适当增加, 吸收非共振光子而同时伴随着产生反射波受激发射光子过程的概率则仍然较大. 这实际上就是**一个带有原子反冲的入射光束向反射光束转移的散射过程; 这个过程的概率与 $\Delta\nu^2$ 成反比, 随着接近共振而增大**. 这个光被原子散射的过程可以看成是一个弹性碰撞过程, 因为它与原子的内能无关 (两束光波之间交换光子被看成是动能交换).

6.4.2　光驻波波腹平面上原子波的衍射

为了解释这种散射过程, 至今我们只说到了相互作用中光束与原子的交换, 而暂时忽略了原子波. 现在我们需要既考虑光波, 也考虑原子波.

a) *两束入射和反射光波*

入射光波和反射光波不是互相独立的, 它们的干涉造成了一个驻波系统, 其强度是空间传播方向上变量 x 的函数, 用下面经典规律表示：

$I = \cos^2(k_L x) = (1 + \cos 2k_L x)/2$　其中　$k_L = 2\pi/\lambda_L$　(波矢量的模)

对这个规律, 在图 6.7 上用虚线标出了强度最大处的波腹平面, 它们相距间隔为 $d{=}\lambda_L/2$, 在两个极大之间, 强度下降为零 (这里是驻波的波节). 因此, 散射过程基本上只产生于波腹平面附近, 而不会发生在波节上.

b) *原子波*

图 6.7 还显示了原子轨迹, 它也是与原子相联结的波的传播线. 这条轨迹相继与光驻波的不同波腹平面相交, 在每个交点上用一个箭头表示原子可能偏转的方向, 这也是原子受反冲而偏转后原子波的传播方向. 可以计算出原子通过每一个波腹时偏转的概率; 根据一切波动现象所常用的规则, 从这点上偏转的原子子波的振幅与这个概率的平方根成正比.

总的偏转原子波是各个不同子波的总和, 从而引起干涉. 这种干涉的计算与计算 X 射线或中子的德布罗意波被晶体衍射完全相同. 波的显著偏转只有在布拉格几何组态下才会发生：相对于波腹平面, 入射方向与反射方向都有同一个角度 θ_{B}(这就是图上的情况), 这个角度应当遵从布拉格公式：

$$\boxed{2d\sin\theta_{\text{B}} = \lambda_a \quad \text{其中} \quad 2d = \lambda_L \quad \text{和} \quad \lambda_a = h/M_a v = h\mathcal{N}/\mathcal{A}v} \tag{6.7}$$

c) 实验检验

要以很大概率有效观察原子波在光驻波的波腹平面栅格上衍射过程所发生的原子偏转, 精细调整布拉格几何组态是不可缺少的条件. 图 6.8 复现了这种实验结果. 实验是 2002 年图卢兹大学研究组在锂原子上完成的. 锂是一种碱金属, 像图 2.9 原子束中的钠原子一样, 锂原子也可用 2.4.4 节所说过的热丝方法来检测. 热丝检测器放在与激光驻波距离 Z=1m 处, 可以用精密的测微装置沿着 x 轴 (激光波传播方向) 移动. 在每个 x 位置上检测记录原子数: 从图上可看到零级峰, 对应于没有偏转的原子, 而一级峰则对应于偏转原子.

通过两个峰值之间的距离 $\Delta x \approx 170\mu\text{m}$ 可以测得直通原子束与偏转束之间的夹角 (在图 6.7 上有理论表示):

$$2\theta_{\mathrm{B}} = \frac{\Delta x}{Z} = \frac{170\mu\text{m}}{1\text{m}} = 1.7 \times 10^{-4}\text{rad}$$

另一方面, 我们可以从激光波长 λ_L= 0.67μm 和原子波长 λ_a 出发计算布拉格角. 已知锂原子的质量数为 $\mathcal{A} = 7g = 7\times10^{-3}\text{kg}$, 可推得一个真实锂原子的质量为 $M_a = \mathcal{A}/\mathcal{N}$($\mathcal{N}$ 为阿伏伽德罗常量), 已知原子束的速度为 $v_z \approx$1050m/s, 可推得 λ_a 和布拉格角的理论值:

$$\lambda_a = h/M_a v_z = h\mathcal{N}/\mathcal{A}v_z = 0.54 \times 10^{-10}\text{m} = 0.054\text{nm}$$

$$\Rightarrow \ \theta_{\mathrm{B}} = \lambda_a/2d = \lambda_a/\lambda_L = 0.8 \times 10^{-4}\text{rad}$$

与图 6.8 上的测量值相符.

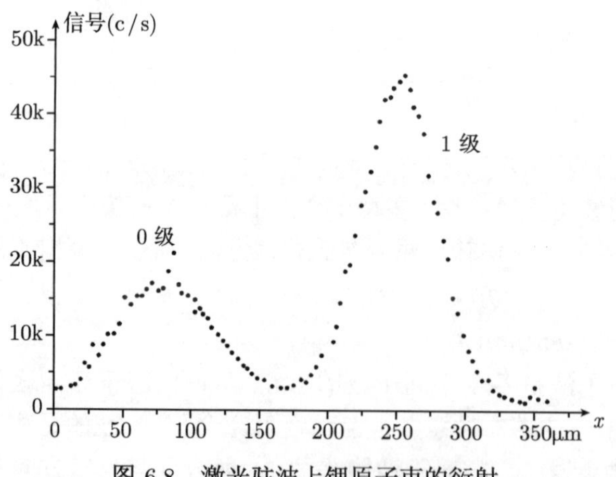

图 6.8　激光驻波上锂原子束的衍射

热丝原子检测器沿着驻波的传播方向 Ox 移动, 检测器与驻波的距离为 Z=1m. 记录的为每秒接收到的原子数, 以检测器的位置 x 为函数. 可以区别零级衍射峰 (直通束) 和一级衍射峰 (偏转原子). (记录由图卢兹大学 “碰撞–聚集体反应” 实验室在 J. Vigue 指导下完成)

d) 与以前的共振偏转实验相比较

如果我们比较图 2.10 和图 6.8, 它们分别对应于以前的共振光实验和新的非共振激光实验, 就会发现, 在第一种情况 (共振) 下, 为了确定无偏转直通束的位置, 需要在黑暗 (指无光照情况) 中再做一次独立记录. 在第二种情况下, 当然也可以在黑暗中再做一次记录, 得到一个强度大得多的、只有零级的峰; 但这没有必要, 因为在图 6.8 上用非共振光记录到的已同时有两个峰了, 它们分别属于偏转原子和非偏转的直通束.

换句话说, 在新的非共振光实验中, 原子有一定的概率偏转, 但也保留了一定的不偏转的概率. 图 6.8 上两个峰的面积之比表示这两个概率之比, 它与光强有关. 每个通过光栅格的原子有一定概率处于直通束中, 也有另一概率分布在偏转波中, 但我们不可能把它准确预测到. 这个新的非共振相互作用排除了由自发发射引起的使干涉模糊的效应, 允许保持原子波函数的相干性, 并以相应的不确定度观察到预期的概率.

相反, 在以前的共振实验中, 每个通过光照区的原子自发发射一个或多个光子, 这告诉了我们它与光的相互作用情况, 从而排除了关于原子偏转的不确定性. 这个事实把两种实验区别开来了.

实践中, 为了利用这种新的原子偏转方法, 要注意偏转概率是驻波光强的函数, 它可以在 0~100%变化. 还可能实现 50%的概率, 这相当于半反射镜的作用; 或得到 100%的概率, 这相当于全反射镜. 这样就可实现下一节的原子干涉实验.

注: 在图 6.7 上我们显示了原子波的传播线 (原子轨迹), 却没有画出波阵面. 这是故意的, 因为原子波的相干宽度包含满足波腹之间的距离等于 d 的所有地方. 实验中, 原子轨迹是由宽度为 10μm 和 20μm、相距为 80cm 的两个狭缝所准直的, 这决定了它的方向性的不确定度为 $\Delta\alpha \approx 30\mu\text{m}/80\text{cm}=4\times10^{-5}\text{rad}$.

由此可推得波矢量分量 k_x 的不确定度:

$$\Delta k_z \approx k_a \Delta\alpha \approx 4\times10^6\text{m}^{-1}$$

这里用了 $k_a=2\pi/\lambda_a \approx 10^{11}\text{m}$. 根据 5.3.1 节公式, 相干宽度为 $a_c \approx 1/\Delta k_x \approx 0.25\mu\text{m} \approx d$.

实践中, 原子波的相干相互作用在宽度上只限于两个波腹平面之间, 在原子轨迹的长度上还限于被波腹平面切割之处. 考虑到 θ_B 角很小, 必须有很大的光束的宽度 l. 在这里所说的实验中 $l=13\text{mm}$, 通过的波腹平面数为 $l\tan\theta_\text{B}/d \approx 3$. 假如能把光束宽度增加一点, 使之能包含 4 或 5 个波腹平面来形成 θ_B 方向上原子子波的干涉. 这就足以清晰地分离入射波和衍射波了.

6.4.3　原子干涉仪

如同 6.3.3 节描述的中子干涉仪一样, 可用上节叙述的衍射光波作为原子波的镜面来构建一台马赫–曾德尔型的原子干涉仪. 尽管工艺十分不同, 但理论解释几乎相同.

a) 锂原子束的实验装置

实验装置示于图 6.9, 全长 3m 多. 原子束属于超声束类型 (见后面注 1), 由两条相距为 80cm, 宽度分别为 20μm 和 10μm 的狭缝进行准直.

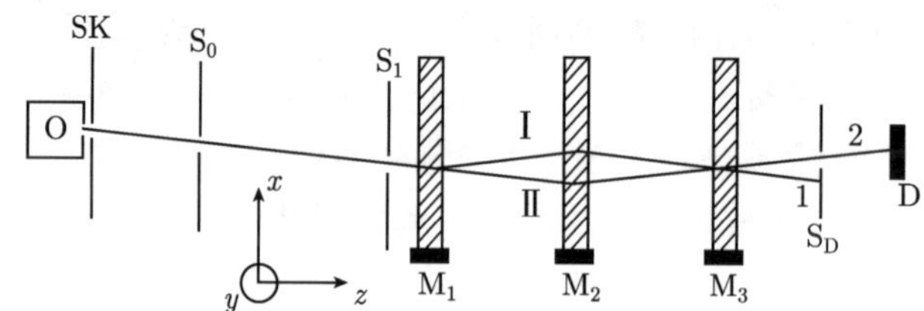

图 6.9　原子束干涉仪的示意图

锂原子束从炉子 O 出来, 通过两条缝 S_0(宽 20μm) 和 S_1(宽 10μm) 进行准直. 三列激光驻波由三面镜子 M_1、M_2、M_3 反射形成, 它们起着半反射镜 (M_1 和 M_3 形成的驻波) 或 100% 全反射镜 (M_2 形成的驻波) 的作用. 热丝检测器 D 对穿过 S_D 缝 (宽度为 30μm) 的原子计数. 沿着平行于光的传播方向 Ox 轴移动镜面 M_3, 就可改变两条原子路径 I 和 II 之间的相位差

确切地说, 这台干涉仪与上节所说的相同, 是由三列光驻波组成的, 它们的间距为 60cm. 这三列驻波是由同一台激光器发出的三束光经三面镜子 M_1、M_2 和 M_3 的反射而得到, 光波长为 $\lambda_L = 0.671\mu\text{m}$, 非常接近于锂原子光学共振波长, 但故意调离共振.

这三列驻波和中子干涉仪中三片硅薄片起着完全相同的作用. 40mW 功率的激光束送到 M_1 和 M_3 镜面上, 使驻波对原子波等效于半反射镜. 中间一列驻波 (由 M_2 产生) 接收加倍的光功率, 对于在不同地方通过的两束原子波, 它们等效于两面不同的 100%的全反射镜 (这比中子干涉仪中要更好些, 因为这里没有那么多的损失).

图上相对于 Oz 轴稍微有点倾斜的黑粗线表示原子轨迹, 或者, 也可以称作是原子波的传播线:

1) M_1 光束把原子波分裂为相对于 Oz 轴对称的两列相干波;

2) M_3 光束把 1 和 2 两路输出波重新汇合起来.

在图右边的热丝检测器对通过宽度为 30μm 的检测缝 S_D 的原子进行计数, 这条狭缝可以根据情况或以干涉仪的输出路径 1 为中心, 或以路径 2 为中心. 除非

“镜子” 不够完善, 1 和 2 两路输出的总和应当等于初始原子束的流量, 这两路输出信号是互补的.

b) 干涉的观察

在原子波的 I 和 II 两条路径之间必须建立相位差, 才能进行干涉的观察. 这里的情况要比中子情况更容易实现, 因为很容易把干涉仪的几何组态稍微作些变化, 例如, 通过垂直移动镜面 M_3, 这等效于把波腹平面移动一个长度 δx_3(它相对于 M_3 定位), 这些波腹平面是原子子波的真实的镜面. 布拉格几何组态保证了被不同波腹反射的子波之间的相位相等. 为此只要论证在第三束光波的特定波腹 V_3 上反射的两个子波就足够了.

从两个原子波矢量, 入射波 $\vec{k}_a$ 和衍射波 $\vec{k}_d = \vec{k}_a + 2\vec{k}_L$(图 6.7) 之间的矢量关系可以计算沿 I 和 II 不同路径过来在 V_3 点合并的两个子波之间的相位差 $\Phi = \varphi_{\text{II}} - \varphi_{\text{I}}$(参见注 2). 相位差随 V_3 点的位移变化的函数关系为

$$\delta\Phi = 2k_L\delta x_3 = 4\pi\delta x_3/\lambda_L = 2\pi\delta x_3/d$$

显然可以验证, 距离等于 d(波腹平面的间距) 的位移将产生 2π 的相位差. 这不会改变 I 和 II 两条路径的干涉结果, 因为这只不过是把每个波腹平面由相邻的平面所准确替代而已. 但是在这中间, 相位 Φ 走过了从相位一致的 $\Phi = N2\pi$ 到反相位的 $\Phi = \pi + N2\pi$ 中所有数值 (N 为整数).

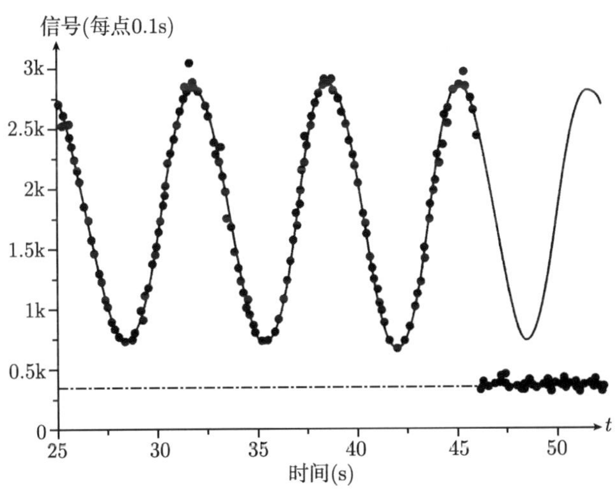

图 6.10　用图 6.9 的干涉仪得到的原子束干涉花纹记录图

M_3 镜面粘贴在压电陶瓷上, 用线性的时间扫描; 随时间线性变化的位移平行于 Ox 轴, 周期性地改变了原子束两条路径之间的相位差. (记录由图卢兹大学 “碰撞–聚集体反应” 实验室的 J. Vigue 指导下完成)

实验上, 镜面 M_3 胶接在压电陶瓷上, 可以非常精细地控制其位置, 并可极其

缓慢地用时间函数改变其位置, 使位移 δx_3 正比于走过的时间. 在线性扫描时间约 1min 的过程中, 自动记录了各为 0.1s 时间内的检测器计数. 测得的数据作为时间变量 (正比于位移 δx_3) 的函数示于图 6.10. 可以验证, 正弦函数的两个极大值之间的时间间隔约为 7s, 正好相当于波腹平面间距 d 的位移.

得到干涉花纹的衬比度为 75%, 这要求采取非常严谨的措施以保证仪器的机械稳定性, 并对整个几何组态进行严格准确的调节. 这样就无可争辩地证明了在传播过程中引导原子的原子波函数的真实性. 由于原子波长 λ_a 与光波长 λ_L 之比很小, 尽管这使布拉格角 θ_B 也很小, 以致原子取道的路径 I 和 II 之间的分离间距只有 e= 60cm×$\theta_B \approx$ 100μm, 但这仍明显比原子束的宽度要大, 后者是 20μm 数量级. 然而, 我们也不可能知道, 每个原子是从哪一条路径通过的.

关于这个实验及其概率解释, 我们所说的一切就是: 原子波引导每个原子同时通过两条路径, 我们不可能对此知道得更多. 换句话说, 根据路径 I 和 II 计算出来的波函数 ψ_1 和 ψ_2 代表了运动原子的两种可能状态, 每个原子处在两种状态的相干叠加态上, 它由 $\psi_1+\psi_2$ 表示. 这样我们就把在简单粒子上已经得到证明了的基本量子性质推广到复杂系统上来了.

这种干涉仪的实际应用在于测量非常微弱的、局域的相互作用, 我们在一条路径上施加一个附加的相位差, 干涉花纹就会明显地移动.

注 1: 在这个实验中所用的超声原子束装置要比第 2 章所描述的热扩散原子束稍微复杂一些. 包含金属蒸气的炉子里还充了惰性气体, 如氩气, 气压较高, 达到十分之几大气压 (因此炉子里氩气要比金属蒸气多得多). 这个压力使炉壁上开出的一个很小的、十分之几毫米的喷嘴中产生了高速的氩气流. 氩气流在真空中突然膨胀, 引起一种超声流动, 超声流使处于束中心的氩原子几乎具有相同的速度, 并指向同一方向. 数量很少的金属原子被这种流动所带动, 也具有同一速度, 互相之间的速度差不过 10%, 而且径向速度分量非常小.

注 2: 干涉仪两条路径上相位差 $\Phi=\varphi_{\mathrm{II}}-\varphi_{\mathrm{I}}$ 的计算. 我们已经知道, 只要计算两个特定子波之间的相位差就可以了. 它们在第一束光的波腹 V_1 上分离, 在第二束光的 $\mathrm{V}_2(x_2,z_2)$ 和 $\mathrm{V}_2'(x_2',z_2')$ 两点上经受反射之后, 而在第三束光的波腹 V_3 上重新汇合.

为了计算沿着每条路径传播的相位变化 $\varphi=\displaystyle\int_{\mathrm{V}_1}^{\mathrm{V}_3}\vec{k}\cdot\overrightarrow{\mathrm{d}r}$, 把两个波矢量 $\vec{k}_a$ 和 $\vec{k}_d$ 沿着其公共的平行于 Oz 轴的分量上进行分解是比较方便的 (图 6.7):

$$\vec{K}=\vec{k}_a+\vec{k}_L=\vec{k}_d-\vec{k}_L$$

而其平行于 Ox 轴的分量为 $\mp\vec{k}_L$, 因此有

$$\vec{k}_a\cdot\overrightarrow{\mathrm{d}r}=K\mathrm{d}z-k_L\mathrm{d}x \quad 和 \quad \vec{k}_d\cdot\overrightarrow{\mathrm{d}r}=K\mathrm{d}z+k_L\mathrm{d}x$$

因此得到

$$\varphi_{\mathrm{I}} = K(z_3 - z_1) + k_L(x_2 - x_1) - k_L(x_3 - x_2)$$

$$\varphi_{\mathrm{II}} = K(z_3 - z_1) - k_L(x_2' - x_1) + k_L(x_3 - x_2')$$

其差是

$$\Phi = \varphi_{\mathrm{II}} - \varphi_{\mathrm{I}} = 2k_L x_1 - 2k_L(x_2 + x_2') + 2k_L x_3$$

考虑到 x_2 和 x_2' 是在同一驻波系统中测量的, 我们有 $x_2' = x_2 - Nd = x_2 - N\lambda_L/2$($N$ 是整数), 考虑到 $k_L = 2\pi/\lambda_L$, 得到

$$\Phi = 2k_L x_1 + 2k_L x_3 - 4k_L x_2 + N2\pi$$

如果我们只移动 M_3, 则有 $\delta\Phi = 2k_L\delta x_3$.

小　结

本章叙述的物质粒子干涉实验 (电子、中子, 甚至原子整体) 说明需要用一种波动方程的数学形式来描述粒子束在空间的传播. 若初始的物质波可以分裂为两条不同的路径, 则这种数学形式导致一个粒子处于 $\psi_1 + \psi_2$ 态的可能性, 这是从两条路径上计算得到的两个波 ψ_1 和 ψ_2 的相干叠加态, 从而可以观察干涉花纹. 一切路径中途上的测量破坏了波的相干性, 使干涉花纹消失.

在没有外部相互作用时, 波长为 $\lambda = h/p$ 的德布罗意波可用于描述粒子束, 这只是薛定谔方程许多解中一个非常特殊的情况. 考虑到原子内部的相互作用后, 这些解就比较复杂了, 正是这些复杂解, 使我们可以在下册中用来研究原子的内部结构.

第 三 编

与原子交换角动量

第三编导论

本书前两编的全部内容都是研究与原子交换能量或动量的, 原子作为一个整体考虑, 不需要详细了解其内部结构或运动. 但当我们要说到角动量的时候, 就没这么简单了.

实际上, 把物质系统的两个基本动力学定理应用到质量为 m_n、速度为 $\vec{v}_n$、受力为 $\vec{f}_n$ 的粒子 C_n 上去的时候, 由此两定理导出的动量和角动量的作用是相当不同的. 我们对速度为 $\vec{v}_\mathrm{G}$ 的系统的质心 G(由 $\sum m_n\overrightarrow{\mathrm{GC}_n}=0$ 来定义, 径矢写为 $\vec{r}_n=\overrightarrow{\mathrm{GC}_n}$) 写下基本定理的形式是:

—— 动量:

$$\vec{p}=\sum_n m_n\vec{v}_n=\left(\sum_n m_n\right)\vec{v}_\mathrm{G}\quad\Rightarrow\quad\frac{\mathrm{d}\vec{p}}{\mathrm{d}t}=\sum_n\vec{f}_n=\vec{F}\quad\text{合力}$$

—— 相对于质心的角动量:

$$\vec{\mathcal{L}}=\sum_n\overrightarrow{\mathrm{GC}_n}\times m_n\frac{\mathrm{d}\vec{\mathrm{C}}_n}{\mathrm{d}t}=\sum_n\vec{r}_n\times m_n\vec{v}_n\quad\Rightarrow\quad\frac{\mathrm{d}\vec{\mathcal{L}}}{\mathrm{d}t}=\sum_n\vec{r}_n\times\vec{f}_n=\vec{\Gamma}\quad\text{合力矩}$$

动量定理可以研究质心 G 的运动, 而不必关心系统内部的形变, 由此可推得原子的整体位移. 相反, 角动量定理用于研究系统围绕质心的运动, 因而角动量特别关注原子内部的运动. 我们不打算详细讨论原子的内部运动, 但没有哪怕是概略地讨论一下原子的内部结构, 要谈论角动量是困难的.

1911 年的卢瑟福实验在这个领域迈出了有意义的第一步, 它研究 α 粒子穿过金属薄片时的偏转, 证明了原子核的存在. 原子核在很小的直径 (约 $10^{-15}\mathrm{m}=10^{-6}\mathrm{nm}$ 量级) 范围内聚集了原子的基本质量, 并带有电荷 $+Ze$, 和 Z 个电子的全部负电荷取得平衡 (参见附录 4).

自从发现了准点状的原子核, 从静电势能出发, 计算了原子核电荷 $Q=+Ze$ 与距离为 r 的每个电子电荷 $q=-e$ 之间的静电相互作用以后, 就有可能构建第一批现实的原子模型. 这静电势能可写为

$$W(r)=\frac{1}{4\pi\varepsilon_0}\frac{Qq}{r}=-\frac{1}{4\pi\varepsilon_0}\frac{Ze^2}{r}$$

这个规律和同样与 $1/r$ 成正比的质量引力势规律的相似性, 使我们能够把太阳系行星运动的计算结果全都推广到原子中的电子运动上来. 1913 年, 丹麦人尼尔斯 · 玻尔提出了第一个静电行星模型, 虽仅限于电子的圆轨道, 但第一次解释了氢原子的能级. ①

① 见本书下册第 13 章 X 射线谱.

后来德国人阿诺尔德 · 索末菲 (Arnold Sommerfeld) 把这个模型推广到了椭圆轨道, 并做了相对论修正. 这带来了一些新的物理思想, 特别是有关于磁矩的. 但是, 他也不可能准确地解释原子能级的实验测量结果, 这证明要准确描述原子内部的现象, 必须放弃使用经典力学.

只有用 1925 年诞生的新的量子力学和薛定谔方程, 才能理解本书下册所叙述的原子内部现象.

然而, 这行星模型表明了角动量概念在构建原子模型中的重要性, 这种重要性是被新的量子力学所充分证明了的. 在详细讨论原子内部结构之前, 似乎有必要在这第三编中说明, 实验上是如何表现与原子交换角动量的.

第 7 章　角动量与磁矩, 旋磁效应

在第三编的导论中, 我们已经提到了原子核与围绕它作行星运动的电子之间的静电相互作用; 但当电荷运动时, 它们之间还存在着磁相互作用. 与静电相互作用相比, 这些磁相互作用一般是很弱的, 在一级近似下可以忽略. 但它们与角动量有紧密联系, 这是我们在第三编中所希望讨论的.

这就是为什么我们在第 7 章要从复习磁矩开始. 磁相互作用要通过磁场来表示: 这磁场可能是由原子磁矩产生而作用于邻近原子的, 也可能是由原子外部各种运动电荷所产生、而作用于原子磁矩的. 但所有情况中, 我们都要用到磁感应矢量 $\vec{B}$, 并且不加区分地称它为磁感应或磁场. 实际上, 原子的微观电荷在真空空间中移动, 那里粒子间距离要远大于粒子本身的大小, 因而选用矢量 $\vec{H} = \vec{B}/\mu_0$ 是没有必要的.

7.1　磁矩的微观定义

7.1.1　经典磁矩概念的回顾

为了表征通过小环路电流 I 的特性, 在电磁学中已引进了磁矩矢量 (图 7.1).

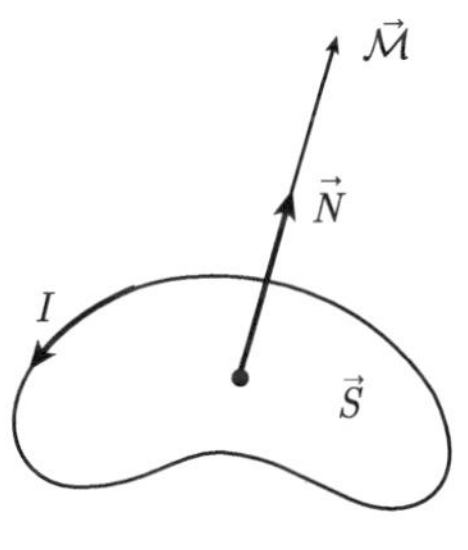

图 7.1　小电流环路

—— 其方向垂直于环路平面;

—— 其符号根据右手规则取决于环路电流的方向;

—— 其模值等于电流强度 I 与环路面积 S 的乘积.

这个定义归纳在下面公式中:

$$\vec{\mathcal{M}} = \frac{1}{\kappa} IS\vec{N} \tag{7.1}$$

其中, $\vec{N}$ 为环路平面法线的单位矢量 (其方向选择为按照右手规则围绕 $\vec{N}$ 的环路电流取向); κ 是依赖于单位制的系数. 在高斯单位制中, 这个系数等于光速 c. 高斯单位制是原子物理中常用的, 它同时采用 CGS 静电单位制中的电学单位和 CGS 电磁单位制中的磁学单位. 但在 MKSA 单位制中, $\kappa = 1$, 可以在一切公式中直接而简单地把它略去 (参见序).

磁矩矢量 $\vec{\mathcal{M}}$ 的重要性在于, 它足以 (在一级近似下) 完全决定所研究的小环路和与之相距较远的其他电流之间的相互作用:

1) 计算在距离 R 远大于环路尺寸的一点 P 上小电流环路 C 产生的磁感应场 (图 7.2).

—— 或者通过矢量势:

$$\vec{A}(\mathrm{P}) = \frac{\mu_0}{4\pi}\vec{\mathcal{M}} \times \frac{\vec{u}}{R^2} \quad \text{因而} \quad \vec{B}(\mathrm{P}) = \nabla \times \vec{A}(\mathrm{P})$$

($\vec{u}$ 是从 C 到 P 的 CP 单位矢量);

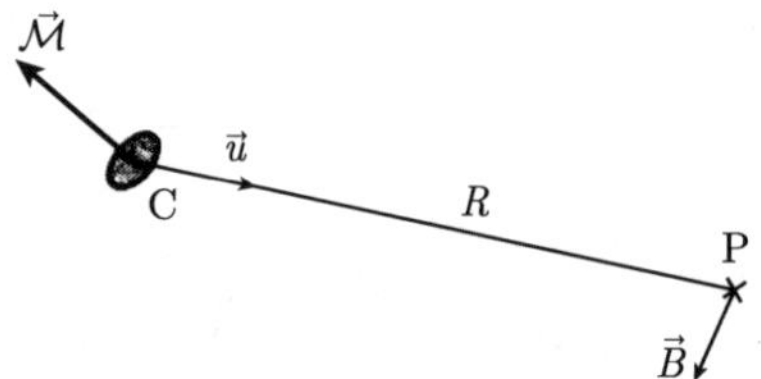

图 7.2　小电流环路产生的场

—— 或者通过膺标量势:

$$\mathcal{U}(\mathrm{P}) = \frac{\mu_0}{4\pi}\vec{\mathcal{M}} \cdot \frac{\vec{u}}{R^2} \quad \text{因而} \quad \vec{B}(\mathrm{P}) = -\nabla\mathcal{U}(\mathrm{P})$$

2) 计算小环路受到外部磁感应 $\overrightarrow{B^{\mathrm{ext}}}$ 作用时所受到的机械力, 这需要通过相互作用能:

$$W = -\vec{\mathcal{M}} \cdot \overrightarrow{B^{\mathrm{ext}}} \tag{7.2}$$

(此式在电流为常量时成立). 应用虚功方法可由此推得:

—— 作用在小环路上的合力矩 $\vec{\Gamma}$ 为

$$\vec{\Gamma} = \vec{\mathcal{M}} \times \overrightarrow{B^{\mathrm{ext}}} \tag{7.3}$$

—— 作用在小环路上的合力 $\vec{F}$, 其分量为

$$F_x = \vec{\mathcal{M}} \cdot \frac{\partial \overrightarrow{B^{\mathrm{ext}}}}{\partial x}, \quad F_y = \vec{\mathcal{M}} \cdot \frac{\partial \overrightarrow{B^{\mathrm{ext}}}}{\partial y}, \quad F_z = \vec{\mathcal{M}} \cdot \frac{\partial \overrightarrow{B^{\mathrm{ext}}}}{\partial z} \tag{7.4}$$

只有在所加磁场 $\overrightarrow{B^{\mathrm{ext}}}$ 是不均匀的情况下才会有力 $\vec{F}$ 的存在. 从这些公式出发, 考虑到膺标量势导出的场分量的导数之间的关系, 例如:

$$\frac{\partial}{\partial x}B_z^{\text{ext}} = -\frac{\partial}{\partial x}\left(\frac{\partial \mathcal{U}^{\text{ext}}}{\partial z}\right) = -\frac{\partial}{\partial z}\left(\frac{\partial \mathcal{U}^{\text{ext}}}{\partial x}\right) = \frac{\partial}{\partial z}B_x^{\text{ext}}, \quad \text{等}$$

对于类似 F_z 这样的分量, 还可得到两个等效的表达式:

$$F_z = \mathcal{M}_x \frac{\partial B_x^{\text{ext}}}{\partial z} + \mathcal{M}_y \frac{\partial B_y^{\text{ext}}}{\partial z} + \mathcal{M}_z \frac{\partial B_z^{\text{ext}}}{\partial z} = \vec{\mathcal{M}} \cdot \frac{\partial \overrightarrow{B^{\text{ext}}}}{\partial z}$$

$$F_z = \mathcal{M}_x \frac{\partial B_z^{\text{ext}}}{\partial x} + \mathcal{M}_y \frac{\partial B_z^{\text{ext}}}{\partial y} + \mathcal{M}_z \frac{\partial B_z^{\text{ext}}}{\partial z} = (\vec{\mathcal{M}} \cdot \nabla) B_z^{\text{ext}}$$

从这第二个表达式可以对三个分量求和, 得到

$$\vec{F} = (\vec{\mathcal{M}} \cdot \nabla)\overrightarrow{B^{\text{ext}}}$$

要了解更详细的结果, 可参阅电磁学经典文献.

7.1.2　对运动点电荷系统的推广

上面复习过的电磁学计算结果是在静磁假说的框架内得到的, 也就是说, 存在着稳恒电流. 我们知道, 从电荷守恒可推得方程 $\nabla \cdot \vec{j} = 0$, 这个条件是加在电流密度矢量

$$\vec{j} = \sum_n q_n \vec{v}_n$$

上的. 其中, q_n 是以速度 $\vec{v}_n$ 运动的每一点 C_n 的点电荷值, 求和遍及单位体积内所包含的全部电荷.

我们不打算把原子系统严格地纳入这个假说的框架, 因为形成行星模型的运动电荷数目太少. 但是原子是一个封闭系统, 电荷是包容在有限体积内的. 可以证明, 在这种条件下, 就时间平均值来说, 静磁假说在平均上还是成立的. 这个**平均**值计算表明, 原子的行为如同一个零电流元 (即**平均**有 $\sum_n q_n \vec{v}_n = 0$), 在上述条件下对远距离处产生的磁场作一级展开, 得到一个与带有磁矩 $\vec{\mathcal{M}}$ 的小电流环路产生的磁场相同的表达式. 对原子系统, 该磁矩是

$$\boxed{\vec{\mathcal{M}} = \frac{1}{\kappa}\sum_n \frac{1}{2}\vec{r}_n \times q_n \vec{v}_n} \tag{7.5}$$

$\vec{r}_n = \overrightarrow{\mathrm{OC}_n}$ 是从原点 O 到电荷 C_n 处的径矢. 考虑到 $\sum_n q_n \vec{v}_n = 0$, 可以证明, $\vec{\mathcal{M}}$ 与为了计算而选取的原点 O 无关, 它称为电荷系统的磁偶极矩, 简称磁矩. 在点电荷系统情况下, 它起着与小电流环路情况中定义的磁矩矢量同样的作用.

不要忘记, 这是对数量级相当于轨道运动周期的时间内算得的平均值而言的. 然而, 若论证的是对时间的平均值, 那么, 把原子与外部的磁相互作用归结为磁矩

的作用是合理的. 全面论证可参阅较深的电磁学教程, 这里我们只就平面电流的特殊情况, 证明两种磁矩定义的等价性.

我们要通过把组成电路铜线内运动的全部电荷求和来计算矢量 $\kappa\vec{\mathcal{M}} = \frac{1}{2}\sum_n \vec{r}_n \times q_n\vec{v}_n$. 为此, 把环路相继分割成长度为 $\mathrm{d}l$ 的小线元 (图 7.3), 对每一个小线元中的所有电荷, $\vec{r}_n$ 实际上都是一样的. 先对小线元 $\mathrm{d}l$ 内的所有电荷求和:

$$\sum_{\mathrm{d}l内} \frac{1}{2}\vec{r}_n \times q_n\vec{v}_n \approx \frac{1}{2}\vec{r} \times \left(\sum_{\mathrm{d}l内} q_n\vec{v}_n\right) = \frac{1}{2}\vec{r} \times I\overrightarrow{\mathrm{d}l}$$

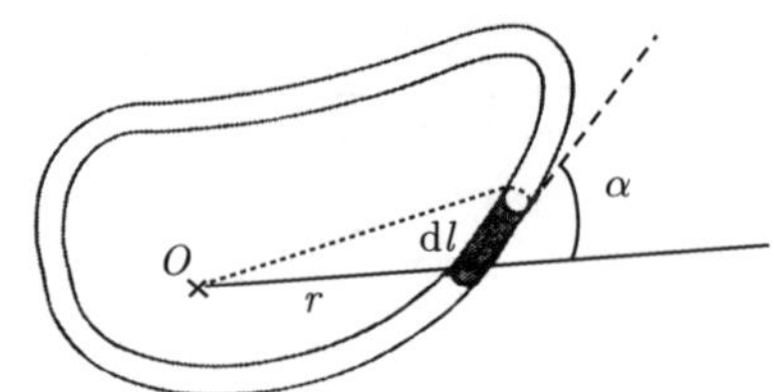

图 7.3 电流环路与运动点电荷的等价性

然后要对各不同的小线元 $\mathrm{d}l$ 求和:

$$\kappa\vec{\mathcal{M}} = \sum \text{每个小线元 } \mathrm{d}l \text{ 的贡献 } = \oint \frac{1}{2}\vec{r} \times I\overrightarrow{\mathrm{d}l} = \frac{I}{2}\oint \vec{r} \times \overrightarrow{\mathrm{d}l}$$

矢量积 $\vec{r} \times \overrightarrow{\mathrm{d}l}$ 总是指向环路平面的法线方向, 即单位矢量 $\vec{N}$ 方向; 矢量和就简化为代数和. 矢量元的模可用环路的切线与径矢组成的角 α 来描写 (图 7.3):

$$\left|\vec{r} \times \overrightarrow{\mathrm{d}l}\right| = r\mathrm{d}l\sin\alpha = 2\mathrm{d}S$$

$\mathrm{d}S$ 是两个矢量 $\vec{r}$ 和 $\overrightarrow{\mathrm{d}l}$ 组成的三角形的面积. 对系统积分后得到 $\kappa\vec{\mathcal{M}} = IS\vec{N}$. 我们又得到了上述的等价性.

同样, 作为一个特例, 我们计算单一电荷 q 以速度数值 $v = 2\pi r/T$(T 为轨道运动的周期) 做圆轨道运动情况下的磁矩. 在这种情况下, $\vec{r}$ 和 $\vec{v}$ 是互相垂直的, 有

$$\kappa\left|\vec{\mathcal{M}}\right| = \frac{q}{2}rv = \frac{q}{T}\pi r^2 = \frac{q}{T}S$$

每经时间 T 后, 电荷 q 又重新通过同一地点, 因此完全等效于一个电流强度 $I = q/T$. 在此特殊情况下, 我们又得到了两种磁矩表达式的等价性.

7.2 旋磁比和拉莫尔进动

7.2.1 旋磁比

这个在全部原子物理学中推广了的磁矩新定义, 使我们立即可以引进一个旋磁

比的基本概念. 在第三编的导论中我们通过回顾角动量矢量 $\vec{\mathcal{L}}$ 的定义, 事实上就一目了然地看出了角动量和磁矩这两个矢量积的相似性. 假如我们以原子的质心 G 为原点对它们进行计算, 而只有全都带有相同质量 m_e 和电荷 q_e 的电子在运动, 我们有

$$\vec{\mathcal{L}} = m_e \sum_n \vec{r}_n \times \vec{v}_n \quad \text{和} \quad \vec{\mathcal{M}} = \frac{q_e}{2\kappa} \sum_n \vec{r}_n \times \vec{v}_n \quad \Rightarrow \quad \boxed{\vec{\mathcal{M}} = \frac{q_e}{2m_e\kappa}\vec{\mathcal{L}} = \gamma\vec{\mathcal{L}}} \tag{7.6}$$

其中, $\gamma = q_e/2m_e\kappa$ 是原子系统的旋磁比 (严格说, 它应当叫做磁旋比). 这是一个代数公式: 电子电荷是负的 ($q_e = -e$), 磁旋比 γ 也是负的. 这就是说, 电子的磁矩矢量 $\vec{\mathcal{M}}$ 和其角动量矢量 $\vec{\mathcal{L}}$ 的方向相反 (图 7.4). 这两个矢量的方向共线性和数值正比性有着重要的后果, 现在我们要对此展开讨论.

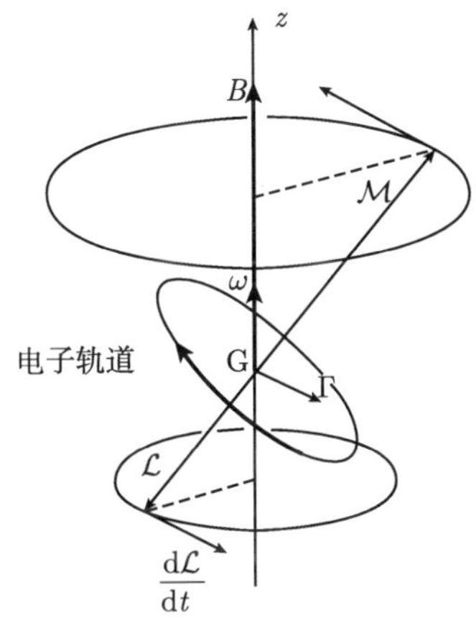

图 7.4　拉莫尔进动

7.2.2　均匀磁场的作用, 陀螺仪效应

在 7.1.1 节中我们回顾了一般情况下描述磁场 $\vec{B}$ 对磁矩 $\vec{\mathcal{M}}$ 作用的公式, 在 7.1.2 节中解释了它们对局限于一个体积内的电荷系统的应用. 设在原子大小尺度内磁场 $\vec{B}$ 是均匀的, 作用在质心 G 上的合力 $\vec{F}$ 为零, 磁场 $\vec{B}$ 的平均效果就简化为一个合力矩 $\vec{\Gamma}$, 它作用在围绕质心 G 的运动上; 利用公式 (7.3), 我们可以在这 G 点上写下角动量定理:

$$\frac{d\vec{\mathcal{L}}}{dt} = \sum_n \overrightarrow{GC_n} \times \vec{f}_n = \vec{\Gamma}(G) = \vec{\mathcal{M}} \times \vec{B}$$

上式两边各乘以旋磁比 γ, 考虑到电子的角动量 $\vec{\mathcal{L}}$ 与磁矩 $\vec{\mathcal{M}}$ 成正比, 我们得到

$$\frac{\mathrm{d}\vec{\mathcal{M}}}{\mathrm{d}t} = \gamma\frac{\mathrm{d}\vec{\mathcal{L}}}{\mathrm{d}t} = \gamma\vec{\mathcal{M}}\times\vec{B} = (-\gamma\vec{B})\times\vec{\mathcal{M}} = \vec{\omega}\times\vec{\mathcal{M}} \quad \text{其中} \quad \boxed{\vec{\omega} = -\gamma\vec{B}} \tag{7.7}$$

$\vec{\mathcal{M}}$ 矢量的导数与磁场 $\vec{B}$ 垂直. 这就是说, 矢量 $\vec{\mathcal{M}}$ 是沿着垂直于作用在它身上的、由磁力矩 $\vec{\Gamma}$ 引起的力的方向而移动的, 这正好与磁针相反, 后者在同样力的作用下趋向于沿磁场方向取向. 从这里发现了一个很容易实验的经典陀螺仪性质: 在陀螺仪的轴上作用一个力时, 这个轴沿垂直于该作用力的方向移动.

上述方程告诉我们, 矢量 $\vec{\mathcal{M}}$ 会作转动, 其转动矢量 $\vec{\omega}$ 是平行于磁场 $\vec{B}$ 的. 因为 γ 是负的, 矢量 $\vec{\omega}$ 与磁场 $\vec{B}$ 方向相同, 这个围绕 $\vec{B}$ 转动的方向遵从右手螺旋规则. 我们所做的计算类似于陀螺仪轴的进动. 这就是为什么通常把矢量 $\vec{\mathcal{M}}$ 在磁场作用下的转动叫做 "进动", 更确切地说, 是把它冠以首先研究这个问题的物理学家的名字, 叫做 "**拉莫尔进动**".

总之, 磁场的作用不是让它取向, 而是让原子磁陀螺仪围绕着它转动.

从旋磁比 γ 的理论表达式可以算得拉莫尔进动频率的数值:

$$\boxed{\nu_{\text{Larmor}} = \frac{|\omega|}{2\pi} = \frac{|\gamma|}{2\pi}B = \frac{e}{4\pi\kappa m_e}B} \tag{7.8}$$

$$B = 1\text{G} = 10^{-4}\text{T}(\approx \text{地球磁场}) \quad \Rightarrow \quad \nu_{\text{Larmor}} = 1.4\times10^{6}\text{s}^{-1} = 1.4\text{MHz}$$

$$B = 1\text{T}\ (\text{大电磁铁的磁场}) \quad \Rightarrow \quad \nu_{\text{Larmor}} = 1.4\times10^{10}\text{s}^{-1} = 14\text{GHz}$$

注 1: 在 7.1.2 节中我们看到, 只有对时间平均值来说, 用磁矩来描述原子内电子的行星运动才是正确的; 这个平均只有在沿轨道转动期间磁效应很弱时才有效. 在拉莫尔进动情况下这是得到了证明的, 因为拉莫尔进动的频率远低于行星模型中轨道运动的频率, 后者可算得为 10^{15}s^{-1} 量级 ①.

注 2: 我们要提醒, 拉莫尔进动只能个别地应用于每个围绕着不同质心转的原子, 因为在每种情况中它都涉及本身的原子核. 每个原子在其固有坐标系中运动, 因此不会与磁针的移动造成矛盾, 它是沿着磁场取向的: 实际上, 磁针涉及磁体中互相结合的原子质心系统的整体移动, 这里必须考虑比电子大千倍的原子核质量.

7.3 顺磁性与弛豫

存在着各种不同的、其中原子角动量起着作用的磁介质. 自发磁化介质, 或永磁体, 在日常生活中广为流行, 但对它们的细致解释却比较复杂, 因为它建立在介质中邻近原子之间相互作用的基础上, 关系到固体物理.

① 见本书下册的 "玻尔模型" 一章.

我们关心受外加磁场磁化的介质, 因为磁场的变化可以对原子的角动量起作用. 在铁磁或亚铁磁介质中, 邻近原子的相互作用还是比较大的; 尽管如此, 仍能实现测量角动量整体变化的实验. 我们将对顺磁介质作比较详细的解释, 那里带有磁矩的原子或分子彼此相距甚远, 因而它们之间的相互作用实际上可以忽略. 这可以是在气体、溶液, 或在带磁矩的原子或分子的浓度足够低的复合固体介质中. 最后, 还存在抗磁介质, 那里所有单个原子或分子都不带磁矩. 但是在外磁场作用下它们仍能产生微弱的磁化, 并且方向是与外场相反的 (与上面说的介质相反), 这可由这些原子或分子的内部结构有轻微变化来解释. 对此我们不打算在这里进行讨论.

当我们进行磁测量时, 可以考虑:

—— 或样品整体的磁矩 $\vec{\mathcal{M}}_{\text{样品}} = \sum_n \vec{\mathcal{M}}_n$(求和遍及整个样品);

—— 或**磁化强度**$\vec{M} = \sum_n \vec{\mathcal{M}}_n$(对单位体积求和), 已知样品体积为 V, 可由此推得: $\vec{\mathcal{M}}_{\text{样品}} = \vec{M}V$(因此 $\mathcal{M}_{\text{样品}}$ 和 M 的量纲不同, 我们注意到, $\mu_0\vec{M}$ 与 $\vec{B}$ 有相同量纲).

从 7.1.1 节的 (7.2) 式看到, 磁矩 $\vec{\mathcal{M}}$ 和磁场 $\vec{B}$ 之间的相互作用能等于一个标量积: $W = -\vec{\mathcal{M}} \cdot \vec{B} = -\mathcal{M}_z B$, $\mathcal{M}_z$ 是矢量 $\vec{\mathcal{M}}$ 在磁场方向 Oz 上的分量, 也称为纵向分量. 在拉莫尔进动中, 纵向分量保持恒定, 因此, 磁场与孤立原子之间的相互作用能也保持不变.

只有第三个元素的加入才会使这种状态发生变化. 这是因为: 这种状态一方面是与总能量守恒相容的; 另一方面, 它也是角动量 (Oz 分量) 守恒的.

物质内相邻原子间的微观相互作用才能改变原子磁子的取向. 在气体情况中, 这种相互作用由气体内原子之间的碰撞、或原子与容器器壁的碰撞产生; 在计算这种碰撞的平衡中考虑了蒸气原子的动能. 在固体情况下, 邻近原子之间的相互作用是持久的, 因为原子都是保持在晶格结点上的; 事实上, 原子是围绕着它们的平衡位置作振动的, 这种振动逐步传播, 保存着能量: 这就是物质中贮存的热.

这种热骚动现象遵从热力学的统计规律. 根据热平衡的玻尔兹曼定律, 沿着确定方向取向的原子数正比于函数: $\exp(-W/k_BT) = \exp(+\mathcal{M}_zB/k_BT)$($k_B$ 为玻尔兹曼常量; T 为热力学温度).

在热平衡下, 带有与磁场 $\vec{B}$ 方向相同的纵向分量 $\mathcal{M}_z$ 的原子要比其他原子数目多, 其结果是介质有一个指向磁场 $\vec{B}$ 方向的总体磁化. 这样就解释了顺磁现象 (顺着外加磁场方向上的感生磁化). 1905 年, 朗之万对此现象做了精确计算, 得到了顺磁体的磁化率 ①. 在下一章中我们将指出量子假说怎样改变了朗之万的计算.

设想突然改变磁场, 必须建立新的平衡, 其中原子磁子的取向也会变化. 但是

① C. Coulon, S. Le Boiteux, P. Segonds. 1997. 热力学, 教程的复习、练习和习题修订本, Dunod 出版社.

上面我们指出过, 实现热平衡的相互作用过程不是瞬间起作用的. 新的平衡不是立即就能建立起来的, 而是有一个渐进的演化过程. 我们把这个到达新的热平衡的逐渐演化过程称为弛豫现象.

这个演化过程是大量个别微观现象的结果, 这微观现象遵从随机规律. 因此可以预期, 它会遵从表征偶然现象特性的时间函数的指数规律 (参见放射性寿命、激发态寿命, 等).

假设平衡时磁化强度 $\vec{M}_{\rm eq}(B,T)$ 取决于以磁场 B 和热力学温度 T 为函数的玻尔兹曼定律. 并设在 t 瞬间介质的实际磁化为 $\vec{M}(t)$. 令 $M(t)$ 和 $M_{\rm eq}$ 为 $\vec{M}(t)$ 和 $\vec{M}_{\rm eq}$ 在某个方向上的分量. 实际值 $M(t)$ 与平衡值 $M_{\rm eq}$ 之间的相对偏差随着时间 $\mathrm{d}t$ 的增长而成比例地减少, 有

$$\boxed{\frac{\mathrm{d}[M(t)-M_{\rm eq}]}{M(t)-M_{\rm eq}}=-\frac{1}{\tau}\mathrm{d}t}\quad \text{(对每个分量)} \tag{7.9}$$

或对时间积分, 有 $M(t)-M_{\rm eq}=[M(0)-M_{\rm eq}]\exp(-t/\tau)$.

这个演化中的时间常量 τ 称为弛豫时间, 它可在各种实验中测量. 完成测量就提供了关于介质内微观相互作用的有用信息. 凭上述简单的指数规律就足以理解多数情况下观察到的实验现象, 但也存在着某些情况, 随时间变化的函数关系比较复杂.

根据所研究磁矩的类型 (特别是电子或核的) 和所嵌入的材料介质 (固体、液体或气体) 不同, 测得的弛豫时间数量级差别极大：它们可以比微秒短得多, 也可以比小时长得多.

总之, 顺磁效应是在原子集体上测得的一种整体效应, 产生于原子磁矩沿外加磁场 $\vec{B}$ 方向上的优势取向. 这个整体效应是作用在个别原子上的每一效应的合成, 这里包括：

—— 引起拉莫尔进动的外加磁场 (陀螺仪效应, 其每个分量 $\mathcal{M}_z$ 是恒量);

—— 随机的弛豫过程, 能使磁矩的纵向分量 $\mathcal{M}_z$ 发生变化.

对细致分析、深入理解磁场中的各种实验, 这些概念是很重要的, 对此我们将在本章后面加以叙述, 因为它们是旋磁比概念的实验基础.

注： 在大多数情况下可以清晰地区别沿着 Oz 轴的、平行于磁场 B 的纵向磁化分量 $\mathcal{M}_z$ 和垂直于磁场、沿着 Ox 和 Oy 轴的横向分量 $\mathcal{M}_x$ 和 $\mathcal{M}_y$. 实际上, 改变纵向分量 $\mathcal{M}_z$ 会伴随着能量的变化, 而 $\mathcal{M}_x$ 和 $\mathcal{M}_y$ 则不同; 改变 $\mathcal{M}_z$ 和改变 $\mathcal{M}_x$ 与 $\mathcal{M}_y$ 不一定是同一类过程. 因此常常测量两个不同的弛豫时间：关于纵向分量 $\mathcal{M}_z$ 的纵向弛豫时间 τ_1 和关于横向分量 $\mathcal{M}_x$ 与 $\mathcal{M}_y$ 的横向弛豫时间 τ_2. 但是后面我们对 τ_1 和 τ_2 不加区别.

7.4　爱因斯坦–德哈斯实验: 改变磁化强度引起的旋转

7.4.1　实验原理

这是一个 1908 年由理查森 (Richardson) 提出建议、1915 年完成的实验*. 它建立在下述思想基础上: 为解释顺磁体或铁磁体的磁性, 假设它们的原子或分子具有磁矩. 设想这些磁矩在空间各方向上的取向是杂乱的, 样品的总磁化强度为零. 但当它们受到一个外加磁场作用的时候, 原子磁矩就趋向于沿着这个优势方向, 各磁矩矢量的总和就不再为零, 样品就有一个非零的总磁矩: $\vec{\mathcal{M}}_{样品} = \sum \vec{\mathcal{M}}_{原子} \neq 0$. 根据 7.2 节 (旋磁比), 原子磁矩的这个优势方向伴随着原子角动量 $\vec{\mathcal{L}}_{原子}$ 也存在的一个优势方向, 因此它们的矢量和也不等于零. 就是说, 现在原子内部电子微观运动在整体上相当于一个非零的总角动量: $\vec{\mathcal{L}}_{\rm el} = \sum \vec{\mathcal{L}}_{原子} = \dfrac{1}{\gamma}\sum \vec{\mathcal{M}}_{原子} = \dfrac{1}{\gamma}\vec{\mathcal{M}}_{样品}$.

在研究质点系统力学中, 我们要区别:

- 原子内部相对于每个原子质心 G 坐标的**电子的微观运动**. 矢量 $\vec{\mathcal{L}}_{\rm el}$ 是每个原子相对于自己的质心计算得到的角动量 $\vec{\mathcal{L}}_{原子}$ 的总和.
- 相对于实验室坐标系的**原子质心的运动**. 原子之间相互结合成为固体, 它们的运动整体组成**固体的运动**. 就是说, 是实验可以观察的宏观尺度的运动. 我们称 $\vec{\mathcal{L}}_{固体} = I\vec{\Omega}$ 为相应的固体角动量 (I 是转动惯量, $\vec{\Omega}$ 为瞬时转动矢量).

根据角动量相加规则, 在绝对坐标系 (此处为实验室坐标系) 质点系统的总角动量等于下面几项之和:

1) 与质心 G 相联系的坐标系中相对于质心的角动量 (围绕 G 的相对运动);

2) 假设系统的全部质量集中在质心 G 时, 在绝对坐标系中算得的角动量 (坐标系旋转的牵动).

我们把这个规则分别应用于每个原子系统, 然后对固体中所有原子求和; 由此根据上述定义导出整个宏观体系的总角动量等于两者之和:

$$\vec{\mathcal{L}}_{\rm el} + \vec{\mathcal{L}}_{固体}$$

另一方面, 涉及角动量时, 整个体系的行为如同一个孤立系统. 实际上从外部对整个体系施加的作用就是磁场 $\vec{B}$ 的作用; 对整个体系的角动量定理写成:

$$\frac{\rm d}{{\rm d}t}(\vec{\mathcal{L}}_{\rm el} + \vec{\mathcal{L}}_{固体}) = \vec{\Gamma} = \vec{\mathcal{M}}_{样品} \times \vec{B} = 0$$

* 实验由爱因斯坦和德哈斯完成, 这种由磁化变化引起转动的现象称为 “爱因斯坦–德哈斯效应”.
——译者

因为样品的总磁矩 $\vec{\mathcal{M}}_{\text{样品}}$ 总是平行于磁场 $\vec{B}$ 的. 由此推得, 如同在孤立系统中一样, 总角动量是常量:

$$\vec{\mathcal{L}}_{\text{el}} + \vec{\mathcal{L}}_{\text{固体}} = \text{常量}$$

因此磁化开始瞬间非零电子角动量 $\vec{\mathcal{L}}_{\text{el}}$ 的出现应当伴随着可观察的固体角动量 $\vec{\mathcal{L}}_{\text{固体}}$ 的变化. 设开始的零瞬间, 固体不动, 且是无磁的:

$$\vec{\mathcal{L}}_{\text{el}}(0) = 0 \quad \text{和} \quad \vec{\mathcal{L}}_{\text{固体}}(0) = 0$$

稍后时刻 t, 磁化传给它一个非零角动量:

$$\vec{\mathcal{L}}_{\text{固体}}(t) = -\vec{\mathcal{L}}_{\text{el}}(t) = -(1/\gamma)\vec{\mathcal{M}}_{\text{样品}}$$

就是说, 它开始运动了. 这就是下面所说的实验中我们要验证的, 其力学类比由下面注 1 来解释 (图 7.5).

注 1: 对这个现象可以给出一个纯力学的类比. 一个人举着转动着的陀螺登上一个可以绕着 Oz 轴自由转动的平台. 开始时平台是不动的 (图 7.5(a)), 而陀螺的轴是在水平方向上.

当那个人把陀螺的轴转到垂直方向的时候 (图 7.5(b)), 平台就朝着和陀螺相反的方向转动, 以使总角动量的垂直分量保持为零.

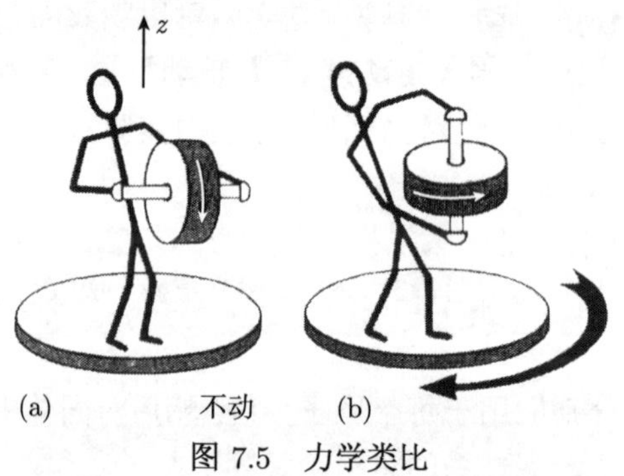

图 7.5　力学类比

磁化体产生的也是同样的效应: 原子组成的大量小陀螺代替大陀螺, 磁场在弛豫过程帮助下起着改变陀螺取向的人的作用.

注 2: 我们单纯地从角动量守恒定律出发进行了论证, 而我们没有尝试用能量守恒定律, 因为磁化的平衡要借助于弛豫过程才能达到, 而总的能量平衡涉及的不仅是磁相互作用能, 还涉及热骚动能, 即物质贮存的热量.

7.4.2　冲击运动实验的实现

磁化介质是一根圆棒, 带有竖直轴 Oz, 用扭转常数为 C 的细丝悬挂起来 (图 7.6). 相对于其转轴的棒的转动惯量为 $I = mr^2/2$(m 为棒的质量, r 为其半径). 如果把棒从它的平衡位置旋转起来, 它将以周期 $T = 2\pi\sqrt{I/C}$ 作交替转动, 其转角随时间 t 变化的函数关系遵从这个规律: $\varphi(t) = \varphi_0 \sin\sqrt{C/I}t$, 这里我们忽略了振荡阻尼.

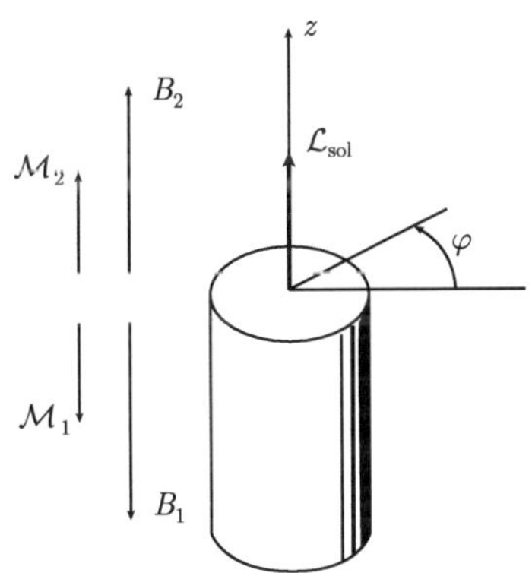

图 7.6　爱因斯坦–德哈斯实验

开始时, 圆棒受到向下的磁场 $\vec{B}_1$ 的作用, 得到一个总磁矩 $\vec{\mathcal{M}}_1$. 它是不动的, 即系统的总角动量为 $\vec{\mathcal{L}}_{\text{el}} = (1/\gamma)\vec{\mathcal{M}}_1$.

突然把磁场电流反向, 即改变磁场和磁矩的方向:

$$\vec{B}_2 = -\vec{B}_1 \quad 和 \quad \vec{\mathcal{M}}_2 = -\vec{\mathcal{M}}_1$$

电子的角动量变成: $\vec{\mathcal{L}}_{\text{el}} = (1/\gamma)\vec{\mathcal{M}}_2 = -(1/\gamma)\vec{\mathcal{M}}_1$. 为了保证总角动量守恒, 固体要得到的角动量为

$$\boxed{\vec{\mathcal{L}}_{固体} = -\delta\vec{\mathcal{L}}_{\text{el}} = 2(1/\gamma)\vec{\mathcal{M}}_1 = I\vec{\Omega}} \tag{7.10}$$

(选择起始磁化状态的方向相反是为了使效应加倍).

上述最后一式是一个带有瞬时转动矢量 $\vec{\Omega}$ 和相对于瞬时旋转轴的转动惯量 I 的固体角动量的普遍公式, 轴的取向决定于按右手螺旋规则绕轴运动的方向. 沿轴旋转角速度的代数值为 $\Omega = \mathrm{d}\varphi/\mathrm{d}t$. (注意, 我们已保留用符号 Ω 来表示圆棒的宏观角速度. 不要把它和原子水平的微观转动的 ω, 或者与正弦运动的本征角频率 $\sqrt{C/I}$ 弄混.)

因此, 磁场反向给圆棒传递了一个代数角速度 $\Omega_0 = 2\mathcal{M}_1/\gamma I$(在图中 $\mathcal{M}_1$ 与 γ 一样是负的, 而 Ω 则是正的). 圆棒在一个准瞬态的冲击下开始转动, 其方式如同冲击电流计一样.

圆棒以振幅 φ_0 做振荡, φ_0 决定于初始角速度:

$$\Omega_0 = \left(\frac{\mathrm{d}\varphi}{\mathrm{d}t}\right)_{t=0} = \varphi_0\sqrt{\frac{C}{I}} \quad \Rightarrow \quad \varphi_0 = \Omega_0\sqrt{\frac{I}{C}} = \frac{2\mathcal{M}_1}{\gamma\sqrt{IC}} \tag{7.11}$$

旋转方向的符号可用来验证 γ 的负号. 从振幅 φ_0 测量可以推得 γ 的数值.

7.4.3 持续振荡的实验

可以通过多次相继加入冲击的办法来显著加大偏转的振幅. 在半个周期以后, 圆棒再次以反方向通过它的平衡位置. 如果选择在这个瞬间把磁场再次来一个翻转 (回到初始值 B_1), 给圆棒一个与第一次相反的冲击, 但因为角速度改变了方向, 这新的冲击会增加角速度的数值, 从而增加了振荡的振幅. 如果每次通过平衡位置时再来一次磁场反向, 圆棒受到所有这些一正一反交替施加的冲击, 其效果相加就会使振荡的振幅增大.

至此, 我们忽略了振荡的自发阻尼. 这种阻尼使速度损失, 随着运动振幅的增大而愈加严重. 当一次冲击得到的速度增大正好被半周期内自发阻尼引起的速度减小所补偿时, 过程就稳定了. 这样就建立了持续振荡的稳定状态, 可以计算其振幅.

若考虑到阻尼, 在没有外力的情况下, 即两次冲击之间, 扭摆的自发运动可描写为

$$\varphi(t) = \varphi_0 \exp(-t/\tau) \sin \sqrt{C/I}t$$

其中, 阻尼时间常量 τ 要比周期 T 长. 现在我们要考虑其绝对值. 通过平衡点的角速度为: $|\Omega_0| = \varphi_0\sqrt{C/I}\exp(-t/\tau)$ (对所有时刻 $t = NT/2$, N 为整数).

相继两次通过平衡点的时间间隔为 $T/2$, 其间的速度降低为

$$|\delta\Omega_0| = \varphi_0\sqrt{C/I}[1 - \exp(-T/2\tau)] \approx \varphi_0\sqrt{C/I}(T/2\tau)$$

当这个速度损失正好被磁场反转引起的加大所补偿的时候, 建立了稳态, 有

$$|\delta\Omega_0| = \frac{1}{I}\left|\delta\vec{\mathcal{L}}_{固体}\right| = \frac{1}{I}\left|\frac{2\mathcal{M}_1}{\gamma}\right|$$

让这两个 $|\delta\Omega_0|$ 相等, 得到

$$\varphi_0 = \frac{2\tau}{T}\frac{1}{\sqrt{IC}}\left|\frac{2\mathcal{M}_1}{\gamma}\right| \tag{7.12}$$

与简单的冲击法 (7.11) 式相比, 振幅要乘以 $2\tau/T$, 因此测量的灵敏度也增加了. 这是一个仍被专门磁学实验室使用的测量旋磁比的方法.

注: 上式中把周期用 $T = 2\pi\sqrt{I/C}$ 来替代, 可以得到一个既没有周期、也没有扭转常数的公式: $\varphi_0 = (2\tau/\pi I)\,|\mathcal{M}_1/\gamma|$.

圆棒的体积 V 同时出现在磁矩 $\mathcal{M}_1$ 和转动惯量 I 中: $\mathcal{M}_1 = VM$. 其中, M 是介质的磁化强度. $I = mr^2/2 = \rho Vr^2/2$. 其中, ρ 是介质的密度. 由此推得: $\varphi_0 = (4\tau/\pi\rho r^2)\,|M/\gamma|$.

扭摆的阻尼越慢 (τ 越长)、磁棒越细 (r 越小), 这个效应越强.

在软铁中, 可得磁感应 $B \approx 12\,000\text{G}=1.2\text{T}$. 由此可得磁化强度 $M \approx B/\mu_0$. 若磁棒半径 r 为几毫米, 阻尼常数为几分钟, 可算得振幅 φ_0 为几十度.

7.4.4　测量结果与结论

相对于通常在磁学问题中起作用的力来说, 对应于这种磁化反向的力学效应是微弱的, 因此必须十分小心地去消除各种寄生力的影响以使这类实验得到有价值的结果. 历史上在解释一些早期的测量中曾发生过某些混乱, 不过严格的控制可使一切疑惑都被化解. 从这些实验可得到下面结论:

- 证实了旋磁效应的存在, 因此, 磁化的变化会引起角动量的变化, 表现为宏观的旋转;
- 证实了旋磁比 γ 的符号是负的;
- 证实了旋磁比所期待的数量级;
- 然而旋磁比的精确数值与理论计算 $\gamma = q/2m\kappa$ 得到的数值不符. 经常发现大一倍的测量值.

这种测量也表明, 原子磁性还有比单纯的电子轨道运动更复杂的其他成因, 而我们这里只局限于讨论这些简单原因, 第 10 章里我们还要再来讨论这些问题 (注意, 为了得到高灵敏度, 这些旋磁实验一般是在磁化特别强的铁磁体这类特殊材料上完成的).

7.5　巴尼特实验: 由旋转运动引起的磁化

爱因斯坦–德哈斯实验使我们得以观察到因固体磁化的变化而引起的旋转运动. 巴尼特 (Barnett) 实验可以说是它的逆效应: 观察由强制转动引起的固体磁化. 然而这个新实验的确切解释却有点颇费周折. 它建立在 7.2 节所指出的原子和陀螺仪之间相似性的基础上.

当一个陀螺仪通过它的质心被悬挂起来的时候 (例如, 如图 7.7 所示悬挂在万向节上), 在没有任何力作用在它的转动轴上时, 不管用什么方式移动支架, 都不会改变这个转动轴相对于绝对轴的方向; 这是陀螺仪的基本特性之一. 当一个固体以角速度 Ω 转动的时候, 原子的质心也跟着转动; 然而, 相对于绝对轴, 原子陀螺仪的转轴应当保持在一个固定方向. 而在此问题中, 可以认为这个绝对轴就是实验室坐标轴.

设想我们处于**固定在固体上的旋转坐标系中**, 在这个新坐标系中, 固体是不动的, 但是原子陀螺仪的转轴以相反方向的宏观角速度 $-\Omega$ 旋转. 一个原子相对于其

质心的角动量导数由通常转动公式给出:

$$\left[\frac{\mathrm{d}\vec{\mathcal{L}}}{\mathrm{d}t}\right]_{\substack{\text{旋转}\\ \text{坐标系}}} = (-\vec{\Omega}) \times \vec{\mathcal{L}} = \vec{\mathcal{L}} \times \vec{\Omega} = \frac{\vec{\mathcal{M}}}{\gamma} \times \vec{\Omega} = \vec{\mathcal{M}} \times \frac{\vec{\Omega}}{\gamma}$$

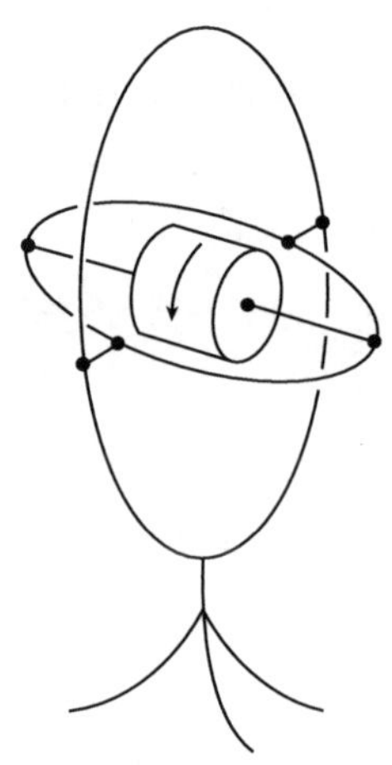

图 7.7　陀螺仪悬挂在万向节上

把上式与磁场效应的 (7.7) 式 $\mathrm{d}\vec{\mathcal{L}}/\mathrm{d}t = \vec{\Gamma} = \vec{\mathcal{M}} \times \vec{B}$ 相比较, 原子陀螺仪转轴的运动与磁场 $\vec{B}$ 作用引起的拉莫尔进动完全一致.

在 7.3 节我们已看到, 角速度为 ω 的拉莫尔进动和弛豫过程的同时作用导致了顺磁效应, 即磁矩沿磁场方向优势取向.

在目前情况下, 总是用固定在固体上的坐标系进行论证, 则原子陀螺仪的轴或原子磁轴受到:

—— 以角速度为 $-\Omega$ 的转动, 因而产生磁场 $\vec{B} = \vec{\Omega}/\gamma$;

—— 通常的弛豫力, 假定是用固定在固体上的坐标系来观察弛豫现象的, 则它与坐标系的运动无关 (考虑到与微观转动的角速度 ω 相比, 宏观转动的角速度 Ω 很小, 在一级近似下这在某种程度上是合理的).

上述两种效应同时作用的结果造成顺磁效应, 即介质必须像在磁场 $\vec{B}$ 作用下那样取得同样的磁化, 这磁场为

$$\boxed{\vec{B} = \vec{\Omega}/\gamma} \tag{7.13}$$

(也能引起同样的旋转运动).

实验是由巴尼特在 1914 年完成的 (即在爱因斯坦–德哈斯实验之前). 他使用了圆柱形磁棒, 并让它围绕着它的转轴 Oz 旋转. 磁棒选得又长又细, 以消除其两

端磁化不均匀现象. 用距磁棒不远处产生的磁场来检验它的磁化强度 M. 这样, 在给定角速度 Ω 下, 他测量了磁化 M; 然后研究了必须在什么样的磁场 B 作用下才能使不动磁棒得到同样的磁化强度 M; 由此推得 $\gamma = \Omega/B$.

因为效应非常小, 测量是颇费周折的: 为了得到已是十分快速的转动, 每分钟 6000 转, 即旋转频率为 $\Omega/2\pi = 100\text{Hz}$, 假定旋磁比为正常值 $(\gamma/2\pi = 1.4\text{MHz/G})$, 可算得表观磁场为 $B = \Omega/\gamma = 0.7\times10^{-4}\text{G}$. 必须补偿磁场和仔细修正装置转动引起的寄生效应, 才能从这类实验得到有效的测量.

然而巴尼特还是完成了这个实验, 并从该实验得到了完全类似于上节讲述的爱因斯坦–德哈斯实验的结论:

—— 存在着陀螺仪效应;

—— 旋磁比 γ 的符号是负的;

—— 旋磁比 γ 所期待的数量级;

—— 精确的数值, 在铁磁体里其数值是正常情况下的一倍 (参见 Barnett. 1935. *Review of Modern Physics*, 7: 129).

注: 补充

从 1861 年起, 麦克斯韦研究了旋磁效应的存在, 当时他给电磁铁线圈的轴上施加了一个力, 而线圈中的电荷是在旋转的. 但他什么也没有观察到, 于是他得出结论: 电荷载荷子的质量极小.

19 世纪末电子质量的测量, 以及 1905 年朗之万磁学理论的成功使人们相信了电子微观运动的思想, 产生了电子的磁矩与角动量有紧密联系的想法. 这就促使了巴尼特想重新做一次存在旋磁效应的研究, 现在他使用了磁介质, 并在 1914 年实现了上述实验. 巴尼特采用了不同的论证方式, 他没有引进坐标系变换, 论证是比较复杂的. 然而为了对此感兴趣的读者以及对坐标变换不熟悉的读者, 我们还是要介绍一下巴尼特的论证.

这个论证建立在下述事实上: 弛豫过程倾向于中断原子磁子的进动, 并使它**平均**起来相对于固体不动, 即跟着固体转动. 至今我们只对原子陀螺仪的瞬时运动做了论证, 而巴尼特则相反, 是对平均值进行论证, 这个平均值是比弛豫时间还要长的时间内算得的. 他区别了实验中的两个阶段: 开始转动, 然后达到稳定转动的平衡态.

- **转动起始**. 因为弛豫力倾向于使原子磁子整体旋转, 每个原子陀螺仪的轴**平均**起来受到一个与转轴 Oz 垂直的力 $\vec{F}$ 的作用 (它在该轴 P 点上施加一个力矩 $\vec{\Gamma} = \overrightarrow{\text{GP}} \times \vec{F}$). 根据陀螺仪定理 (回顾 7.2 节), 角动量的导数 $\text{d}\vec{\mathcal{L}}/\text{d}t$ 垂直于该力: $\text{d}\vec{\mathcal{L}}/\text{d}t = \vec{\Gamma} = \overrightarrow{\text{GP}} \times \vec{F}$(图 7.8(a)), 陀螺仪轴的位移也是与这个力 $\vec{F}$ 垂直的, 因此把它拉向转轴 Oz.

这样改变了原子磁矩相对于 Oz 的取向, 以致原子磁矩的矢量和不再等于零了：在介质中就出现了一个实验可观察到的、平行于转轴 Oz 的总磁化强度. 设转动是绕着 Oz 轴按右手螺旋取向的, 考虑到旋磁比γ的符号是负的, 感生磁化强度 $\vec{M}$ 的方向与转轴 Oz 的方向相反 (图 7.8(a)).

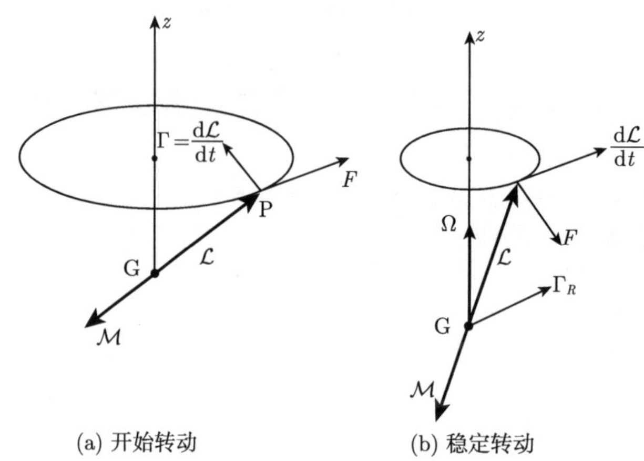

(a) 开始转动　　(b) 稳定转动

图 7.8　巴尼特实验

当原子磁矩都靠近了转轴 Oz, 这就破坏了正常的热平衡分布, 因而就产生了倾向于重新建立平衡的恢复力. 这个恢复力与前面的力垂直, 能够引起陀螺仪轴的旋转. 当偏离平衡分布足够大, 以致这个新的恢复力能把原子陀螺仪轴拉动到与整个固体同样的角速度 Ω 旋转时, 就建立起了一个新的平衡.

- **稳定转动**. 我们暂时不管开始转动时的瞬态现象, 现在只关心稳定状态, 此时平均说来原子轴相对于固体是固定的. 在我们以后的论证中, 都是就原子的**平均**运动而言, 以消除对应于热骚动的涨落; 这就是说, 事实上对原子整体求和的论证是合理的.

相对于其质心的原子角动量 $\vec{\mathcal{L}}$ 随着时间流逝受到一个**平均**变化, 它可由寻常的转动公式来表达:

$$\mathrm{d}\vec{\mathcal{L}}/\mathrm{d}t = \vec{\Omega} \times \vec{\mathcal{L}}$$

若我们应用角动量定理, 由此可推得带动原子陀螺仪转轴的弛豫力的平均合力矩: $\vec{\Gamma}_R = \mathrm{d}\vec{\mathcal{L}}/\mathrm{d}t = \vec{\Omega} \times \vec{\mathcal{L}}$(图 7.8(b)).

现在我们来回顾在静止物体上加一个磁场 $\vec{B}$ 时所产生的效应:

1) 磁场施加了一对力矩 $\vec{\Gamma}_B = \vec{\mathcal{M}} \times \vec{B}$;
2) 弛豫过程倾向于给磁矩建立一个平衡分布, 即**平均**说来磁矩是处于静止的状态. 为此, 起弛豫作用的微观力在总体上必须有一个与 $\vec{\Gamma}_B$ 相反的平均合力矩 $\vec{\Gamma}_R$, 以使所得总平均力矩 $\vec{\Gamma}_R + \vec{\Gamma}_B = 0$.

由此推得: $\vec{\Gamma}_R = -\vec{\Gamma}_B = -\vec{\mathcal{M}} \times \vec{B} = \gamma \vec{B} \times \vec{\mathcal{L}}$.

比较两种情况下给出弛豫力**平均**合力矩 $\vec{\Gamma}_R$ 的两个公式, 我们看到, 在转动实验中起作用的弛豫力与磁场 $\vec{B}=\Omega/\gamma$ 作用下静止物体中存在的力是相等的. 既然是使磁矩取向的弛豫力, 它们应是物体磁化强度的函数; 由此推得转动引起的物体磁化强度 $\vec{M}$ 与静止物体在磁场 $\vec{B}=\vec{\Omega}/\gamma$ 作用下所得的磁化强度完全相等. 我们再次得到了上面结果.

7.6　磁共振实验: 拉莫尔进动的证明

在上面两节中我们看到, 原子磁矩是如何从磁效应出发引起机械转动效应的, 反之亦然. 在这新的一节中, 我们将看到, 如何用一个很弱的旋转磁场使样品的宏观磁化发生变化: 当磁场角速度等于拉莫尔进动的角速度时, 将会使宏观磁化也跟着原子的拉莫尔进动而运动. 这个现象的实际应用性很大, 因此本节特别长, 也很重要.

7.6.1　实验原理 (没有弛豫时的计算)

若忽略弛豫现象, 受一个恒定磁场 $\vec{B}_0$ 作用的原子磁矩运动就归结为拉莫尔旋转运动, 其旋转矢量为 $\vec{\omega}_0=-\gamma\vec{B}_0$(参见 7.2.2 节).

现在我们再给所研究样品加一个很弱的、垂直于 $\vec{B}_0$ 的磁场 $\vec{B}_1$, 它围绕着 $\vec{B}_0$ 以角速度 ω 旋转, ω 可以在 ω_0 附近变化.

1) 当两个旋转速度 ω 和 ω_0 彼此相差相当大的时候, 原子磁矩 $\vec{\mathcal{M}}$ 和旋转磁场 $\vec{B}_1$ 的相对位置经常地、极其迅速地变动, 这样, $\vec{B}_1$ 磁场对 $\vec{\mathcal{M}}$ 的作用频繁地改变符号, 使其平均效应等于零.
2) 相反, 设两个旋转速度 ω 和 ω_0 相等, 原子磁矩 $\vec{\mathcal{M}}$ 和小旋转磁场 $\vec{B}_1$ 的相对位置不随时间变化; 小旋转磁场 $\vec{B}_1$ 对磁矩 $\vec{\mathcal{M}}$ 作用的结果就有可能取得一个显著效应. 假如这个效应可以被实验所观察到, 就可以显示以角速度 ω_0 旋转的拉莫尔进动.

这个现象的计算与 7.2 节所说发现拉莫尔进动的计算类似. 我们写下角动量定理 (7.3), 但是现在要考虑有两个磁场 $\vec{B}_0$ 和 $\vec{B}_1$. 预计到后面会有坐标系变换, 我们先明确把导数计算都放在实验室固定坐标系 $Oxyz$ 中进行:

$$\left(\frac{\mathrm{d}\vec{\mathcal{L}}}{\mathrm{d}t}\right)_{\text{Lab}}=\vec{\Gamma}=\vec{\mathcal{M}}\times(\vec{B}_0+\vec{B}_1)$$

考虑到 $\vec{\mathcal{M}}=\gamma\vec{\mathcal{L}}$, 得到

$$\left(\frac{\mathrm{d}\vec{\mathcal{M}}}{\mathrm{d}t}\right)_{\text{Lab}}=\vec{\mathcal{M}}\times(\gamma\vec{B}_0+\gamma\vec{B}_1)=(\vec{\omega}_0+\vec{\omega}_1)\times\vec{\mathcal{M}}\quad \text{其中}\quad \vec{\omega}_1=-\gamma\vec{B}_1 \tag{7.14}$$

我们通过与拉莫尔进动矢量的类比引进了矢量 $\vec{\omega}_1$; 但这个新矢量是运动的, 是跟着旋转场旋转的.

现在我们要把问题简化而放弃使用实验室坐标系, 采用新的坐标系, 其中磁场 $\vec{B}_1$ 显得是固定的; 这是一个与实验室坐标系的 Oz 轴 (与固定磁场 $\vec{B}_0$ 平行) 共轴的三面体, 其 OX 轴在方向和符号上都与旋转磁场 $\vec{B}_1$ 一致 (图 7.9). 相对于实验室坐标系 $Oxyz$ 的三面体, 这个新的坐标系三面体 $OXYz$ 以旋转场的角速度 ω 旋转.

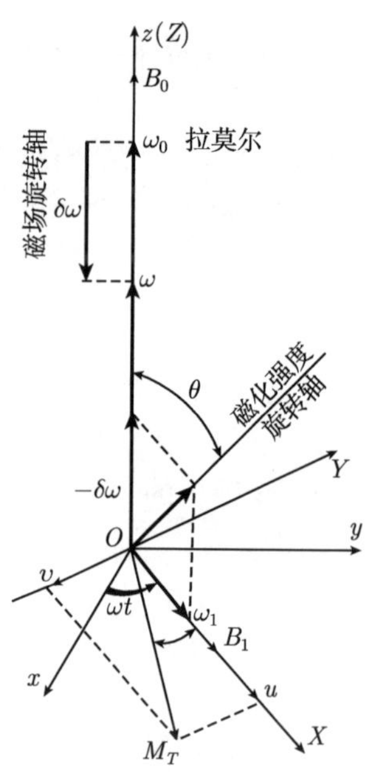

图 7.9　磁共振原理

我们要在绝对坐标系中写下角动量定理; 这我们在前面已经做过 (在此问题中, 实验室坐标系起着绝对坐标系的作用). 但是后面我们可以把运动坐标系之间的速度合成公式应用于角动量矢量 $\vec{\mathcal{L}}$ 的导数 (它是此角动量矢量的 "速度矢量"); 为此我们必须区分实验室坐标系中它的绝对变化和旋转三面体坐标系中它的相对变化, 由于坐标系 $OXYz$ 的 "牵动", 两者是有区别的:

$$\left(\frac{\mathrm{d}\vec{\mathcal{M}}}{\mathrm{d}t}\right)_{\text{Lab}} = \left(\frac{\mathrm{d}\vec{\mathcal{M}}}{\mathrm{d}t}\right)_{\substack{\text{旋转}\\\text{坐标系}}} + \left(\frac{\mathrm{d}\vec{\mathcal{M}}}{\mathrm{d}t}\right)_{\text{牵动}} = \left(\frac{\mathrm{d}\vec{\mathcal{M}}}{\mathrm{d}t}\right)_{\substack{\text{旋转}\\\text{坐标系}}} + \vec{\omega} \times \vec{\mathcal{M}}$$

这里最后一个等式利用了 "牵动导数" 表达式, 它简化为 $\vec{\mathcal{M}}$ 矢量在转动中所牵动的速度. 由此导出旋转坐标系中的方程:

$$\boxed{\left(\frac{\mathrm{d}\vec{\mathcal{M}}}{\mathrm{d}t}\right)_{\substack{\text{旋转}\\\text{坐标系}}}=\left(\frac{\mathrm{d}\vec{\mathcal{M}}}{\mathrm{d}t}\right)_{\mathrm{Lab}}-\vec{\omega}\times\vec{\mathcal{M}}=(\vec{\omega}_0+\vec{\omega}_1-\vec{\omega})\times\vec{\mathcal{M}}=(\vec{\omega}_1-\overrightarrow{\delta\omega})\times\vec{\mathcal{M}}} \tag{7.15}$$

这里引入了矢量 $\overrightarrow{\delta\omega}=\vec{\omega}-\vec{\omega}_0$, 它代表磁场 $\vec{B}_1$ 旋转矢量和拉莫尔进动矢量之间的差. 因为旋转三面体内 $\vec{\omega}_1$ 是固定的, 解释很简单: 磁矩 $\vec{\mathcal{M}}$ 经受了一个转动, 其旋转矢量为 $\vec{\omega}_1-\overrightarrow{\delta\omega}$. 这个旋转矢量的数值是 $\sqrt{\omega_1^2+\delta\omega^2}$, 它与 Oz 轴组成的夹角是 θ, 由 $\tan\theta=-\omega_1/\delta\omega$ 给出 (图 7.9).

我们只关心 $\vec{\mathcal{M}}$ 沿旋转轴 Oz 的分量, 称为纵向分量 $\mathcal{M}_z$(沿磁场方向).

1) 若两个角速度 ω 和 ω_0 彼此相差很大, 即 $|\delta\omega|\gg\omega_1$, 在旋转三面体内这新的转动轴实际上与 Oz 轴一致; 磁矩分量 $\mathcal{M}_z$ 实际上不变. $\vec{\mathcal{M}}$ 相对于恒定磁场 $\vec{B}_0$ 的取向也不变. 如我们所料, 旋转磁场 $\vec{B}_1$ 对原子实际上不起作用.
2) 若相反, 角速度 ω 和 ω_0 彼此比较接近, 即 $|\delta\omega|\leqslant\omega_1$, 磁矩分量 $\mathcal{M}_z$ 按这样的规律: $\mathcal{M}_z=C_1\cos\sqrt{\omega_1^2+\delta\omega^2}t+C_2$($C_1$ 和 C_2 是常数) 经受了显著变化, 即相对于恒定磁场 $\vec{B}_0$ 磁矩 $\vec{\mathcal{M}}$ 的取向交替变化. 在量子力学计算中, 我们将看到, 这相当于跃迁概率以同样的圆频率 $\sqrt{\omega_1^2+\delta\omega^2}$ 作正弦变化.
3) 特别地, 当 $\omega=\omega_0$ 或 $\delta\omega=0$, 在旋转坐标系内 $\vec{\mathcal{M}}$ 的转动和 OX 轴的转动一致, $\mathcal{M}_z$ 分量的变化有最大幅度: $\mathcal{M}_z=C\cos\omega_1 t$. 如果把时间 t 限制在磁场旋转的半个周期 $T/2=\pi/\omega$ 之内, 磁矩矢量绕 $\vec{B}_1$ 转了半圈, 纵向分量 $\mathcal{M}_z$ 改变了符号.

总结起来, 小旋转磁场 $\vec{B}_1$ 只有当它的旋转频率:

$$\omega/2\pi\ \text{非常接近于拉莫尔频率}\ \omega_0/2\pi=-(\gamma/2\pi)B_0$$

时, 才对原子有作用, 因此这个现象得到了磁共振的名称. 频率一致时, 旋转场能够深刻地改变原子磁矩相对于恒定磁场 $\vec{B}_0$ 的取向.

注 1: 原子与磁场的相互作用能 $W_0=-\mathcal{M}_zB_0$ 也经受着与 $\mathcal{M}_z$ 分量相同的交替变化. 随着时间增长, 或原子系统的能量增加了, 即原子系统吸收了旋转场所属的电磁波 (圆偏振) 能量; 或原子系统能量减少了, 电磁波的能量则因之增加了, 即产生了受激发射现象. 原子系统与电磁波之间每次能量交换都是波的磁场对原子磁偶极矩作用的结果, 这就是**磁偶极跃迁**现象. 磁共振是磁偶极跃迁的特例.

注 2: 假如原子还遭受周围介质的随机相互作用 (弛豫过程), 我们刚说到的运动在一段随机时间结束时会受到显著干扰, 在数量级上这段时间等于弛豫时间 τ. 只有在 τ 量级的时间之内旋转磁场才对磁矩有连续的、相干的作用, 而它对磁矩的作用也只有经过 τ 时间后才会使 $\mathcal{M}_z$ 产生一个明显的数量变化,

即要有 $\omega_1\tau > 1$. 弛豫时间 τ 越短, 旋转磁场 B_1 的幅度就要越大. 下面两节我们将具体说明考虑弛豫以后所得的结果.

7.6.2 考虑弛豫时的计算: 布洛赫方程

实验上很难对孤立原子进行测量. 通常是通过原子集体组成的材料介质, 测量它的磁化强度 $\vec{M} = \sum \vec{\mathcal{M}}_n$(对单位体积求和); 而磁化强度是通过已知样品的体积 V, 从样品的总磁矩 $\vec{\mathcal{M}}_{样品} = \vec{M}V$(注意, $\mu_0 M$ 与磁感应 B 的量纲相同) 得到的. 这个磁化强度 $\vec{M}$ 同时在磁场直接作用 (7.2 节的陀螺仪效应) 和弛豫过程的作用 (7.3 节顺磁效应) 下发生变化.

1) 上节我们写下了在磁场 $\vec{B}_0$ 和 $\vec{B}_1$ 作用下原子磁矩 $\vec{\mathcal{M}}$ 演化的矢量方程. 该方程的两项都对单位体积中全部原子求矢量和, 有

$$\left(\frac{\mathrm{d}\vec{M}}{\mathrm{d}t}\right)_{\mathrm{Lab}} = (\vec{\omega}_0 + \vec{\omega}_1) \times \vec{M}$$

2) 我们还必须在磁场的直接作用上再加一个 7.3 节描述的弛豫过程的作用: 瞬时磁化矢量 $\vec{M}(t)$ 的每个分量 M 都按照随机现象的指数规律 (7.9) 式趋向于其平衡值 M_{eq}:

$$\frac{\mathrm{d}}{\mathrm{d}t}[M(t) - M_{\mathrm{eq}}] = -\frac{1}{\tau}[M(t) - M_{\mathrm{eq}}]$$

其中, τ 是弛豫时间.

磁化强度的平衡值 M_{eq} 与作用在样品上的总磁场, 即 $\vec{B}_0$ 和 $\vec{B}_1$ 有关. 但是, 在确定平衡状态时我们可以忽略旋转磁场的作用, 这里有两点理由, 它们在通常实验中是适用的: ① 磁场 $\vec{B}_1$ 远小于磁场 $\vec{B}_0$; ② 对于能够跟随以周期 $T = 2\pi/\omega \ll \tau$ 旋转、迅速变化的磁场 $\vec{B}_1$ 的瞬时磁化来说, 弛豫过程过于缓慢.

因此, 可以认为平衡磁化仅仅依赖于恒定磁场 $\vec{B}_0$, 在上面的方程中可以把 M_{eq} 用 M_0 来代替. 我们可以把这个对每一分量 M_x、M_y、M_z 都相同的方程写成弛豫作用下磁化强度矢量导数的形式:

$$\frac{\mathrm{d}\vec{M}}{\mathrm{d}t} = -\frac{\vec{M}(t) - \vec{M}_0}{\tau} = \frac{\vec{M}_0 - \vec{M}(t)}{\tau}$$

我们已分别计算了 1) 和 2) 每种过程作用下磁化强度 $\vec{M}$ 的变化率. 但 1) 和 2) 两种过程各有独立的成因, 当它们同时起作用时, 磁化强度的总变化是 1) 原因产生的变化和 2) 原因产生的变化的相加. 概括起来就是说, 磁化强度的变化率等于上面 1) 和 2) 两种变化率之和:

$$\left(\frac{\mathrm{d}\vec{M}}{\mathrm{d}t}\right)_{\mathrm{Lab}} = (\vec{\omega}_0 + \vec{\omega}_1) \times \vec{M} + \frac{\vec{M}_0 - \vec{M}}{\tau} \tag{7.16}$$

我们可以用上节用过的方法把问题简化, 即把矢量 $\vec{M}$ 放在以旋转磁场的角速度 ω 旋转的三面体坐标系里去. 从实验室坐标系到旋转坐标系的坐标变换和前面所做的完全相同, 我们立即可写出:

$$\boxed{\left(\frac{\mathrm{d}\vec{M}}{\mathrm{d}t}\right)_{\substack{\text{旋转}\\ \text{坐标系}}} = (\vec{\omega}_1 - \delta\vec{\omega}) \times \vec{M} + \frac{\vec{M}_0 - \vec{M}}{\tau}} \tag{7.17a}$$

其中, $\vec{\omega}_1 = -\gamma\vec{B}_1$; $\delta\vec{\omega} = \vec{\omega} - \vec{\omega}_0 - \vec{\omega} + \gamma\vec{B}_0$.

根据布洛赫 (Bloch) 的符号 (1946 年首次用这种方式做了计算), 我们用 u 和 v 来表示 $\vec{M}$ 矢量的横向分量 (垂直于固定磁场), 它们分别是沿着旋转三面体的 OX 和 OY 轴的. 把它们投影在三面体 $OXYz$ 的轴上, 就得到微分方程组:

$$\left(\frac{\mathrm{d}\vec{M}}{\mathrm{d}t}\right)_{\substack{\text{旋转}\\ \text{坐标系}}} \begin{cases} OX \quad \dfrac{\mathrm{d}u}{\mathrm{d}t} = -\dfrac{u}{\tau} + \delta\omega\cdot v \\ OY \quad \dfrac{\mathrm{d}v}{\mathrm{d}t} = -\delta\omega\cdot u - \dfrac{v}{\tau} - \omega_1 M_z \\ Oz \quad \dfrac{\mathrm{d}M_z}{\mathrm{d}t} = +\omega_1 v - \dfrac{M_z}{\tau} + \dfrac{M_0}{\tau} \end{cases} \tag{7.17b}$$

这个微分方程组称为“布洛赫方程”, 其解是两个函数之和.

1) 一个时间长达几倍于 τ 的阻尼瞬态过程. 这个解类似于上节的解: 一个圆频率为 $\sqrt{\omega_1^2 + \delta\omega^2}$ 的正弦振荡解, 但现在其振幅是随时间按指数规律衰减的, 时间常量为 τ. 在某些情况下, 这个瞬态解是实验可观察得到的, 它还是一种测量弛豫时间的方法. 但是这里我们不作计算, 以免叙述过于冗长; 我们还假定这些测量是在加上旋转磁场后有几个 τ 的延迟时间之后进行的.
2) 一个稳态解, 它只存在于几倍于 τ 的时间以后. 我们目前只对它感兴趣.

7.6.3　布洛赫方程的稳态解

我们在旋转三面体坐标系内作磁化计算, 其稳态解简化为一个常数解. 令 u、v 和 M_z 的导数等于零, 就得到了这个稳态解. 这是把微分方程组变换为一个含有三个未知数的线性方程组:

$$\begin{cases} u - \delta\omega\tau\cdot v = 0 \\ \delta\omega\tau\cdot u + v + \omega_1\tau\, M_z = 0 \\ -\omega_1\tau\cdot v + M_z = M_0 \end{cases} \tag{7.18}$$

用逐步替换法很容易解出方程组, 得到旋转坐标系内的磁化强度的三个分量:

$$(\vec{\mathcal{M}})_{\substack{\text{旋转}\\\text{坐标系}}}\begin{cases} u=\delta\omega\tau\cdot v \quad \Rightarrow \quad u=-M_0\dfrac{\omega_1\delta\omega\tau^2}{1+\delta\omega^2\tau^2+\omega_1^2\tau^2} \\ v=-M_0\dfrac{\omega_1\tau}{1+\delta\omega^2\tau^2+\omega_1^2\tau^2} \\ M_z=M_0+\omega_1\tau\cdot v \quad \Rightarrow \quad M_z=M_0\left(1-\dfrac{\omega_1^2\tau^2}{1+\delta\omega^2\tau^2+\omega_1^2\tau^2}\right) \end{cases} \tag{7.19}$$

磁化矢量是固定在旋转三面体 $OXYz$ 中的, 即相对于实验室坐标系 $Oxyz$ 来说, 它是以旋转磁场的角速度 ω 旋转的, 其分量是以 ω 为圆频率的稳定的正弦函数:

$$(\vec{M})_{\text{Lab}}\begin{cases} M_x=u\cos\omega t-v\sin\omega t=\sqrt{u^2+v^2}\cos(\omega t-\varphi) \\ M_y=u\sin\omega t+v\cos\omega t=\sqrt{u^2+v^2}\sin(\omega t-\varphi) \\ M_z \quad \text{不变} \quad (\text{参见上式}) \end{cases} \tag{7.20}$$

由于 v 分量总是负的, 可推得 φ 角总在 $-\pi$ 与 0 之间: $-\pi<\varphi<0$ (参见 7.9 节).

因此, 旋转场有两个作用:

- 使磁化强度的纵向分量 (平行于固定磁场 $\vec{B}_0$)M_z 减小;
- 磁化强度出现一个不等于零的横向分量 $\vec{M}_T$(垂直于固定场 $\vec{B}_0$, 方向 T 决定于φ 角), 它以旋转场 $\vec{B}_1$ 的速度旋转. 在旋转中, $\vec{M}_T$ 以某一角度φ落后于磁场 $\vec{B}_1$; 由此推得旋转场做正功, 而相应的能量则被介质所吸收 (参见 7.6.6 节).

现在我们讨论这个效应的幅度, 即 (7.19) 式三个量 u, v 和 M_z 以两个量纲为一的量$\delta\omega\tau$和 $\omega_1\tau$ 为函数的变化.

1) 假设拉莫尔进动频率 ω_0 和与旋转磁场圆频率 ω 之间的差 $\delta\omega$ 很大, 即同时有 $|\delta\omega|\gg 1/\tau$ 和 $|\delta\omega|\gg\omega_1$, 则得 $u\approx 0, v\approx 0$ 和 $M_z\approx M_0$; 即旋转磁场使介质不发生任何变化. 我们再次得到频率 ω 和 ω_0 之间一致的必要性, 证实了磁共振这个名称的合理性.

2) 设旋转磁场的幅度很大, 即同时有 $\omega_1\gg 1/\tau$ 和 $\omega_1\gg|\delta\omega|$, 则得 $u\approx 0, v\approx 0$ 和 $M_z\approx 0$; 即介质在整体上实际上没有任何磁化. 这叫做磁共振**饱和**现象.

3) 把这些极端条件置之不顾, 我们选 $\omega_1\tau\approx 1$ 的条件, 并使 $\delta\omega$ 在零值左右变化. 可以画出表示 u, v 和 M_z 以 $\delta\omega$ 为函数的变化曲线 (图 7.10):

—— 当 $\delta\omega=0$(共振中心): u 消去, $|v|$ 通过极大点 v_M, M_z 通过极小点;

—— 当 $|\delta\omega|=\sqrt{(1/\tau)^2+\omega_1^2}=\Delta\omega/2$: $|u|$ 通过极大值 u_M, $|v|$ 成为其中心值 v_M 的一半, M_0-M_z 的差值也减少到一半.

这个差值的两倍称为共振线的半高宽度 (线宽)$\Delta\omega$, 它表示能观察到显著效应的可允许偏差的数量级. 注意, 当 $\omega_1\to 0$, $\Delta\omega\to 2/\tau$.

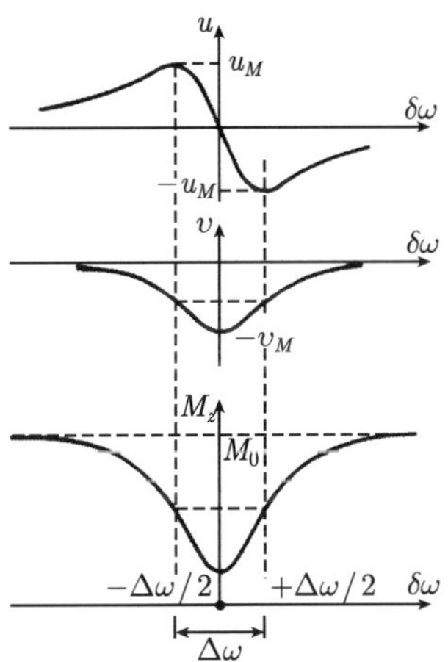

图 7.10　布洛赫方程的稳态解

注 1：这些曲线的高度与 ω_1 有关：

$$u_M = M_0 \frac{\omega_1 \tau}{2\sqrt{1+\omega_1^2\tau^2}}$$

这是一个随 ω_1 不断增加的函数, 当 ω_1 无限增大时, 它趋向于 $M_0/2$; 而

$$v_M = M_0 \frac{\omega_1 \tau}{1+\omega_1^2\tau^2}$$

不是这样, 相反地, 它不是一个 ω_1 的单调函数; 当 $\omega_1\tau = 1$, 它通过极大, 等于 $M_0/2$, 然后当 ω_1 无限增加时, 它趋于零.

与此相反, M_T 与 B_0 之间的夹角φ则由下式给出：

$$\tan\varphi = -v/u = -(1/\delta\omega\tau)$$

只与 $\delta\omega$ 有关, 而与 ω_1 无关.

注 2：为了得到布洛赫方程 (7.17b), 我们引进了写成 $\vec{M}$ 矢量导数的矢量方程 (7.16), 其中暗含了这样的假设：$\vec{M}$ 矢量三个分量的弛豫时间相同. 在大多数情况下, 需要区别关于纵向分量 M_z 的纵向弛豫时间 τ_1 和关于两个横向分量 u 与 v 的横向弛豫时间 τ_2. 这将使计算稍微复杂些, 但一般行为和基本结论不变.

注 3：曲线 $v(\omega)$ 与 (5.9) 式的洛伦兹曲线的形状相同, 该曲线表示 5.2.2c 节所说的自发发射波列的谱分布 (图 5.4b). 在该节的注中说明了可以从吸收曲线 $K(v)$ 算出归一化线形 $\phi(\nu)$(5.11) 式. 7.6.6 节证明, 介质从产生磁共振的旋转磁场 B_1 中吸收能量, 并且仅仅与 v 分量精确地成正比. 因此, 在这两个问题中, 吸收功率随频率 $\nu = \omega/2\pi$ 变化的函数关系都是相同的.

7.6.4　射频检测的实验验证

a) *产生效应的旋转场*

利用两个其轴互相垂直的线圈可以有效地实现旋转磁场; 这两个线圈中的正弦振荡电流有相同的频率, 但相位相差 π/2: 两个互相正交而相位相差 $90°$ 的磁场的矢量和就是一个模值恒定而以同一频率、绕着垂直于两个线圈轴的方向旋转的磁场. 假如我们能有效地利用旋转场, 我们就可以验证只有对一个方向的旋转才能发生磁共振, 从而导出旋磁比γ的符号.

但为了实现磁共振现象, 我们不必实际产生一个旋转磁场. 我们只要对所研究原子施加一个模值为 $2B_1$, 方向固定、且垂直于恒定磁场 $\vec{B}_0$ 方向 Oz (图 7.11 中 Oxy 平面上的 Ox 方向) 的线性交变磁场 $2B_1\cos\omega t$就够了.

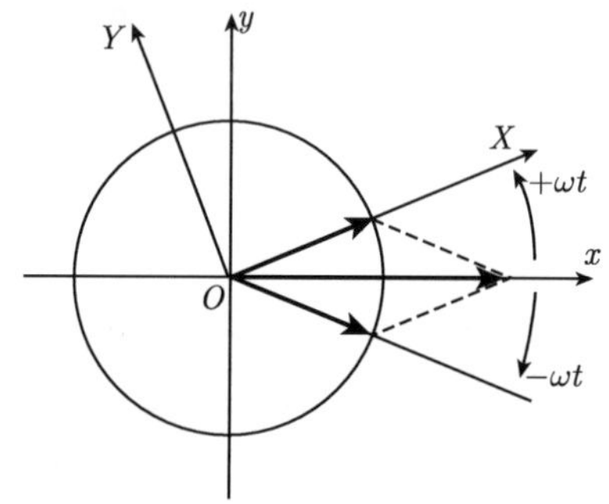

图 7.11　线性交变场与两个沿反方向旋转的旋转场的等效性

我们知道, 实际上这样一个线交变性场可以认为是在垂直于 $\vec{B}_0$ 的 Oxy 平面上、角速度相等但方向相反 $(=\pm\omega)$、且模值 $(=B_1)$ 相同而恒定的两个旋转场的几何相加. 这两个旋转场中的一个旋转方向与拉莫尔进动相反的场对原子实际上没有任何效应; 而只有和拉莫尔进动方向相同的那个旋转场才起作用. 总之, 只要在一个包围所研究样品、以 Ox 方向为轴的小线圈中通以频率为 ω 的交变电流就行了. 假如所用的磁场 B_0 很高, 拉莫尔频率处在雷达的射频波段, 需要用波导代替电路, 就要把所研究样品放在谐振腔内, 那里可以产生特别强的交变磁场.

b) *效应的检测*

在某种情况下可以测量磁化强度的纵向分量 M_z 或磁矩 $\mathcal{M}_z$ 的变化 (因为还有一些这里所忽略的性质要显示, 所以我们将在下一章原子束的拉比方法中看到一个例子). 但是, 一般用射频检测方法要容易得多, 这里只要利用上面考虑弛豫时已经阐明了的性质: 磁化出现了一种以旋转磁场同样的角速度 ω 旋转的横向分量 M_T. 事实上旋转磁矩会在线圈中产生一个交流磁通量 $\Phi=\Phi_0\cos\omega t$, 它会感生出

一个交流电动势 $V = -\mathrm{d}\Phi/\mathrm{d}t = \omega\Phi_0 \sin\omega t$. 电子学工作者知道对特定频率的交流电压进行选频放大, 从而可以用很高的灵敏度检测到交流电压 V.

还需要分辨旋转磁化 M_T 的效应和旋转磁场本身的效应, 这可以用一些巧妙的技术予以解决.

- 布洛赫方法: 把检测线圈的轴 Oy 与发射线圈 (建立交变磁场 $2B_1\cos\omega t$) 的轴 Ox 严格垂直, 这样, 由交变磁场产生、而通过检测线圈的磁通量就等于零.
- 其他方法: 观察旋转磁化感生的磁通量在发射线圈中的响应, 就是说, 我们只用一个线圈, 它同时起着 "发射器" 和 "检测器" 的作用. 例如, 按照扎沃伊斯基 (Zavoïsky) 或珀塞尔 (Purcell) 建议的方法, 把一个线圈接入到类似电桥 (通常用来测量自感系数 L 和电路的品质因数 Q) 的电路上. 磁共振引起电感 L 和品质因数 Q 一个表观变化 (分别源于磁通量的变化 $\Phi = LI$ 和介质的能量损耗), 使测量电桥失去平衡. 这个方法可以推广到提高频率、利用波导的情况, 当包容在谐振腔内的物质样品发生磁共振效应的时候, 腔的特性也要发生变化.

注 1: 在一切情况中, 为了得到最大的灵敏度, 检测线圈要紧紧包住所研究样品. 根据其轴的方向为 Ox 或 Oy, 样品在截面为 S 线圈中感生的磁通量 Φ 正比于实验室坐标系中两个磁化强度分量 M_x 和 M_y 中的一个 [(7.20) 式], 感生电动势为

$$-\mathrm{d}\Phi_x/\mathrm{d}t = -\mu_0 S\mathrm{d}M_x/\mathrm{d}t = \mu_0 S\omega(u\sin\omega t + v\cos\omega t)$$

或
$$-\mathrm{d}\Phi_y/\mathrm{d}t = -\mu_0 S\mathrm{d}M_y/\mathrm{d}t = \mu_0 S\omega(-u\cos\omega t + v\sin\omega t)$$

在所有情况中, 旋转坐标系中两个磁化强度的横向分量 u 和 v 感生的正弦电动势, 彼此之间相位相差 90°: 一个与产生交变磁场 $2B_1\cos\omega t$的发射线圈电流同相位, 另一个则与电流相差 90°. 事实上我们在检测线圈中观察到的是一个总的电动势, 它的相位差为 φ, 振幅为 $S\omega\mu_0\sqrt{u^2+v^2}$; 电子学工作者知道如何分析这样一个总的电动势.

在各种设备帮助下, 可以进行同步检测或相位检测, 即可以分别测量相对于参考电流为同相位或相位相差 90° 的两个分量的振幅 $S\omega\mu_0 u$ 和 $S\omega\mu_0 v$. 这样就可分别测量旋转坐标系中磁化的 u 和 v 两个分量, 让它们随频差 $\delta\omega$ 改变, 就可在实验上检验到上节所说的曲线了 (图 7.10).

注 2: 射频检测方法的灵敏度随着恒定磁场 B_0 的提高而增大. 事实上, 感生电动势 V 等于最大磁通量 Φ_0 和圆频率 ω 的积 $\omega\Phi_0$.

1) ω 接近于 $\omega_0 = |\gamma| B_0$;

2) Φ_0 正比于横向磁化 M_T, 而它又正比于在磁场 B_0 作用下的平衡磁化强度 M_0. 在顺磁现象中, 平衡磁化强度 M_0 正比于所加磁场 B_0, 因此 Φ_0 也

正比于 B_0.

因此感生电动势 V 正比于 B_0^2 与给定的线圈面积 S(但在低频下, 可以通过增加线圈的圈数来加大 S).

c) 实验的实施

不管采用什么检测方法来进行磁共振实验, 总要:

—— 或保持磁场 B_0 固定, 缓慢改变交变磁场的频率 $\nu=\omega/2\pi$, 称为**频率扫描**(“**扫频**”);

—— 或保持频率 ν 固定, 让磁场 B_0 缓慢变化, 这叫做**磁场扫描**(“**扫场**”).

在这两种情况下, 人们把效应的幅度作为 ν 或 B_0 的函数来进行测量; 曲线代表这个函数, 称为**磁共振线**; 图 7.10 提供了一条理论共振线的实例. 在磁共振线的中心, 交变场的频率 ν 与磁场 B_0 中的拉莫尔频率 $\nu_0=|\gamma|B_0/2\pi$ 相等. 由此测得旋磁比的值 $|\gamma|=2\pi\nu_0/B_0$. 相反, 若旋磁比已经测得, 实验就可测量磁场 B_0.

测量的精确度决定于共振线宽. 我们在 7.6.3 节中说过, 一般定义这宽度为半高度线宽.

在本节中我们看到, 若就圆频率 ω 来说, 则该宽度 $\Delta\omega$ 为 $2/\tau$ 数量级, 比弛豫时间的倒数大一倍. 就是说, 若用频率尺度表示, 这宽度是 $1/\pi\tau$ 数量级; 在用磁场表示时, 线宽为 $2/\gamma\tau$数量级. 因此, 弛豫时间越长, 测量就越精确 (即磁矩所受的干扰越少). 在大多数情况下相对误差小于百万分之一.

7.6.5 磁共振现象的应用 (电子顺磁共振EPR和核磁共振NMR)

在磁共振实验中根据起作用的是电子磁矩还是核磁矩而分为两种主要类型.

a) 电子顺磁共振 (electron paramagnetic resonance, EPR)

在顺磁介质, 即其构成元素 (原子、离子、分子或自由基) 具有导源于电子的磁矩介质中, 可以观察到电子顺磁共振. 因此可以测量旋磁比, 其值为计算值 $q/2m\kappa$ 的数量级. 但在许多情况下, 如在爱因斯坦–德哈斯实验, 或在巴尼特实验中, 得到的值是 $q/m\kappa$. 而且还可得到其他的值. 在后面几章中我们会更好地理解其原因.

在强磁场 B_0 下射频检测方法的灵敏度更高 (参见 7.6.4 节), 因此都在高场下工作. 用旋磁比的正常值 $\gamma/2\pi=1.4\text{MHz/G}$, 在 $B_0=7000\text{G}=0.7\text{T}$ 时, 频率为 $\nu\approx$ 10 000 MHz, 落在雷达用的超高频波段. 所以通常利用谐振腔和波导的实验技术.

在研究实验室, EPR 常用来取得两类不同的信息:

1) 测量原子、离子或原子团的旋磁比以得到其内部结构的信息 (特别是应用在化学上, 自由基总是带着很强的顺磁性);

2) 测量弛豫时间 (或通过共振线宽度, 或通过观察瞬态现象) 以提供所研究介质邻近原子之间相互作用的信息. 可以研究弛豫时间随各种参数的变化 (例如温度), 并与从随机相互作用理论模型算得的变化进行比较, 从而检验理论模型的正确性.

还可利用 EPR 来构建磁强计以测量弱磁场 (用铷或铯蒸气 EPR 的光学检测). 但通常是利用核磁共振 (NMR) 来测量磁场.

b) **核磁共振** (nuclear magnetic resonance, NMR)

原子核也可以具有磁矩和角动量, 互相以旋磁比相联系. 构成原子核的质子质量约比电子质量大 2000 倍, 可以期待, 核的旋磁比 γ_N 约为原子中电子旋磁比的 1/2000. 从理论上说, 核角动量 (核自旋) 应该与电子角动量有同样的数量级. 由此推得, 核磁矩也是电子磁矩约 1/2000 的数量级. 因此, 它所产生的效应也要小得多; 特别是对应于恒定磁场中核的部分取向的磁化强度, 即核顺磁性, 在直接测量磁化强度时是观察不到的. 不管是顺磁, 还是逆磁, 它总是被淹没在起源于电子的磁化中. 因此, 在通常术语中顺磁物质的名称总是指呈现导源于电子的顺磁性物质.

然而, 由于 NMR 效应的频率选择性, 它的检测技术的极高灵敏度允许在合适频率的旋转磁场作用下显示这个核磁化强度的变化, 即可以观察到核顺磁共振效应, 简称为核磁共振, 因为它并不是在顺磁介质中观察的.

这样测得的共振频率是预期的数量级: 在相等强度的磁场下, NMR 频率约为 EPR 频率的 1/2000, 即$\nu/B_0 = |\gamma_N|/2\pi \approx 1\text{kHz/G}$. 另一方面, 由于核内现象非常复杂, 对于多数核, 核旋磁比的符号通常是没有任何一般规则的, 可正可负.

注: 用上节写出的在截面积为 S 的线圈中感生电动势 $V = -\mathrm{d}\Phi/\mathrm{d}t$ 的表达式可以估算 NMR 实验情况下效应的数量级:

$$V_{\text{eff}} = \frac{1}{\sqrt{2}}S\omega\mu_0 v_{\text{Max}} = \frac{1}{\sqrt{2}}S2\pi\nu\frac{\mu_0 M_0}{2} = \frac{\pi}{\sqrt{2}}S\nu(\mu_r - 1)B_0$$

为了避免复杂的单位问题, 最好总是用量 $\mu_0 M = (\mu_r - 1)B$ 来表征磁化强度, 它和磁感应强度 B 有相同的量纲: 在 MKSA 单位制中为特斯拉, 在 CGS 制中为高斯.

- 在电子起源顺磁性情况下: $\mu_r - 1 \approx 10^{-4}$;
- 在核起源顺磁性情况下: 可期待其值约为其千分之一, $\mu_r - 1 \approx 10^{-7}$.

面积 $S \approx 1\text{cm}^2$, 在磁场为 $B_0 = 10\ 000\text{G} = 1\text{T}$ 下, 有频率为 $\nu \approx 10\text{MHz}$, 算得 $V_{\text{eff}} = 10^{-4}\text{V} = 100\mu\text{V}$. 这就是观察到的数量级.

c) NMR **的实际应用**

NMR 的第一个实际应用就是构建精密磁强计以作为磁场标准. 最常用的这种磁强计是质子磁强计, 即简单地利用了水中氢原子的核. 质子的旋磁比是正的, 其值已知, 其精确度超过百万分之一, 实际上在水中有 $\gamma_p = 26\ 751.53 \times 10^4/\text{s}\cdot\text{T} =$

26 751.53/s·G. 要得到共振频率 ν_0, 需要把这个值除以 2π, 即

$$\nu_0/B_0 = 42.576\ 38\text{MHz}\ /\ \text{T} = 4.257\ 638\text{kHz/G}$$

但是, 水的分子环境会产生一个小的附加磁场, 它与 B_0 方向相反, 把磁场屏蔽. 如果对此作必要的 2.7×10^{-5} 的相对修正, 得到自由质子的旋磁比 γ_p, 其值要稍微大一些.

NMR 对化学分析有重大意义. 当原子失去或得到若干电子而形成离子, 或当它们集合形成分子的时候, 最常见的方式是离子或分子的电子总磁矩等于零. 这就解释了为什么大多数化学物质是逆磁性的, 不可能用于 EPR 实验. 而相反, 几乎全部化学物质都包含具有核磁矩的原子, 可以用于 NMR 实验. 这就解释了 NMR 在化学实验室里有广泛的用途.

- 观察对应于表征一个原子核特性的旋磁比的共振线 (频率), 可以证实所研究产物中存在该元素, 从而进行定性分析, 甚至从谱线强度出发可以进行定量分析 (确定剂量).
- 受环境相互作用的影响, 表征元素的 NMR 谱线常常有轻微的频率位移. 这种频率位移 (通常称为**化学位移**) 表示, 该分子中相邻原子对所研究的核在实验所加的外磁场上附加了一个小磁场的作用. 测量这个小磁场提供了核周围环境的信息. 相应的频率偏移常常是核处在这个或那个分子团的表征, 从而可以精确确定所研究产物的分子式. 在有机化学中, 最常用的是氢核的 NMR.

NMR 最近的一个应用是磁共振成像 (magnetic resonance imaging, MRI), 现在在医院里大为流行. 人体基本上是由水 (H_2O) 和有机物质组成的, 氢 (与碳) 是其基本成分, 这种成像也利用氢核.

人们早就知道, 磁矩的弛豫时间主要与其所处的周围介质有关. 根据器官或器官部件的不同, 质子的弛豫时间是不同的. 因此人们通过自动记录和提取 NMR 的瞬态现象来测量质子的弛豫时间.

问题的困难在于每次测量是在有限体积 (cm^3、mm^3 的几分之一或更小) 中进行, 其空间位置是精确标定的. 病人因此要经受一个由大线圈产生的恒定均匀主磁场 $\vec{B}_0$ 的作用 (人体就处在线圈内部). 但同时还要附加一个大体平行于 $\vec{B}_0$ 的较小磁场, 其数值随空间位置而变, 一般叫做 "梯度场". 圆频率为 $\omega_0 = |\gamma|\, B_0$ 的共振现象只发生在这辅助场通过零值、改变符号的地方. 这样就可以在很小的体积中观察 NMR; 而通过移动这梯度场, 就可以移动所研究的区域. 显然, 这要求有一个很好的空间定标系统. 测量每个点上的弛豫时间 (通常为几分之一秒到 20 秒), 用数字方法转换为黑、灰、白以成为影像, 这本身没有任何生物意义, 但医生会进行解释.

另一种生物成像, 原理稍为有点不同, 开始用于观察呼吸时充满空气的肺腔的形状. 这要利用氦气, 它的核磁矩在储气罐内的磁场中取向, 然后让病人吸气; 氦核

在通气管中扩散和在吸气过程中, 仍基本上保持着它们的取向 (如同图 7.7 中悬挂在万向节上的陀螺仪, 氦气的弛豫时间很长, 为几个小时). 这样就可用 NMR 观察肺内空间氦核的位置, 得到肺腔的三维图像, 提取一些辅助信息.

NMR 应用的重要性说明本章对磁共振现象给予应有地位是正确的, 后面一章还要对此现象的量子方面加以讨论.

7.6.6　补充: 能量交换的计算

现在我们可以证明, 出现总磁化强度的横向分量是介质**吸收能量**的结果:

1) 旋转磁场 $\vec{B}_1$ 给磁化矢量 $\vec{M}$ 一个力矩, 其合成力矩 $\vec{\Gamma}_1 = \vec{M} \times \vec{B}_1$ 在 Oz 轴上有一个纵向分量 Γ_{1z}. 这个分量的起因是磁化强度的横向分量 M_T, $\vec{\Gamma}_{1z} = \vec{M}_T \times \vec{B}_1$. 平行于 Oz 轴的力矩对它绕着 Oz 轴的转动做功.

2) 功的符号取决于 Γ_{1z} 的符号, 即取决于 $\vec{M}_T$ 与 $\vec{B}_1$ 的相对分布: 在γ是负的情况下, ω_0 和 ω_1 是正的, 磁化在 OY 轴上的 v 分量是负的; 另一方面, 必须让 ω 处在 ω_0 附近以保证观察现象, 因此 ω 也是正的. 这样, 在围绕 Oz 轴的转动中, M_T 落后于 B_1, 像 ω 一样, Γ_{1z} 是正的. 在原子核γ是正的情况下, 所有符号都相反, 但结论相同, 即 M_T 落后于 B_1, 而 Γ_{1z} 与 ω 的符号相同.

由此推得, 旋转场作用力所做的功是正的. 因此磁矩总是从旋转磁场所属的电磁波中吸收能量. 但是在稳定运动中的磁矩不可能积聚这个能量, 它们总是通过弛豫过程把这个能量以热能的形式传给了介质.

3) 可以计算单位时间内相当于这个功的功率: $P = \vec{\Gamma}_1 \times \vec{\omega} = \Gamma_{1z}\omega = -vB_1\omega$($P$ 是正的, 因为 v 与 ω 的符号相反); 这个功只与垂直于旋转场 $\vec{B}_1$ 的旋转分量 v 成正比. (也可以说, 在旋转中 v 分量与 B_1 相位相差 $90°$), 另一个横向分量 u 则与 B_1 同相位, 与能量交换无关.

小　　结

考虑电子轨道运动使我们引进了旋磁比γ概念, 它是原子的磁矩 $\vec{\mathcal{M}}$ 和角动量 $\vec{\mathcal{L}}$ 之间的比例常数, 有 $\vec{\mathcal{M}} = \gamma\vec{\mathcal{L}}$. 本章描述的实验同时是:

— 这个旋磁比概念的有用性和合理性的验证, 因为它使我们能解释大量现象. 在所有实验中, 我们利用了磁场以产生原子磁矩的变化, 它自动引起角动量的变化, 从而表现为宏观的转动.
— 提出了旋磁比的成因问题, 因为测得的数据多数不等于从电子轨道运动出发的计算值 $\gamma = q/2m\kappa$.

只有在本书第 10 章和下册中利用了量子理论, 我们才能完全理解旋磁比的成因, 并算得准确的数值.

本章所叙述的所有实验也都是建立在顺磁性现象的基础之上的, 也就是说, 是建立在存在着与原子相结合的磁矩 $\vec{\mathcal{M}}$ 之上的, 对这些磁矩我们有理由使用统计规律来进行解释. 现在我们需要指出, 就是这些磁矩存在的本身, 事实上也是一种量子性质. 其实, 如果对电子运动完全使用经典统计规律, 并扩展到全部自由度, 则会得到这样的结论: 不可能出现任何磁化现象 [范列文 (Van Leeuwen) 定理]; 换句话说, 与逆磁效应 (符号与顺磁效应相反) 相对应的磁化将完全抵消顺磁磁化.

在这章中我们使用了经典方式的论证. 但在本章一开始提出存在原子磁矩时, 原则上已经暗含了量子假设. 在下一章中, 这些量子性质就会更清晰地展现出来.

第 8 章　施特恩–格拉赫实验, 空间量子化

1921 年, 由施特恩 (Stern) 和格拉赫 (Gcrlach) 所完成的原子磁矩实验是原子物理中最基本的实验之一, 它无可辩驳地表明了经典理论的局限性, 成为量子力学和测量理论的最坚实基础之一. 此外, 它在实验室和技术领域有重要应用.

8.1　施特恩–格拉赫实验

8.1.1　实验原理

在上一章描述的实验中, 我们曾假设了至少在原子尺度内所用磁场 $\vec{B}$ 是均匀的, 我们仅仅考虑了由它引起的合力矩 $\vec{\Gamma}=\vec{\mathcal{M}}\times\vec{B}$[(7.3) 式] 对原子磁矩的作用: 使它绕着质心 G 旋转.

在这些条件下我们看到, 所有实验都在测量原子的同一个参量 —— 旋磁比 γ; 而任何一个实验都测不到原子本身的磁矩 $\mathcal{M}$(我们可以测到的唯一物理量是磁化强度, 即单位体积中包含大量原子的磁矩).

相反, 如果我们使用各点不同的非均匀磁场 $\vec{B}$, 就会有一个不等于零的合成磁力 $\vec{F}$, 它使原子产生平移运动 (不产生围绕质心的转动). 我们将看到, 这可直接测量原子磁矩 $\mathcal{M}$.

在 7.1.1 节我们已给出了合力 $\vec{F}$ 的具体表达式, 它依赖于磁矩 $\vec{M}$ 的分量及磁场梯度, 即三个磁场分量对坐标的导数. 在 (7.4) 式中我们写出了这个力的三个分量, 还对 z 分量进行了展开. 这里, 我们把 x 分量进行展开:

$$F_x=\vec{\mathcal{M}}\cdot\frac{\partial\vec{B}}{\partial x}=\mathcal{M}_x\frac{\partial B_x}{\partial x}+\mathcal{M}_y\frac{\partial B_y}{\partial x}+\mathcal{M}_z\frac{\partial B_z}{\partial x}$$

对 F_y 也需写出相应的展开式.

假定磁场 $\vec{B}$ 平行于 Oz 轴, 在 7.2.2 节中我们已经看到, 合力矩 $\vec{\Gamma}$ 的作用是引起一个围绕 Oz 方向的转动. 因而磁矩的纵向分量 $\mathcal{M}_z$ 是不变量, 而横向分量 $\mathcal{M}_x$ 和 $\mathcal{M}_y$ 作快速的正弦变化, 其对时间的平均值为零. 合力的效应只有在较长时间作用下才能被实验观察到: 其结果是 $\mathcal{M}_x$ 和 $\mathcal{M}_y$ 平均为零, 只有与纵向分量 $\mathcal{M}_z$ 有关的项才有重要意义:

$$\boxed{\begin{gathered}\overline{\mathcal{M}_x}=0,\quad \overline{\mathcal{M}_y}=0\qquad\Rightarrow\\ \overline{F_x}=\mathcal{M}_z\partial B_z/\partial x;\quad \overline{F_y}=\mathcal{M}_z\partial B_z/\partial y;\quad \overline{F_z}=\mathcal{M}_z\partial B_z/\partial z\end{gathered}}\tag{8.1}$$

因此, 在非均匀磁场作用下观察原子的位移可以测量原子磁矩的纵向分量 $\mathcal{M}_z$. 这就是我们将要讲述的施特恩–格拉赫实验的原理.

8.1.2　实验装置描述

实验采用了原子束技术 (参见 2.4.4 节). 德国物理学家施特恩提出了把原子束引到两个磁极中间的想法. 实验装置示于图 8.1(为清晰起见, 图中尺寸不按比例, 原子束的横向尺寸被大大地放大了).

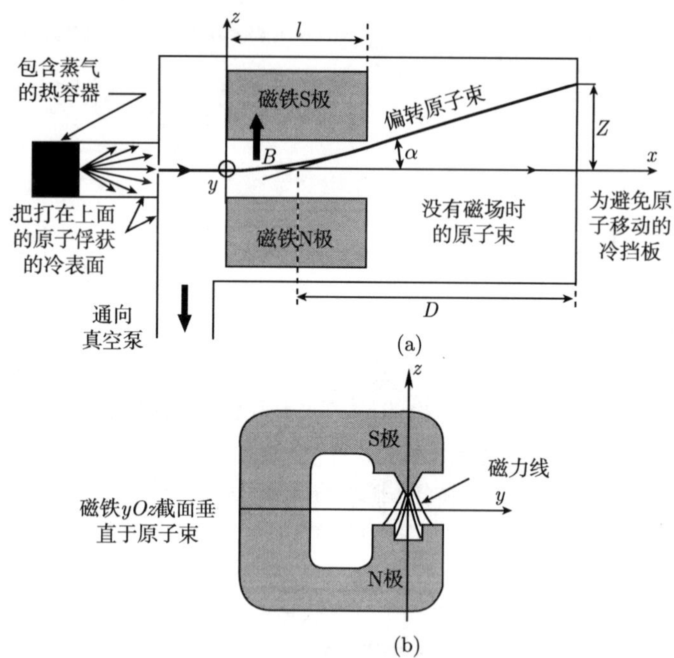

图 8.1　施特恩–格拉赫实验示意图

部分原子不断地通过器壁上的一个小孔从容器逸出. 但要进入大的密闭容器, 原子还得穿过开在束阑上的第二个小孔. 这样就选出了速度沿着连接两个小孔的直线的原子来; 这些原子沿着直线穿过整个大容器, 形成所谓的原子束.

在第 2 章里我们解释过如何观察原子束: 或可通过光学共振 (用共振频率光照射原子束, 观察另一个方向上原子自发发射出来的荧光); 或可在原子束的一端放置一个适当的检测器 (例如, 2.4.4 节所述的热丝检测器或电离检测器). 当束阑的孔放得充分大, 束流的强度足够大, 在一段时间后就可在密闭容器壁上的原子束轰击点观察到大量原子形成的斑迹. 一般需要把器壁冷却, 以防止原子轰击到器壁后产生迁移 (不这样, 原子在迁移中有时就会在器壁表面弥散).

在密闭真空容器中放置一块磁铁, 在垂直于原子束的方向产生一个磁场 $\vec{B}$. 磁铁的极头沿着平行于原子束的 Ox 方向呈圆柱状, 使原子束在足够长的距离 l 上受到磁场的作用. 但在 yOz 平面上这个圆柱横截面的形状却很特殊, 非常不对称 (见图 8.1(b)), 一个极头尖凸, 另一个极头凹陷, 这样在磁隙中产生了一个特别强的磁场梯度. 图上画出了磁力线, 而磁力管中磁通量守恒定理告诉我们, 在尖凸极头附近磁场要比凹陷极头附近强得多.

磁隙的这种特殊几何形状还可以简化对 (8.1) 式所描述的平移合力的计算:

1) 平行于原子束 Ox 方向的圆柱形极头形状使磁场不随束的 x 位置而变化:

$$\partial B_z/\partial x = 0 \quad \Rightarrow \quad \overline{F_x} = 0$$

这里忽略了磁隙出入端的边缘效应.

2) 让原子束通过极头的 xOz 对称平面, 则在 $y=0$ 平面上有

$$\partial B_z/\partial y = 0 \quad \Rightarrow \quad \overline{F_y} = 0$$

因此, 平均合力只剩下 F_z 分量了, 原子束在 xOz 平面上偏转.

束中的一个原子开始时有 x 方向的速度 v, 在平行于 Oz 的恒定力作用下它在磁隙内作抛物线运动, 如同在重力作用下一样 (这里重力作用是可以忽略的). 若令坐标轴原点和时间原点都设在原子进入磁隙的当口, 则它的运动可写为

$$x = vt \quad 和 \quad z = \frac{1}{2}\frac{\overline{F_z}}{m}t^2 = \frac{1}{2}\frac{\overline{F_z}}{mv^2}x^2$$

原子在 $t = l/v$ 时刻走出磁隙, 继续沿直线运动, 但它已经受到一个 α 角度的偏转:

$$\tan\alpha = \frac{\mathrm{d}z}{\mathrm{d}x}(t) = \frac{\overline{F_z}t}{mv} = \frac{\overline{F_z}l}{mv^2}$$

我们知道在横轴 l 点上抛物线的切线与原点上的切线交于横轴上的 $l/2$ 处. 令 D 为磁隙中点到原子达到屏上一点的距离, 则轰击点的偏转距离为

$$Z = D\tan\alpha = \overline{F_z}\frac{lD}{mv^2} \tag{8.2}$$

我们对初始速度为 v 的一个特定原子进行了计算, 但束中不同原子具有各不相同的速度, 而它们受一个相同的磁力 F_z 作用, 就有不同的偏转量 Z. 因此它们的轰击点分布在一个有点扩展的斑迹上, 其最大密度对应于束中具有最概然速率 v 的原子. 束中原子的速度分布与产生原子束的蒸气中的速度分布不同, 因为它优选了某个方向的速度. 气体运动论指出, 束中最概然速率 v 等于热力学温度为 T 时产生原子束的蒸气中的平均平方根速度 (见附录 2). 就是说, $mv^2 = 3k_BT$, k_B 是玻尔兹曼常量. 由此推得最概然轰击点的偏转距离 Z(斑迹密度最大点) 为

$$\boxed{Z = \overline{F_z}\frac{lD}{3k_BT} = \mathcal{M}_z\frac{\partial B_z}{\partial z}\frac{lD}{3k_BT}} \tag{8.3}$$

除了 $\mathcal{M}_z$ 以外, 这个表达式中所有物理量都是已知的. 因此测得原子束轰击点的偏转距离 Z 就可算出原子磁矩的纵向分量 $\mathcal{M}_z$.

注: 从解释铁磁性出发可以先验地计算出原子磁矩的数量级: 当所有原子磁矩互相平行, 且沿同一方向取向时, 我们认为磁化已经达到饱和, 因而磁化强度为 $M = n\mathcal{M}$, 其中, n 是单位体积内的原子数, 可由 $n = \mathcal{N}\rho/\mathcal{A}$ 来估算; $\mathcal{N}$ 为阿伏伽德罗常量; ρ 是密度; $\mathcal{A}$ 是原子质量.

已知软铁内饱和磁感应强度的数量级为 B_s=15 000G=1.5T, 可推得

$$\frac{B_s}{\mu_0} \approx M = n\mathcal{M} = \mathcal{M}\mathcal{N}\frac{\rho}{\mathcal{A}} \quad \text{或} \quad \mathcal{M} = \frac{B_s}{\mu_0}\frac{\mathcal{A}}{\mathcal{N}\rho}$$

如果单位没有弄错 ($\mathcal{A}$=56 CGS=56/1000 MKSA; ρ=8CGS=8000 MKSA), 得到 $\mathcal{M} \approx 10^{-20}$CGS=$10^{-23}$ MKSA. 假定 $\mathcal{M}_z$ 是这个数量级, 可得磁场梯度为

$$\partial B_z/\partial z \approx 10^4 \sim 10^5 \text{G/cm}$$

l 和 D 采用合理的尺寸, 热力学温度为 $T \approx$500K, 算得偏转距离 Z 为厘米数量级, 是一个完全可以测量到的效应.

作为练习, 可以用上述的数量级进行下列计算:

1) 验证与磁力相比重力完全可以忽略;

2) 验证磁力作用时间 t 长于拉莫尔进动的周期; 从而证明只考虑 (8.1) 式的平均磁力的近似是正确的;

3) 计算软铁磁极头的横截面是两个同心圆 (图 8.2) 情况下的磁场梯度.

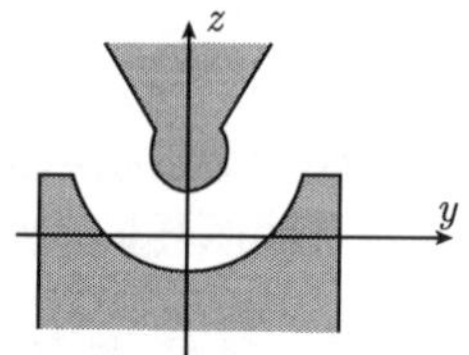

图 8.2 用以计算磁场梯度的同心圆极头

8.1.3 实验结果

我们有了一套可用的测量原子磁矩纵向分量 $\mathcal{M}_z$ 的装置, 可以预期得到什么结果呢? 上面的 "注" 里已经算得了原子磁矩矢量模值的数量级, 但分量 $\mathcal{M}_z$ 与它对 Oz 轴的取向有关, 可以为正、或负、或为零.

在蒸气中可对原子磁矩使用统计规律, 因为原子经受大量碰撞后会建立一种统计平衡: 当它们从蒸气中出来形成原子束时, 原子不再遭受碰撞, 维持着从蒸气出来时的状态. 在蒸气没有遭受磁场作用时, 经典统计规律预期磁矩矢量 $\vec{\mathcal{M}}$ 是在各个方向上均匀分布的, 也就是说, 在一个给定立体角内取向的磁矩矢量 $\vec{\mathcal{M}}$ 的数目

正比于该立体角; 由此可得 $\mathcal{M}_z$ 的所有各种取值都是等概率的. 因此, 在施特恩–格拉赫实验过程中可以期待原子将均匀地分布在一个平行于磁场 Oz 方向的延伸区域, 且对称地分布于无磁场下原子束轰击点的两边; 这个区域的两个极端相当于 $\mathcal{M}$ 的最大值 $+\mathcal{M}$ 和最小值 $-\mathcal{M}$, 一边各一个 (图 8.3(b)).

实际上, 当施特恩和格拉赫用银原子做实验的时候, 他们没有得到均匀分布的区域, 而是得到两个对称分布在正常轰击点两边的斑迹 (图 8.3(c)). 与经典统计预期的结果相反, 他们观察到 $\mathcal{M}_z$ 只有两个值, 其数量级与预期的相同 (他们甚至没有观察到 $\mathcal{M}_z=0$ 的值).

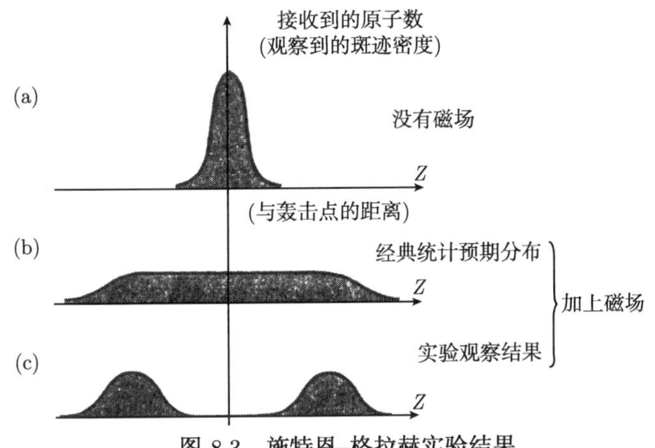

图 8.3　施特恩–格拉赫实验结果

若用其他原子做实验, 则总是得到对应于 $\mathcal{M}_z$ 分量分立值的分离斑迹. 斑迹总是对称地分布在正常轰击点的两边, 即它们的值是两两相等但符号相反. 这意味着磁矩矢量在空间中的取向不是任意的, 而只有某些特定方向才是可能的. 这就是所谓**空间量子化**现象.

总之, 施特恩–格拉赫实验是对原子磁矩纵向分量 $\mathcal{M}_z$(与磁场平行的分量) 的一种直接测量, 它表明:

- 原子磁矩的数量级就是在解释磁化强度的测量结果时所算得的数量级;
- 与经典统计的预期相反, $\mathcal{M}_z$ 只能取两两数值相等而符号相反的分立值. 这种空间量子化现象是需要用量子理论来解释的基本现象之一.

8.2　角动量量子化

8.2.1　角动量量子数的定义

我们测得了磁矩, 而根据 (7.6) 式: $\vec{\mathcal{M}} = \gamma\vec{\mathcal{L}}$, 角动量矢量是与磁矩成正比的, 因此它遵从同样的规律. 在理论上, 是角动量扮演着一个基本作用, 我们将对此进行讨论.

其实, 在做施特恩–格拉赫实验的时候, 角动量量子化的思想已不是全新的了. 在 1913 年的玻尔模型里它已经引进了, 那里 $\hbar = h/2\pi$ 已作为 "天然" 单位出现, 以便衡量原子的角动量. 但施特恩–格拉赫实验使物理学家得以构建一种新的量子力学, 它可以对这个空间量子化现象进行实验可观察到的解释. 所以, 量子力学把角动量的三个分量定义为算符, 研究这些算符的本征值, 从而计算这些被测分量的可观察值 (参见量子力学教程), 它得到了与实验完全符合的结果.

a) 磁量子数

量子力学表明: ① 在一个轴上的角动量分量 $\mathcal{L}_z$ 的不同观察值之间彼此相差 $\hbar$ 或 $\hbar$ 的整数倍; ② 若一个值是可观察的, 其负值也是可观察的. 由此得到可观察值由下式给出:

$$\boxed{\mathcal{L}_z = m\hbar} \tag{8.4}$$

其中, 量纲一的数 m 称为磁量子数, 根据情况, 它可能是:

—— 一个正的、或负的整数, 或为零; 因此 $\mathcal{L}_z = 0$ 是可观察的 (图 8.4(a));

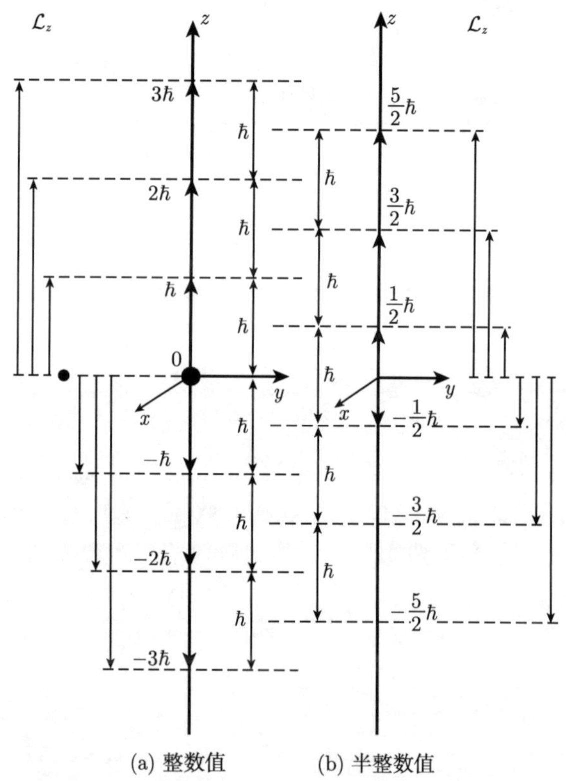

(a) 整数值　　(b) 半整数值

图 8.4　空间量子化规则, 角动量分量 $\mathcal{L}_z$ 的可能值

—— 一个半整数, 即一个整数和一个分数 1/2 之和; 因此 $\mathcal{L}_z = 0$ 是不可能的 (图 8.4(b)).

注意! 不要把磁量子数与电子质量弄混了, 因为根据国际惯例, 它们都用字母 m 表示. 所以常常也把量子数加一个角标 J, 用 m_J 来表示.

b) 角动量量子数

对每一个特定的原子系统, 分量 $\mathcal{L}_z$ 存在一个最大值, 即磁量子数 m 的一个最大值. 我们用字母 J 表示 m 的这个最大值, 称之为**角动量量子数**. 这个量子数 J 表征角动量矢量的量值. 知道了表征一个原子状态的量子数 J, 就足以完备地确定其角动量分量 $\mathcal{L}_z = m\hbar$ 的所有可观察值:

—— J 是整数, m 的值也是整数, 其个数是奇数 (为零的值只出现一次);

—— J 是半整数, m 的值也是半整数, 共有偶数个数.

在此两种情况下 m 取值的个数, 包括从 $-J$ 到 $+J$ 之间各个数, 亦即 $\mathcal{L}_z$ 的可观察值的数目等于 $2J+1$ 个. 反过来, 已知 $\mathcal{L}_z$ 值的个数, 就可以知道角动量量子数. 一个角动量为零的原子, 用 $J=0$ 来表征.

通常在论证中引入一个量纲一的、正比于 $\vec{\mathcal{L}}$ 的矢量 $\vec{J}$ 是比较方便的. 这样有

$$\boxed{\vec{\mathcal{L}} = \hbar\vec{J}} \tag{8.5}$$

假如把 $\hbar$ 选为角动量的测量单位, 就可直接用 $\vec{J}$ 来代替 $\vec{\mathcal{L}}$. $\vec{J}$ 的分量就等于磁量子数 m 的值; $\vec{J}$ 的最大分量就等于量子数 J.

注意! 不要把量子数 J 与 $\vec{J}$ 的模 $\left|\vec{J}\right|$ 弄混了. 很容易避免这种混淆, 因为在这一节和上面几节中我们从未说起过矢量 $\vec{\mathcal{M}}$ 和 $\vec{\mathcal{L}}$ 的模值, 我们只是严格地说到了这些矢量的分量 $\mathcal{M}_z$ 和 $\mathcal{L}_z$, 这是上述实验中唯一能度量的量值. 量子力学表明, 引入这些矢量的模值会产生一些问题 (参见下册).

8.2.2　磁矩的应用, 玻尔磁子和朗德因子

我们通过角动量乘以旋磁比 γ 而得到磁矩: $\vec{\mathcal{M}} = \gamma\vec{\mathcal{L}} = \gamma\hbar\vec{J}$

a) 轨道旋磁比情况

可以把旋磁比 γ 用由 (7.6) 式导出的、对应于轨道运动的正常轨道值 $\gamma = q/2m_e\kappa$ 来代替 (注意, 这个表达式含有电子质量 m_e, 应避免在一个含有量子数 m 的公式中使用它). 我们得到

$$\boxed{\vec{\mathcal{M}} = \frac{q}{2m_e\kappa}\hbar\vec{J} = -\beta\vec{J}} \quad 其中 \quad \boxed{\beta = -\frac{1}{\kappa}\frac{q\hbar}{2m_e} = +\frac{1}{\kappa}\frac{e\hbar}{2m_e} = +\frac{1}{\kappa}\frac{eh}{4\pi m_e}} \tag{8.6}$$

我们把这个与 $\vec{J}$ 相乘且是正值的量 β 称为**玻尔磁子**(我们记得, 电子电荷 q 是负的, $q=-e$). 如同 $\hbar$ 是角动量的自然单位一样, 玻尔磁子 β 是原子磁矩的自然单位(常常也用符号 μ_B 表示). 从基本常数出发, 可算得

$$\beta = 0.9273\times10^{-20}\text{CGS} = 0.9273\times10^{-23}\text{MKSA}$$

我们重新得到了这个已经指出过的原子磁矩的数量级. 有时候, 在计算中使用相当于摩尔的磁矩比较方便, 即玻尔磁子乘以阿伏伽德罗常量: $\mathcal{N}\beta$ =5587 CGS= 5.587 MKSA.

b) 一般情况

我们已经看到, 旋磁比常常具有不同数值. 一般情况下, 把旋磁比用上面用过的轨道值的函数来表示比较方便, 即写成

$$\boxed{\gamma = g\frac{1}{\kappa}\frac{q}{2m_e}} \tag{8.7}$$

这个量纲一的数 g 称为朗德 (Landé) 因子. 它代表原子旋磁比和轨道旋磁比值之间的比例. 实验表明, 朗德因子常常是一个简单的分数, 这可用理论来解释 (参见下册). 在源自电子的磁性情况下, γ 的正常值是负的, g 是正的.

使用这些符号后, 磁矩矢量可写为

$$\boxed{\vec{\mathcal{M}} = \gamma\hbar\vec{J} = -g\beta\vec{J} \quad \Rightarrow \quad \mathcal{M}_z = \gamma\hbar m = -g\beta m} \tag{8.8}$$

(量子数 m 代表角动量分量 $\mathcal{L}_z$, 因此其符号与磁矩分量 $\mathcal{M}_z$ 相反, 一般情况下, $g>0$).

所有这些使我们能更精确地回过头来审视施特恩–格拉赫实验. 采用银原子, 只观察到两个斑迹. 这就是说, $\mathcal{M}_z$ 和 $\mathcal{L}_z$ 只有两个值. 由此得到 $2J+1=2$, 因此, 角动量量子数为 $J=1/2$. 另一方面, 若我们精确地测得了 $\mathcal{M}_z$ 的两个值, 发现其值等于一个正或负的玻尔磁子, 即有 $\mathcal{M}_z=\pm\beta$. 因为已知 J, 故可推得 $g=2$.

采用铜和金、钠和钾 [1927 年泰勒 (Taylor) 的测量], 以及氢原子做实验, 都精确地得到了相同的结果. 采用铊原子时, 人们仍旧得到两个斑迹, 即仍然有 $J=1/2$. 但当时测得 $\mathcal{M}_z=\pm\beta/3$, 故推得 $g=2/3$.

总之, 施特恩–格拉赫实验可以测量所研究原子的角动量量子数 J 和朗德因子 g.

8.2.3 塞曼子能级

我们已经有机会复习了 (7.2) 式, 该式给出了一个磁矩 $\vec{\mathcal{M}}$ 和用以产生磁场 $\vec{B}$ 的其他运动电荷之间的磁相互作用能 W. 该式用磁矩的纵向分量 $\mathcal{M}_z$ 来表述 (我

们总是选择 Oz 轴平行于磁场方向). 如果我们把此公式应用于单原子情况, $\mathcal{M}_z$ 只能取上节指出的几个可观察值:

$$\boxed{W(m) = -\vec{\mathcal{M}}\cdot\vec{B} = -\mathcal{M}_z B = -m\gamma\hbar B = +mg\beta B} \tag{8.9a}$$

既然 $\mathcal{M}_z$ 是量子化的, 磁能量值 W 也是这样: 对给定磁场 B, 只能存在由磁量子数 m 决定的、某些分立的可观察值.

设 E_0 是对应于没有任何外部相互作用时原子本征态的能量, 加上磁场 B 以后, 原子能量变为 $E_0 + W(m) = E(m)$. 初始能量 E_0 也被几个邻近、但分立的值 $E(m)$ 所替换; 于是我们说, 能级 E_0 分裂为若干子能级. 这可用来解释塞曼效应 (参见下一章), 因此, 把这些分裂能级称为**塞曼子能级**. 每一个子能级对应于磁量子数 m 的一个特定值.

从量子数 m 的可能值可推得塞曼子能级是等距的, 两相邻子能级之间的距离与 m 无关:

$$E(m+1) - E(m) = W(m+1) - W(m) = g\beta B \tag{8.9b}$$

这个间距正比于所加的磁场 B. 图 8.5 表示两种不同情况下 (J 为整数和 J 为半整数) 对应于塞曼子能级的能量 $E(m)$ 随磁场 B 为函数的变化. 磁能量 W 的符号与磁量子数 m 相同, $m < 0$ 的能级在能量序列中是位置最低的, 因而, 在统计计算中是概率最大的. 这些态对应于一个角动量 $\mathcal{L}_z < 0$, 和一个磁矩 $\mathcal{M}_z > 0$; 这与原子磁针的顺磁取向完全吻合.

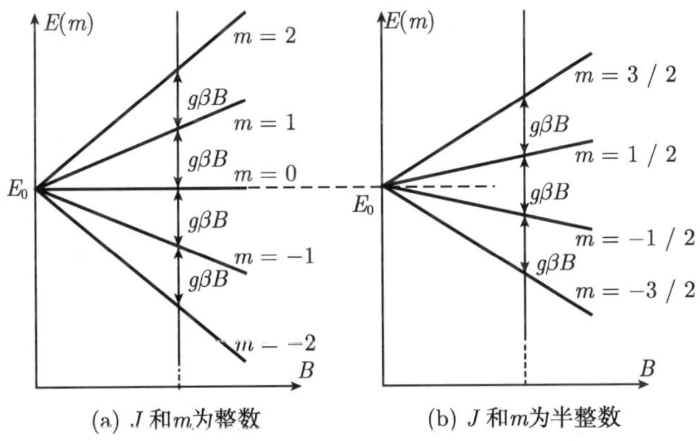

(a) J 和 m 为整数　(b) J 和 m 为半整数

图 8.5　塞曼子能级 (电子磁性情况: $\gamma < 0$ 和 $g > 0$)

对应于同一个初始能级 E_0 的塞曼子能级的个数等于 m 可能值的个数, 即 $2J+1$, 其中 J 是对应于 E_0 能级的角动量量子数.

这 $2J+1$ 个塞曼子能级对应于原子的不同态, 它们的区别在于磁矩矢量和角动量矢量的取向不同, 即 $\mathcal{M}_z$ 和 $\mathcal{L}_z$ 纵向分量的值不同. 当磁场为零 ($B = 0$), 这

$2J+1$ 个原子态精确地具有同一能量 E_0; 量子力学上我们说, 对应于 $2J+1$ 个不同态的 E_0 能级是 $2J+1$ 度简并的. 相反, 加上磁场使这 $2J+1$ 个态的能量不同, 我们说: **磁场解除了能级 $\boldsymbol{E_0}$ 的简并**.

塞曼子能级的存在可以解释本章末尾和下一章所描述的许多实验, 从而证实了上述量子化规则的正确性.

注: 在由核引起磁性的情况下 (例如核磁共振实验), 旋磁比γ根据情况可正可负; 这就可能使图 8.5 上塞曼子能级的顺序颠倒.

8.3　在计算顺磁磁化强度上的应用

上一章 (7.3 节) 我们用原子磁矩部分地沿外加磁场 $\vec{B}$ 取向来解释了顺磁磁化. 1905 年, 法国物理学家朗之万通过这部分取向的统计平衡计算了磁化强度 M 随 B 的函数变化. 但是, 朗之万假定了磁化强度分量 $\mathcal{M}_z$ 可在最小值 $-\mathcal{M}$ 和最大值 $+\mathcal{M}$ 之间以相等概率取所有值. 施特恩–格拉赫实验表明朗之万的假设是错的, 必须考虑空间量子化规则重新进行统计计算. 这就是 1927 年法国物理学家布里渊所做的工作.

8.3.1　布里渊的计算

把单位体积内包含的所有原子磁矩矢量相加可得到磁化强度矢量 $\vec{M}$. 我们假定磁场 $\vec{B}$ 总是平行于 Oz 轴, 从 (8.9) 式算得的磁能量 $W(m)=-\mathcal{M}_zB$ 与分量 $\mathcal{M}_x$ 和 $\mathcal{M}_y$ 无关, 它们仍是无规律分布的, $\sum\mathcal{M}_x=\sum\mathcal{M}_y=0$. 于是, 磁化强度矢量 $\vec{M}$ 就简化为其分量 M_z, 我们就简单地称之为 M.

根据玻尔兹曼统计, 原子分布在 $\mathcal{M}_z$ 的不同值之间, 其概率正比于函数:

$$\exp(-W/kT)=\exp(+\mathcal{M}_zB/kT)=\exp(-mg\beta B/kT)$$

(为了使本节公式简洁起见, 我们省去了玻尔兹曼常量 k 中下角标 B).

m 从 $-J$ 到 $+J$ 之间变化, 间隔为 1, 共有 $2J+1$ 个 m 的值 (参见 8.2.1 节). 我们要计算单位体积内具有同一分量 $\mathcal{M}_z$ 的原子数, 即具有同一量子数 m 的原子数. 单位体积中这个原子数通常称为**塞曼子能级 $\boldsymbol{m}$ 的布居数**, 我们用 $p(m)$ 表示. 根据上面说过的规律, 我们有

$$p(m)=\frac{n}{Z}\exp(-mg\beta B/kT)=\frac{n}{Z}\exp(-mx);\quad x=g\beta B/kT\quad(\text{量纲一})\tag{8.10}$$

依照统计惯例, 与 m 无关的比例系数写成 $n/\ Z$ 的形式: n 代表单位体积中原子总数, 量纲一的量 Z 称为配分函数. 写出布居数 $p(m)$ 之和等于 n, 就可确定配分函数:

$$n = \sum_{m=-J}^{m=+J} p(m) = \frac{n}{Z}\sum_{-J}^{+J}\exp(-mx) \quad \Rightarrow \quad Z = \sum_{-J}^{+J}\exp(-mx) = \sum_{-J}^{+J}(\mathrm{e}^{-x})^m$$

因为 m 变化的间隔为 1, Z 是公比为 $q = \mathrm{e}^{-x}$、第一项为 e^{Jx}(对 $m=-J$) 的等比级数的前 $2J+1$ 项之和. 由此可得

$$Z = \mathrm{e}^{Jx}\frac{1-q^{2J+1}}{1-q} = \frac{\mathrm{e}^{Jx}-\mathrm{e}^{-(J+1)x}}{1-\mathrm{e}^{-x}} = \frac{\mathrm{e}^{\left(J+\frac{1}{2}\right)x}-\mathrm{e}^{-\left(J+\frac{1}{2}\right)x}}{\mathrm{e}^{x/2}-\mathrm{e}^{-x/2}} = \frac{\sinh(J+1/2)x}{\sinh(x/2)}$$

上面第二式中上下都乘以 $\mathrm{e}^{x/2}$, 使指数式对称, 就过渡了到第三式, 就可引入双曲正弦函数.

塞曼子能级的布居数确定后, 就可对单位体积中所有原子的 $\mathcal{M}_z$ 分量进行求和:

$$M = \sum \mathcal{M}_z = \sum_m (-g\beta m)p(m) = \frac{ng\beta}{Z}\sum_m(-m\mathrm{e}^{-mx}) = \frac{ng\beta}{Z}\frac{\mathrm{d}Z}{\mathrm{d}x}$$

注意, 其中求和 $\sum$ 等于 Z 对 x 的导数. 下面我们只要对 Z 的对数求导数, 求分子分母两个对数的导数之差, 得到

$$\begin{aligned}\frac{1}{Z}\frac{\mathrm{d}Z}{\mathrm{d}x} &= \frac{(J+1/2)\cosh(J+1/2)x}{\sinh(J+1/2)x} - \frac{1}{2}\frac{\cosh(x/2)}{\sinh(x/2)} \\ &= (J+1/2)\coth(J+1/2)x - \frac{1}{2}\coth(x/2)\end{aligned}$$

或

$$\boxed{M = ng\beta\left[(J+1/2)\coth(J+1/2)x - \frac{1}{2}\coth(x/2)\right] \quad x = \frac{g\beta B}{kT}} \tag{8.11}$$

这个公式并不像看来那么复杂, 方括号内第二项很简单：当 $J=0$ (原子没有磁矩的情况), 它保证括号内为零, 因而磁化 M 也为零.

在实践上经常出现的情况中, $J=1/2$, 公式可大大简化. 方括号内简化为

$$\coth x \quad \frac{1}{2}\coth(x/2) - \frac{1+\tanh^2 x/2}{2\tanh x/2} - \frac{1}{2\tanh x/2} = \frac{1}{2}\tanh x/2$$

$$\Rightarrow \quad M = \frac{ng\beta}{2}\tanh x/2$$

如同在朗之万计算中一样, 磁化 M 是参量 x 的递增函数, 因而是随外加磁场 B 递增的函数, 但随着热力学温度 T 的增大而减小. 研究 x 很大或很小的两种极端情况是很有意思的.

a) 强场和低温情况 ($x \gg 1$)

若 $x \to \infty$, 两个双曲余切函数都趋于 1, 即 $M \to ng\beta J$. 这个值是在 n 个原子中每一个磁矩的纵向分量都有最大值 $\mathcal{M}_z = g\beta J$ 时得到的, 称为饱和磁化强度 $M_s = ng\beta J$. 要得到饱和, 必须 $x \gg 1$, 即在忽略 g 这个数 (数量级为 1) 时有

$$\frac{B}{T} \gg \frac{k}{\beta} = \frac{R}{\mathcal{N}\beta} \approx 1\text{T/℃} \quad (\text{R 是理想气体常量; } \mathcal{N} \text{ 是阿伏伽德罗常量})$$

用一般实验室能得到的磁场强度 ($B \approx 1$T), 饱和只能在降低温度到低于 1K 时才能得到. 这是有可能的, 但已代表了一种比较专门的技术. 实际上, 通常在实验室内可以通过快速对液氦抽气, 使它进一步冷却, 达到的低温为 1~2K. 因此为了得到磁化饱和, 需要产生 10T 量级的特高磁场.

b) 弱场和较高温度情况 ($x \ll 1$)

实际上一般是用常温情况, 使用有限展开, 有

$$\coth\varepsilon = \frac{1}{\varepsilon}\left(1 + \frac{\varepsilon^2}{3} + \cdots\right) = \frac{1}{\varepsilon} + \frac{\varepsilon}{3} + \cdots$$

由此推得

$$(J+1/2)\coth(J+1/2)x - \frac{1}{2}\coth(x/2) \approx \frac{x}{3}\left[(J+1/2)^2 - \frac{1}{4}\right] = \frac{x}{3}J(J+1)$$

或

$$\boxed{\begin{aligned} M &\approx ng\beta J(J+1)\frac{x}{3} = M_s(J+1)\frac{x}{3} = \frac{ng^2\beta^2 J(J+1)}{3kT}B \\ &= \chi_M B = \frac{\mu_r - 1}{\mu_0}B \end{aligned}} \tag{8.12}$$

我们得到了常温下顺磁性的著名居里定律: 磁化强度正比于磁场 B, 反比于热力学温度 T, 并推得 $M = C(B/T)$, 其中 C 称为居里常数.

注 1: 加框的最后一个公式中, 在右边我们写出了磁化率, 其形式是 $\chi_M = (\mu_r - 1)/\mu_0$. 我们还提醒, 为了避免比较复杂的单位问题, 最好把磁化强度用 $\mu_0 M$ 来表征, 它与磁感应强度 B 的量纲相同, 并以特斯拉或高斯为测量单位.

注 2: 在本节开头写下玻尔兹曼定律时, 我们假定磁矩之间的相互作用能是被忽略的. 这只有在带磁矩的原子彼此之间相距不太近时才成立. 在蒸气或在溶液与水合晶体中, 这是可以实现的, 那里磁性离子被大量水分子所分割. 从而很好地验证了顺磁性规律. 若邻近磁矩之间的相互作用比较大, 得到的效应会非常不同 (铁磁性和反铁磁性).

8.3.2　与朗之万经典计算的比较

在经典统计中, 纵向分量 $\mathcal{M}_z$ 可取最小值 $-\mathcal{M}$ 和最大值 $+\mathcal{M}$ 之间的所有值, 且概率相等. 除了需要把不连续的求和用积分来替代外, 这种经典计算与上面所述的计算步骤相同.

利用参量 $y = \mathcal{M}B/kT$, 我们得到了**朗之万公式**:

1) 一般公式, $M = n\mathcal{M}(\coth y - 1/y) = M_s(\coth y - 1/y)$;

2) 对 $y \ll 1$, $M \approx M_s y/3 = (n\mathcal{M}^2/3kT)B$.

(这里引入了饱和磁化 $M_s = n\mathcal{M}$).

为了进行比较, 最方便的是用下述新符号对布里渊的公式 (8.11) 进行变换:

—— 最大 $\mathcal{M}_z$ 分量: $\mathcal{M} = g\beta J = M_s/n$;

—— y 参量: $y = \mathcal{M}B/kT = g\beta JB/kT = Jx$.

这样, **布里渊公式**成为:

1) 一般公式, $M = n\mathcal{M}\left[\left(1+\dfrac{1}{2J}\right)\coth\left(1+\dfrac{1}{2J}\right)y - \dfrac{1}{2J}\coth\dfrac{y}{2J}\right]$;

2) 对 $y \ll 1$, $M \approx M_s\left(1+\dfrac{1}{J}\right)\dfrac{y}{3} = \dfrac{n\mathcal{M}^2}{3kT}\left(1+\dfrac{1}{J}\right)B$.

当 J 很大时, 这公式实际上就变得与朗之万公式相同了. 这里我们再次发现了一个普遍性质: 当量子数取值很大时, 量子物理规律变得与经典物理规律等效了.

这样, 在测量含有量子数 $J = 7/2$ 的 Gd^{+++} 离子的硫酸钆磁化强度时, 人们很难区分布里渊定律和朗之万定律之间的差别.

但相反, 在 J 很小的情况下两个定律之间的差别明显. 这对于 $J = 1/2$ 特别重要. 这在图 8.6 中已作说明: 设磁化已达饱和 M_s, n 为单位体积内的原子数, 就可根据布里渊或朗之万定律, 比较磁化强度 M 随 y 的函数变化. 在 J=1/2 情况下, 布里渊曲线以比朗之万曲线快 3 倍的速率趋向饱和. 但在, 例如 J=2 的情况下, 它只快 1.5 倍.

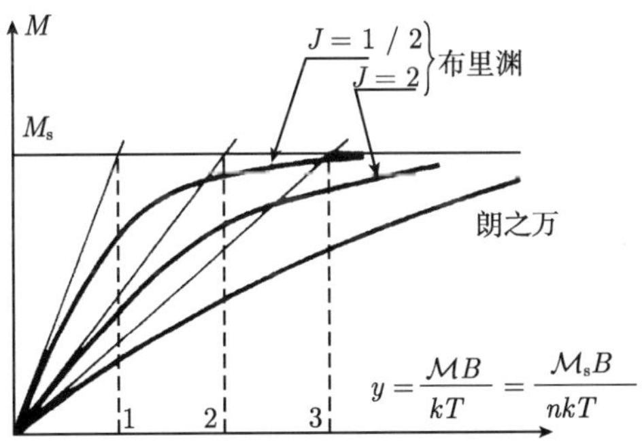

图 8.6　朗之万和布里渊对顺磁磁化的计算

8.3.3 布里渊公式的实验验证

可以用两种不同视点来验证布里渊公式:

1) 倘若从其他实验已知相关原子的量子数 J, 则可验证 $M(y)$ 曲线的形状与朗之万曲线有差别, 而和布里渊计算得到的则符合很好.

这种验证方式基本上是由饱和磁化和原点上的斜率之间存在的关系来表征的 (图 8.6). 因此这种验证假定, 在温度降得足够低时可以达到饱和. 1933 年, 荷兰物理学家霍尔特 (Gorter)、德哈斯 (de Haas) 和冯登亨德尔 (van den Haendel) 完成了铬明矾晶体的测量, 最低温度达到 1.3K; 他们得到了对应于量子数 $J=3/2$、表征明矾中 Cr^{+++} 离子特性的曲线.

反过来, 在温度降得足够低的条件下, 从磁化强度随温度变化的函数曲线可以估计角动量量子数 J.

2) 可以验证, 原点上曲线斜率的值是从量子数 J 和朗德因子 g 出发算得的准确值. 实验上, 人们测量居里常数 C, 有 $M=C(B/T)$. 需要把它和理论值进行比较:

$$C=n\frac{g^2\beta^2J(J+1)}{3k}$$

居里常数与单位体积中的原子数有关, 即与气压 (若为蒸气状态的原子), 或浓度 (若为与其他成分组成液体或固体介质的离子) 有关. 为了用与原子数 n 无关的、而可以表征所研究原子或离子特性的方式来表达结果, 比较方便的方式是把所得结果与摩尔联系起来. 也就是说, 要从与摩尔 (即由 $\mathcal{N}$ 个原子组成的一组, $\mathcal{N}$ 为阿伏伽德罗常量) 相对应的磁矩出发来定义原子的居里常数 C_A:

$$\mathcal{M}\ (\text{摩尔})\ =\frac{\mathcal{N}}{n}M=C_A\frac{B}{T}$$

其中

$$\boxed{C_A=\frac{\mathcal{N}}{n}C=\mathcal{N}\frac{\beta^2}{3k}g^2J(J+1)=\frac{(\mathcal{N}\beta)^2}{3R}g^2J(J+1)} \tag{8.13}$$

(其中, $R=\mathcal{N}k$ 是理想气体常量).

我们得到 CGS 单位制中 C_A 的数值, $C_A=0.125g^2J(J+1)$ (MKSA 制中原子居里常数要比这个值大 10 倍).

这个公式在 1927 年由德国物理学家洪德 (Hund) 在稀土离子上做过仔细验证; 他利用了两年前测量磁化率的结果和从稀土元素的火花光谱 (或离子光谱) 研究中得到的 J 和 g 的值.

我们还可举出其他两种验证:

1) 德国人罗特 (Roth) 所做的碱金属 (钠、钾等) 蒸气磁化率的测量, 得到原子居里常数为 $C_A = 0.37$; 这与施特恩–格拉赫方法 (参见 8.2.2 节) 测定的 $J = 1/2, g = 2$ 的数据完全吻合. 由此得到 $g^2 J(J+1) = 3$.

2) 从铬明矾磁化率可算得 Cr^{+++} 离子的居里常数为 $C_A = 1.87$, 与 $J = 3/2$ 和 $g = 2$ 的数值相符, 由此得到 $g^2 J(J+1) = 15$.

总而言之, 20 世纪前三分之一年代所完成的顺磁体磁化强度的测量, 证明了角动量量子化规则的正确性和塞曼子能级的存在. 这些测量所得的量子数 J 和朗德因子 g 的数值与从其他方法测得的相符.

测量 J 和 g 使用最多的方法是观察塞曼效应, 对此我们将在下一章中进行研究. 为了测量朗德因子, 人们同样也使用磁共振实验.

8.4　对磁共振的应用

8.4.1　相邻塞曼子能级的玻尔定则

用从上述 (8.9a) 和 (8.9b) 式算得的塞曼子能级 (8.2.3 节) 之间的间距可以直接对磁共振进行量子解释. 如果我们对两个塞曼子能级之间使用玻尔关系, 就可通过频率为ν或圆频率为ω的波来激发此两子能级之间的跃迁, 这里有

$$h\nu = \hbar\omega = |E(m+1) - E(m)| = g\beta B = |\gamma|\,\hbar B \tag{8.14}$$

即波的圆频率为 $\omega = |\gamma|\,B$.

我们再次找到了 7.6.1 节指出过的磁共振条件. 圆频率为ω的波会改变原子磁矩的取向, 因为它的光子 $\hbar\omega$ 精确等于原子磁矩两个可能取向之间的能量差. 这个纯能量的解释还不够完备; 因为它没有说明为什么电磁波必须是圆偏振的, 也没有说明是哪个方向旋转的, 而这在布洛赫计算中是指明了的. 这种解释也没有说明磁化强度横向旋转分量的存在, 而它用电子学检测方法是在实验上观察到的.

看来量子解释与上章所给的经典解释在原则上是很不相同的, 尽管这里没有任何矛盾. 的确, 第 7 章中所做的经典计算在所有细节上都没有反映对一个孤立原子所做的量子计算. 但当讨论到对应于大量原子的总磁化强度 M 时, 这种经典计算尽管没有绝对普遍的合理性, 却具有现实意义: 对频繁出现的、角动量量子数 J 等于 1/2, 即只有两个塞曼子能级的情况, 量子力学计算可对磁化矢量 $\vec{M}$ 的三个分量推导出完全相同的微分方程. 这就是为什么在上一章中我们对这种计算做了全面讨论的理由. 当 J 取值较大时, 方程就变得十分复杂了, 但现象的基本线索并没有因此而改变.

8.4.2 用拉比方法的原子束实验, 跃迁概率

不管我们用量子还是经典解释, 磁共振总是要改变原子磁矩的纵向分量 $\mathcal{M}_z$ 的. 既然施特恩–格拉赫实验是属于测量 $\mathcal{M}_z$ 的, 它应当能够检测磁共振现象. 实际上, 这就是 1938 年纽约哥伦比亚大学拉比所用检测磁共振方法的原理. 他的原子束相继穿过两个施特恩–格拉赫装置, 中间隔着一个磁共振区.

为了描述简洁起见, 我们限于角动量量子数 J 等于 1/2 的情况, 这里只有两个塞曼子能级, 但这并不改变方法的普遍性. 在拉比装置中, 原子束相继通过三个不同磁铁的磁隙, 三个磁铁产生的三个磁场是平行的, 且磁场数值相近 (图 8.7).

1) 第一个磁场 B_1 是**非均匀**的, 使原子偏转走抛物线轨迹: 它把初始原子束分裂为两条不同的原子束, 每一条对应于一个 $\mathcal{M}_z$ 的单一值. 两束中一束碰到器壁, 只有另一束能继续其轨迹. 这样, 我们就把磁矩具有相同纵向分量 $\mathcal{M}_z$ 的原子都选出来了.

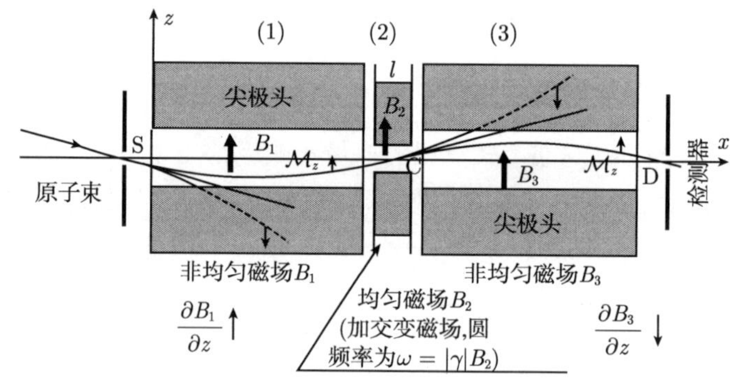

图 8.7 拉比装置 (原子束磁共振)

2) 第二个磁场 B_2 是**均匀**的, 原子走直线通过. 在这里借助圆频率为 $\omega = |\gamma| B_2$ 的电磁波产生磁共振现象, 该频率属于射频波段.

3) 第三个磁场 B_3 像第一个一样, 是**非均匀**的, 它选出磁矩带有某一纵向分量 $\mathcal{M}_z$ 的原子, 只有它们才能到达检测器 (通过与热丝接触或电子轰击而离化).

假如在第二个磁铁中发生了磁共振而改变了 $\mathcal{M}_z$, 则检测器接收到的原子数也同样发生变化, 从而把现象呈现出来了.

更为精确地说, 初始速度矢量与原子束的 Sx 轴成某一角度, 且其分量 $\mathcal{M}_z$ 是正的原子, 其轨迹为一条抛物线弧线, 它相对于其孔源 S 与第二磁铁 (2) 中心点 C 之间的顶点是对称的 (图 8.7 中 S 和 C 点的连线是束轴). 相对于 Sx 轴, C 点原子的速度和 S 点的初始速度是对称的. 若磁铁 (3) 与磁铁 (1) 相同, 但安置相反 (相对于 C 点对称, 尖极头在下), 而磁化方向又相同, 磁场 B_3 与磁场 B_1 同方向, 但磁场梯度 $\partial B_3/\partial z$ 的方向相反, 作用在同一原子上的力 F_z 现在是负的: 在 B_3 磁场中

原子轨迹画出一个曲率相反的抛物线弧线, 与前面一条相对于 C 点是对称的, 它们全都到达检测器的狭缝窗口 D. 当在 B_2 磁场内发生磁共振时, 被第一磁铁 (1) 选出来的部分原子发生了从 "正 $\mathcal{M}_z$" 到 "负 $\mathcal{M}_z$" 的跃迁, 它们不再能到达检测器, 就可在检测器上测得接收到的原子数减少.

在 (2) 区用固定的圆频率ω的电磁波照射原子束, 让均匀磁场 B_2 的数值变化, 以改变两个塞曼子能级之间的能量差 (图 8.8(a)), 就可以实现磁共振实验. 随着磁场 B_2 变化, 记下在一定时间内检测器记录到的原子数目, 就可得到类似于图 8.8(b) 的曲线. 一般情况下, 原子数 N 等于 N_0; 但当 B_2 接近于共振值时, N 减少; 当 B_2 精确地通过其共振值 $B_2 = \omega/|\gamma|$ 时, N 通过它的最小值 N_m.

现在讨论共振中心: 差值 $N_0 - N_m$ 等于在磁量子数数值相反的两个能态 $m = \pm 1/2$ 之间产生了跃迁的原子数. 走出第一个非均匀磁场区的原子都处在同一个量子态 $m_1 = -1/2$(对应于 $\mathcal{L}_z < 0$, 因此 $\mathcal{M}_z > 0$). 它们在长度为 l 的轨迹上受到同一个电磁波的作用, 作用时间 t 对所有原子近似相等. 实际上, 只有那些速率 v 非常接近于最概然速率的原子才会聚焦到检测器的窗缝 D 上; 它们穿过磁场 B_2 的渡越时间 $t = l/v$ 也非常接近. 然而, 其中一部分原子仍然处于初态, 而此时另一部分原子却从初态跃迁到了 $m_2 = +1/2$ 量子态. 这就非常直观地说明了跃迁概率的概念.

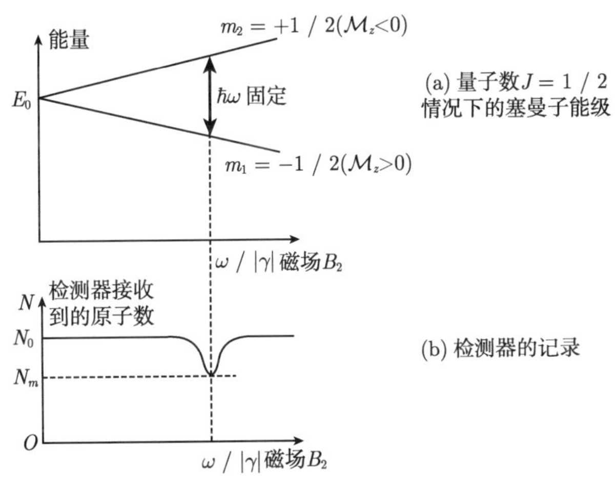

图 8.8　频率固定的磁共振实验, 用磁场扫描

接收到原子数的相对减少 $(N_0 - N_m)/N_0$ 等于时间 t 终了时两个量子态之间的电磁波感生跃迁概率. 我们可以从实验上来检验由量子力学计算得到的这个跃迁概率.

注 1:　在拉比成功实现的实验中, 从束源 S 出来原子的初速度十分离散. 该装置同时选出了: ① 其分量 $\mathcal{M}_z$ 为正, 且其初速度矢量与 Sx 轴成某一角度;

② 其分量 $\mathcal{M}_z$ 为负, 但其初始方向合适 (与前者相对于轴 Sx 对称). 但检测器只能接收到在路径上 $\mathcal{M}_z$ 分量不发生变化的原子; 在磁共振中同时能检测到两类原子. 我们可以直接把它推广到 $J > 1/2$ 的情况.

注 2: 历史上, 美国物理学家拉比在 1938 年用这种方法第一次观察到了磁共振现象, 其结果在认识原子现象上取得了极大的进步. 我们在上一章中叙述的无线电检测方法则出现较晚: 1945 年, 俄罗斯人扎沃伊斯基用于电子顺磁共振 (EPR); 1946 年, 美国人布洛赫和珀塞尔用于核磁共振 (NMR). 这两种方法的每一种都有它的优点和不便之处, 它们至今都仍在实验室和产业上使用. 原子束方法工作起来十分复杂, 但对于研究和测量单个原子的磁矩, 这种方法一般是最精确的, 因为在原子束中原子是孤立的, 可避免受凝聚介质邻近原子的干扰. 后来又发展了一些其他检测方法, 如光检测 (参见下一章) 和其他双共振方法.

8.4.3 稳态实验, 布居数趋同与吸收功率

当我们用其他检测方法进行研究时, 实验条件相当不同: 原子不再是像原子束中那样一串串地行进, 物质样品 (固体、液体或蒸气) 中的原子持续地经受着射频波的作用. 这样, 在射频波和所研究介质之间很快会建立起一种动态平衡; 那里, 尽管原子不断地在两个能级之间进行着交换, 子能级 $m_1 = -1/2$ 和 $m_2 = +1/2$ 的布居数 n_1 和 n_2 却保持稳定不变.

1) 对于频率处于射频段的跃迁来说, 自发发射概率实际上等于零 (参见第 3 章). 假如只发生磁共振现象, 感生发射跃迁就必须与吸收跃迁取得平衡 (参见 3.3 节):

$$B_{12}n_1 = B_{21}n_2$$

但塞曼子能级的统计权重是相等的, 故有

$$G_1 = G_2 \quad \Rightarrow \quad B_{12} = B_{21} \quad \Rightarrow \quad n_1 = n_2$$

因此, 只有磁共振时两个塞曼子能级的布局数相等, 这就是图 8.9(a) 中所示的概念.

2) 但是在物质样品中永远不会只有磁共振起着作用; 还必须考虑弛豫过程 (参见 7.3 节). 邻近原子之间的随机相互作用趋于建立或保持介质的热平衡, 即不同塞曼子能级之间的原子分布符合玻尔兹曼规律. 在 8.3 节中我们计算了这种分布. 那里, 较高能量塞曼子能级的布居数要少于较低能量子能级的布居数. 在没有直接外部相互作用 (不加射频波) 时, 我们确实得到了这种热平衡分布, 它示意于图 8.9(b). 能量 $W = mg\beta B$ 为负的态, 布居数最多, 这就是 $\mathcal{M}_z$ 分量为正, 取向与磁场方向相同的态.

3) 在真正的实验中, 两种现象之间的竞争结果建立起一种动态平衡: 能量较高的塞曼子能级的布居数比热平衡下的布居数要多, 而能量较低的子能级

的布居数则比热平衡时少 (图 8.9(c)). 弛豫过程趋向于重建热平衡, 因此总是保持着使从高能量子能级到低能量子能级的跃迁数大于相反的跃迁数.

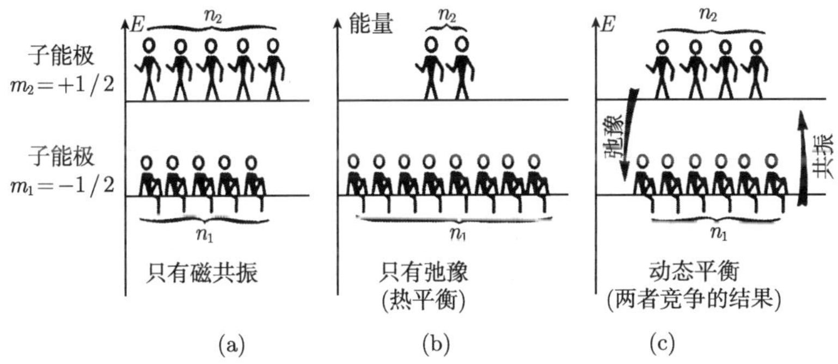

图 8.9　塞曼子能级布居数的示意图

反过来, 为了维持动态平衡, 磁共振现象总是不断地使产生低能量子能级到高能量子能级的跃迁数大于相反的跃迁数. 换句话说, 吸收光子的跃迁要多于感生发射光子的跃迁:

$$B_{12}n_1 > B_{21}n_2 \quad \text{因为} \quad n_1 > n_2$$

因此, 需要从射频波提供能量的跃迁要多于其他跃迁. 一部分电磁波功率不断被共振原子所吸收, 而原子则通过弛豫过程把这部分功率持续地以热的形式归还给介质. 这个消耗电磁波功率的吸收是很容易被测量到的, 可以在无线电检测方法中用来检测磁共振现象.

注 1: 若射频波的强度很大 ($|\gamma| B_1 \gg 1/\tau$, 弛豫时间的倒数), 得到的动态平衡中布居数相等 (图 8.9(c) 变得与图 8.9(a) 一样), 这就是磁共振现象的饱和.

注 2: 这样我们通过量子解释再次得到了上一章 (7.6.6 节) 中用经典方法计算得到的电磁波功率的吸收. 在只有两个塞曼子能级的情况 (量子数 $J = 1/2$) 下, 经典和量子两种语言的过渡是十分简单的. 实际上, 若单位体积介质中含有带磁量子数 $m_1 = -1/2$ 的原子数为 n_1, 对应于 $m_2 = +1/2$ 的原子数为 n_2, 则磁化矢量 $\mathcal{M}$ 的纵向分量 (平行于磁场的) 为

$$\mathcal{M}_z = (n_1 - n_2)g\beta\,|m| = (n_1 - n_2)g\beta/2$$

(这里采用了原子磁矩的纵向分量 $\mathcal{M}_z = -g\beta m$, 参见 8.2.2 节).

注 3: 这里我们仅限于定性地分析了布居数平衡. 为了进行定量研究, 需要使用弛豫时间τ, 其倒数 $1/\tau$是单位时间内产生恢复热平衡的非辐射跃迁概率的量度 (在某种程度上, 它可代替自发辐射跃迁的概率 A_{21}, 我们已经看到, A_{21} 是可忽略的). 这样, 关于 z 分量的第三个布洛赫方程 (参见第 7 章) 可用来解

释布居数变化的平衡. 但是我们要注意, 精确计算需要考虑横向分量, 仅仅用布居数的话语来描述现象是不完备的.

小　结

在原子物理中, 施特恩–格拉赫实验是一个最基本的实验, 因为它允许直接测量除能量以外的一个原子物理量: 磁矩的纵向分量 (沿着磁场取向的), 并因此还可通过旋磁比测得角动量的纵向分量.

施特恩–格拉赫实验表明, 量子化的概念不仅能表征能量值, 而且还可扩展到其他的原子物理量. 它也是量子力学的基础之一, 这涉及:

—— 本征值概念 (不管它是属于哪一个原子物理量的), 这就是说, 跟每一个物理量相结合有一个算符概念;

—— 给予本征值的实验意义.

当我们考虑量子理论的解释, 即测量理论时, 几乎总是要提到施特恩–格拉赫实验.

当施特恩–格拉赫实验被拉比用于观察磁共振现象时, 它也是跃迁概率概念的一个最漂亮的图解.

角动量的量子理论使量子力学的最基本概念发挥了作用, 它与实验的符合是非常直接的. 因此毫不奇怪, 它在量子力学论述中具有重要的地位.

第 9 章 辐射的角动量, 塞曼效应

在上两章中我们利用了磁力来改变原子的角动量. 但是原子角动量也可通过原子与圆偏振光波的相互作用来改变.

圆偏振电磁波携带着角动量、并能产生旋转运动的思想溯源于 20 世纪初. 1909 年, 坡印亭 (Poynting) 在考虑电磁波作用的力学相似性的时候, 就提出了这个思想. 尽管如此, 在计算了光波对各向异性介质中感生电偶极矩的作用力后, 这个思想才得到更为精确的展示 [萨多夫斯基 (Sadowsky), 1900; 爱泼斯坦 (Epstein), 1914].

在 9.1 节, 我们将从回顾电磁辐射和光学的经典理论中一个比较特殊的问题出发来开始讨论, 该问题认为圆偏振光波具有角动量. 在以后几节里, 我们将把结果应用于原子跃迁.

9.1 经典图景, 圆偏振波引起的转动

9.1.1 圆偏振的复习

圆偏振波是由幅值恒定的电场所表征的, 但在其波阵面上, 电场的方向是以角速度 ω 或波的频率 $\nu = \omega/2\pi$ 随时间转动的. 假定波是沿着 Oz 轴传播的, 若把电场投影在波阵面的 Oxy 两个轴上, 则可将它的两个分量描述如下:

—— 对按右手螺旋方向旋转的:

$$E_x = a\cos(\omega t + \varphi); \quad E_y = +a\sin(\omega t + \varphi) = a\cos(\omega t + \varphi - \pi/2) \qquad \text{(滞后)}$$

—— 对反向旋转的:

$$E_x = a\cos(\omega t + \varphi); \quad E_y = -a\sin(\omega t + \varphi) = a\cos(\omega t + \varphi + \pi/2) \qquad \text{(超前)}$$

两个分量 E_x, E_y 相位相差 $90°$, 根据旋转方向不同, 或超前, 或滞后.

在实验室实践中, 人们用从各向异性晶体切割出来的薄片制作圆偏振, 这种晶体内部的折射率与波电场的取向有关; 这使我们必须概括了解一下各向异性晶片的性质.

我们仅考虑朝晶片正入射的光波, 它在透过镜片时保持着正入射的传播方向. 在这种情况下, 我们发现在晶片平面上存在着两个互相垂直的特殊方向 Ox 和 Oy, 称为晶片的 “中性轴”, 它们有这样的性质:

—— 一个平行于 Ox 的线偏振 ($\vec{E}/\!/Ox$) 波, 按照经典方式以折射率 n_x 传播;

—— 一个平行于 Oy 的线偏振 ($\vec{E}/\!/Oy$) 波, 也按照经典方式但以不同的折射率 n_y 传播.

为了研究某个方向上电场的传播, 必须把电场投影在两个中性轴上, 分别计算每个分量 E_x, E_y 的传播.

a) ***右旋圆偏振的产生***

从一个偏振片出来的入射波正入射到晶片上, 其线偏振方向为 45°, 即沿着两个中性轴 Ox 和 Oy 的等分线 (图 9.1(a)), 则在晶片的入射面 $z=0$ 上, 两个分量 E_x 和 E_y 相等. 为了避免考虑晶片入射面上的部分反射和透射问题, 我们直接定义 $z=0$ 面上晶片内侧两个分量为

$$E_x(0)=E_y(0)=a\cos\omega t$$

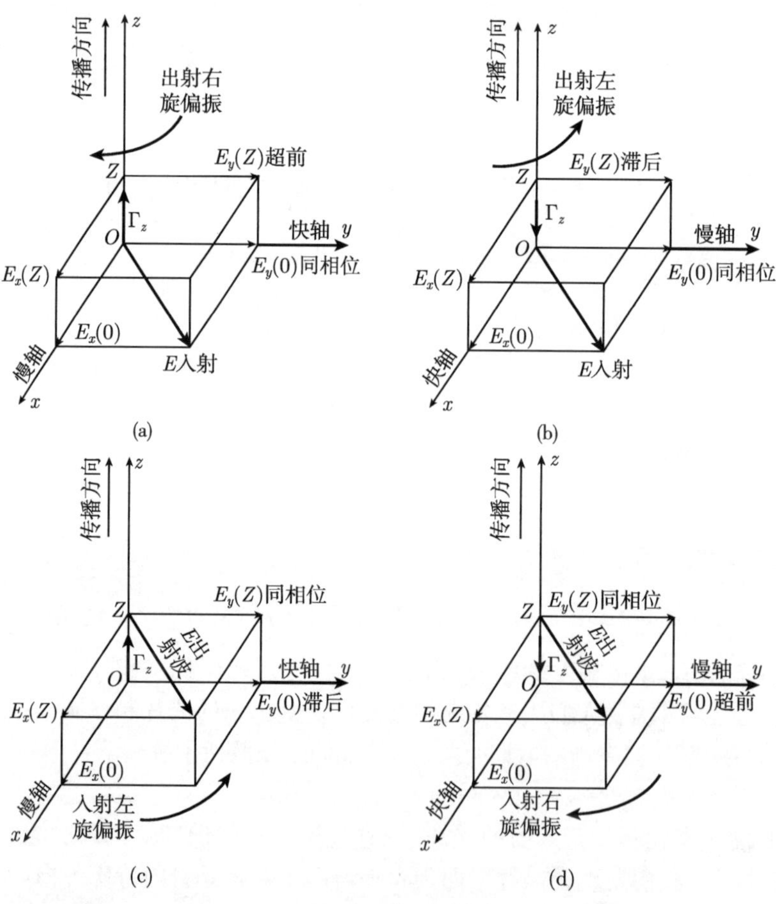

图 9.1　通过 $\lambda/4$ 波片后偏振波的转变 (Γ_z 由 9.1.3 节定义)

在晶片的入射面上这两个电场强度的分量是同相位的. 但是随着在晶片内的传播过程, 后来这两个分量就逐渐有相位差了:

$$E_x(z) = a\cos\omega(t - n_x z/c) = a\cos[\omega t - \varphi_x(z)]$$
$$E_y(z) = a\cos\omega(t - n_y z/c) = a\cos[\omega t - \varphi_y(z)] = a\cos[\omega t - \varphi_x(z) + \Phi(z)]$$

两者的相对相位差为

$$\boxed{\Phi(z) = \varphi_x(z) - \varphi_y(z) = \frac{\omega}{c} z(n_x - n_y) - \frac{2\pi}{\lambda} z(n_x \quad n_y)} \tag{9.1}$$

选 Z 为晶片的厚度, 以使得相对光程差为 $Z(n_x - n_y) = \lambda/4$(四分之一波片); 由此可推得该波片出射端的相对相位差为 $\Phi(Z) = +\pi/2$.

我们已假定 $n_x > n_y$: E_x 波以较高的折射率传播, 即传播速度比 $E_y(Z)$ 波慢, Ox 轴称为慢轴, 而 Oy 轴称为快轴. $E_y(Z)$ 分量比 $E_x(Z)$ 相位超前 90°; 由此可推得具有恒定幅值 a 的电场矢量围绕 Oz 轴以反右手螺旋方向旋转, 称为**右旋圆偏振**.

b) *左旋圆偏振的产生*

这是图 9.1(b) 的情况. 人们用旋转了 90° 的同样的四分之一波片产生. 为此把中性轴 Ox 和 Oy 轴交换, 现在它们起着不同的作用, 因为 $n_x < n_y$: Ox 轴成为快轴, Oy 轴是慢轴. 在此条件下, 通过波片引起的两个分量 E_x 和 E_y 之间的相对相位差改变符号: $\Phi(Z) = -\pi/2$.

在与上面类似的计算中, 与另一分量 E_x 相比, 现在 E_y 落后相位差 $\pi/2$; 合成电场矢量以与上面情况相反的方向旋转, 即以右手螺旋的方向绕 Oz 轴旋转, 称为**左旋圆偏振**.

为了简化讨论, 在两个图例 (a) 与图 (b) 中. 我们保持了相同的入射线偏振, 但两个中性轴, 慢轴与快轴的交换意味着, 对于实验室中的实验者来说, 入射线偏振相对于四分之一波片已经转了 90°. 在这两种情况中电场的转动方向是超前分量转向滞后分量的方向.

更准确地说, 可以把图 (a) 和图 (b) 概括为, 所产生的圆偏振波的转动方向就是快轴扫过包含入射线偏振的象限转向慢轴的方向.

c) *圆偏振的分解*

这种分解是通过四分之一波片后圆偏振变为线偏振的反向变换 (图 9.1(c) 与图 9.1(d)). 数学上, 人们把入射平面 $z = 0$ 上这种圆偏振用相位差为 90° 的电场分量来表示:

$$\begin{aligned} &E_x(0) = a\cos\omega t \\ &E_y(0) = a\cos(\omega t + \varphi_0) = \pm a\sin\omega t, \text{ 根据 } \varphi_0 = \mp\pi/2 \text{ 而定} \end{aligned} \tag{9.2}$$

在图 9.1(c) 中, 假设入射波是左旋圆偏振波, 以右旋螺旋的方向绕 Oz 轴旋转, 其 $E_y(0)$ 分量落后于 $E_x(0)(\varphi_0 = -\pi/2)$. 如同图 9.1(a), 令 Ox 轴为慢轴, Oy 轴为快轴 $(n_x > n_y)$, 通过波片后 E_y 分量以相对相位 $\Phi(Z) = +\pi/2$ 超前, 它将抵消初始的落后, 从而使相位与 E_x 相同:

$$\begin{aligned} &E_x(Z) = a\cos[\omega t - \varphi_x(Z)] \\ &E_y(Z) = a\cos[\omega t + \varphi_0 - \varphi_y(Z)] = a\cos[\omega t + \varphi_0 - \varphi_x(Z) + \Phi(Z)] = E_x(Z) \end{aligned}$$

在出射端的合成偏振是在 Oxy 轴第一象限的线偏振.

在入射偏振为右旋圆偏振的情况下, 根据图 9.1(d), 在波片入射平面 $(z = 0)$ 上, 旋转是绕 Oz 轴按反右旋螺旋方向的, 相应于 $E_y(0)$ 分量比 $E_x(0)$ 分量超前 $(\varphi_0 = +\pi/2)$. 如同图 9.1(b) 中, 中性轴、慢轴和快轴已经交换了; 通过波片后使 E_y 分量相对落后 $\Phi(Z) = -\pi/2$, 它抵消了初始超前 φ_0, 使其相位与 E_x 相同:

$$\begin{aligned} &E_x(Z) = a\cos[\omega t - \varphi_x(Z)] \\ &E_y(Z) = a\cos[\omega t + \varphi_0 - \varphi_y(Z)] = a\cos[\omega t + \varphi_0 - \varphi_x(Z) + \Phi(Z)] = E_x(Z) \end{aligned}$$

所得合成场也是线偏振的, 与中性轴成 45°; 但是, 因为图 9.1(d) 已经把四分之一波片相对于图 9.1(c) 转了 90°, 在实验室实践中, 这个线性场是与上面情况垂直的; 这就是说, 可以区分初始圆偏振的两个旋转方向.

总之, 可以把两种分解概括为: 被分解的圆偏振的旋转方向就是使慢轴转向快轴的旋转方向, 它扫过所产生线偏振的象限 (与 9.1.1b 节产生圆偏振的旋转方向相反).

9.1.2 光对各向异性薄片的作用力

现在我们将阐明, 一个圆偏振波在传播中透过晶体薄片时会有力作用在薄片上, 这个力趋于使薄片围绕着垂直于它自身平面的波的传播方向旋转. 我们将从薄片遭受波电场作用时介质所得到的体积电极化矢量 $\vec{P}$ 出发, 计算力系统的总力矩 Γ. 在各向异性晶体介质中, 两个矢量 $\vec{P}$ 与 $\vec{E}$ 间通常所具有的共线性只有对平行于中性轴的线性极化才能得到保证: $P_x = \chi_x\varepsilon_0 E_x$ 和 $P_y = \chi_y\varepsilon_0 E_y$.

极化率 χ_x 和 χ_y 数值的不同使极化矢量 $\vec{P}$ 不再与某一取向的电场 $\vec{E}$ 平行. 这个 $\vec{E}$ 与 $\vec{P}$ 不平行性具有重要结果: 薄片的一个小体积元 δV 形成一个电偶极子 $\vec{P}\delta V$, 在电场 $\vec{E}$ 中将受到一个非零力矩所形成的力偶 $\Gamma = \vec{P}\delta V \times \vec{E}$ 的作用, 而在各相同性介质中, 电场与极化两个矢量是平行的, 这种力矩是绝对没有的.

实践中, 在波的传播方程中, 我们用电感应强度矢量 (电位移矢量)$\vec{D}=\varepsilon_0\vec{E}+\vec{P}$, 它不再与电场平行, 除非是在中性轴方向上. 传播方程的经典解只对两个特殊方向才继续有效; 对这两个方向, 仍然可以定义相对介电常数 ε_r, 它们的数值也是不同的, 我们称为 ε_x 和 ε_y. 在这两种特殊情况下传播方程的经典解引出一个传播速度:

$$\frac{1}{\sqrt{\varepsilon_r\varepsilon_0\mu_0}}=\frac{c}{\sqrt{\varepsilon_r}}=\frac{c}{n},\quad \text{折射率为 } n=\sqrt{\varepsilon_r}$$

总之, 对两个中性轴的特殊方向, 我们有

$$\boxed{\begin{aligned}D_x=\varepsilon_0E_x+P_x=(1+\chi_x)\varepsilon_0E_x=\varepsilon_x\varepsilon_0E_x=n_x^2\varepsilon_0E_x\\D_y=\varepsilon_0E_y+P_y=(1+\chi_y)\varepsilon_0E_y=\varepsilon_y\varepsilon_0E_y=n_y^2\varepsilon_0E_y\end{aligned}}\tag{9.3}$$

电位移矢量 $\vec{D}$ 可用来取代极化矢量 $\vec{P}$ 以计算作用在各向异性介质小体积 $\delta V=S\delta z$ 上的力矩:

$$\overrightarrow{\delta\Gamma}=\vec{P}\delta V\times\vec{E}=(\vec{D}\times\vec{E})\delta V=(\vec{D}\times\vec{E})S\delta z\tag{9.4a}$$

矢量 $\vec{D}$ 和 $\vec{E}$ 与透入薄片的深度 z 有关, 这使我们必须对每个截面为 S、厚度为 δz 的小薄层分别计算力矩 $\overrightarrow{\delta\Gamma}$. 在后面 9.1.4 节所叙述的实验中, 人们只测量垂直于薄片的分量 Γ_z; 所以我们只限于计算这个分量:

$$\delta\Gamma_z=S\delta z(D_xE_y-D_yE_x)=S\delta z(n_x^2-n_y^2)\varepsilon_0E_xE_y\tag{9.4b}$$

利用上面 9.1.1a 节计算的 $E_x(z)$ 和 $E_y(z)$ 的表达式 (那里相位差 φ_x 和 φ_y 是 z 的函数), 得

$$\delta\Gamma_z(z)=S\delta z(n_x^2-n_y^2)\varepsilon_0a^2\cos(\omega t-\varphi_x)\cos(\omega t-\varphi_y)$$

利用积化和差的三角函数变换公式得到

$$\delta\Gamma_z(z)=S\delta z(n_x^2-n_y^2)\varepsilon_0a^2\frac{1}{2}[\cos(2\omega t-\varphi_x-\varphi_y)+\cos(\varphi_x-\varphi_y)]$$

力矩 Γ_z 以光波的高频率随时间作正弦变化; 只有时间的平均值是可测量的:

$$\overline{\delta\Gamma_z}(z)=S\delta z(n_x^2-n_y^2)\frac{\varepsilon_0a^2}{2}\cos(\varphi_x-\varphi_y)=S\frac{\varepsilon_0a^2}{2}(n_x^2-n_y^2)\cos\Phi(z)\delta z\tag{9.5}$$

对各个薄层的贡献求和, 即对 z 求积分, 并考虑到两个分量 E_x 和 E_y 之间的相对相位差 $\Phi(z)$ 的公式 (9.1)(参见 9.1.1a 节), 得到对整个薄片的总力矩. 实际上, 选 Φ 作为积分变量比较容易: 代入 $\mathrm{d}z=\dfrac{c}{\omega(n_x-n_y)}\mathrm{d}\Phi$, 得到

$$\overline{\Gamma_z}=\int_{z=0}^{z=Z}S\frac{\varepsilon_0a^2}{2}(n_x^2-n_y^2)\cos\Phi(z)\mathrm{d}z=\frac{Sc\varepsilon_0a^2}{2\omega}(n_x+n_y)\int_{\Phi(0)}^{\Phi(Z)}\cos\Phi(z)\mathrm{d}\Phi$$

$$= \frac{Sc\varepsilon_0 a^2}{2\omega}(n_x + n_y)\left[\sin\Phi\right]_{\Phi(0)}^{\Phi(Z)}$$

在入射线偏振的情况下, $\Phi(Z)$ 由 9.1.1a 节算得的 (9.1) 式给出, 并有 $\Phi(0) = 0$.

在入射圆偏振的情况下 (参见 9.1.1c 节), 必须考虑由 (9.2) 式给出的两个分量 $E_x(0)$ 和 $E_y(0)$ 之间的初始相位差 φ_0; 因此必须用 φ_0 来代替 $\Phi(0)$, 用 $[\Phi(Z) + \varphi_0]$ 来替换 $\Phi(Z)$. 在一般情况下, 得到

$$\overline{\Gamma_z} = \frac{Sc}{\omega}\frac{\varepsilon_0 a^2}{2}(n_x + n_y)\{\sin[\Phi(Z) + \varphi_0] - \sin\varphi_0\}$$

电场的振幅 a 与晶体中的光能量密度有关, 说得更确切些, 与光束输运的功率 P 有关. 在材料介质内部, 对这个光功率的描述要比在真空中稍微复杂一些 (参见电磁学教程; 在这章中要注意不要把功率 P 与极化矢量的分量弄混了, 后者始终带着一个下标):

$$P = S\frac{c}{n_x}\overline{E_x D_x} + S\frac{c}{n_x}\overline{E_y D_y} = Sc\varepsilon_0(n_x\overline{E_x^2} + n_y\overline{E_y^2}) = Sc(n_x + n_y)\frac{\varepsilon_0 a^2}{2} \tag{9.6}$$

即有

$$\boxed{\overline{\Gamma_z} = \frac{P}{\omega}\{\sin[\Phi(Z) + \varphi_0] - \sin\varphi_0\}} \tag{9.7}$$

- 若入射偏振是线性的, 与四分之一波片的两个中性轴成 $45°$, $\varphi_0 = 0$, 得到

—— 图 9.1(a) 的情况 (产生右旋圆偏振波):

$$\Phi(Z) = \pi/2 \quad \Rightarrow \quad \Gamma_z = +P/\omega$$

—— 图 9.1(b) 的情况 (产生左旋圆偏振波):

$$\Phi(Z) = -\pi/2 \quad \Rightarrow \quad \Gamma_z = -P/\omega$$

- 若用四分之一波片对圆偏振作分解, 把它变为线偏振, 则 $[\Phi(Z) + \varphi_0] = 0$; 得到

—— 图 9.1(c) 的情况 (左旋偏振波的分解):

$$\varphi_0 = -\pi/2 \quad \Rightarrow \quad \Gamma_z = +P/\omega$$

—— 图 9.1(d) 的情况 (右旋偏振波的分解):

$$\varphi_0 = +\pi/2 \quad \Rightarrow \quad \Gamma_z = -P/\omega$$

- 左旋偏振波转变为右旋可用半波片实现, 这相当于相继使用图 9.1c 转化为线性的变换和接着图 9.1(a) 把此线性变为右旋; 两种效应相加得到双倍的效果:

$$\Rightarrow \quad \Gamma_z = +2P/\omega$$

反过来, 从右旋变为左旋, 也可用半波片实现, 相当于相继使用图 9.1(d) 与图 9.1(b), 其效果与相继使用图 (c) 和图 (a) 相反, 其结果为

$$\Rightarrow \quad \Gamma_z = -2P/\omega$$

9.1.3　用角动量概念的解释

上面计算的力矩, 可正可负, 趋于使薄片沿着这个或那个方向旋转, 也就是说, 给它带来了一个或正或负的角动量. 角动量定理把力矩 $\vec{\Gamma}$ 和晶片角动量 $\vec{\mathcal{L}}_{\text{晶}}$ 的变化联系起来:

$$\mathrm{d}\vec{\mathcal{L}}_{\text{晶}}/\mathrm{d}t = \vec{\Gamma}$$

忽略产生电磁波的远处光源, 我们可以把波与晶片看成是一个孤立的系统, 并对此系统推广应用一般的角动量守恒规则. 为了保证角动量守恒, 必须认为电磁波同样也具有角动量 $\vec{\mathcal{L}}_{\text{波}}$, 而其变化则与晶片角动量的变化相反:

$$\vec{\mathcal{L}}_{\text{晶}} + \vec{\mathcal{L}}_{\text{波}} = \text{常数}$$

在一段短时间 δt 内, 波透过薄片给予它的能量为 $\delta W = P\delta t$; 薄片遭受角动量变化为

$$\delta\vec{\mathcal{L}}_{\text{波}} = -\delta\vec{\mathcal{L}}_{\text{晶}} = -\vec{\Gamma}\delta t \quad \Rightarrow \quad \delta\mathcal{L}_{z\text{波}} = -\delta\mathcal{L}_{z\text{晶}} = -\Gamma_z\delta t$$

其中, Γ_z 为波的传播方向 Oz 上力矩的分量, 我们已经对此进行了计算 [(9.7) 式]. 在上面所研究的特殊情况中, 我们可以对每一种都进行精确描述:

—— 当波是输运能量为 δW 的线偏振波转换为圆偏振波时, 波的角动量幅值经受的变化为

$$\left|\delta\mathcal{L}_{z\text{波}}\right| = \left|\delta\mathcal{L}_{z\text{晶}}\right| = |\Gamma_z\delta t| = |P\delta t/\omega| = |\delta W/\omega|$$

—— 当圆偏振波转换为线偏振波时, 波的角动量幅值经受同样的变化:

$$\left|\delta\mathcal{L}_{z\text{波}}\right| = |\Gamma_z\delta t| = |P\delta t/\omega| = |\delta W/\omega|$$

—— 当能量为 δW 的圆偏振转换为反方向的圆偏振时, 其遭受的角动量幅值变化增加一倍:

$$\left|\delta\mathcal{L}_{z\text{波}}\right| = |\Gamma_z\delta t| = |2P\delta t/\omega| = 2\left|\delta W/\omega\right|$$

若能采用下列条件, 就可解释这些结果, 包括它们的符号:

1) 线偏振波没有角动量;

2) 左旋圆偏振波除了携带着能量 W 外, 同时还具有正角动量 $\mathcal{L}_z = +W/\omega$;

3) 右旋圆偏振波除了携带着能量 W 外, 同时还具有负角动量 $\mathcal{L}_z = -W/\omega$.

在两种圆偏振情况下, 波电场按照右手螺旋的方向围绕着相应的角动量旋转.

可以把 ω 定义为波的电场矢量围绕着参考轴 Oz 旋转的角速度的代数值. 这就是说, 若电场矢量相对于 Oz 轴以右手螺旋方向旋转, ω 就是正的, 相反的情况就是负的. 然而, 对于 Oz 轴是否与波的传播方向相同, 还是相反, 这都没有关系. 在所有情况下, 圆偏振波的角动量在 Oz 轴上的分量都由下式给出:

$$\boxed{\mathcal{L}_{z波} = +\frac{W}{\omega}} \tag{9.8}$$

这里, “右旋” 或 “左旋” 圆偏振光没有任何意义.

我们注意到, 这个问题与第 2 章中正入射情况下辐射的动量问题有密切的相似性.

我们可以作这样的替换:

—— 动量 p_z　替换为角动量 $\mathcal{L}_z$;
—— 平移力 F_z　替换为合力矩 Γ_z;
—— 传播速度 c　替换为电场角速度 ω;
—— 公式 $\mathrm{d}p_z/\mathrm{d}t = F_z = P/c$　替换为 $\mathrm{d}\mathcal{L}_z/\mathrm{d}t = \Gamma_z = P/\omega$;
—— 公式 $p_z = W/c$　替换为 $\mathcal{L}_z = W/\omega$.

9.1.4　实验验证

我们预见到, 在圆偏振波作用下, 四分之一波片或半波片应当产生转动. 这种效应于 1936 年由美国人贝斯 (Beth) 完成了实验验证, 此后不久, 英国人霍尔邦 (Holbourn) 又做了一次. 实验原理示于图 9.2.

一片半波长的晶片悬挂在一条扭丝上. 晶片用很强 (功率为 P) 的左旋, 例如, 圆偏振光束照射, 使之转变为右旋圆偏振; 这样, 晶片将受到一个力偶 $\Gamma_z = 2P/\omega$ 的作用 (正的, 在图中方向朝上; 因为收到了角动量 $\mathcal{L}_z = +2W/\omega$, 它趋于使它围绕 Oz 轴作右旋螺旋方向的旋转).

可用一面镜子把半波片的出射光返回来反方向再送到波片上, 以得到倍增效应, 其条件是返回光的偏振要可控, 以使其作用与入射光的符号相同 (参见下面的注). 半波片因此受到双倍力偶的作用: $\Gamma_z = 4P/\omega$. 只要把灯的发射功率 P 进行标定, 就可根据扭丝的转角测得这个力偶, 从而验证这个公式.

四分之一或半波片在较宽的波长范围内大体上保持着它们的性质, 这使可用光功率 P 能达到几分之一瓦的数量级. 但是, 光波频率 ν 很高, 在可见光和近红外区域超过 10^{14}Hz, 即 $\omega = 2\pi\nu$ 超过 $10^{15}\mathrm{s}^{-1}$. 这样算得的总力矩 Γ 为 10^{-8}dyn·cm 数量级. 石英扭丝的扭转常量同样较小, 为 10^{-5}dyn·cm/rad, 所得的偏转角不过几分之一度的一个小数; 尽管如此, 效应还是完全可以被观察到.

所研究的效应是很弱的, 必须小心消除各种寄生效应: 半波片被悬挂在真空中, 要避免光照射到悬丝上 (它会引起寄生扭转). 如果把四分之一波片转 90°(该波片使灯光偏振), 其结果是使圆偏振光的偏振方向反转, 效应就改变了符号. 如果周期性地改变这个符号, 并使其时间间隔等于所构成的扭摆本征周期的一半, 就会产生振幅较大的持续振荡 (参见爱因斯坦–德哈斯实验, 7.4.3 节).

注意到 Γ_z 的变化与波频率成反比, 因此, 采用很低频率的电磁波应当较容易地观察到这个效应. 这样, 意大利人卡拉拉 (Carrara) 在 1949 年利用射频波没有多大困难就实现了类似贝斯的实验. 半波片用吸收射频波的装置代替, 当吸收圆偏振波时观察到了装置的旋转. 还可以进一步把频率降得更低, 用交流电动机的定子产生一个频率 $\nu = 50\text{Hz}$ 的旋转磁场, 即很低频率的圆偏振电磁波; 转子吸收了这波

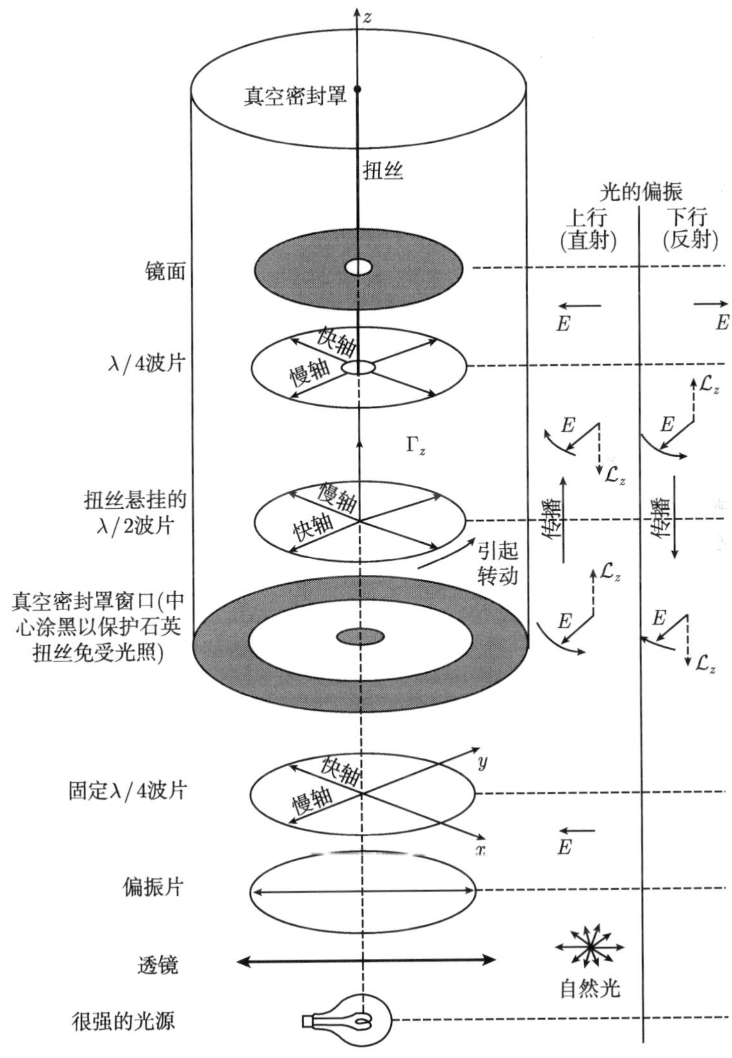

图 9.2　在圆偏振波作用下晶片旋转的实验

的功率 P, 受到一个很强的驱动力矩 Γ 的作用. 如果用一个同步电机, 转子以与磁场频率相同的角速度 $\omega = 2\pi\nu$ 旋转; 电机所消耗的功率等于单位时间内驱动力偶所做的功:

$$P = \Gamma \cdot \omega$$

功率 P 和力矩 Γ 之间的关系式 $P = \Gamma \cdot \omega$ 在同步电机和吸收圆偏振波这两个问题里是等效的.

注 1: 为了使反射回来的、向下的返回光束得到正确偏振, 在旋转波片上面的光路上插进一片四分之一波片, 光在出去和返回的路径上都要通过该波片 (图 9.2). 这两次通过等效于透过一个半波片, 它使圆偏振的旋转方向反转. 向下行进波的电场在通过波片后重新以右手螺旋方向围绕 Oz 轴旋转. 这就是说, 它再次带来了一个正的角动量 $\mathcal{L}_z$. 因此, 第二次反方向通过半波片产生了一个与第一次通过时符号相同的作用; 这样, 可动半波片就受到双倍力矩的作用: $\Gamma_z = 4P/\omega$.

注 2(历史): 1936 年贝斯发表在 *Physical Review* 上描述这个实验的文章中, 他引用了卡斯特勒*1932 年的一篇文章 (该文提出了类似的建议), 并表示感谢他所提出的意见. 他还感谢了爱因斯坦对他的实验的关心 (爱因斯坦当时为逃避德国纳粹迫害而到美国普林斯顿大学任教授, 贝斯的实验就是在那里完成的).

9.2 光子的角动量和磁共振

我们已经说明, 圆频率为 ω 的圆偏振波除了能量 W 以外, 同时还携带着角动量, 它平行于波的传播方向, 其幅值为 W/ω.

一个圆偏振波的光子输运着能量:

$$W = h\nu = h\omega/2\pi = \hbar\omega$$

因而同时输运着一个角动量:

$$\boxed{\mathcal{L}_z = W/\omega = \hbar} \tag{9.9}$$

因此, 与能量和动量不同, 光子携带的角动量与波的频率无关.

这样, 我们再次发现, $\hbar = h/2\pi$ 是角动量的自然单位. 历史上, 这不算第一次, 因为它已出现在 1913 年玻尔提出的原子模型里了.

我们已经说到了对应于一个光子的角动量矢量的幅值与方向; 它的方向决定于

*A. Kastler, 因发明光学射频共振和光抽运方法而获得诺贝尔奖的法国物理学家, 见 9.5 节. ——译者

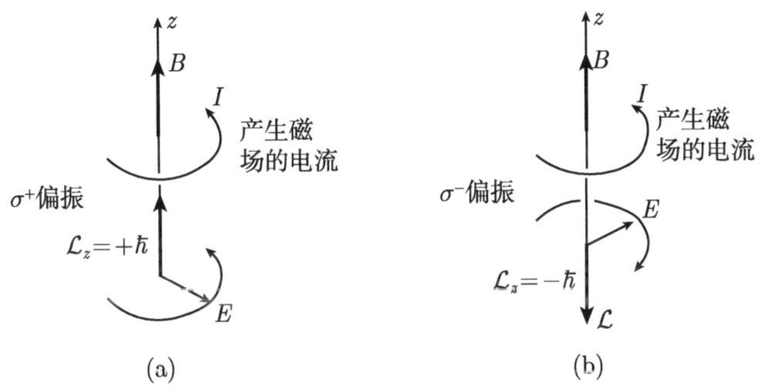

图 9.3　相对于磁场的圆偏振定义

上节指出的规则: 与波对应的电场总是以右手螺旋规则的方向围绕着光子角动量矢量旋转 (图 9.3). 光子的角动量取向沿着所选 Oz 轴正向的 (与在 Oz 轴上的传播方向无关, 该方向是任意的, 可正可负), 称为 σ^+ 偏振, 波电场以右手螺旋方向围绕着 Oz 轴旋转. 反方向旋转波的光子, 称为 σ^- 偏振, 它的角动量沿着 Oz 轴负向取向. 在一般磁性实验中 Oz 轴沿着磁场方向取向.

相反, 对应于一个线偏振波的光子, 不具有任何角动量 ($\mathcal{L}_z = 0$).

9.2.1　产生磁共振的波的偏振

关于光子角动量的考虑使我们能够完成上一章给出的磁共振现象 (参见 8.4 节) 的量子解释.

我们曾对塞曼子能级之间的跃迁应用过玻尔关系; 也就是说, 我们曾写下了总能量守恒的关系. 可是, 在这些跃迁中还应当保证总角动量守恒.

当原子在量子数为 m 和 $m+1$ 的相邻塞曼子能级之间发生跃迁的时候, 它的角动量的纵向分量在两个值 $\mathcal{L}_z = m\hbar$ 和 $\mathcal{L}_z = (m+1)\hbar$ 之间有一个不连续的变化. 原子的角动量改变了一个量 $\hbar$, 电磁波的角动量也应当在反方向改变一个量 $\hbar$; 这就像原子吸收或发射一个圆偏振光子所发生的过程 (外加磁场作为旋转轴). 这样就解释了磁共振跃迁只有当圆偏振射频电波的旋转场 (电场或磁场 $\vec{B}_1$) 围绕恒定磁场 $\vec{B}_0$ 方向 Oz 旋转时才会发生. 我们需要进一步明确其中的符号.

a) *旋磁比 γ 为负的正常情况*

这是源自电子的磁矩的正常情况; 朗德因子 g 是正的, 我们已经看到, 塞曼子能级的能量由下式给出:

$$E(m) = E_0 + mg\beta B_0$$

这是一个随量子数 m 递增的函数 (参见 8.2.3 节). 这就是说, 在塞曼子能级之间的跃迁中, 能量 $E(m)$ 和角动量的纵向分量 $\mathcal{L}_z = m\hbar$(在 Oz 轴取向为恒定磁场 $\vec{B}_0$ 方向时测得) 是沿着同样方向变化的: 吸收一个光子 (从 m 到 $m+1$ 的跃迁)

同时增加了原子的能量 E 和角动量 $\mathcal{L}_z$, 而发射一个光子 ($m+1$ 到 m 的跃迁) 同时减少了原子的能量 E 和角动量 $\mathcal{L}_z$.

为了保证这两种情况下角动量守恒, 吸收或发射的光子必须携带一个正的角动量纵向分量 $\mathcal{L}_z$: 相应的圆偏振波的电场和磁场以右手螺旋方向围绕着恒定磁场 $\vec{B}_0$(它决定 Oz 轴的方向) 旋转, 即与产生磁场的电流 I 方向一致 (图 9.3(a)).

用符号 σ^+ 表示圆偏振也是相对于恒定磁场 B_0 为参考的, 与波的传播方向无关, 圆偏振的旋转方向与产生磁场的电流方向一致.

b) *旋磁比 γ 为正的相反情况*

这种例子通常在核磁共振中遇到. 朗德因子 g 是负的; 在磁共振跃迁过程中, 原子的能量和角动量的纵向分量以反方向变化. 这只有在吸收或发射的光子携带着一个负的角动量纵向分量时才能得到保证: 相应的波的电场和磁场以负方向绕着磁场 $\vec{B}_0$ 旋转, 即与产生磁场的电流 I 方向相反 (图 9.3(b)).

用符号 σ^- 表示与上述情况方向相反的圆偏振, 这种偏振的旋转方向与产生磁场的电流方向相反.

两种情况下所得结果与磁共振经典计算的结果 (参见 7.6.1 节) 完全符合. 从所得旋转场角速度的经典条件 $\omega = -\gamma B$ 可推得: 当旋磁比 γ 为负时, 角速度为正 (σ^+ 偏振); 相反, 当 γ 为正时, 角速度为负 (σ^- 偏振).

c) *垂直于磁场的线偏振情况*

我们也看到 (7.6.4 节), 磁共振实验可以用一个线性交变磁场 $B_1 \cos\omega t$ 来实现, 该线性场的方向恒定、垂直于恒定磁场 $\vec{B}_0$. 因为线性交变场可以分解为两个相反方向旋转的场, 在每个瞬间, 这两个场的矢量合成等于线性交变场. 这等于说, 一个垂直于恒定磁场 $\vec{B}_0$ 的线偏振射频波, 也可以分解为两个相反方向同步旋转的圆偏振成分, 每一个都携带着角动量, 但符号相反, $\pm W/\omega$. 在最常见的情况下, 旋磁比为负 ($\gamma < 0$), 原子只能吸收或发射纵向角动量为 $\mathcal{L}_z = +\hbar$ 的光子; 这就是说, 两个圆偏振成分中只有沿着磁场电流方向旋转的那个成分才起作用, 而另一个圆偏振成分则不发生任何变化. 因此, 这个横向 (垂直于恒定场) 线偏振场也能与原子交换角动量.

相反, 在一个与恒定场 $\vec{B}_0$ 平行的线性场情况下, 它不可能携带任何纵向 (平行于磁场) 角动量, 也不可能以任何方式产生磁共振. 它也不可能与处在磁场 $\vec{B}_0$ 下的原子产生任何相互作用. 我们用字母 π 来表征这个纵向 (沿磁场方向) 线偏振.

9.2.2　磁共振引起的转动

1960 年以后, 意大利物理学家戈齐尼 (Gozzini) 和他的比萨大学同事们在许多实验中以十分直接的方式显示出了磁共振跃迁过程中原子和辐射之间的角动量交换.

我们在 8.4.3 节中看到, 若让嵌入介质材料的原子发生稳态磁共振, 则介质会持续地吸收一定的功率 P, 这个功率由电磁波提供给共振原子, 然后又通过弛豫过程传给介质. 但是, 波是圆偏振的, 因此, 除了能量之外同时还携带着角动量 W/ω.

在单位时间内, 介质应该同时吸收功率 P 和角动量 $\mathrm{d}\mathcal{L}_z/\mathrm{d}t = P/\omega$; 这就是说, 它受到一个总力偶 $\Gamma_z = \mathrm{d}\mathcal{L}_z/\mathrm{d}t = P/\omega$ 的作用 (注意, 这种讨论与光子的存在无关).

在扭丝的一端悬挂样品, 在其中发生着磁共振, 我们要真实地去测量这个总力矩 Γ_z. 可以验证, 这个力矩与波频率 ω 和磁场 $\vec{B}_0$ 中拉莫尔转动速率 $\omega_0 = -\gamma B_0$ 之间的频率差 $\delta\omega = \omega - \omega_0$ 有关 (参见 7.2.2 节或 7.6.1 节). 当 $\delta\omega$ 很大, 它为零, 因为远离共振, 吸收功率可以忽略; 相反, 当 $\delta\omega = 0$, 它达到极大.

在旋磁比 γ 是负值的正常情况下, 吸收的波为 σ^+ 偏振; 可以验证力矩 Γ_z 指向恒定磁场 $\vec{B}_0$ 方向, 即样品的转动趋向于与磁场电流同方向.

注: 下面与磁共振经典计算做一个更为细致的对照.

在 7.6.6 节中我们用经典方法计算了旋转场 B_1 施加在原子总磁化强度 M 上的力矩的纵向分量 Γ_{1z}. 既然磁化强度 M 有一个恒定角速度 ω 的稳态转动, 作用在其上的力系统的合力矩就为零; 我们确实得到了布洛赫第三个方程, 写为

$$\mathrm{d}M_z/\mathrm{d}t = 0; \quad \text{或还有 } \mathrm{d}\sigma_z/\mathrm{d}t = \Gamma_R + \Gamma_{1z} = 0$$

这就是说, 以弛豫过程为媒介, 介质对磁化强度 M 施加了力矩为 $\Gamma_R = -\Gamma_{1z}$ 的平均力. 根据作用与反作用原理, 可由此反过来推得, 磁化强度 M 在介质材料上施加了力矩为 $-\Gamma_R = +\Gamma_{1z}$ 的力; 这就是说, 以弛豫过程为媒介, 力矩 Γ_{1z} 的力传递给了介质.

磁化强度以旋转场相同的速度 ω 旋转, 所消耗功率的经典计算与同步电机问题中相同, $P = \Gamma_{1z}\omega$. 我们再一次得到了上面的公式: $\Gamma_{1z} = P/\omega$.

9.3　磁量子数的选择定则, 塞曼效应

我们将讨论属于两个不同能态的塞曼子能级之间的光学跃迁: 一个能级处在光学激发态, 另一个能级属于原子基态. 如果没有 “选择定则” 来限制可观察跃迁

的个数, 这个问题将会非常复杂, 甚至是无法理清的. 因此, 我们就从这个磁量子数的选择定则开始.

9.3.1 选择定则

我们已经仔细地研究过磁共振跃迁中的角动量守恒. 然而, 我们忽略了要注意的重要之点：我们只讨论了量子数为 m 和 $m+1$ 的**相邻塞曼子能级**之间的跃迁. 这是因为从未观察到过相隔更远的塞曼子能级之间的直接跃迁：m 和 $m+2$, 或 m 和 $m+3$ 等 (对于相同频率 ν 的波, 这些跃迁发生在磁场为正常跃迁的 1/2 或 1/3 处, 因而有 $h\nu = 2g\beta B_0$ 或 $3g\beta B_0$, 等).

在这些跃迁过程中, 原子的角动量变化实际上为 $2\hbar$ 或 $3\hbar$, 而角动量守恒就不可能得到保证, 因为光子最多只能携带一个等于 $\hbar$ 的角动量. 因此可以理解, 这些磁量子数改变超过 1 的跃迁都将被禁阻.

可以把这种禁阻推广到一切辐射跃迁, 不管是光学的还是射频的. 在光学中, 这涉及激发态 E_2 子能级 m_2 和基态 $E_1(E_2-E_1>0)$ 子能级 m_1 之间的跃迁. 在一切情况下, 对实验上可观察到的跃迁, 其原子的磁量子数变化 δm 只能取下面三个值：

$$\boxed{\delta m = m_2 - m_1 = -1, 0, +1} \tag{9.10}$$

和静电能量 (E_2-E_1) 不同, 磁能量在数值上是很低的, 因此, 在激发态子能级 $E(m_2)$ 和基态子能级 $E(m_1)$ 之间的光学跃迁的能量差的符号与 γ 的符号无关. 在光学跃迁中：

—— 若 $\delta m = +1$, 原子的角动量 $(\mathcal{L}_z = m\hbar)$ 变化的方向与其能量相同, 与跃迁相对应的光子的角动量为 $\mathcal{L}_z = +\hbar$, σ^+ 圆偏振;

—— 若 $\delta m = -1$, 原子角动量的变化与能量变化的符号相反, 与跃迁相对应的光子角动量为 $\mathcal{L}_z = -\hbar$, σ^- 圆偏振;

—— 若 $\delta m = 0$, 原子的角动量不变, 光子不具有角动量, 为线偏振 π, 与恒定磁场平行 (在 9.2.1c 节中我们看到, 在任何情况下, 这种偏振与平行于磁场的纵向角动量不相容).

量子理论可以证实这个结果; 两个能级之间不满足上述加框条件的一切辐射跃迁都是被禁阻的. 这个条件允许在多对能级中预先选定哪一对辐射跃迁是可能的. 这个条件称为**选择定则**. 这是我们遇到的第一个选择定则的例子, 但是, 我们将来会讲到, 还存在另一些其他量子数的选择定则 (例如, 量子数 J 有与 m 相同的规则：$\delta J = -1, 0, +1$).

这个磁量子数的选择定则将使我们理解塞曼效应的各种细节. 反过来, 塞曼效应实验符合我们即将作出的解释是选择定则正确性最好的实验证明; 这也就是说, 一个光子的角动量纵向分量可以具有三个值：$-\hbar, 0$ 或 $+\hbar$.

9.3.2　塞曼组分的频率和数目

用一盏光谱灯照射恒定磁场 $\vec{B}$, 可在实验上观察塞曼效应, 根据图 9.4 实验方案, 每一条表征原子发射的谱线被许多非常邻近的、但频率可分的谱线所代替. 这些谱线称为塞曼组分 (图 9.6).

经典电磁辐射理论预见了磁场中光波频率的变化, 正是如此, 1896 年, 荷兰阿姆斯特丹的物理学家塞曼尝试, 并成功地观察到了这个现象. 但是, 用经典理论算得的数值却与用量子化规则得到的结果有所不同; 这造成了在许多文献中可以遇到的语言上的某些混淆: 因为 20 世纪初, 人们把经典理论证实了的结果叫做 "正常塞曼效应", 而把与之有别的称为 "反常塞曼效应". 实际上, "反常塞曼效应" 是正常的; 而称为 "正常塞曼效应" 的应当改称为 "经典塞曼效应"(在某些情况下, 它与量子效应一致).

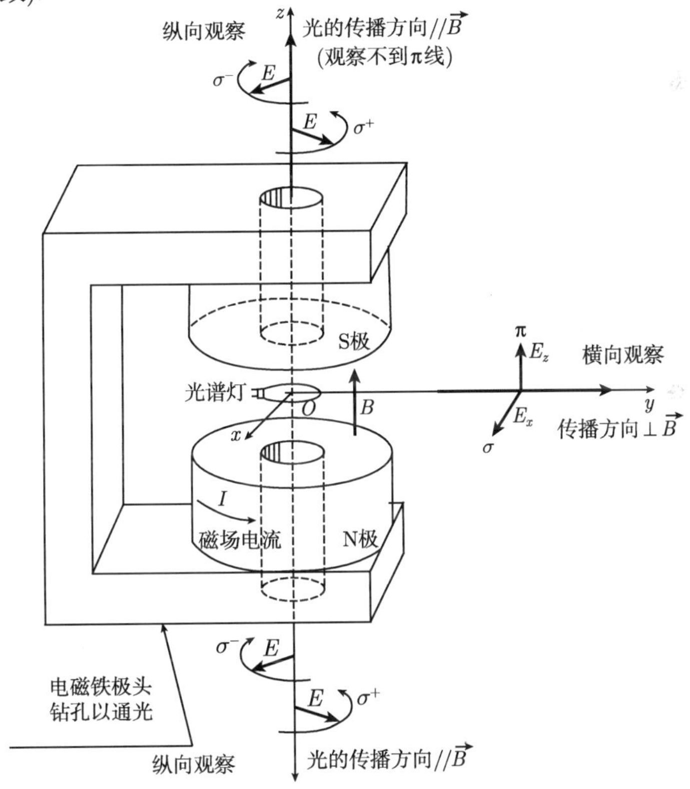

图 9.4　塞曼效应实验, 光偏振的定义

量子解释相对简单. 我们来研究原子两个能级 E_1 和 E_2 之间频率为 ν_{12} 的光谱跃迁:

$$h\nu_{12} = E_2 - E_1$$

施加磁场 B 时, 根据图 9.5 的理论图示, 能级 E_1 和 E_2 分为磁子能级. 我们分别把两个量子数 J_1, m_1 和一个朗德因子 g_1 对应于下能级 E_1, 而把 J_2, m_2 和 g_2 对应于上能级 E_2. 根据我们在 8.2.3 节中所看到的, 塞曼子能级的能量为

$$E(m_1) = E_1 + m_1 g_1 \beta B \quad 和 \quad E(m_2) = E_2 + m_2 g_2 \beta B$$

能级 E_1 和 E_2 之间的跃迁被子能级 $E(m_2)$ 和子能级 $E(m_1)$ 之间的跃迁所替代. 这就是图 9.5 在能量图中所显示的一种特殊情况 (对此图, 我们选了源自电子的磁性, 其旋磁比是正常的负值, 因而朗德因子是正的). 这里分别列出三组不同跃迁, 每组对应于三个不同的、选择定则所允许的 $(m_2 - m_1)$ 值.

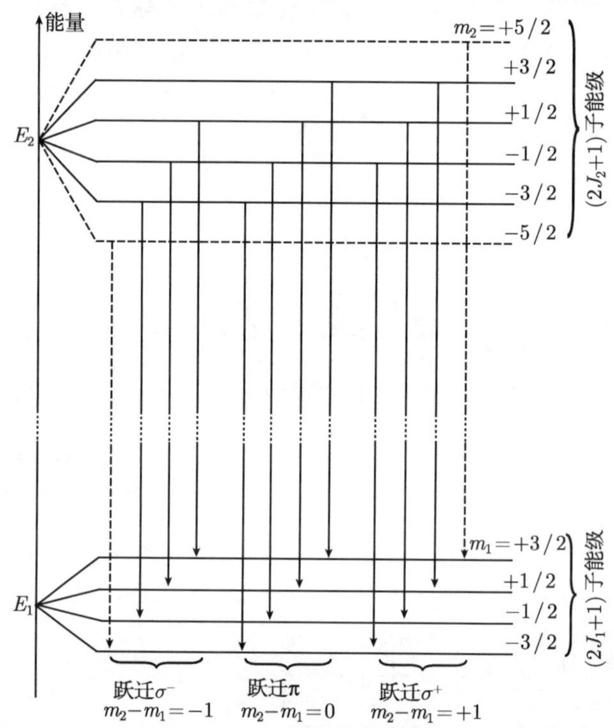

图 9.5　对一个磁场特殊值 B 的塞曼组分的能级图

图在 $J_1 = 3/2$ 和 $J_2 = 5/2$(若考虑虚线画出的能级与跃迁) 或 $J_2 = 3/2$(若不考虑虚线部分) 特殊情况下画出 (通常电子磁性情况, $\gamma < 0,\ g > 0$)

对应这些跃迁的频率由玻尔定律给出:

$$h\nu = E(m_2) - E(m_1) = E_2 - E_1 + m_2 g_2 \beta B - m_1 g_1 \beta B = h\nu_{12} + (m_2 g_2 - m_1 g_1)\beta B$$

或

$$\boxed{\nu = \nu_{12} + (m_2 g_2 - m_1 g_1)\delta\nu_0 \quad 其中 \quad \delta\nu_0 = \frac{\beta}{h}B = \frac{1}{\kappa}\frac{e}{4\pi m_e}B} \tag{9.11}$$

(注意, 不要把电子质量 m_e 与量子数 m_1 和 m_2 弄混了). $\delta\nu_0$ 是辐射的经典理论中算得的频率的偏差; 这个频率差等于这样一种原子的拉莫尔频率 (7.8), 该原子具有轨道旋磁比 (参见 7.2.2 节), 即其朗德因子 $g=1$(参见 8.2.2 节).

给 m_1 和 m_2 以一切可能的值, 这个公式应当可以解释光谱图上观察到的各种塞曼组分. 显然不应忘记, 在这些算得的频率 ν 中, 只有那些满足选择定则 (9.10) 式的, $\delta m=-1,0,+1$ 的才是可观察的.

为了解释光谱上观察到的细节, 我们分别考虑对应于这三种不同 (m_2-m_1) 值的跃迁.

a) π 跃迁, $(m_2-m_1)=0$

这种跃迁没有原子角动量的变化, 因此光子也不具有任何纵向角动量, 它们属于平行于磁场的线偏振波, 称为 π 偏振.

相应的谱线数目决定于 m_1 和 m_2 的可能值的数目; 这是两个数 $2J_1+1$ 和 $2J_2+1$ 中的最小的数 (分别是 m_1 值的数目和 m_2 值的数目; 参见 8.2.3 节).

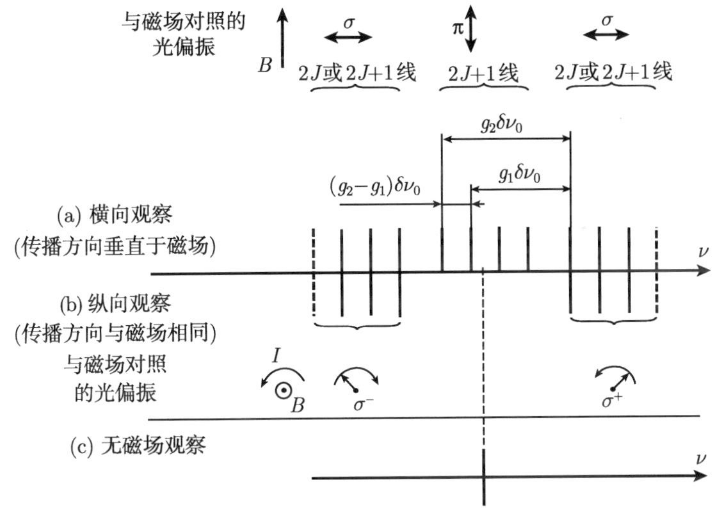

图 9.6 塞曼组分光谱的观察

J_1 和 J_2 两个量子数中最小的一个称为 J, 此图对应于图 9.5 的能级图.

设 g_1 和 g_2 两值相近, 若它们很不同, 三组线会交错重叠

它们的频率为 $\nu_\pi=\nu_{12}+m_1(g_2-g_1)\delta\nu_0$ (m_1 或 m_2).

这就是说, π 偏振线互相之间是等距的, 且相对于 ν_{12} 的正常线是对称分布的 (m_1 变为 $-m_1$).

—— 若 J_1 和 J_2 为整数, π 偏振线的数目为奇数, 其中一个与正常线 ν_{12} 相符 (存在 $m_1=0$ 值);

—— 若 J_1 和 J_2 为半整数, 则相反, π 线的数目为偶数, 中央没有线 (图 9.6(a)).

b) σ^+ 跃迁, $(m_2 - m_1) = +1$

原子增加纵向角动量, 同时也增加能量; 即光子应具有纵向角动量 $\mathcal{L}_z = +\hbar$. 它们属于围绕着磁场 $\vec{B}$ 以磁场电流方向旋转的圆偏振波; 我们说, 它们是 σ^+ 偏振 (图 9.3(a) 或图 9.4).

若 J_1 和 J_2 不同, σ^+ 线的数目等于 π 线的数目 (图 9.5, 考虑虚线画出的子能级). 若相反, $J_1 = J_2$, σ^+ 线的数目等于 $2J_1 = 2J_2$; σ^+ 线比 π 线少一条线 (图 9.5, 不考虑虚线部分).

它们的频率为 $\nu_{\sigma^+} = \nu_{12} + g_2\delta\nu_0 + m_1(g_2 - g_1)\delta\nu_0$ (m_1 或 m_2).

这就是说, σ^+ 线也是互相等距的, 其间距等于 π 线之间的间距; 但是, 相对于 π 线移动了一个固定量 $g_2\delta\nu_0$.

c) σ^- 跃迁, $(m_2 - m_1) = -1$

原子能量增加时, 同时也损失了角动量, 即光子应该具有纵向角动量 $-\hbar$; 它们属于围绕着磁场 $\vec{B}$ 以反磁场电流方向旋转的圆偏振波; 我们说, 它们是 σ^- 偏振 (图 9.3(b) 或图 9.4).

它们的频率为 $\nu_{\sigma^-} = \nu_{12} - g_2\delta\nu_0 + m_1(g_2 - g_1)\delta\nu_0$ (m_1 或 m_2).

每个 m_1 值对应于一个相反的值, 因此, 相对于正常频率 ν_{12} 线, σ^- 线和 σ^+ 线是对称的.

9.3.3 实验观察与偏振

上节 (9.11) 式算得的各种结果都归纳在图 9.6 中, 这里展示了对应于图 9.5 能级图的光谱上可观察到的谱线及其偏振 (对用虚线画出的部分也可使用同样的规定: 若 $J_2 = 5/2 > J_1$, 它有效; 若 $J_2 = J_1 = 3/2$, 它消失).

图 9.6 中的三个图对应于不同的实验条件, 它们的区别主要在于通常用来接收灯光的两个方向不同 (横向与纵向), 这由图 9.4 的 $Oxyz$ 轴所标明. 实际上, 由于电磁波的横波性 (它们的电场或磁场垂直于传播方向), 观察到的现象与观察方向有关.

a) *在横向观察方向 Oy 上*

这是最简单的方向. 可以传播的场是 π 波的 E_z 分量和 σ^+ 或 σ^- 圆偏振波的 E_x 唯一分量, 而其 E_y 分量除外. 在这个方向上, σ^+ 或 σ^- 波就表现为平行于 Ox 轴的线偏振波, 而其强度则只有一半, 它与 π 波的线偏振正交. 因此, 可以观察到上节证实的所有频率 (图 9.6(a)). 旋转接收光束路径上的线偏振片, 可以在两个正交的方向上或使 π 偏振线消失, 或使 σ^+ 和 σ^- 两条圆偏振线都消失; 但是它不可能区分 σ^+ 和 σ^- 线, 它们都属于同一 E_x 线偏振而出现在该方向上.

b) 在纵向观察方向 Oz 上

通过在电磁铁极头上所钻的孔传播的只能是 σ^+ 和 σ^- 圆偏振波的两个分量 E_x 和 E_y, 它们真正是以圆偏振的形式出现的; 而相反, π 波的 E_z 分量是绝对不能传播的. 在光谱记录中, 相应于 π 偏振的频率完全消失 (图 9.6(b)); 使用一个四分之一波片分析器可以区分方向相反的两种圆偏振 σ^+ 和 σ^-(参见 9.1.1c 节和图 9.1).

为了比较, 图 9.6(c) 代表磁场为零时观察到的唯一谱线 ν_{12}. 在两个朗德因子比较接近的情况下, 我们展示的三组谱线相对分离; 相反, 假如两个朗德因子 g_1 和 g_2 相差较大, 这三组谱线就互相交错. 纵向观察时, 至少要消失三分之一的谱线, 因此特别有趣.

c) 两个能级朗德因子相等的情况

在 $g_1 = g_2 = g$ 的特殊情况下, 所观察到的光谱显著简化. 由此可推得:

—— 所有 π 线合并为一条频率为 $\nu_\pi = \nu_{12}$ 的线;

—— 所有 σ^+ 线合并为一条频率为 $\nu_{\sigma^+} = \nu_{12} + g\delta\nu_0$ 的线;

—— 所有 σ^- 线合并为一条频率为 $\nu_{\sigma^-} = \nu_{12} - g\delta\nu_0$ 的线.

光谱简化为一个相对于无磁场的正常线对称的三重线谱 (与经典塞曼效应预计的相同).

若朗德因子相同, 且等于 $1(g = 1)$, 三重谱三个组分之间的间距 $\delta\nu_0$ 等于经典算得的间距; 它等于 7.2.2 节算得的拉莫尔频率 (7.8) 式:

$$\delta\nu_0/B = \nu_{\text{Larmor}}/B = 1.4\text{MHz/G} = 14\text{GHz/T} \tag{9.12}$$

这个值表示一般情况下所观察到的间距的数量级. 已知通常谱线的多普勒增宽大于 1000MHz, 或 1GHz; 所以, 为了能在实验上把塞曼组分分开, 必须使用几千高斯, 到接近 1T 的强磁场 B.

当观察到的塞曼组分明显分离时, 精确测定它们的间距可以算出两个相应能级的朗德因子 g_1 和 g_2. 另一方面, 组分的数目告诉我们角动量量子数 J_1 和 J_2 的值 (即这两个能级的角动量纵向分量的最大值). 这就是为什么塞曼效应在过去, 直至今天, 仍然是用来研究原子结构的最强有力的手段之一.

9.3.4　补充 1: 格罗特里安图

用通常的能量图来表示塞曼子能级之间的跃迁常常导致谱图的交错重叠. 因此, 为了显示塞曼组分通常使用德国人格罗特里安 (Grotrian) 想出来的图形. 同一能级的不同塞曼子能级不用不同能量值的横线来表示 (图 9.5), 而是用一条横轴上对应于不同磁量子数 m 的点来表示 (图 9.7). 下面画出相当于下能级 E_1(下面) 和上能级 E_2(上面) 的下上两个轴, 同一个 m 值的点处于同一垂直线上.

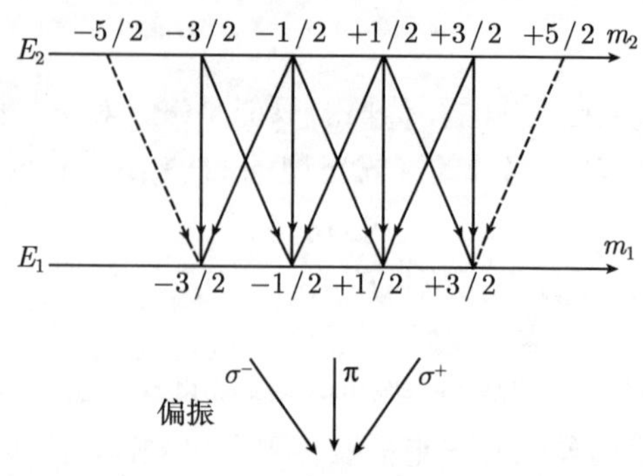

图 9.7　塞曼组分的图示

(如同图 9.5 和图 9.6, 若 $J_2 = 5/2$, 虚线的跃迁存在; 若 $J_2 = 3/2$, 则消失)

σ^+ 偏振的 $m_2 - m_1 = +1$ 跃迁用向左下斜箭头表示. π 偏振的 $m_2 - m_1 = 0$ 跃迁由垂直箭头表示. σ^- 偏振的 $m_2 - m_1 = -1$ 跃迁用右下斜箭头表示. 更斜箭头表示的跃迁一律禁阻.

9.3.5　补充 2: 斜向收集光

量子力学理论表明, 一个在能量十分确定的态 E_1 或 E_2 上的原子不具有电偶极矩. 相反, 当原子吸收或发射光时, 它在两个能态 E_1 和 E_2 之间作瞬态振荡 (叫做处在两能态的 “相干叠加态”), 在此特殊的瞬态中原子具有一个电偶极矩, 其行为类似于振荡或旋转的电偶极子, 它等效于一个电磁波的发射天线.

- π($m_2 - m_1 = 0$) 跃迁, 它与磁场方向 B 上线性振荡的偶极子相联系. 其辐射图是线性天线的辐射图, 在天线长度方向上不发射任何波, 从而解释了纵向观察中 π 线的消失. 不管是什么传播方向, 观察到的都是线偏振波; 电场方向由与符合磁场分布的偶极子在波阵面上的投影来决定.
- $\sigma^+(\mathrm{m}_2 - m_1 = +1)$ 跃迁, 它和以右手螺旋方向 (磁场电流方向) 围绕 $\vec{B}$ 旋转的偶极子相联系. 可以把这种偶极子理解为在两个互相垂直轴上的分量组成的两个相位相差 π/2 的线性振动偶极子. 这样就能很好地解释了当纵向传播时观察到的圆偏振, 以及横向传播时观察到的垂直于 $\vec{B}$ 的线偏振 (图 9.4). 在倾斜传播中, 观察到椭圆偏振, 其椭圆的形状由偶极子画出的圆在波阵面上的投影来决定.
- $\sigma^-(m_2 - m_1 = -1)$ 跃迁, 它与反方向旋转的偶极子相联系. 刚才说过的一切只要改变符号就可重复使用. 偏振是电磁波的一种特性, 它不可能完全用光子的微粒语言来描述. 这里, 我们再次遇到了波粒二象性的困难.

9.4　激发态射频共振的光检测

我们把频率处于射频波区域的辐射跃迁都称为射频共振 (磁共振跃迁是射频跃迁的特殊情况). 在 20 世纪后半叶, 射频共振的光检测方法进展显著, 做了大量实验.

为了理解它的工作原理, 最好是就一个简单特例来进行仔细陈述. 我们选择了第一个这类实验 [1949 年由布罗塞尔 (Brossel) 完成]. 基态汞原子没有磁矩, 其角动量量子数 $J_1 = 0$, 在磁场中其能量不变 (我们也称汞原子基态是抗磁性的). 在汞原子的光谱中有两条共振线, 波长为 185.0nm 和 253.7nm. $\lambda = 253.7\text{nm}$ 线与基态 E_1 和角动量量子数为 $J_2 = 1$ 的激发态 E_2 相联系. 加上磁场 $\vec{B}$ 以后, 激发态 E_2 能级分裂为三个塞曼子能级 $m_2 = -1, 0$ 和 $+1$. 图 9.8 表示这些塞曼子能级的能量随磁场 B 的变化. 共振线分裂为三条塞曼组分, 如图所示: 一条 π 偏振线的频率不变, 一条 σ^+ 偏振线频率提高, 一条 σ^- 偏振线频率降低.

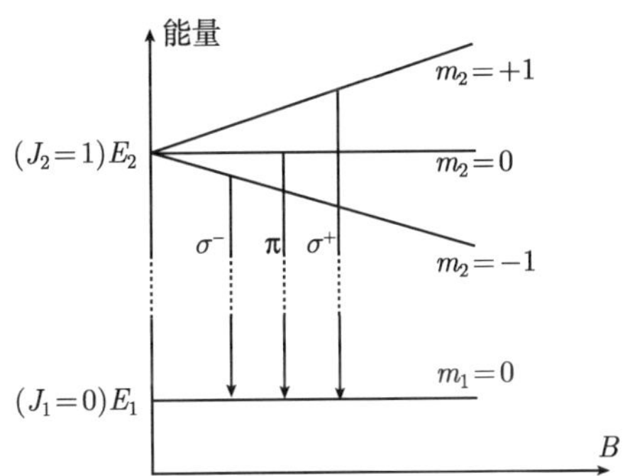

图 9.8　汞原子的 $\lambda = 253.7\text{nm}$ 共振线

若磁场 B 很弱, 在实验上不可能用一台光谱仪根据频率把三条组分线分开. 但是相反, 根据它们的偏振却总是可以容易地把它们分开. 假如我们用汞蒸气做光学共振实验, 若把入射光做成 π 线偏振, 在三个塞曼跃迁中就只能产生一条线, 三个激发态子能级只有一个起作用: $m_2 = 0$. 也就是说, 汞蒸气发射的荧光线也是 π 偏振的.

现在我们让激发态塞曼子能级之间产生磁共振. 原子逗留在激发态的时间中 (寿命为 $\tau = 1.1 \times 10^{-7}\text{s}$), 部分原子经受了从 $m_2 = 0$ 到 $m_2 = -1$ 和 $m_2 = +1$ 的跃迁; 而从这些子能级出发, 原子发射 σ 跃迁的光. 在荧光中出现某些成分的 σ 偏振是实现了磁共振的灵敏信号. σ 偏振的荧光强度可以作为共振频偏 $\delta\omega = \omega - |\gamma| B_0$ 的函数记录下来. 光学检测的灵敏度很高, 也允许在很弱磁场和低压蒸气原子很少的情况下记录磁共振曲线.

尽管外观十分不同, 这个实验与上章拉比实验 (8.4.2 节) 相比还有一些深刻的相似性.

1) 用线偏振光照射蒸气来代替第一个非均匀场, 使所有原子都制备到同一个塞曼子能级;

2) 用激发态 E_2 能级的寿命 τ 来代替原子穿过第二个均匀场的渡越时间 t, 在 τ 或 t 时间内原子经受磁共振的作用;

3) 用检测 σ 偏振光来代替第三个非均匀场, 以测量经受跃迁的原子数.

上面讲述的例子显然是特别简单的. 但是, 从普遍意义上说, 这种方法的基础在于这样一个事实: 原子发光的偏振或强度取决于它们在不同塞曼子能级之间的分布; 磁共振改变了塞曼子能级的布居数, 同样也改变了光的偏振或强度. 所有这些都可推广到塞曼子能级以外的、挨得很近的能级之间的射频共振. 这种射频共振的光学方法是所谓 "**双共振**" 实验这个大类的一部分. 在同一个样品上同时产生两种不同频率辐射跃迁的所有实验都可用这个名词来表示.

注: 各种不同原子逗留在激发态上的时间可以相差甚远; 寿命 τ 只是它们的平均值. 换句话说, 寿命 τ 是激发态平均磁化强度自发衰减的时间常量; 它严格地也起着类似于弛豫时间常量的作用 (参见第 7 章), 正是它决定了磁共振谱线的宽度 ($\delta\omega \approx 1/\tau$). 这是测量激发态寿命的一种方法.

9.5 基态光抽运

在 8.4.3 节中我们看到, 磁共振使塞曼子能级的布居数趋于相等. 因此, 这些子能级之间的初始布居数差越大, 这种效应也就越显著. 上节中我们刚刚叙述过的用于激发态的光检测方法非常有效, 因为它能把所研究的原子系统制备到使某个特定激发态塞曼子能级得到优先布居 (不总是达到像上述例子中的 100%).

相反, 当研究基态子能级时, 在磁共振之前的初始布居数决定于介质的热平衡; 这就是我们在 8.3.1 节中算得的布居数 (布里渊的计算). 若热力学温度 T 很低, 并且磁场 B 很强, 可以得到的热平衡布居数差很大. 然而在常温下和较弱的磁场强度下, 热平衡的布居数差是很小的, 因而难以检测到磁共振.

1950 年, 卡斯特勒 (Kastler) 发明的光抽运是双共振方法的一种推广. 这是一种可以产生或增大基态塞曼子能级的布居数差的方法. 这种方法的原理是基于在原子与辐射交换能量过程中的角动量守恒. 所以我们就用它来漂亮地结束本章. 像上节一样, 我们选择一个简单的特例来解释这种方法: 这是 1952 年布罗塞尔在卡斯特勒合作下, 在钠原子束上实现的第一个实验.

a) 在一个特别简单情况下该方法的运作

我们知道, 钠灯在可见光区域只提供唯一谱线, 它比所有其他谱线都强. 它实际上是一条双重线, 由挨得很近的两条线组成: 波长为 $\lambda = 589.6\text{nm}$ 的 D_1 线和波长为 $\lambda = 589.0\text{nm}$ 的 D_2 线, 它们可用干涉滤光片分开. D_1 线联系两个能级, 它们有同一个角动量量子数 $J_1 = J_2 = 1/2$; 这就是说, 它们的每一个在磁场中都要分裂为两个塞曼子能级, D_1 谱线就分裂为四个组分: 两个为 π 偏振, 一个为 σ^+ 偏振和一个为 σ^- 偏振 (图 9.9).

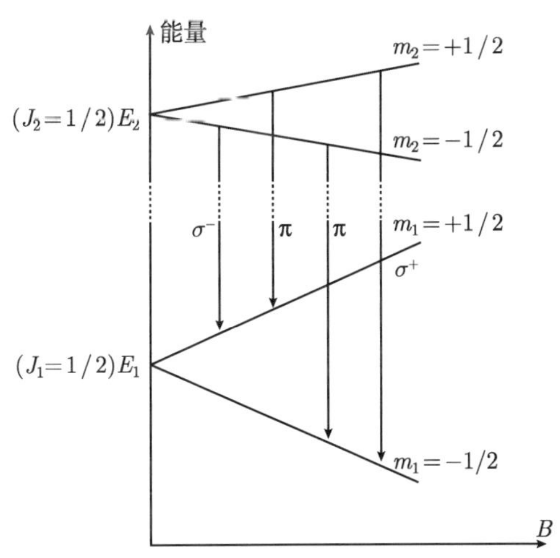

图 9.9　钠原子 $\lambda = 589.6\text{nm}$ 的 D_1 线塞曼组分的能级图

若给钠蒸气提供, 例如, 入射 σ^+ 圆偏振光, 就可实现光共振实验: 基态 $m_1 = +1/2$ 子能级的原子不可能吸收入射光, 而相反, 基态 $m_1 = -1/2$ 子能级的原子则可吸收, 并 "上升" 到激发态的 $m_2 = +1/2$ 子能级.

原子在激发态上只能逗留很短时间 (激发态寿命为 10^{-8}s), 然后就要通过自发跃迁回到基态. 这个自发跃迁可以通过 σ^+ 塞曼组分, 或是通过 π 塞曼组分来完成, 量子力学可以算出它的概率. 在后一种情况下, 原子回到基态 $m_1 = +1/2$ 子能级, 而它是从基态 $m_1 = -1/2$ 子能级出发的. 因此, 这种过程使原子从一个塞曼子能级出发, 转移到另一个角动量更高的子能级. 这就是说, 它把入射波的一部分角动量转移给了基态原子, 并改变了布居数. 我们还可以说, 它使原子磁矩取向.

想象中, 可以把原子从一种基态塞曼子能级原子的贮存器中吸取出来, 再注入到第二个贮存另一种塞曼子能级的贮存器中, 这过程短暂地通过由激发态构成的 "泵体" 来完成. 由此得到 "光泵 (光抽运)" 的名称. 这是 1952 年卡斯特勒在设计此方法时提出来的. "泵 (抽运)" 的名称后来推广到了用于改变原子布居数的一切方法, 如我们在描述激光工作时所做的 (参见 4.2 节).

弛豫过程总是趋于恢复热平衡; 所得的布居数差是光抽运和弛豫过程动态平衡的结果:

- 若光抽运很慢 (弱光强), 而弛豫很快 (弛豫时间很短), 所得的布居数差比热平衡下的相差不多, 称为取向率很低;
- 若光抽运很快 (强光强), 弛豫很慢 (弛豫时间长), 所得的布居数差比热平衡下的相差很大, 称为取向率很高.

  (在量子数 $J = 1/2$ 情况下, 取向率可从两个塞曼子能级 $m = +1/2$ 和 $m = -1/2$ 的相应布居数 p_+ 和 p_- 通过公式 $\rho = \dfrac{p_+ - p_-}{p_+ + p_-}$ 来精确定义.)

b) *实验的实施*

图 9.10 表示这种光抽运实验的一个很简单的原理图. 把从钠光谱灯发出的光聚焦到一个加热到 100~150 ℃的玻璃泡上, 泡内含有钠蒸气 (温度决定了钠蒸气压, $p = nk_BT$, 亦即钠原子密度 n). 光束透过一个偏振片和一块四分之一波片, 使它成为圆偏振. 光束的中线构成 "纵向", 即平行于固定磁场 $\vec{B}_0$, 玻璃泡置于该磁场中. 这就是严格意义上所说的光抽运的全部装置.

要检测蒸气中塞曼子能级的布居数变化, 可用一个光电管接收透过玻璃泡的光. 光电管测到的透射光强与吸收的光量成反比, 依赖于塞曼子能级上的布居数. 在下列情况下观察透过蒸气的透射光强的变化:

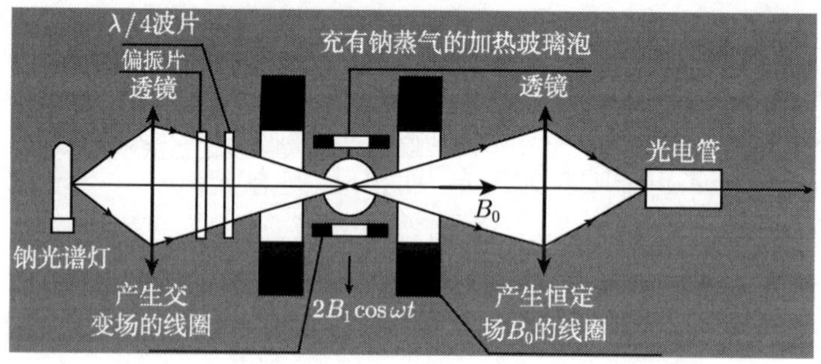

图 9.10

—— 或当借助于线圈产生一个垂直于 $\vec{B}_0$ 的交变场而发生磁共振时;

—— 或当旋转四分之一波片以改变光的偏振而抑制了抽运效应时;

—— 或当突然点亮灯光时; 为此实际上需要一段时间来改变塞曼子能级的布居数以实现光抽运, 并等待建立我们所说的动态平衡. 在一段短时间里可观察到透射光的瞬态变化.

c) *光抽运方法的一般原理*

从一般意义上说, 光抽运方法包括: 用圆偏振 σ^+(或 σ^-) 光学共振光照射原子, 它携带着正 (或负) 的角动量. 原子吸收光的角动量而上升至激发态; 当它们通过自发跃迁回来时发出偏振被部分改变了的光, 保持着部分角动量. 总体上, 原子系统从入射圆偏振光中吸收部分角动量, 从而改变了总角动量, 亦即改变了它们在塞曼子能级上的分布.

- 若用 σ^- 光照射, 其平均角动量减少, 且优先沿着反磁场方向取向, 即它们大多数向 m 量子数为负的子能级积聚. 在最常见的、朗德因子 g 是正的情况下, 这也是能量较低的子能级, 这就是说增加了热平衡下存在的布居数差. 这可以说是人工冷却了原子.
- 若用 σ^+ 光照射, 原子的平均角动量增加, 其角动量沿着磁场方向取向, 即大多数原子积聚在 m 量子数为正的子能级. 在 g 是正值的同样情况下, 这是能量较高的子能级. 这样能量较高子能级的布居数比能量较低的子能级的还多: 相对于热平衡时, 布居数差改变了符号. 我们说, 这是实现了**布居数反转**. 我们要指出, 这种布居数反转可以从玻尔兹曼统计规律中把玻尔兹曼公式的温度 T 换成负值的条件下得到. 这就是为什么我们也把它称为是实现了**负温度**. 这个负温度概念常常被物理学家们所使用, 对此, 我们已经在 4.1.2 节中说起过. 我们要注意, 从正温度到负温度的连续过渡要经过无穷温度 (布居数相等), 而不是经过零温度. 实现布居数反转是微波激射器工作的不可或缺的条件 (见第 4 章); 因此在某些微波激射器的工作中采用了光抽运.

但是, 光抽运方法最常用的还在于非常灵敏地检测磁共振或其他射频共振. 它为原子物理的发展开拓了一个非常宽阔而重要的实验领域; 因此, 1966 年的诺贝尔奖授给了该方法的发明人阿尔弗雷德 · 卡斯特勒 (Alfred Kastler). 它也有很重要的技术应用, 可用于十分精确和灵敏的磁强计 (包括用于测量地球物理或空间磁场) 和频率标准中.

小　结

我们叙述了由圆偏振电磁波的吸收或变换而引起转动的实验. 它深刻地阐明了附加在圆偏振辐射上的角动量概念, $\mathcal{L}_z = W/\omega$. 角动量和能量之间的这个关系式是很容易得到的, 因为导出它的基本公式与同步电机的基本公式完全相同:

$$\mathrm{d}\mathcal{L}_z/\mathrm{d}t = \Gamma_z = P/\omega$$

用这个公式可以计算光子的角动量, 并发现常量 $\hbar$ 是原子尺度上角动量的自然单位.

辐射跃迁中角动量守恒使我们可以导出一个非常重要的 “选择定则” 的概念. 从中, 我们可以理解在磁场作用下光谱线分裂或塞曼效应现象的全部细节. 观察这个现象是原子物理学中所用的最强大的研究手段之一.

第 10 章　自由电子的角动量和磁矩

10.1　自 旋 假 说

在第 7 章中, 我们从电子围绕着原子核作轨道运动出发引进了原子磁矩概念. 但是, 在第 8 章中我们看到, 旋磁比的测量值往往与这样算得的数值不同.

我们用原子的实际旋磁比 γ 和从它的轨道运动算得的数值之间的商来精确定义了朗德因子 g, 参见 (8.7) 式:

$$\boxed{\gamma = g\frac{1}{\kappa}\frac{q}{2m_e}}$$

存在着不等于 1 的朗德因子 g 证明原子磁矩不能仅仅由电子的圆轨道运动来解释. 索末菲曾努力把玻尔的计算推广到空间三维取向的椭圆轨道情况, 结果也确实证明了上述事实: 无论从能级的数目, 还是从角动量量子数 J 的数值上, 他都不能得到与实验一致的 g 值数据. 特别是, 半整数量子数的存在提出了一个不可解决的问题.

为了消除这个困难, 乌伦贝克 (Uhlenbeck) 和古德斯米特 (Goudsmit) 在 1925 年提出了一种想法: 电子自身即使没有移动, 也会像陀螺那样围绕着它自身旋转, 因而具有一个处在同一条直线上的固有角动量和固有磁矩. 他们把这个固有角动量取名为**自旋**(spin, 英文动词 *to spin* 的意思就是像纺锤或陀螺那样旋转). 我们不必太认真地去接受这个想象的模型, 但要记住这个观念的要点: 电子存在固有角动量和磁矩. 这是原子物理的一个关键问题.

实验与理论物理的进展精确地表明了这个假说的正确性: 除了有关移动的性质以外, 电子本身还具有以下特性

1) 固有角动量, 其分量只能取两个相反的值, 也就是说, 自旋的磁量子数 m_s 只能取下面加框公式内的两个数:

$$\boxed{\mathcal{L}_z = +\frac{1}{2}\hbar \quad 或 \quad \mathcal{L}_z = -\frac{1}{2}\hbar \Rightarrow m_s = +\frac{1}{2} \quad 或 \quad m_s = -\frac{1}{2}} \tag{10.1}$$

2) 固有磁矩, 其分量等于一个玻尔磁子: $\mathcal{M}_z = +\beta$ 或 $-\beta$.

因此, 电子的旋磁比要比从经典轨道运动计算出来的值大一倍. 也就是说, **电子的朗德因子 $g = 2$ 是它的特征量**.

原子的总磁矩是来源不同 (源自轨道和自旋) 的磁矩相加起来形成的. 从量子力学结论出发非常容易理解这种形成原子总磁矩的方式, 这就是为什么我们要把角动量相加问题推迟到下册后面一章去研究的理由. 这种相加其实是历史上第一个关于自旋存在的实验证明.

比较晚近的实验允许在没有其他磁性因素干扰的条件下观察**自由电子**的磁矩, 并直接测量其旋磁比. 当今这些实验可以给我们带来电子存在自旋和固有磁矩的更直接、更令人信服的证明. 本章后面我们将叙述这些实验.

1928 年当狄拉克建立相对论量子力学的基础时, 已从理论上解释了自旋的存在. 更晚近些, 1947 年拉比和他的同事们的超精细结构测量导致布赖特 (Breit) 做出了电子 “反常” 磁矩的假说. 这 “反常” 磁矩与玻尔磁子稍微有点差别, 很快也被库什 (Kusch) 和福莱 (Foley) 精确测量了各种原子状态的旋磁比的结果所证实. 在对超精细结构常数 α 进行有限展开的计算中, 量子电动力学理论对狄拉克理论做了某些有效的修正. 该常数是一个量纲一的常数, 在计算原子内部结构中常常会涉及它 (在相对值上 α 表示相对论修正的数量级):

$$\boxed{\alpha = e^2/4\pi\varepsilon_0\hbar c = 0.007\,297\,352\,5 = 1/137.036\,00} \tag{10.2}$$

这个 α 值可以出现在下面的理论有限展开式中:

$$\boxed{\mathcal{M}_z = \pm\beta\left[1 + \frac{\alpha}{2\pi} + 0.328\left(\frac{\alpha}{\pi}\right)^2 + 1.181\left(\frac{\alpha}{\pi}\right)^3\right] = \pm\beta(1+a)} \tag{10.3}$$

量纲一的因子 a, 其值约为 10^{-3}, 称为电子磁矩的 “反常值”, 它对自由电子的朗德因子做了一点修正: $g = 2(1+a)$. 现在我们要叙述的实验都证实了所有这些理论结果.

10.2　自由电子自旋的拉莫尔进动

10.2.1　电子自旋散射引起的极化

在第三编的导论中, 我们提到了 1911 年卢瑟福的 α 粒子散射实验以证实原子核的存在. 当 α 粒子 (氦核) 非常靠近地经过原子核时, 它走着双曲线轨迹, 其偏转角可能很大 (参见附录 3, 图 A.3). 如果我们把高能电子送到一片很薄的金属箔上, 在这样的静电作用下它们同样也能向各个方向散射, 不过现在不是卢瑟福实验中符号相同的电荷之间的排斥力, 而是符号相反的电荷之间的吸引力.

但是, 若电子本身是一个磁子, 还必须考虑运动电子的磁子和原子核之间的磁相互作用. 这种电磁相互作用不仅与电子电荷有关, 而且与其固有磁矩有关. 计算表明, 电子趋向于在垂直于其自旋的平面上优先偏转: 假如我们在某一平面上接收偏转电子, 则其自旋垂直于此平面的电子数目将比自旋取向在别的方向上的电子数目多. 我们说, 电子应该是部分极化的.

为了在实验上验证电子的部分极化, 可以做一个双散射的实验. 这个实验类似于为研究 X 射线偏振所做的实验：第一次散射用以产生极化, 第二次散射用以检测. 这个实验的原理示于图 10.1：从加速器出来的初始电子束沿着 Oy 轴打到金箔的 O 点上. 箔的重量为 0.2mg/cm^2(若厚度为 $0.2\mu\text{m}$, 或约 1000 个原子间距), 这样的箔是够薄的了, 可以使每个电子仅有只在一个原子核附近经过的概率. 我们收集垂直方向 (Oz 方向) 上散射的电子, 其自旋则是优先沿着垂直于偏转平面 yOz 的 Ox 方向取向的.

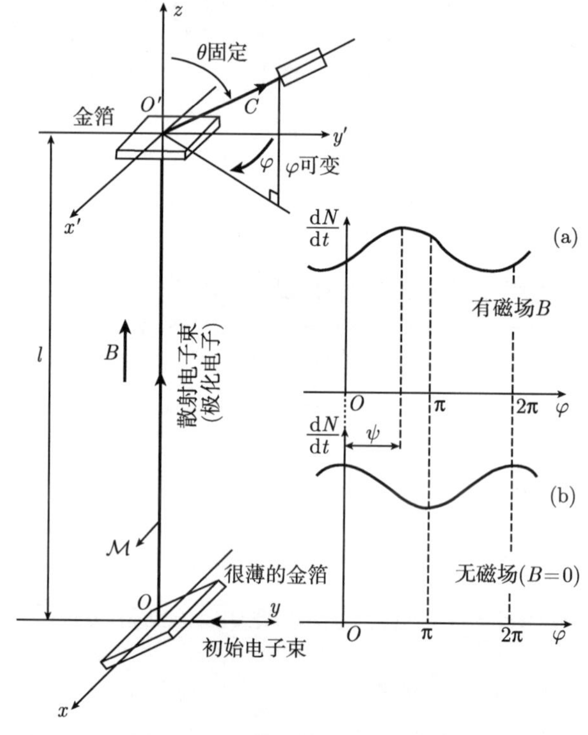

图 10.1　由散射形成的极化电子

为了检验这个性质, 人们在 Oz 轴的 O' 点上放置另一片金箔, 让电子做第二次散射; 测量散射粒子束的强度随发生第二次散射的方向而变化的函数. 实际上, 自旋方向平行于 Ox 的电子应该在垂直于 Ox 的半平面 $y'O'z(y'>0)$ 上优先偏转. 因为这些电子要比别的方向上的数目多, 散射以后, 我们应该在 $y'O'z(y'>0)$ 半平面上接收到比其他平面上更多的电子.

我们把一个粒子计数器 C 绕着 Oz 轴转以接收与 $O'z$ 轴成一个固定角度 θ 方

向上散射的电子, 这样来进行检验: 我们测量单位时间散射电子数 $\mathrm{d}N/\mathrm{d}t$ 随新的偏转平面 $zO'C$ 与第一个偏转平面 $zO'y'$ 之间的夹角 φ 变化的函数; 得到图 10.1(b) 的曲线. 在 $\varphi=0(y'O'z$ 半平面) 处, $\mathrm{d}N/\mathrm{d}t$ 有极大值, 在 $\varphi=\pi$ 处, $\mathrm{d}N/\mathrm{d}t$ 最小.

注: $\mathrm{d}N/\mathrm{d}t$ 随 φ 变化函数的幅度与电子的动能和角度 θ 有关 (若变换箔的性质, 则也与原子核有关). 它可以达到 $\mathrm{d}N/\mathrm{d}t$ 平均值的 10%左右.

散射过程使电子在 4π 立体角内分散. 在一个确定方向上, 接收到的入射电子成分是十分微弱的. 因此毫不奇怪, 双散射过程的产额是非常低的. 若初始电子束强为 1pA, 即每秒 6×10^{12} 个电子, 则所得计数率 $\mathrm{d}N/\mathrm{d}t$ 为每秒 100 个数量级.

10.2.2 电子自旋的陀螺仪效应

下面, 我们并不需要了解这种自旋极化现象的准确机制. 我们只需要知道, 我们已经有把自由电子的自旋部分取向和检测这些取向的手段了, 这样就可以理解 1953 年由鲁伊塞尔 (Louisell)、皮特 (Pidd) 和克兰 (Crane) 在美国所做的拉莫尔进动实验了.

在平行于 Oz 的方向上加一个磁场 $\vec{B}$, 在两次散射的整个路径 OO' 上, 电子都要受到磁场的作用. 该磁场与电子的速度平行; 因此洛伦兹力为零, 电子的直线轨迹不受干扰. 但在磁场中电子自旋受到角速度为 $\omega_L=-\gamma B$ 的拉莫尔进动的作用 (参见 7.2 节). 在 O 与 O' 之间走过的时间 t 内所有自旋都绕着 Oz 轴转了某一角度 $\psi=\omega_L t$(在磁场电流的方向上, 因为 γ 是负的, 因此 ω_L 是正的).

从 O 点出发的电子中, 最大多数的是其自旋平行于 Ox 的; 而在到达 O' 点的电子中, 最大多数的是其自旋与 Ox 成 ψ 角的. 如果我们重新画出 $\mathrm{d}N/\mathrm{d}t$ 随 φ 变化的函数曲线, 得到图 10.1 的曲线 (a), 与原来的曲线 (b) 相比较, 曲线的极大值和最小值移动了一个角度 ψ. 这样, 我们以令人震惊的方式显示了自旋的拉莫尔转动.

测量 ψ 还可直接测定电子自旋的旋磁比. 但是这需要加以小心, 因为我们已经把电子加了很高的能量, 得到了具有相对论速度的运动; 因此旋磁比还与电子的速度 v 相关. 因此, 我们要计算在电子静止的坐标系 (即相对于实验室坐标系以速度 v 运动的电子固有坐标系) 中的拉莫尔进动.

在相对论电磁学中, 当一个坐标系对另一个以平行于 Oz 轴的一定速度运动的坐标系进行变换的时候, 沿着这个方向的电场和磁场分量, E_z 和 B_z 不变; 另一方面, 若在一个坐标系中矢量 $\vec{E}$ 和 $\vec{B}$ 垂直于速度方向的分量为零, 则在另一个坐标系中, 它们也是零. 就是说, 在我们的问题中, 在实验室坐标系和在电子固有坐标系中磁场 $\vec{B}$ 是相同的. 因此, 我们可算得在固有坐标系中, 拉莫尔转角为: $\psi=\omega_L t_p=-\gamma B t_p$. 其中, γ 是通常旋磁比的值 (用静止质量 m_e 计算); B 是实验室坐标系测得的磁场; t_p 是电子固有时间系中测得的 O 与 O' 点两次散射之间的时间.

已知两片金箔之间的距离为 l, 我们也就知道在实验室坐标系中, 电子在两次散射之间经过的时间 $t_{\text{lab}} = l/v$. 用固有时间和实验室时间之间通常相对论的变化关系, 我们得到 $t_p = t_{\text{lab}}\sqrt{1-v^2/c^2}$.

由此推得自旋的转角为

$$\psi = \omega_L t_p = -\gamma B t_p = -\gamma B t_{\text{lab}}\sqrt{1-v^2/c^2} = -\gamma B(l/v)\sqrt{1-v^2/c^2} \tag{10.4}$$

这个公式使我们可以从测量 ψ 出发计算 γ, 从而得到期望值 $\gamma = q/m_e\kappa$.

注 1: 所有这些都表明, 在实验室坐标系中自旋似应具有旋磁比为

$$\gamma' = \gamma\sqrt{1-v^2/c^2} = \frac{1}{\kappa}\frac{q}{m_e\sqrt{1-v^2/c^2}} = \frac{1}{\kappa}\frac{q}{\text{相对论质量}}$$

注 2: 假如距离 l 较长, 磁场强度较高, 角度 ψ 会超过 2π; 而曲线 (a) 与曲线 (b) 的位移不能让 ψ 的测量超过 2π. 必须逐渐增大 B, 让相对于曲线 (b) 的位移相继跟着变化以完整测得角度 ψ. 在鲁伊塞尔、皮特和克兰的实验中, 距离 l 约为 10m. 磁场为 100G, 电子速度接近于光速 c, 自旋转了 4 到 5 圈. 可以把这作为一个练习来计算电子能量. 按同样原理所做的实验可以测量高能物理研究的短寿命粒子的自旋.

10.2.3 $(g-2)$ 的直接测量

在 10.1 节中我们已经知道, 电子磁矩与玻尔磁子稍微有点不同, 因此, 朗德因子 g 也超过 2, 我们写成:

$$g = 2(1+a)$$

这个 a 表示自由电子朗德因子的 "反常" 相对值. 量子电动力学理论可以很精确地以 α 的幂级数展开的形式 [(10.3) 式] 算得这个误差值. 因此, 以很高精确度做一个测量电子磁矩的实验以便与理论值进行比较是极其重要的. 上节说到为了得到 γ 值的实验, 要求知道渡越时间 $t_{\text{lab}} = l/v$. 这个量很难精确知道, 要想以小于千分之一的相对不确定度测得 γ 似乎是没有希望的, 而这个精度相当于所要的修正值的数量级.

1953 年鲁伊塞尔、皮特和克兰设想对他们的实验作一个巧妙的改进, 这使希夫 (Schuff)、皮特和克兰 (1961 年) 与威尔金森 (Wilkinson) 和克兰 (1963 年) 完成了测量. 对它进行定量讨论是困难的, 在这里我们只能给出一个定性的、笼统的想法.

我们知道, 一个电子在遭受与其速度垂直的磁场作用时, 它在垂直于磁场的平面上描绘着一个以 R 为半径的圆形轨迹, 其转动角速度为 $\omega_c = v/R = qB/m_e\kappa$; 这叫做回旋运动 (以同名的加速器得名). 这回旋转动的速度是电子的一个特征量; 它

等于朗德因子为 $g=2$ 的磁矩的进动角速度. 这个巧妙的主意在于直接比较进动角速度 ω_L 和 "回旋" 角速度 ω_c; 并测量这非常接近的两者之差.

从电子中选出一些速度 $\vec{v}$ 在平行于磁场 $\vec{B}$ 的 Oz 轴上有微弱分量的电子; 这些电子围绕着一个平行于 Oz 轴的轴描绘着一条紧密的螺旋线 (图 10.2(a)); 由于散射, 它们在 O 点以极化态被发射, 其磁矩优先指向 Ox 方向. 若朗德因子严格等于 2, 当电子描绘一个完整的圆周时 (图 10.2(b)), 其磁矩将完成一个 2π 的进动; 在所有 Oz 轴各点的螺旋线上, 它们的磁矩都将保持平行.

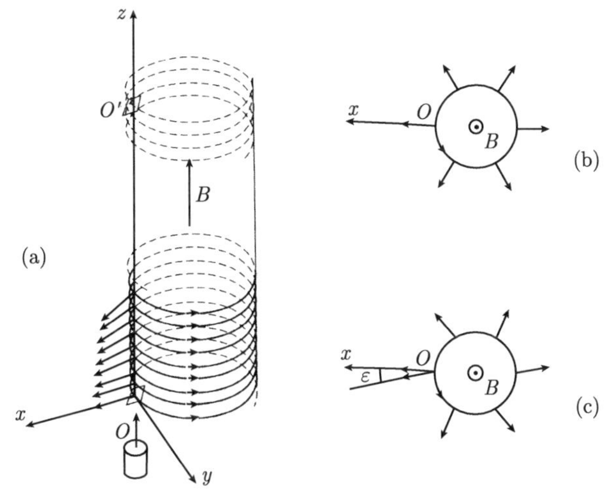

图 10.2　测量 $g-2$

(a) 磁场 $\vec{B}$ 中电子的螺旋线轨迹. 在回旋运动过程中, 在 xOy 平面上磁矩 $\vec{\mathcal{M}}$ 的转动; (b) 朗德因子 $g=2$ 的情况; (c) 实际情况, $g=2(1+a)$, 前进了一个角度 $\varepsilon=2\pi a$

现在考虑到 $g=2(1+a)$, 稍微大于 2, 当电子描绘了一个完整的圆周时 (10.2c), 磁矩的转动不再是 2π, 而是 $2\pi(1+a)=2\pi+\varepsilon$; $\varepsilon=2\pi a$ 是图 10.2(c) 上给定的角度. 在 Oz 轴各点上的磁矩不再平行.

如同上节描述的实验, 在 Oz 轴的 O' 点上放置第二片金箔以作为分析器. 到达 O' 点的电子, 其磁矩平行于 x 轴, 根据其是同号还是反号, 检测器接收到的电流将达到极大或极小.

在保持磁场 B 恒定情况下连续改变螺旋的步长 (通过改变速度分量 v_z 来实现), 从而改变 O 与 O' 点之间的渡越时间 t 和电子所完成的旋转数. 不断延长渡越时间, 得到一系列测量数据, 可以画出图 10.3 所示的曲线, 它表示检测到的电流随渡越时间 t 变化的函数关系. 这条曲线有极大值和和极小值, 相当于磁矩的最终取向是平行或反平行于 Ox 轴. 因磁场是恒定的, 这条曲线也可解释为磁矩的取向随渡越时间而变化的函数.

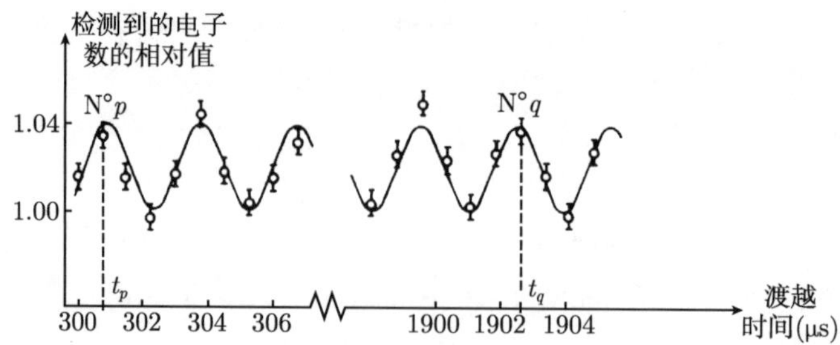

图 10.3　用图 10.2 装置在改变速度纵向分量 v_z 和 O 与 O' 渡越时间时所完成的记录

由于出发点的不确定性大, 很难测到渡越时间的绝对值. 但是却能以很高的精确度测得两个极大值数目 p 与 q 之间的渡越时间之差 $t_q - t_p$. 在这段时间 $(t_q - t_p)$ 里, 电子轨迹走过的圆周数为

$$N_{pq} = \omega_c(t_q - t_p)/2\pi = (t_q - t_p)qB/2\pi\kappa m_e \tag{10.5}$$

通过精确测量磁场 B 可算得 ω_c, 由此可导出 N_{pq} 的值. 在这段时间 $(t_q - t_p)$ 磁矩相对于 Ox 轴的转角 θ 可用两种方式算得: 或从极大值数目的差 $(q-p)$; 或从电子轨迹所做的圆周数 N_{pq}:

$$\theta = (q-p)2\pi = N_{pq}\varepsilon = N_{pq}\cdot 2\pi a;\ 由此推得\ a = (q-p)/N_{pq} \tag{10.6}$$

实验在 OO' 距离为 60cm 时完成, 这段距离位于长度超过 2m 的螺线管中央, 以保证强度为几百高斯 (百分之几特斯拉) 的磁场 B 有很好的均匀性. 电子能量为 100keV 数量级, 必须考虑相对论修正.

得到的结果为 $a = 0.001\,159\,6$.

在一级近似下, 它与理论很相符. 基本常数测量精确度的提高要求以更高的精确度重复这个实验. 但这更精密的测量已是用把电子囚禁在长寿命电磁阱中的其他方法来实施的了 (参见本章最后 10.4 节).

10.3　自由电子自旋的磁共振

在上面几章中我们已经研究了呈现原子旋磁比的各种实验. 在这些各不相同的实验中, 有些实验测量旋磁比的精度很高, 这就是磁共振实验. 假如电子自旋具有别的角动量和磁矩所有的一切性质, 则也能对它运用磁共振方法.

可惜对于电子情况, 我们说过的磁共振检测方法都不能用.

1) 7.6.4 节所说的射频检测方法对原子系统所产生的磁通量是很敏感的. 为了使这种磁通量相当强, 单位体积所含原子磁矩的数目必须相当大. 这就是为什么这种方法实际上只能应用于固体或液体凝聚介质的原因. 自由电子显然难以实现很高的浓度, 尤其是我们不希望它们会频繁地受到碰撞的干扰.

2) 8.4.2 节由施特恩和格拉赫实验派生出来的拉比方法只能应用于电中性粒子. 对于带电粒子, 实际上不可避免地存在着寄生静电力, 它要比磁力大很多.

3) 9.4 节的光学方法假设系统存在着内部能级, 而这又不符合简单的自由电子情况.

然而 1958 年, 德梅尔特在美国由于使用了交换碰撞, 还是观察到了自由电子自旋的磁共振. 当蒸气中两种原子发生碰撞时, 两种原子体系的总角动量守恒, 但每个原子却可分别发生变化; 就是说, 其中一个原子可以得到角动量, 而另一个原子则失去角动量; 在这种碰撞过程中, 两个原子交换了角动量. 例如, 假定两个原子种类不同, 但它们的量子数 $J = 1/2$ 相同, 当它们在蒸气中混合时, 交换碰撞使存在于每种原子中的角动量为正的原子和角动量为负的原子的比例数相等.

德梅尔特利用了自由电子和钠原子之间的交换碰撞. 为此, 通过放电, 他在钠蒸气内产生了自由电子. 同时, 他在钠原子上实现了像 9.5 节所描述的光抽运实验, 并在交换碰撞中把光抽运中得到的钠原子的优势取向传递给自由电子自旋. 这样, 使电子自旋产生了取向或极化, 形成了磁共振的必要条件: 当磁共振使指向正反两个方向的自旋数目重新相等时, 介质的状态会发生变化.

那么怎样来检测介质的这个变化呢? 通过它对钠原子取向的反应: 在与非取向的电子交换碰撞中, 钠原子失去的角动量要比与部分取向的电子碰撞中来得多; 因此钠原子的取向率减小, 这就会反映在光电管所接收的光信号上.

在同样条件下观察钠原子的磁共振, 德梅尔特得以用很高精度来比较自由电子的旋磁比与钠原子的旋磁比. 他能以 10^{-5} 的相对精度验证了处于自由状态下的与结合在原子中的电子自旋的旋磁比是相同的. 实验精确度受到碰撞对原子和电子带来的干扰所限制.

10.4　电磁阱的应用

人们用 “阱” 这个词来描述空间中一切场的组态或分布, 它使被研究粒子受到恢复力, 当它们的速度使它们偏离组态中心时, 恢复力则让它们重新返回中心. 因此, 被研究粒子就囚禁在阱中心很小的体积内, 这样它们就可被长时间研究, 以进行更精密的测量.

10.4.1　带电粒子阱的功能

在粒子带有电荷 q 的情况下, 这恢复力是经典的静电力 $q\vec{E}$ 或磁力 $q\vec{v} \times \vec{B}$. 下面我们来解释两种最常用的组态.

a) **彭宁电磁阱**

1937 年彭宁 (Penning) 提出的阱采用了两种不同的场.

1) 一个平行于 Oz 轴的均匀静磁场 $\vec{B}$, 由于以角速度为 $\omega_c = v/R = qB/m_e\kappa$ 的回旋运动, 在半径 $R = m_e v\kappa/qB$ 的圆轨道上产生垂直于场的 Ox 和 Oy 方向的囚禁 (参见 10.2.3 节); 一般所用的速度是比较小的 (注意, 这个公式在相对论速度下仍然成立, 只要把这里的 m_e 换成相对论质量 $m = m_e/\sqrt{1-v^2/c^2}$ 即可). 在磁场 $B \approx 1\text{T}$ 情况下, 速度较低, 得到的半径 R 远小于 1mm.

2) 为了在 Oz 轴上产生囚禁, 利用一个静电场 $\vec{E}(x,y,z)$, 它由三个旋转双曲面形的金属电极产生 (图 10.4), 三个电极摆放得像一个环状盒, 上下盖着两个端盖. 两个端盖由两个同样的旋转双曲面形成; 而中央环状电极 (盒子) 则由单片双曲面形成. 这两种双曲面由围绕着同一个 Oz 轴的旋转所产生, 而两条双曲线是在子午面 yOz 上画出来的, 具有共同的渐近线, 但焦点轴却是不同的, 分别为 Oz 和 Oy 轴.

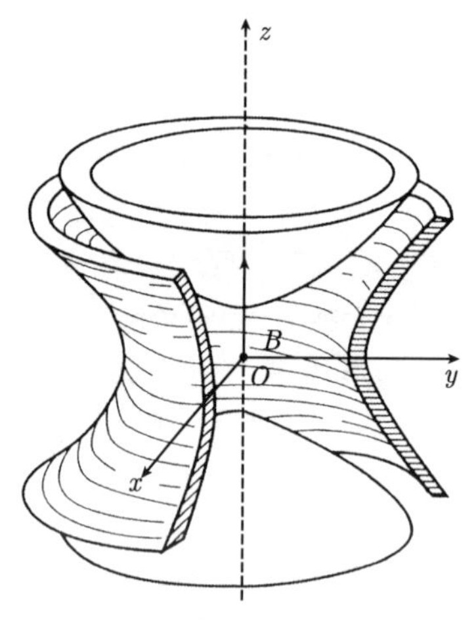

图 10.4　荷电粒子阱

三个电极都是围绕着平行于外加磁场 $\vec{B}$ 的 Oz 轴旋转的旋转双曲面. 为了明晰起见, 中央环状电极 (单片双曲面形成) 切去了四分之一, 以更好表示上下两个端盖, 它由两片组成一双曲面系统

重要的一点是: 上下两个端盖具有相同的, 相对于中央环状电极为几伏的电势差 V. 这个电势差的符号与粒子电荷的符号相同, 即电极荷电与粒子电荷 q 的符号相同. 因此这些粒子被两个端盖推斥, 以致在两者之间进行振动, 其轴向振动频率 ν_z 一般仅为回旋频率 $\nu_c = \omega_c/2\pi$ 的千分之一. 因此每个回旋运动的时间要比这个轴向振动的周期短得多, 因而产生了沿着 Oz 轴的螺旋运动, 或升、或降, 交替进行 (图 10.2(a)).

运行中双曲面形状并非必要, 但要在空间中可保证对电场 $\vec{E}(x,y,z)$ 能做简单而精确的计算. 细致计算电荷轨迹是比较困难的, 因为它们还受到与其符号相反的中央环状电极的吸引作用. 幸好这些吸引力所带来的径向速度很小, 被磁力 $q\vec{v}\times\vec{B}$ 转化为转动力后, 不会妨碍 Ox 和 Oy 轴上的囚禁, 而只需要对 xOy 横向平面上的运动作一点修正就行了.

总之, 里面能囚禁荷电粒子云的体积大小取决于它们的动能 $W=mv^2/2$; 倘若能量降低到几分之一电子伏特, 该体积线度会远小于 1mm, 可能会降到几微米. 要注意, 囚禁在粒子云中的电荷数不可能很大, 因为同号电荷间的静电斥力会扩大粒子云, 使它们离散.

注: 对在 xOy 平面上横向运动的修正可考虑为电荷 q 运动的第三个成分的运动, 称为磁控管运动: 这是一个围绕 Oz 轴的运动, 其空间延伸的范围可能较大, 但磁控管运动频率 ν_m 一般比轴向频率 ν_z 还要低, 只有后者的千分之一. (“磁控管” 的名称来自超高频振荡器电子管, 在那里该运动起着重要作用; 这种磁控管用于雷达或微波炉中).

b) 电动力阱, 或射频阱, 保尔阱

这是 1958 年波恩大学保尔 (Paul) 教授提出的方案, 它消除了磁场, 而在同样的两个双曲面电极之间 (图 10.4) 加上了一个射频段的交变电势差 $V=V_0\cos\Omega t$(所加频率 $\Omega/2\pi$ 必须远低于上节所给定的轴向频率 ν_z).

计算要比上节更复杂, 但可以得到囚禁轨迹所需要的参数 (V_0,Ω) 的值. 一个大的优点是消去了磁场; 一个不便之处是注入阱中的射频功率将转给荷电粒子, 从而增加其动能. 为了冷却 (即降低其动能), 可以在阱中引入很低温度的氦气 (一般为 4K, 相当于动能为几个毫电子伏特). 荷电粒子与冷氦原子之间的碰撞可以把粒子多余的动能逐渐传给氦原子, 而不会破坏其囚禁.

c) 囚禁粒子的电子检测

贮存在阱中的粒子可通过它们频率为 ν_z 的轴向振荡来检测. 实际上, 当粒子云接近两个端盖时, 在静电作用下会在端盖上感应出符号相反的电荷. 这样, 在两个端盖之间就会出现一个小的由粒子云轴向振荡引起的周期性电势差. 无疑, 这个电势差是很小的, 但是由于它的周期性, 可以用常规电子学方法来做选频放大, 完全可以被检测. 电荷运动的其他成分, 回旋运动和磁控管运动, 不可能用这样简单的方式在实验上显示.

当然, 检测到的频率为 ν_z 的信号幅度与囚禁粒子云的电荷数成正比. 而阱的特征参量是有点不可控制的, 一些电荷会散失; 当电荷数变得很少时 (约为十来个), 可以观察到信号幅度 A 的降低, 每次跳一个量 ΔA, 它相当于每次散失的电荷. 当信号幅度达到 ΔA 值时, 阱中只剩下一个电荷. 这样就调整到了阱的最佳状态; 可以把这个单一粒子长期保存, 从几小时, 甚至到几天 ……, 从而可以很稳定、很长

时间进行实验.

10.4.2 对电子的应用, 测量 $(g-2)$

美国西雅图华盛顿大学德梅尔特教授小组用彭宁型电子阱对计量学的发展做出了重要贡献: 先是 1975 年左右与瓦恩兰 (Wineland) 和埃克斯特龙 (Ekstrom) 提出了方案, 接着是 1980 到 1987 年间与范戴克 (Van Dyck) 和施温伯格 (Schwinberg) 做了高精密度的测量.

采用与上节实验 (10.2.3 节) 相同的主意, 比较了回旋频率 ω_c 和拉莫尔进动频率 ω_L; 但是利用了处于完全可控环境中很低能量的电子 (因而相对论修正几乎可以不计).

为了理解这种对 $(g-2)$ 的测量, 必须把囚禁的单一电子看成为准原子, 操控它的物理学家称它为 "**geonium(地球素)**"*. 这个 "地球素" 的所有运动成分都可用量子力学进行计算, 具有量子化的能量值:

—— 根据自旋取向有: $E_s = \pm(1/2)\hbar\omega_L = \pm(1/2)g\beta B = \pm(1+a)\beta B$;
—— 回旋运动有: $E_c = nh\nu_c = n\hbar\omega_c = n\hbar eB/m_e = n2\beta B$;
—— 轴向振荡有: $E_z = ph\nu_z = p\hbar\omega_z$;   ($n, p, q$ 是整数)
—— 磁控管修正: $E_m = qh\nu_m = q\hbar\omega_m$.

地球素的总能量为

$$E_{\text{total}} = E_s + E_c + E_z + E_m \tag{10.7}$$

因为频率很不相同 (在磁场 $B \approx 1.8\text{T}$ 情况下, $\nu_c \approx 50\text{GHz}$, $\nu_z \approx 60\text{MHz}$, $\nu_m \approx 30\text{kHz}$) 的各种运动成分之间的关联很少, 因而这些运动是准独立的, 所以允许这样的简单相加. 我们让计量专家们去作必要的小的修正.

- 在自旋的两个取向之间跃迁的能量变化为: $\delta E_s = \hbar\omega_L = g\beta B = 2(1+a)\beta B$.
- 在两个相邻回旋运动轨道之间的 $\delta n = 1$ 跃迁的能量变化为: $\delta E_c = \hbar\omega_c = 2\beta B$.

若有一种跃迁能让自旋能量和回旋运动能量同时以相反方向变化 (E_z 和 E_m 不变):

$$\delta(E_s + E_c) = |\delta E_s| - |\delta E_c| = (g-2)\beta B$$

这样的跃迁可在阱中用频率为 ν_{diff} 的射频波来激发:

$$\boxed{h\nu_{\text{diff}} = \delta(E_s + E_c) = \hbar\omega_s - \hbar\omega_c = (g-2)\beta B} \tag{10.8}$$

这可从轴向频率检测信号的变化中得以体现, 从而允许从实验上测定这个频率 ν_{diff}.

* "geonium" 译作地球素, 是指在电磁阱中被囚禁的单个电子和阱作为一个整体被结合在地球表面上, 好像电子是绕着地球转似的. 所以 geonium 就是 "地球原子" 的意思. —— 译者

磁场测量用测量回旋频率 ν_c 来代替; 事实上, 如果用很高频率 $\nu_c = \omega_c/2\pi$ 的波照射阱, 就会激发大量 $\delta n = 1$ 的跃迁, 它使回旋运动的能量和半径增大. 这种能量增加表现在检测到的轴向频率信号的变化上; 这样, 它也可用来在实验上测量回旋频率; 从而可以得到朗德因子的 "反常值":

$$\boxed{a = \frac{g-2}{2} = \frac{\nu_{\text{diff}}}{\nu_c} = 0.001\,159\,652\,19} \tag{10.9}$$

对以很高的精度测得的两种频率进行直接比较消除了校准磁场的困难; 只要在实验过程中让它稳定就好了. 要得到这么高的精确度显然要求巨大而耐心的工作以控制一切寄生效应和细致计算各种很小的理论修正. 在简单解释原理的情况下这些工作是不会出现的. 这个 "反常值"a 的估算误差小于最后一位小数, 即相对误差小于 10^{-8}, 这相当于自由电子的朗德因子的相对误差小于 10^{-11}.

10.4.3　对正离子的应用

把环状电极和两个端盖之间的电势差的符号反向, 就可以把阱的技术应用于正电荷. 实际上, 荷电粒子阱在 1970 年以后获得广泛发展, 以研究在放电或受控电子轰击 (参见 1.4.1 节) 下从原子剥离了一个电子的正离子. 在同一年代, 波长可调谐激光器和极高分辨率激光吸收光谱技术发展很快, 它们也利用了囚禁离子的成就.

这种阱得以像分离单个电子那样, 分离单个离子 (参见 10.4.1c 节). 1980 年汉堡大学的托舍克 (Toschek) 教授第一次展示了保尔阱中一个孤立离子 (Ba^+) 的 "照片". 怎样拍摄这样的照片? 一束波长调谐到离子共振的激光通过环状电极和一个端盖之间的窗口, 聚焦到阱的中心, 那里的光强接近于这个共振跃迁的饱和光强 (参见 3.3.4 节). 考虑到 Ba^+ 的激发态寿命很短, 可以算得 Ba^+ 离子每秒可自发发射约 10^7 个光子.

在与激光完全不同的方向上用一个显微物镜接收自发发射光子, 就可拍摄阱中心的图像. 通过两个电极之间窗口的光子接收立体角是比较小的, 约为 $\Omega = 1/100$ 球面度, 即只能接收自发光子的一小部分: $\Omega/4\pi \leqslant 1/1000$. 但是, 每秒有 $10^3 \sim 10^4$ 个光子, 在约十分钟的曝光时间内, 可让显微镜像平面上的灵敏感光板感光, 形成可见的亮斑, 对应于约 2μm 的阱中心宽度.

当单一粒子被很好地冷却而降低了它的动能时, 其轨道直径可能缩小到小于 1μm, 即其值与共振光的波长 λ 为同一数量级. 在这个条件下, 可以证明, 由多普勒效应引起的频移实际上被消除了 [迪克 (Dicke) 效应, 1953; 这也是射频或微波跃迁中不存在多普勒增宽的原因, 因为一般它们的波长大于 10cm, 远超过一般实验中粒子运动的尺寸]. 在囚禁离子上观察到的光学共振线实际上摆脱了多普勒增宽; 其宽度接近于自然线宽, 它一般为多普勒增宽的 $1/100 \sim 1/1000$(参见 5.2.2d 节).

在计量实验室囚禁离子还用以构建极端精密的波长标准或光学频率标准. 为此, 选用几乎是 "禁阻" 的光学跃迁, 其激发态的寿命相对较长, 大于或等于 μs, 使频率的绝对精确度为 $\Delta\nu \leqslant 1\text{kHz}$. 以可见光频率为 $\nu \approx 500\text{THz} = 5 \times 10^{14}\text{Hz}$ 计, 这相当于相对误差为 $\Delta\nu/\nu \approx 10^{-12}$.

小　　结

了解电子自旋的角动量和磁矩的特性是非常重要的, 关系到对本书下册所要研究的原子内部结构的理解.

历史上, 正是在解释原子内部结构时遇到困难才导致了自旋的发现. 在下册用到它们之前, 在这一章里讲述一些更晚近、但更为直接的证明自旋存在的实验看来是有意思的.

附录 1　适用于各种单位制的电磁学公式汇编

所有公式都是有理化的, 但我们从与单位有关的系数 ε_0, μ_0 和光速 c 出发, 引进一个系数 κ, 有

$$\boxed{\varepsilon_0\mu_0 c^2=\kappa^2}$$

- 在 MKSA 单位制中, 有

$$\kappa=1 \qquad 4\pi\varepsilon_0=\frac{1}{9\times 10^9} \qquad \frac{\mu_0}{4\pi}=10^{-7} \quad (\kappa\text{ 可忽略})$$

- 用 CGS 静电单位制中的电单位和 CGS 电磁单位制中的磁单位, 即在高斯单位制中:

$$\kappa=c \qquad 4\pi\varepsilon_0=1 \qquad \frac{\mu_0}{4\pi}=1$$

场的定义:

$$\vec{f}=q\vec{E}+\frac{1}{\kappa}q\vec{v}\times\vec{B} \quad (\text{洛伦兹力})$$

麦克斯韦方程组:

$$(\mathrm{I})\begin{cases}\nabla\times\vec{E}+\dfrac{1}{\kappa}\dfrac{\partial\vec{B}}{\partial t}=0\\ \nabla\cdot\vec{B}=0\end{cases} \qquad \text{一般解}\begin{cases}\vec{E}=-\nabla V-\dfrac{1}{\kappa}\dfrac{\partial\vec{A}}{\partial t}\\ \vec{B}=\nabla\times\vec{A}\end{cases}$$

$$(\mathrm{II})\begin{cases}\nabla\times\vec{B}-\dfrac{\varepsilon_0\mu_0}{\kappa}\dfrac{\partial\vec{E}}{\partial t}=\dfrac{\mu_0}{\kappa}\vec{j}\\ \nabla\cdot\vec{E}=\dfrac{1}{\varepsilon_0}\rho\end{cases}$$

若采用洛伦兹规范:

$$\nabla\cdot\vec{A}+\frac{\varepsilon_0\mu_0}{\kappa}\frac{\partial V}{\partial t}=0$$

由此可推得两个势的传播方程 (它们证实了 ε_0, μ_0 和 κ 之间的关系):

$$\begin{cases}\nabla^2\vec{A}-\dfrac{\varepsilon_0\mu_0}{\kappa^2}\dfrac{\partial^2\vec{A}}{\partial t^2}=-\dfrac{\mu_0}{\kappa}\vec{j}\\ \nabla^2 V-\dfrac{\varepsilon_0\mu_0}{\kappa^2}\dfrac{\partial^2 V}{\partial t^2}=-\dfrac{1}{\varepsilon_0}\rho\end{cases}$$

传播方程的普遍解是推迟势:

$$\vec{A}(t,\vec{r})=\frac{\mu_0}{4\pi\kappa}\iiint\frac{\vec{j}(t-r/c)}{r}\mathrm{d}\mathcal{V}$$

$$V(t,\vec{r})=\frac{1}{4\pi\varepsilon_0}\iiint\frac{\rho(t-r/c)}{r}\mathrm{d}\mathcal{V}$$

静态 (稳恒) 情况:

$$\begin{cases}\vec{B}=\dfrac{\mu_0}{4\pi\kappa}\displaystyle\iiint\dfrac{\vec{j}\times\vec{v}}{r^3}\mathrm{d}\mathcal{V}\quad\text{或}\quad\dfrac{\mu_0}{4\pi\kappa}\displaystyle\int\dfrac{I\mathrm{d}\vec{l}\times\vec{r}}{r^3}\quad(\text{拉普拉斯定律})\\ \vec{E}=\dfrac{1}{4\pi\varepsilon_0}\displaystyle\iiint\dfrac{\rho\vec{r}}{r^3}\mathrm{d}\mathcal{V}\quad\text{或}\quad\dfrac{1}{4\pi\varepsilon_0}\dfrac{q\vec{r}}{r^3}\quad(\text{库仑定律})\end{cases}$$

$\mathrm{d}\mathcal{V}$ 表示体积 $\mathrm{d}x\mathrm{d}y\mathrm{d}z$.

附录 2　原子束中的速度

A.2.1　蒸气中速度分布规律的回顾

a) 一个速度分量的情况

每个分量的分布都分别遵从高斯概率规律. 例如, v_x 分量的概率密度为 [参见 1.3.3 节, 多普勒效应 (1.14) 式]:

$$f(v_x) = \frac{1}{\sigma\sqrt{2\pi}}\exp(-v_x^2/2\sigma^2) \tag{A2.1}$$

已知:

- f 是归一化的, 所以 $\int_{-\infty}^{+\infty} f(v_x)\mathrm{d}v_x = 1$.
- σ 是平均平方偏差, 定义为 $\overline{v_x^2} = \int v_x^2 f(v_x)\mathrm{d}v_x = \sigma^2 = k_B T/m$($k_B$ 为玻尔兹曼常量).

这最后一个等式可用原子对垂直于 Ox 的器壁做碰撞时产生气体压力 P 的动力学过程进行解释和推导: $P = nm\overline{v_x^2} = nm\sigma^2$, n 为单位体积的原子 (或分子) 数. 引入阿伏伽德罗常量 $\mathcal{N}$、摩尔质量 $M = \mathcal{N}m$ 和摩尔体积 V_{mole} 后, 得到 $n = \mathcal{N}/V_{\text{mole}}$. 由此推得

$$P = m\sigma^2\mathcal{N}/V_{\text{mole}}$$

或对 1 摩尔质量有

$$PV_{\text{mole}} = \mathcal{N}m\sigma^2 = \mathcal{N}k_B T = RT \quad \Rightarrow \quad \sigma^2 = \frac{k_B T}{m} = \frac{RT}{M} \tag{A2.2}$$

b) 同时有三个速度分量的情况

这需要对三个独立变量 v_x, v_y, v_z 的三个概率密度作乘积:

$$F(v_x, v_y, v_z) = f(v_x)f(v_y)f(v_z) = \frac{1}{2\pi\sigma^3\sqrt{2\pi}}\exp(-v^2/2\sigma^2) \tag{A2.3}$$

这里引入速度的模值为 $v = \sqrt{v_x^2 + v_y^2 + v_z^2}$.

c) 只关心速度模值的情况

这需要对函数 $F(v_x, v_y, v_z)$ 在一部分速度空间进行积分, 该空间为

$$v^2 \leqslant v_x^2 + v_y^2 + v_z^2 \leqslant (v + \mathrm{d}v)^2$$

这关系到速度空间中半径为 v 和 $v+\mathrm{d}v$ 的两个球面之间所包含的体积 $4\pi v^2\mathrm{d}v$. 由此推得速度模值 v 的概率密度为

$$\mathcal{F}(v) = 4\pi v^2 F(v_x, v_y, v_z) = \frac{2}{\sigma^3\sqrt{2\pi}} v^2 \exp(-v^2/2\sigma^2) \tag{A2.4}$$

已知:

- $\mathcal{F}(v)$ 是归一化的, 所以有 $\int_0^\infty \mathcal{F}(v)\mathrm{d}v = 1$.
- 平均平方速度 C 定义为

$$C^2 = \overline{v^2} = \int_0^\infty v^2\mathcal{F}(v)\mathrm{d}v = 3\sigma^2 = \frac{3k_BT}{m} \tag{A2.5}$$

A.2.2　原子束流的应用

在蒸气中我们考虑的是单位体积内的原子数: 如果 n 是单位体积内的总原子数, 单位体积中速度处于 v 和 $v+\mathrm{d}v$ 间的原子数为 $n\mathcal{F}(v)\mathrm{d}v$. 它们的速度方向在 4π 立体角内均匀分布, 因此, 单位体积内速度为 v(相差约为 $\mathrm{d}v$), 方向处在 $\mathrm{d}\Omega$ 立体角内的原子数为

$$n\frac{\Omega}{4\pi}\mathcal{F}(v)\mathrm{d}v$$

相反, 在原子束中, 我们并不寻求单位体积内的原子数; 这里我们关心的是单位时间内所输运的原子数, 即原子束的总流量.

对于在一个由速度给定的方向上, 通过器壁上的一个面积为 δS 的小孔, 在一个极短的时间 δt 里, 速度为 v 的原子将充满在一个以 δS 为底、长为 $v\delta t$、体积为 $v\delta t\cdot\delta S$ 的圆柱体里 (参见图 A.1). 严格地说, 圆柱体的横截面是 δS 乘以速度与器壁法线 $\mathbf{N}$ 之间的夹角的余弦; 但是考虑到第二个束阑准直得很好, 这个角度接近于零, 其余弦与 1 差别不大 (在图 A.1 上假定两个孔都对准在同一法线 $\mathbf{N}$ 上).

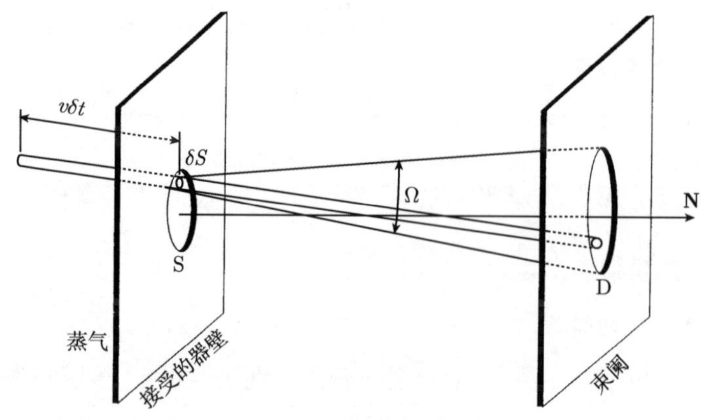

图 A.1　原子束中选速

这个计算假定长度 $v\delta t$ 小于或等于蒸气中原子的平均自由程, 并且被小孔破坏的热平衡将在数量级为 δt 的短时间里恢复. 为计算束流量, 我们把各段 δt 时间内输出的原子加起来, 相继一直加到 1s; 即后面我们用 1s 来代替 δt.

只有速度方向处在由束阑 D(在图 A.1 的直线方向上) 所限的立体角 Ω 范围内的原子才能参与原子束. 因此, 对束流有贡献的, **1s 时间内通过面积元 δS、速度为 v(相差约 dv) 的原子数为: $v\delta Sn\dfrac{\Omega}{4\pi}\mathcal{F}(v)\mathrm{d}v$.**

束阑 D 所选择的速度方向决定于器壁小孔内面积元 δS 的位置. 但是, 在束内部我们并未区分速度的方向; 当 δS 在小孔总表面 S 内移动时, 立体角 Ω 实际上保持着相同的数值. 因而, 把所有面积元 δS 对束的贡献相加起来等于在上述公式中把 δS 用总面积 S 来替代.

因此, 速度为 v(相差约 dv) 的原子 dQ 对束流 Q 的总贡献为

$$\mathrm{d}Q = vSn\frac{\Omega}{4\pi}\mathcal{F}(v)\mathrm{d}v$$

或

$$\frac{\mathrm{d}Q}{\mathrm{d}v} = nS\frac{\Omega}{4\pi}v\mathcal{F}(v) = \frac{nS\Omega}{2\pi\sigma^3\sqrt{2\pi}}v^3\exp(-v^2/2\sigma^2) \tag{A2.6}$$

公式中有 v^3 而不是 v^2 意味着原子束中输运的高速原子的数目要多于蒸气中的高速原子数. 实际上, 高速原子撞击器壁的次数更频繁, 所以从器壁上所开的小孔中逸出的数目也较多.

束中输运的原子中最概然速度是微分束流 dQ/dv 取极大值的速度, 亦即其对 v 的导数为零的值. 这个导数与下式成正比:

$$\frac{\mathrm{d}}{\mathrm{d}v}[v^3\exp(-v^2/2\sigma^2)] = \left(3v^2 - \frac{v^4}{\sigma^2}\right)\exp(-v^2/2\sigma^2) \tag{A2.7}$$

当 $v^2 = 3\sigma^2 = C^2$ 时, 上式为零, 其中 C 由 (A2.5) 式给出.

在束中输运原子的最概然速度是蒸气中的平均平方根速度.

附录 3　经典双体碰撞, 质心, 约化运动

我们考虑彼此受相互作用力作用的两个粒子的运动, 这就是力学家门称为 “双体问题” 的过程. 我们只局限于非相对论力学的范围. 为了更确切起见, 我们假定彼此相互作用的两个粒子受到的力 $\vec{f_1}$ 和 $\vec{f_2}$ 具有下列特征:

1) 它们是相等而相反的 (作用与反作用原理): $\vec{f_1}+\vec{f_2}=0$;

2) 它们作用在连接两个粒子的直线上;

3) 它们的数值仅决定于两个粒子间的距离 r.

A.3.1　约化为质心

根据可用于一切孤立系统的普遍方法, 可把这个问题分为两个不同的问题, 以简化其解; 它们是: ①在绝对坐标系或实验室坐标系中质心的运动; ②系统围绕着质心的运动.

a) *质心的定义和运动*

质心 C(或重心) 是从某个原点 O 出发通过下面方程来定义的:

$$(m_1+m_2)\overrightarrow{OC}=m_1\overrightarrow{OM_1}+m_2\overrightarrow{OM_2} \tag{A3.1}$$

或还有 (若 O 点靠近 C):

$$m_1\overrightarrow{CM_1}+m_2\overrightarrow{CM_2}=0$$

上述方程对时间求导数, 得到实验室坐标系中质心 C 的速度 $\vec{V}_C$ 和两点 M_1 和 M_2 的速度 $\vec{V_1}$ 和 $\vec{V_2}$ 的关系式:

$$(m_1+m_2)\vec{V}_C=m_1\vec{V_1}+m_2\vec{V_2}=\vec{p}$$

$\vec{p}$ 是系统的总动量; 根据普遍的动量定理, 它是恒量, 因为系统是孤立的. 把它对时间再次求导数可以证实这一点:

$$\mathrm{d}\vec{p}/\mathrm{d}t=m_1\mathrm{d}\vec{V_1}/\mathrm{d}t+m_2\mathrm{d}\vec{V_2}/\mathrm{d}t=\vec{f_1}+\vec{f_2}=0$$

即得

$$\vec{p}=\text{常数}\quad\Rightarrow\quad\vec{V}_C=\text{常数}$$

这就是说, 质心有一个匀速运动, 可以看成是一个新的伽利略坐标系的原点相对于实验室坐标系作匀速运动.

b) **在质心坐标系中系统的运动**

在这个坐标系中质心 C 不动导致其动量为零, 这就简化了碰撞的计算. 以 O 为原点, 我们用**小写字母**表示:

—— 在此坐标系中两个粒子的径矢为 $\vec{r}_1 = \overrightarrow{CM_1}$ 和 $\vec{r}_2 = \overrightarrow{CM_2}$ (图 A.2);

—— 它们的速度是

$$\vec{v}_1 = \vec{V}_1 - \vec{V}_C \quad 和 \quad \vec{v}_2 = \vec{V}_2 - \vec{V}_C \tag{A3.2}$$

(这就是速度合成定理)

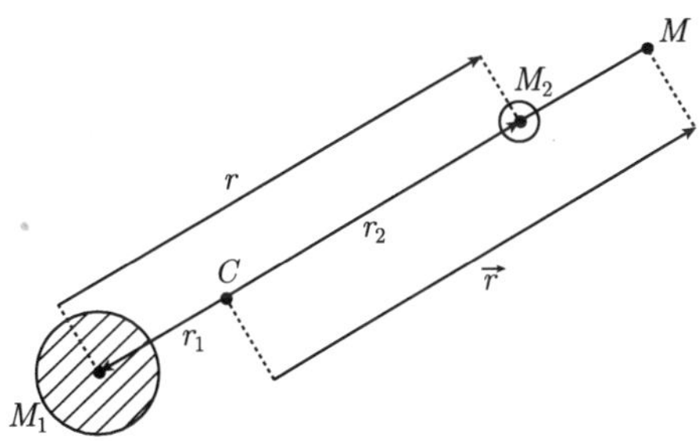

图 A.2　双体 M_1 和 M_2 系统的质心与约化运动 (M 点)

根据 C 的定义: $m_1\vec{r}_1 + m_2\vec{r}_2 = 0$.

我们定义**连接两个物体的径矢**为

$$\vec{r} = \overrightarrow{M_1M_2} = \vec{r}_2 - \vec{r}_1 \tag{A3.3}$$

用上述两个方程可以算出以 $\vec{r}$ 为函数的 $\vec{r}_1$ 和 $\vec{r}_2$; 由此得

$$\vec{r}_1 = -\frac{m_2}{m_1+m_2}\vec{r} \quad 和 \quad \vec{r}_2 = +\frac{m_1}{m_1+m_2}\vec{r} \tag{A3.4}$$

并得到速度为

$$\vec{v}_1 = -\frac{m_2}{m_1+m_2}\vec{v} \quad 和 \quad \vec{v}_2 = +\frac{m_1}{m_1+m_2}\vec{v} \tag{A3.5}$$

引入**两体之间的相对速度**为

$$\vec{v} = \frac{\mathrm{d}\vec{r}}{\mathrm{d}t} = \frac{\mathrm{d}\vec{r}_2}{\mathrm{d}t} - \frac{\mathrm{d}\vec{r}_1}{\mathrm{d}t} = \vec{v}_2 - \vec{v}_1 = \vec{V}_2 - \vec{V}_1$$

根据速度合成定理 (A3.2) 式, 在两个坐标系中相对速度是相同的.

总之, 这样把六个变量 ($\vec{r}_1$ 的三个分量和 $\vec{r}_2$ 的三个分量) 的问题简化为三个变量 ($\vec{r}$ 的三个分量) 的问题.

对于 M_2 粒子, 力和加速度之间的动力学基本方程可写为

$$\boxed{\vec{f}_2 = m_2\frac{\mathrm{d}^2\vec{r}_2}{\mathrm{d}t^2} = \frac{m_2m_1}{m_1+m_2}\frac{\mathrm{d}^2\vec{r}}{\mathrm{d}t^2} = \mu\frac{\mathrm{d}^2\vec{r}}{\mathrm{d}t^2}} \tag{A3.6}$$

(对于 M_1 粒子, 可用反作用力 $\vec{f_1} = -\vec{f_2}$ 写出同样的结果).

这就是说, 我们的双体问题简化为更简单的虚拟单粒子 M 的运动, 这个粒子的径矢为 $\overrightarrow{CM} = \vec{r}$, 质量为 μ, 受到一个指向中心 C 的有心力 $\vec{f} = \vec{f_2}$ 的作用, 该力与两体之间的距离 r 有关; 粒子的速度是两体的相对速度 $\vec{v} = \vec{v}_2 - \vec{v}_1$.

我们称 μ 为约化质量:

$$\boxed{\mu = \frac{m_2 m_1}{m_1 + m_2} \quad \text{并有} \quad \frac{1}{\mu} = \frac{1}{m_1} + \frac{1}{m_2}} \tag{A3.7}$$

从第二式我们看到 μ 总是比两个质量 m_1 和 m_2 中较小的一个还小. 为了明示起见, 我们给出当 m_1 为常数时 μ 随 m_2 的函数变化:

$[m_2]$	0	↗	m_1	↗	∞
$[\mu]$	0	↗	$\frac{m_1}{2}$	↗	m_1

若一个粒子比另一个轻得多, 例如, $m_2 \ll m_1$(图 A.2), 则约化质量 μ 几乎等于两个质量中最轻的一个, 而质心则实际上与两个粒子中最重的那个 M_1 重合. 约化运动则几乎与轻粒子 M_2 围绕着几乎不动的重粒子运动一样.

A.3.2 弹性碰撞的结算

前面的计算可以应用于碰撞的情况. 如果两体 (构成一个孤立系统) 之间的相互作用不涉及它们的内部能量, 孤立系统的总能量守恒导致它们的动能和守恒. 这就是所谓**弹性碰撞**. 很容易证明, 在一切彼此相对地进行着匀速运动的伽利略坐标系中, 总是可以等效地写出总动量和总能量的守恒定律. 在质心坐标系里, 这些定律可以特别简单地写出来, 因为这里总动量等于零.

a) 质心坐标系中的守恒定律

设两个物体在没有遭受相互作用**之前**, 在距离较远时有一个瞬间, 在相互作用**之后**, 重新处于远距离时也有一个瞬间, 我们写出这两个瞬间的守恒公式, 对相互作用以后的物理量用加撇来表示:

$$\begin{array}{llcl}
\text{动量} & \text{之前} & & \text{之后} \\
\left\{\begin{array}{l}\text{矢量}\\ \text{方向}\\ \text{模值}\end{array}\right. & \begin{array}{c} m_1\vec{v}_1 + m_2\vec{v}_2 \\ \vec{v}_1,\ \vec{v}_2\ \text{符号相反} \\ m_1 v_1 = m_2 v_2 \end{array} & \begin{array}{c} = 0 = \\ \\ \\ \end{array} & \begin{array}{c} m_1\vec{v}_1' + m_2\vec{v}_2' \\ \vec{v}_1',\ \vec{v}_2'\ \text{符号相反} \\ m_1 v_1' = m_2 v_2' \end{array} \\
\text{动能}\ \times 2 & 2W = m_1 v_1^2 + m_2 v_2^2 & = & m_1 {v_1'}^2 + m_2 {v_2'}^2 \\
 & 2W = \dfrac{(m_1 v_1)^2}{m_1} + \dfrac{(m_2 v_2)^2}{m_2} & = & \dfrac{(m_1 v_1')^2}{m_1} + \dfrac{(m_2 v_2')^2}{m_2}
\end{array} \tag{A3.8}$$

或

$$2W = (m_1v_1)^2\left(\frac{1}{m_1}+\frac{1}{m_2}\right) = (m_1v_1')^2\left(\frac{1}{m_1}+\frac{1}{m_2}\right) \tag{A3.9}$$
$$\Rightarrow v_1 = v_1' \quad 和 \quad v_2 = v_2'$$

因此, 在相互作用以后, 两个物体中每一个的速度在模值上与初始速度都相同, 但是方向则不同, 单纯从守恒上来考虑它是不确定的.

在相互作用之前和之后两个速度矢量的方向都是相反的, 这可以用来简单计算相对速度的模值, 它也保持着它的初始值:

$$|\vec{v}| = v = v_2 - v_1 = v_2' - v_1' = v'$$

从相互作用定律 (参见附录 4) 可以在质心坐标系中计算偏转角 φ. 后面需要从这个偏转角求得实验室坐标系中实际上可观察的偏转角.

b) 约化运动常数

1) 总能量 E 是动能和势能 $W(r)$(与力 $\vec{f}$ 做功相反) 之和:

$$E = \frac{\mu v^2}{2} + W(r) \tag{A3.10}$$

从方程 (A3.6) 可以证明约化运动的势能和两个物体实际运动的势能相等, 因为这涉及在做功计算中的同一个力:

$$\vec{f_2}\cdot\delta\vec{r}_2 + \vec{f_1}\cdot\delta\vec{r}_1 = \vec{f_2}(\delta\vec{r}_2 - \delta\vec{r}_1) = \vec{f}\cdot\delta\vec{r}$$

考虑到速度关系式 (A3.5), 可以把现实运动的动能转化到质心坐标系中去:

$$\frac{1}{2}[m_1v_1^2 + m_2v_2^2] = \frac{1}{2}\left[m_1\frac{m_2^2}{(m_1+m_2)^2} + m_2\frac{m_1^2}{(m_1+m_2)^2}\right]v^2$$
$$= \frac{1}{2}\left[\frac{m_1m_2}{m_1+m_2}\right]v^2 = \frac{1}{2}\mu v^2$$

约化运动的动能等于两个粒子的相对运动的动能.

因此总之, 约化运动的总能量等于质心坐标系中两个物体实际运动的总能量.

2) 一个系统的角动量是对一个点来计算的, 它一般与这个点有关. 但是在质心坐标系中, 由于系统的总动量为零, 可以容易地证明, 角动量与所选的点无关. 从角动量的定义出发, 同样可以证明, 在一切伽利略坐标系中对质心上的角动量数值都是相同的. 这给了它一个重要的物理意义. 在质心坐标系中, 它的计算最容易:

$$\overrightarrow{\mathcal{L}(C)} = \overrightarrow{CM_1}\times m_1\vec{v}_1 + \overrightarrow{CM_2}\times m_2\vec{v}_2 = \vec{r}_1\times m_1\vec{v}_1 + \vec{r}_2\times m_2\vec{v}_2$$

像上面一样, 借助于径矢和速度关系式 (A3.4) 和 (A3.5), 我们可以把它转换为约化变量的函数:

$$\overrightarrow{\mathcal{L}(C)} = \frac{1}{(m_1+m_2)^2}[m_2^2\vec{r}\times m_1\vec{v} + m_1^2\vec{r}\times m_2\vec{v}] = \frac{m_1 m_2}{m_1+m_2}\vec{r}\times\vec{v} = \vec{r}\times\mu\vec{v}$$

约化运动的角动量等于两体实际运动的角动量.

A.3.3 有心力运动的第一积分

a) 角动量定理的应用

对于约化问题, 角动量定理可写为

$$\frac{\mathrm{d}\vec{\mathcal{L}}}{\mathrm{d}t} = \vec{r}\times\vec{f} = 0, \quad \text{因为 } \vec{f} \text{ 与 } \vec{r} = \overrightarrow{M_1M_2} \text{ 平行}$$

由此可推得, 在运动过程中角动量矢量是恒量, 就是说:

1) $\vec{\mathcal{L}}$ 的方向是固定的, 所以是一个平面运动;

2) $\vec{\mathcal{L}}$ 的模值 $\mathcal{L}$ 是常数.

引入平面上粒子的极角 θ, 可以写出模值为*

$$\mathcal{L} = \mu r^2\frac{\mathrm{d}\theta}{\mathrm{d}t} \quad \Rightarrow \quad \boxed{r^2\frac{\mathrm{d}\theta}{\mathrm{d}t} = 2\frac{\mathrm{d}S}{\mathrm{d}t} = \frac{\mathcal{L}}{\mu} = \text{常数}} \tag{A3.11}$$

我们称径矢扫过的面积为 S; 这就是我们所称的**面积定律**. 注意, $\mathrm{d}\theta/\mathrm{d}t$ 的符号是恒定的, 转动总是围绕着力的中心 C 沿相同方向进行.

b) 使用能量

既然力 $\vec{f}$ 只与距离有关, 它是从势能 $W(r)$ 导出的; 就是说, 总是可以找到一个函数 $W(r)$ 满足:

$$\vec{f} = -\nabla W(r)$$

用极坐标, 考虑到面积定律, 动能可写成为

$$\frac{1}{2}\mu v^2 = \frac{\mu}{2}\left[\left(\frac{\mathrm{d}r}{\mathrm{d}t}\right)^2 + r^2\left(\frac{\mathrm{d}\theta}{\mathrm{d}t}\right)^2\right] = \frac{\mu}{2}\left(\frac{\mathrm{d}r}{\mathrm{d}t}\right)^2 + \frac{\mathcal{L}^2}{2\mu r^2}$$

我们写下运动过程中为常数的总能量 E:

$$\frac{1}{2}\mu v^2 + W(r) == \frac{\mu}{2}\left(\frac{\mathrm{d}r}{\mathrm{d}t}\right)^2 + \frac{\mathcal{L}^2}{2\mu r^2} + W(r) = E$$

* 这里式 (A3.11) 和 (A3.12) 都可称为 "第一积分", 因为牛顿运动方程是一个二阶微分方程, 积分一次即可得上两式. —— 译者

由此推得

$$\frac{\mathrm{d}r}{\mathrm{d}t}=\pm\sqrt{\frac{2}{\mu}(E-W)-\frac{\mathcal{L}^2}{\mu^2r^2}} \tag{A3.12}$$

在确定时间定律之前, 我们一般先寻求粒子的轨迹, 即直接求得两个极坐标 θ 与 r 之间的关系, 为此写下:

$$\frac{\mathrm{d}r}{\mathrm{d}\theta}=\frac{\mathrm{d}r}{\mathrm{d}t}\frac{\mathrm{d}t}{\mathrm{d}\theta}=\frac{\mathrm{d}r}{\mathrm{d}t}\frac{\mu r^2}{\mathcal{L}}$$

或

$$\boxed{\frac{\mathrm{d}r}{\mathrm{d}\theta}=\pm\frac{\mu r^2}{\mathcal{L}}\sqrt{\frac{2}{\mu}[E-W(r)]-\frac{\mathcal{L}^2}{\mu^2r^2}}} \tag{A3.13}$$

从已知的 $W(r)$, 就可对一个 r 的函数简单求积分而确定轨迹. $\mathcal{L}$ 和 E 两个常数的数值由初始条件确定. “±” 符号也决定于初始条件, 但它可在运动过程中变化.

实际上, 距离 r 的可能值范围由根号内的量为正值所决定, 亦即

$$\boxed{W(r)+\frac{\mathcal{L}^2}{2\mu r^2}\leqslant E} \tag{A3.14}$$

当根号为零时, 导数 $\mathrm{d}r/\mathrm{d}\theta=0$; 因而 r 通过一个极值而改变符号. 假如选取对应于这个极值的径矢量为极轴, 则从 θ 过渡到 $-\theta$ 不会改变 r 的值 (因为同时改变了 $\mathrm{d}r/\mathrm{d}\theta$ 式中的 “±” 号); 而对应于 r 极值的径矢量是轨迹的对称轴 (图 A.3).

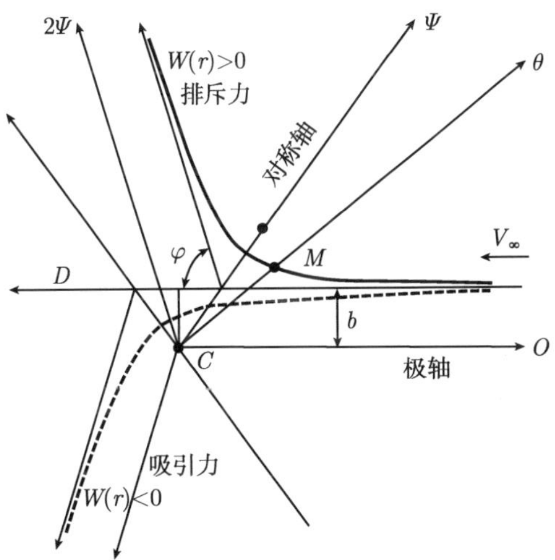

图 A.3 卢瑟福散射实验, 单一投射粒子碰单一靶子的情况

根据情况, 加框的不等式 (A3.14) 限制了 r 的值在一个有限的区间内变化, 或相反, 可以达到无穷. 在 r 可以达到无穷的情况下, 导数 $\mathrm{d}r/\mathrm{d}\theta$ 也可趋于无穷; 这就是说, 导数 $\mathrm{d}\theta/\mathrm{d}r$ 趋于零; θ 角不再变化, 而是保持着在 r 趋于无穷时的值: 轨迹具有一条与这确定方向平行的渐近线.

若给势能 $W(r)$ 选一个任意附加常数, 以使当 r 趋于无穷时势能为零, 根据通用规则, 则当 r 为无穷时, 上面不等式的第一项要为零. 那么, 只有当总能量的常数 E 为正值时, 在无穷远处才有轨迹点; 而当 E 为负值时, 则不可能有.

附录 4 卢瑟福散射实验

1911 年, 由英国物理学家卢瑟福 (Rutherford) 所完成的实验是原子物理发展史上最重要的一步, 因为它证明了原子核的存在. 实验归结为用一个放射性物质发出的 α 粒子去撞击金属箔片: α 粒子穿过金属箔片时, 它们会向各方向偏转. 我们说, 它们在穿过金属箔片时被散射.

为描述这个实验所引进的大量概念, 对核物理学家或高能物理学家做其他散射实验也是很有价值的; 这些实验采用了不同于 α 粒子的其他投射粒子, 还可能采用不同于原子核的别的靶子. 这些都远超出了实验本身的历史重要性, 因而值得对这个实验进行详细叙述.

A.4.1 选择 α 粒子作为投射粒子

在穿过金箔片时 α 粒子事实上将遇到两种类型的粒子:

1) 大量很轻的电子 (一个金原子有 79 个), 其中许多只是微弱地与原子联结着;

2) 很重的原子核 (相对原子质量约为 200), 其很强的电荷使它们与金属箔片的晶格牢固地结合在一起.

在电子-α 粒子相互作用中, 其质量比约为 8000(α 粒子是氦核, 其相对原子质量是 4, 质量数 1 等于 1836 个电子质量); 其质心实际上与 α 粒子重合. 如同我们在附录 3 中解释的, 在实验室坐标系中质心以它的初始速度 $\vec{V}_C$ 保持着匀速运动; 与电子相互作用引起的 α 粒子的偏转完全可以忽略.

相反, 金核的质量约为 α 粒子的 50 倍, 因而质心几乎与金核重合. 对此还要加上, 在固态金中, 每个金核是牢固地与其他金核结合在一起的, 它的位置 "固定" 在晶格的结点上. 这样, 就产生了类似光子的穆斯堡尔效应 (参见第 2 章) 的现象: 晶格体系吸收了 α 粒子动量. 与孤立核相比, 这晶格的质量要乘以一个接近于阿伏伽德罗常量的数. 可以认为核是绝对不动的. 因此, 在实验室坐标系中 α 粒子的运动等于约化运动.

总而言之, α 粒子的轨迹实际上是不受原子内部存在的电子的影响的; 相反, 在穿过金箔时, 它们的偏转所显示的是它们与原子中唯一很重的部分, 即与原子核的相互作用. 卢瑟福采用了 α 粒子, 找到了一种 "探测" 原子核的优质工具.

散射实验的计算先是要作一定数量的通常运算, 这种运算与表示两种粒子相互作用能的、随其距离 r 而变的函数 $W(r)$ 的特性无关, 然后才需要把相互作用规律应用于此特殊情况. 实际上, 还可把通常运算分为两个不同部分; 因此我们的计算可相继分为下面三部分：

1) 在一个特定状态 (渐近角 θ) 下计算一个 “投射粒子” 与单一 “靶” 粒子相互作用时产生的轨迹偏转;

2) 对所有可能的特定状态作统计, 以得到与实验可比较的平均结果;

3) 引入静电相互作用规律 $W(r) \approx 1/r$, 以与卢瑟福实验作比较.

A.4.2　通过单靶附近时投射粒子的偏转

这涉及双体问题, 我们在附录 3 中所说到的一切都能应用, 但需要把初始条件说清楚.

我们假设初始时, 实验室坐标系中的靶子是不动的. 在此坐标系中, 投射粒子的初始速度为 V_∞; V_∞ 也是相互作用前两个粒子的相对速度. 在该坐标系和质心坐标系这两个坐标系中相对速度是相等的 (参见 A.3.1 节); 因此, 这也是约化运动的相对速度. 该运动是在质心 C 和速度 V_∞ 组成的平面上完成的.

还必须说清楚相互作用前两个粒子的相对位置：如果没有任何力作用在投射粒子上, 它的轨迹应当是一条直线 D, 它通过距靶子最近的距离为 b(图 A.3). 我们称 b 为碰撞参量. 从这里可以导出两个运动常量：角动量 $\mathcal{L}$ 和能量 E

$$\mathcal{L} = b\mu V_\infty \quad 和 \quad E = \mu V_\infty^2/2 \tag{A4.1}$$

(假定按照通常规则认为在无穷远处 $W(r)$ 应为零).

轨迹来自无穷远处, 那里它的渐近线为直线 D.

(A3.13) 式中的导数 $\mathrm{d}r/\mathrm{d}\theta$ 只有在根号为零时才会改变符号. 因此, 距离 r 一直减小到极小值 ρ, 这时根号为零, 而 ρ 由下列方程给定：

$$W(\rho) = E - \frac{\mathcal{L}^2}{2\mu\rho^2} = \frac{\mu V_\infty^2}{2} - \frac{b^2\mu V_\infty^2}{2\rho^2} = \frac{\mu V_\infty^2}{2}\left(1 - \frac{b^2}{\rho^2}\right) \tag{A4.2}$$

若 $W(\rho)$ 为正 (排斥力), $\rho > b$; 而若 $W(\rho)$ 为负 (吸引力), $\rho < b$ (图 A.3).

在这段时间内 (从 r 为无穷到极小值 ρ 之间) 极角 θ 将从下面的量变化：

$$\psi = \int_\infty^\rho \frac{\mathrm{d}\theta}{\mathrm{d}r}\mathrm{d}r = \int_\rho^\infty -\frac{\mathrm{d}\theta}{\mathrm{d}r}\mathrm{d}r$$

$$\Rightarrow \quad \boxed{\psi = \int_\rho^\infty \frac{b\mathrm{d}r}{r^2\sqrt{1 - \dfrac{b^2}{r^2} - \dfrac{2W(r)}{\mu V_\infty^2}}}} \tag{A4.3}$$

若已知 $W(r)$ 函数, 这个积分可用来计算作为 b 和 V_∞ 函数的 ψ. 根据图 A.3 所采用的规则, $\mathrm{d}\theta/\mathrm{d}r$ 为负, 而 ψ 为正.

在附录 3 中, 我们已经在一般意义上看到, 相对于 r 取极值的径矢, 轨迹是对称的. 因此, 通过了距力心的最短距离 ρ 以后, 轨迹又重新离开而沿着一条新的与直线 D 对称的渐近线向无穷远行进, 即以平行于极角 2ψ 的方向前进. 由此推得, 相对于它的初始方向 D, 投射粒子已经偏转的角度为 φ(图 A.3):

$$\boxed{\varphi = \pi - 2\psi} \tag{A4.4}$$

而其速度的模值将等于其初始速度 V_∞.

从碰撞参量 b, 速度 V_∞ 和函数 $W(r)$, 用上面加框的积分 (A4.3) 式, 最终可计算偏转角 φ.

这样算出来的轨迹是质心坐标系中约化运动的轨迹. 但是若投射粒子比靶子要轻得多, 在实验室坐标系中投射子的实际轨迹与它区别甚小, 因为靶子和质心实际上是重合的, 而且是不动的. 卢瑟福实验正是这种情况, 它的精确度特别高, 因为金核是坚固地与晶格结合在一起的.

这个有心力问题实际上就是一个弹性碰撞问题, 从这里我们知道了投射粒子与靶子之间相互作用的规律. 它遵从写出守恒方程时所得的一般规律: 若靶子比投射子无限重, 在两种粒子之间就不会有任何动能的转移 (参见第 2 章).

A.4.3 粒子系统的统计, 微分有效截面

现在剩下对一切可能的粒子情况进行统计了. 应当同时对投射粒子系统和靶子系统进行这种统计.

a) 对投射粒子系统的统计

我们假设只有一个靶粒子.

在现实的实验中可能得到近似单动能、即具有相同初始速度 V_∞(相同模值和相同方向) 的投射粒子. 但是在有一定宽度的束里, 这些投射子是无规则分布的: 单位时间里在束的横截面上的面积元 $\mathrm{d}S$ 内通过的投射粒子数目正比于 $\mathrm{d}S$, 等于 $\mathcal{D}\mathrm{d}S$. 比例系数 $\mathcal{D}$ 是单位时间通过单位面积的投射子数; $\mathcal{D}$ 是投射粒子的束流量 (参见第 3 章).

考虑入射轨迹 (散射前) 在通过一个以靶子为中心、其半径为 b 和 $b+\mathrm{d}b$ 的两个圆所包围、面积为 $\mathrm{d}\sigma = 2\pi b\mathrm{d}b$(图 A.4) 的圆环筒上的所有投射粒子. 考虑到碰撞参量 b 与偏转角 φ 之间的关系, 偏转方向角为 φ 和 $\varphi+\mathrm{d}\varphi$ 之间的所有这些投射粒子, 都处在由两个半顶角为 φ 和 $\varphi+\mathrm{d}\varphi$ 的圆锥体间形成的立体角之内, 该立体角为 $\mathrm{d}\Omega = 2\pi\sin\varphi\mathrm{d}\varphi$.

把有效截面概念加以推广 (参见 3.1.2 节), 可以说 $\mathrm{d}\sigma$ 是处在 φ 和 $\varphi+\mathrm{d}\varphi$ 角之间的投射粒子部分散射过程的有效截面.

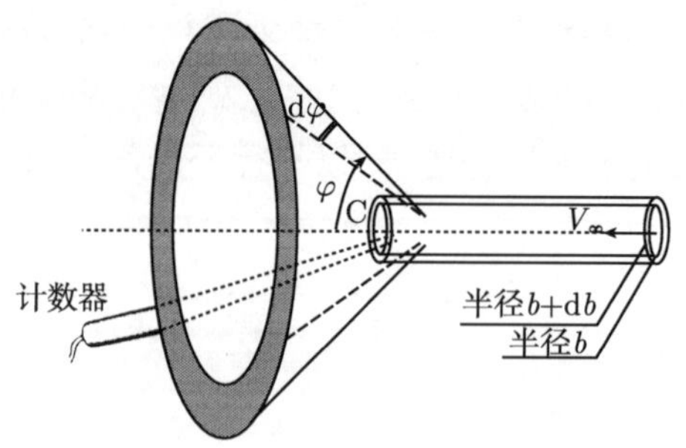

图 A.4　投射粒子束被一个靶子 C 散射 (只画出了轨迹的渐近线)

这个有效截面 $\mathrm{d}\sigma = 2\pi b\mathrm{d}b$ 正比于部分散射过程的张角 $\mathrm{d}\varphi$, 或立体角 $\mathrm{d}\Omega$, 它本身也与 $\mathrm{d}\varphi$ 成正比. 将 $\mathrm{d}\sigma$ 除以 $\mathrm{d}\Omega$, 可以得到一个与张角 $\mathrm{d}\varphi$ 无关的、完全表征 φ 角方向上散射过程的参量:

$$\boxed{\frac{\mathrm{d}\sigma}{\mathrm{d}\Omega} = \frac{b}{\sin\varphi}\frac{\mathrm{d}b}{\mathrm{d}\varphi}} \tag{A4.5}$$

我们称这个参量为轨迹偏转角为 φ 的散射过程的微分有效截面. 如果我们知道代表投射粒子相互作用能的函数 $W(r)$, 就可以计算 b 与 φ 之间的关系 [参见 (A4.3) 式]; 用加框的 (A4.5) 式可计算这个微分有效截面.

已知通过单位面积的投射粒子束流量 $\mathcal{D}$, 可由此推得每秒内通过有效截面 $\mathrm{d}\sigma$ 的投射粒子数:

$$\mathrm{d}N = \mathcal{D}\mathrm{d}\sigma = \mathcal{D}\frac{\mathrm{d}\sigma}{\mathrm{d}\Omega}\mathrm{d}\Omega \tag{A4.6}$$

引入微分有效截面很好地显示了立体角 $\mathrm{d}\Omega$ 和散射的投射粒子数之间的正比关系. 在入射端, 所有这些投射子都均匀地分布在半径为 b 的圆筒上; 因而在出射端, 它们也将均匀地分布在由两个半顶角为 φ 和 $\varphi + \mathrm{d}\varphi$ 的圆锥体间形成的立体角之内. 假如我们只考虑这个立体角部分, 就可使用这同一个公式; 它给出每秒内计数器接收到的粒子数, 条件是把 $\mathrm{d}\Omega$ 看成是从靶子 C 到计数器入射窗口所张的立体角 (图 A.4)(严格地说, 散射后出射轨迹的渐近线是不会聚的, 但是, 我们感兴趣的轨迹全都是距离靶子很近的, 小于 0.1nm, 这与计数器的距离相比是完全可以忽略的).

b) 对靶子系统的统计

到现在为止我们都假设了只存在一个靶子, 但是现实实验中存在大量靶子. 假如截面为 S 的投射粒子束通过一个散射箔片的厚度为 l, 单位体积中有 n 个靶粒子, 靶子总数为 nlS.

然而, 考虑到相互作用力的作用半径相对较小, 投射粒子的速度 V_∞ 比较大, 投射粒子必须经过靶子很近处才能显著偏转, 就是说, 它们的碰撞参量 b 应当非常小. 因此, 在下列情况下就可能足以得到总靶子数:

1) 一个投射子只被一个靶子所偏转, 而被第二个靶子偏转的概率极其微弱;

2) 不同靶子互不遮盖 (在使用极薄的箔片时这个条件可以满足, 其厚度为十分之几微米, 即约为原子间距离的 1000 倍).

在这样的条件下每个靶子只与其本身相关, 而不会与别的靶子干扰. 这样我们把每个靶子的贡献纯粹、简单地相加起来, 就得到了散射粒子的总数. 这只要把对单个靶子得到的结果在 (A4.6) 式中乘以靶子数 nlS 就行了. 这就是说, 在实际实验中每秒内计数器接收到的粒子数是

$$\mathrm{d}N = nlS\mathcal{D}\frac{\mathrm{d}\sigma}{\mathrm{d}\Omega}\mathrm{d}\Omega \quad \text{或还有} \quad \frac{\mathrm{d}N}{\mathrm{d}\Omega} = nlS\mathcal{D}\frac{\mathrm{d}\sigma}{\mathrm{d}\Omega}$$

换句话说, 已知计数器的入射窗口是散射箔片在立体角 $\mathrm{d}\Omega$ 上看到的, 计数器每秒内接收到的粒子数是 $\mathrm{d}N$, 就可以从实验上测得微分有效截面

$$\boxed{\frac{\mathrm{d}\sigma}{\mathrm{d}\Omega} = \frac{1}{nlS\mathcal{D}}\frac{\mathrm{d}N}{\mathrm{d}\Omega}} \tag{A4.7}$$

总之, 我们已经得到了两种不同的计算微分有效截面的表达式:

—— 第一个 [(A4.5) 式] 可从假设的势能 $W(r)$ 出发进行理论计算;

—— 第二个 [(A4.7) 式] 可从实验测得的散射粒子数出发得到实际的测定.

比较这样得到的理论和实验值, 可以检验假设的相互作用能 $W(r)$ 的正确性. 这就是, 通过微分有效截面我们建立起了理论与实验之间的联系.

A.4.4　势能为 $1/r$ 的特殊情况, 卢瑟福实验

卢瑟福所完成的实验是为了检验原子内部的电荷分布的. 事实上, 在 20 世纪最初几年, 他已经有了原子序数的观念, 即每个原子内部包含电子数的观念. 为了保证原子系统电中性, 必须假设它还含有 Ze 个正电荷 (元电荷 $e = 1.6 \times 10^{-19}\mathrm{C}$). 但是, 也可以想象出不同的原子内正电荷分布的 “模型”. 正是为了在不同模型之间做出抉择, 卢瑟福提出了 α 粒子散射实验.

在这个附录开始 (A.4.1 节), 我们已经解释了, 为什么 α 粒子的运动实际上对电子的相互作用不敏感, 但相反, 对原子中带正电荷的、重的部分的相互作用却很敏感. 根据正电荷分布规律, 静电势能 $W(r)$ 不同, 就要计算不同的有效截面. 比较测得的和计算所得的有效截面就可以确定实际的势函数 $W(r)$, 从而也得到了正电荷分布规律.

在这里我们仅限于对卢瑟福模型进行计算, 即假定存在一个准点状的正电荷. 在这个模型中, 原子核的点电荷 Ze 与 α 粒子的点电荷 $2e$(两个都是正电荷) 之间

的静电势能是和它们的距离 r 成反比的, 根据库仑定律:

$$W(r)=\frac{1}{4\pi\varepsilon_0}\frac{2Ze^2}{r}=\frac{C}{r} \tag{A4.8}$$

这样我们可以完成 A.4.2 节在一般情况下开始的计算: 在表示渐近线和对称轴之间 ψ 角的 (A4.3) 式中的比值就成为

$$\frac{W(r)}{\mu V_\infty^2}=\frac{C}{\mu V_\infty^2}\cdot\frac{1}{r}=\frac{a}{r}\quad 其中\quad \boxed{a=C/\mu V_\infty^2=C/2E} \tag{A4.9}$$

利用长度 a, 从 (A4.3) 式可以写出:

$$\psi=\int_\rho^\infty\frac{b\mathrm{d}r}{r^2\sqrt{1-\dfrac{2a}{r}-\dfrac{b^2}{r^2}}}=\int_\rho^\infty\frac{-\mathrm{d}(b/r)}{\sqrt{1+\dfrac{a^2}{b^2}-\left(\dfrac{b}{r}+\dfrac{a}{b}\right)^2}} \tag{A4.10}$$

这完全是一个经典积分, 可以利用一个新的变量来进行计算:

$$u=\frac{b/r+a/b}{\sqrt{1+a^2/b^2}}$$

注意到当 $r=\rho$[(A4.3) 和 (A4.10) 式中的根号为零] 时, $u=1$, 得到

$$\psi=\int_{u=1}^{u=\frac{a/b}{\sqrt{1+(a/b)^2}}}\frac{-\mathrm{d}u}{\sqrt{1-u^2}}=\arccos\left[\frac{a/b}{\sqrt{1+(a/b)^2}}\right]$$

由此推得

$$\cos\psi=\frac{a/b}{\sqrt{1+(a/b)^2}}\quad\Rightarrow\quad\tan\psi=b/a$$

写出:

$$\psi=\frac{\pi}{2}-\frac{\varphi}{2}\quad\Rightarrow\quad\boxed{\tan\psi=\cot\frac{\varphi}{2}=\frac{b}{a}} \tag{A4.11}$$

我们得到碰撞参量 b 和偏转角 φ 之间的关系式.

已知 b 和 φ 之间的关系式, 我们完成了 A.4.3 节一般情况中开始的微分有效截面的计算 [(A4.5) 式]:

$$\frac{\mathrm{d}\sigma}{\mathrm{d}\Omega}=\frac{b}{\sin\varphi}\frac{\mathrm{d}b}{\mathrm{d}\varphi}=\frac{a^2}{4\sin^4(\varphi/2)}$$

$$\Rightarrow\quad\boxed{\frac{\mathrm{d}\sigma}{\mathrm{d}\Omega}=\left(\frac{Ze^2}{4\pi\varepsilon_0\mu V_\infty^2}\right)^2\frac{1}{\sin^4(\varphi/2)}} \tag{A4.12}$$

盖革 (Geiger) 和马斯登 (Marsden) 所完成的详细测量可用来验证散射粒子数是很好地遵从偏转角 φ 的 $1/\sin^4(\varphi/2)$ 函数规律和 α 粒子速度 V_∞ 的 $1/V_\infty^4$ 函数

规律的 (放射性产生的 α 粒子是单动能的, 它们在通过一层空气那样的障碍物时会比较均匀地得到减速).

这个测量证明卢瑟福所用势能公式 $W = C/r$ 的正确性, 亦即证明了核的准点状假说的正确性.

然而, 若在很大的角度 ($\varphi \sim \pi$) 做这种测量, 就会发现, 当 φ 超过了某一个值 φ_0 时, 即当碰撞参量 b 变得小于相应的值 b_0 时, $1/\sin^4(\varphi/2)$ 规律就不再成立; 即当 $\varphi > \varphi_0$ 或 $b < b_0 = a\cot(\varphi_0/2)$ 时, 规律要发生变化.

由此导出, 当距离 r 变得等于或小于 b_0 时, 力的规律就改变了; 可以把这个长度 b_0 解释为我们给予核尺寸的标志. 这样测得的核尺寸大小在 $10^{-12} \sim 10^{-13}$cm(或原子线度的 10^4 和 10^5 分之一).

1911 年盖革和马斯登的测量实际上只得到了相对值的精确度, 也就是说, 他们仅仅测量了有效截面的变化. 1920 年查德威克 (Chadwick) 重复并改善了这个实验, 对有效截面进行了绝对测量. 由此他得以推导出靶原子的原子序数 Z 的精确值. 这是原子核正电荷的第一次直接测量. 这样测得的基本电荷数 Z 与下面的数值相符:

1) 门捷列夫周期表中元素的位置;

2) X 射线散射实验中巴克拉 (Barkla) 得到的原子中电子数的数量级;

3) 通过莫塞来 (Moseley) 定律从 X 射线谱的解释中得到的 Z 的数值①.

注 1: 在研究有效截面随原子序数 Z 变化时, 也用轻元素作为靶子, 因而在解释实验时就必须考虑核的反冲. 反冲的重要性在卢瑟福本人所做的实验中已经显示出来了: 采用石蜡 (即化学式为 C_nH_{2n+2} 的饱和碳化物) 箔片作为 α 粒子散射的靶子时, 他发现, 石蜡还发出比 α 射线更能穿透的 "射线", 这是氢原子核或质子. 实际上在这些有机晶体中, 氢原子和碳原子的结合力 (约 1eV) 要比离子晶体带电粒子之间的结合力小得多. 甚至, 构成靶子的质子要比投射的 α 粒子轻得多 (仅为前者的 1/4); 在相互作用中这些 H 靶子可能得到的速度会远大于入射的 α 粒子的速度.

注 2: 在电荷符号相反的相互作用情况下计算是完全相同的: 力定律的常数 C 就成为负的了 (吸引力); 但只要把长度 a 定义为代数值就足够了. 这样就得到了同样的模值 $|C|$、一个辅助角 ψ 和一个符号相反的角 φ. 这也表示在图 A.3 中.

在这个问题中, 我们没有必要完全知道粒子的轨迹. 然而如果我们需要对此进行计算, 则只要把解出 ψ 的定积分 (A4.10) 式用微分方程 (A3.13) 的解的不定积分来替代就可以了; 不过这里需要利用为了计算 (A4.10) 式而引入的同

①参见本书下册.

样变量 u:

$$\theta = \arccos u + \theta_0$$

通过适当的极轴转动可以从方程中消去积分常数 θ_0, 写出

$$u = \cos\theta \quad \Rightarrow \quad \frac{1}{r} = \frac{a}{b^2}\left(\sqrt{1+\frac{b^2}{a^2}}\cos\theta - 1\right) = \frac{a}{b^2}(\varepsilon\cos\theta - 1)$$

这是一个极坐标系中的双曲线方程, 其一个焦点在力心上, 其偏心率 $\varepsilon > 1$, 其长轴的长度为 $2a$. 为了使力定律的常数 C 的符号有意义, 只有 r 为正时得到的这部分双曲线才是合适的. 若力是排斥的 ($C > 0$ 和 $a > 0$), 双曲线中距离质心最远的那段弧是满足的; 反之, 若力是吸引的 ($C < 0$ 和 $a < 0$)(图 A.3), 则距离质心最近的那段弧是满足的.

注 3: 这里给出的 α 粒子偏转的计算是在经典力学的框架内做出的, 这是 1911 年卢瑟福所做的, 当时还在发明量子力学之前. 现在可能会提出这种经典计算是否有效的问题, 然而它却是与实验完全符合的.

通常在用量子力学计算两个粒子的碰撞 (那里靶子的运动受到了干扰) 中, 必须考虑可能的中间态系统 (那里靶子的运动发生了变化), 要把所有中间态叠加起来以 “重构” 系统的终态. 但是在卢瑟福的特殊情况下, 我们看到, 靶子核实际上是不动的, 因为晶格吸收了动量变化. 这就完全改变了量子问题的计算, 从而实际上可以把它归结为经典计算.

另一方面, α 粒子的动能相对较高 (几兆电子伏特), 相当于很高的速度, 德布罗意波的波长比第 6 章的热中子 (其动能为 1/40eV, 参见 6.3.1 节) 的 1/10000 还小; 即波长 λ 比金箔的网状平面之间的距离 d 的 1/10000 还小. 速度方向的不确定性, 即德布罗意波的横向分量 k_x 的不确定度是很大的, 它导致一个相干宽度 $a_c \approx 1/\Delta k_x$(参见 5.3.1 节) 也远小于网间距离 d. 这引起德布罗意波的相位模糊, 破坏了可能产生的量子干涉效应.

附录 5　原子物理发展史概述

A.5.1　原子的存在与阿伏伽德罗常量 $\mathcal{N}$

普鲁斯特 (Proust) 定比定律, 1801
道尔顿 (Dalton) 倍比定律, 1807
盖-吕萨克 (Gay-Lussac) 化合体积定律, 1808
阿伏伽德罗 (Avogadro) 假说, 1811
阿伏伽德罗-安培 (Ampère) 定律 ($M = 29d$), 1814
伯努利对玻意耳-马里奥特 (Boyle-Mariotte) 定律的解释, 1738
布朗 (Brown) 运动, 1827
克劳修斯 (Clausius) 的气体运动论, 1857; 麦克斯韦 (Maxwell), 1860
光的散射, 丁铎尔 (Tyndall), 1868; 瑞利 (Rayleigh), 1871
玻尔兹曼 (Boltzmann) 定律, 1896
原子束; 迪努瓦耶 (Dunoyer), 1911; 施特恩 (Stern), 1920

测量 $\mathcal{N}$

a) 从统计定律:
  范德瓦耳斯 (van der Waals) 方程和气体黏滞性的解释, 1875
  热辐射; 普朗克 (Planck), 1900
  布朗运动; 让 · 皮兰 (Jean Perrin), 1907
  临界乳光; 斯莫卢霍夫斯基 (Smoluchowski), 1908
  气体对光的散射; 卡巴纳 (Cabannes), 1913
b) 比较电子电荷 $-e$ 与 1F 的电量; 密立根 (Millikan), 1908
c) 通过 α 粒子的计数与同时测量:
  —— 被释放的氦的体积
  —— 蜕变的周期
  } 卢瑟福 (Rutherford), 盖革 (Geiger), 雷格纳 (Regener), 居里夫人 (Marie Curie), 1910 前后
d) 从原子的尺寸:
  X 射线衍射: 伦琴 (Röntgen), 1895; 劳厄 (Laue), 1912; 布拉格 (Bragg), 1914; 德拜 (Debye)-谢勒 (Scherrer), 1915; 西格巴恩 (Siegbahn), 康普顿 (Compton), 1925
  单分子表面层; 德沃 (Devaux), 朗缪尔 (Langmuir), 1917; 马塞兰 (Marcellin)
  X 射线波和光波波长的精密比较; 德斯拉特 (Deslattes), 1973

A.5.2 电子的确认

伏打 (Volta) 电池, 1800

电解定律; 法拉第 (Faraday), 1833

(麦克斯韦方程, 1855)

阴极射线; 希托夫 (Hittorf), 1869; 极隧射线：戈尔德施泰因 (Goldstein), 1886

离子理论; 阿列纽斯 (Arrhenius), 1887

阴极射线输运负电荷; 让 · 皮兰, 1895

塞曼 (Zeeman) 效应 ($\Delta\omega = eB/2m$), 1896

阴极射线上直接测量 e/m; J. J. 汤姆孙 (Thomson), 1897

洛伦兹 (Lorentz) 的电子理论, 1897

e 的直接测量; 密立根, 1908

热电子效应 (二极管); 弗莱明 (Fleming), 1904[三极管, 福雷斯特 (Lee de Forest), 1907; 朗缪尔, 1915 和亚伯拉罕 (Abraham), 1916 的改进]

从热电子发射涨落测量 e; 赫尔 (Hull) 和威廉斯 (Williams), 1925[根据肖特基 (Schottky) 公式, 1918]

通过粒子计数和测量输运电荷测得 e

通过金属内部的自由电子测得 e/m; 托尔曼 (Tolman) 和斯图尔特 (Stewart), 1916

从回旋频率 ($\omega = eB/m$) 测量 e/m; 劳伦斯 (Lawrence) 的回旋加速器, 1933; 珀塞尔 (Purcell) 和加德纳 (Gardner), 1950; 托马斯 (Sommer Thomas) 和希普尔 (Hipple), 1950

通过电子磁共振测量 e/m; 拉比 (Rabi), 1938; 扎沃伊斯基 (Zavoisky), 1945

A.5.3 辐射能量的量子化

(* 表示 h 的测量)

热辐射的基尔霍夫 (Kirchhoff) 定律, 1859

斯特藩 (Stefan) 定律, 1879; 玻尔兹曼的理论证明, 1884

光电效应：赫兹 (Hertz), 1887; 阿尔布瓦克斯 (Halbwachs), 1888

热辐射的谱分布; 维恩 (Wien), 1893

普朗克的理论解释, 1900

* 陆末 (Lummer) 和普林舍姆 (Pringsheim) 的验证, 1901

光电效应的爱因斯坦 (Einstein) 解释, 1905

* 检验和 h 的测量; 密立根, 1915

[比热的量子理论; 爱因斯坦, 1907; 德拜-玻恩 (Born) 和冯 · 卡门 (von Karman), 1912]

*[低温下的固体比热; 凯索姆 (Keesom) 和卡末林-昂内斯 (Kamerlingh Onnes)]

* X 发射连续谱的极限; 杜安 (Duane) 和亨特 (Hunt), 1915
* 康普顿效应, 1922; 金格里希 (Gingrich) 的测量, 1930
* 正负电子湮没的波长; 杜蒙德 (Du Mond), 1952

A.5.4　原子结构

(* 表示 h 的测量)
门捷列夫 (Mendeleev) 周期表, 1869
巴耳末 (Balmer) 定律, 1885, 里德伯 (Rydberg) 变换, 1889
阴极射线穿过莱纳尔 (Lenard) 窗, 1894
塞曼效应, 1896
电离势; 莱纳尔, 1902
顺磁性理论; 朗之万 (Langevin), 1905
光学共振实验; 伍德 (Wood), 1905
组合法则; 里茨 (Ritz), 1908
用 X 射线的散射测量原子序数; 巴克拉 (Barkla), 1909
原子核的存在; 卢瑟福, 盖革 (Geiger) 和马斯登 (Marsden), 1911
同位素的存在; J. J. 汤姆孙, 1913; 质谱仪; 阿斯顿 (Aston), 1920
* 玻尔 (Bohr) 原子 (里德伯常量的解释), 1913
* 共振势; 弗兰克 (Franck) 和赫兹, 1913
莫塞莱 (Moseley) 定律, 1913
X 射线吸收谱; 莫里斯 · 德布罗意 (Maurice de Broglie)*, 1916
X 射线发射谱理论; 科塞尔 (Kossel), 1917
X 射线光电子; 莫里斯 · 德布罗意, 1921; 罗宾森 (Robinson), 1923
旋磁实验; 巴尼特 (Barnett), 1914; 爱因斯坦-德哈斯 (de Haas), 1915
* 施特恩 (Stern) 和格拉赫 (Gerlach) 实验; 1921
帕邢 (Paschen)-巴克 (Back) 效应; 1921
朗德 (Landé) 因子; 1923
自旋假说; 乌伦贝克 (Uhlenbeck) 和古德斯米特 (Goudsmit), 1925
不相容原理; 泡利 (Pauli), 1925
自由电子自旋磁矩的直接测量
—— 电子束中的散射极化; 鲁伊塞尔 (Louisell), 皮特 (Pidd) 和克兰 (Crane), 1954
—— 通过磁共振; 德梅尔特 (Dehmelt), 1958

A.5.5　核磁性

光谱超精细结构的存在; 迈克耳孙 (Michelson), 1891

* 他是提出德布罗意波的法国物理学家路易斯 · 德布罗意的长兄. —— 译者

珀罗 (Pérot) 和法布里 (Fabry), 1897; 陆末和格尔克 (Gehrcke), 1903
核磁矩假说; 泡利, 1924; 罗素 (Russel), 梅格斯 (Meggers) 和彭斯 (Burns), 1927
用核自旋详细解释超精细结构; 巴克 (Back) 和古德斯米特, 1927
中子自旋假说; 海森伯 (Heisenberg), 1932
质子磁矩的测量; 施特恩, 1933
原子束磁共振; 拉比, 1938
中子磁矩的测量; 阿尔瓦雷茨 (Alvarez) 和布洛赫 (Bloch), 1940
核磁共振的电子检测, 布洛赫, 1946; 珀塞尔 (Purcell), 1946

A.5.6　波动力学或量子力学

对应原理; 玻尔, 1923
物质波 $\lambda = h/mv$; 路易斯 · 德布罗意 (Louis de Broglie), 1923
薛定谔 (Schrödinger) 方程, 1925
海森伯矩阵力学, 1925
对易定律; 玻恩和若尔当 (Jordan), 1925
概率解释; 玻恩, 1926
不确定原理; 海森伯, 1927
晶体的电子衍射; 戴维孙 (Davisson) 和革末 (Germer), 1927
分子衍射; 施特恩, 1932
电子的菲涅耳衍射; 伯尔施 (Boersch), 1940
电子的相对论波动理论; 狄拉克 (Dirac), 1928
反常自旋磁矩; 库什 (Kusch) 和福莱 (Folay), 1947
氢原子 $2S_{1/2}$ 和 $2P_{1/2}$ 能级之间的能量差; 兰姆 (Lamb) 和雷瑟福 (Retherford), 1947
量子态的纠缠; 贝尔 (Bell) 不等式, 1964

索　引 *

* 本索引与一般中文书略有不同, 下面所列词条未必与正文中一一对应, 有的只是意义相近, 甚至是表示所研究的问题. 鉴于这对读者有一定用处, 故译文基本保持了原著风格. —— 译者

O

P

Q

R

S

T

V

W

X

Y